신라 상고기 정치변동과 고구려 관계

장창은 지음

도서출판 신서원

신라 상고기 정치변동과 고구려 관계

2008년 12월 10일 초판1쇄 인쇄
2008년 12월 15일 초판1쇄 발행

지은이 ▪ 장창은
펴낸이 ▪ 임성렬
펴낸곳 ▪ 도서출판 신서원
서울시 종로구 교남동 47-2 협신빌딩 209호
등록 : 제300-1994-183(1994.11.9)
Tel : 02)739-0222·3 Fax : (02)739-0224
E-메일 : sinseowon@naver.com
신서원 blog : http://blog.naver.com

ISBN ▪ 978-89-7940-085-4

신서원은 부모의 서가에서 자녀의 책꽂이로
'대물림'할 수 있기를 바라며 책을 만들고 있습니다.
잘못된 책은 연락주세요.

책을 내면서

 초등학교 2학년 때의 일로 기억된다. 학교수업을 마치고 집에 돌아와 보니 책상에 한 질의 책이 놓여 있었다. 금성출판사에서 나온 10권짜리 『한국의 역사』였다. 신동우 화백이 그림을 그린 만화로 된 역사책이었다. 갓 한글을 깨쳤던 어린아이는 신화백 특유의 익살스럽고 해학이 넘치는 그림에 몇날 며칠을 푹 빠져버리고 말았다. 아직도 서가의 한쪽 구석에 자리하고 있는 책을 오랜만에 펼쳐보니 내용은 각 분야의 전문가가 집필했고, 당시 국사편찬위원회에 계셨던 최영희 위원장님과 최완기 선생님께서 감수를 한 것으로 되어 있다. 책값을 보니 권당 6천원이었다. 그 당시 우리집은 사실 그리 넉넉한 형편이 아니었다. 그럼에도 불구하고 부모님께서는 선뜻 거금 6만원을 아들의 공부를 위해 투자한 것이었다. 중국 춘추전국시대에 제나라의 재상 안영이 초나라에 사신으로 가서 초왕에게 "강남의 귤이 회수를 건너면 탱자가 된다"는 말을 했다. 『안자춘추晏子春秋』에 전해지는 이 말은 우리에게 토양과 환경의 중요성을 일깨워 준다. 그러고 보니 부모님은 저자로 하여금 탱자가 아닌 귤이 될 수 있는 토양을 마련해 주신 셈이었다.

 돌이켜 생각해보면 저자의 우리 역사에 대한 관심은 여기에서부터 시작된 것 같다. 초등학교 때 『초한지楚漢志』・『삼국지三國志』・『손자병

법孫子兵法』 같은 소설을 탐독하면서 역사적 감성과 상상력을 키울 수 있었고, 중·고등학교 시절 가장 좋아했고 또 잘했던 과목은 언제나 국사와 세계사였다. 대학에 진학할 때 한 치의 망설임 없이 국사학과를 선택했던 것은 어찌 보면 당연한 결과였다. 국민대학교 국사학과에 입학한 뒤 좋은 선생님들을 만나 그렇게도 하고 싶었던 역사공부를 맘껏 할 수 있는 행복한 시간을 만끽했다. 학과 내 학회활동을 통해 당시 유행했던 사회과학 이론을 접해 볼 수 있었던 것도 행운이었다.

고학년이 되면서 역사공부는 관심의 차원을 넘어 평생 동안 함께 하고픈 업으로 다가왔다. 이때 어느 시대를 전공할 것인지 고민하던 차에 김두진 선생님을 뵙게 되었다. 사실 학부 저학년 때 피상적으로 바라본 선생님은 감히 다가서기 어려운 엄격한 '교수님'이셨다. 게다가 다른 과목에 비해 성적도 좋지 않아 선생님과는 '인연이 아닌 듯' 싶었다. 그러다가 4학년 2학기에 수강신청한 4과목 중 무려 2과목이 선생님 수업이 되는 '뜻하지 않은 불상사'가 발생했다. 아이러니컬하게도 이때 저자는 선생님께서 학생들을 꾸중하실 때마다 늘 아래로 내렸던 그 안경 너머 숨겨져 있던 선생님의 자상함을 발견할 수 있었다. 학문할 때 서릿발 같았던 선생님의 모습은 4학년 수강생들을 일일이 연구실로 불러 차를 마시며 진로에 대한 고민을 들어주는 인간적인 모습으로 새롭게 다가왔다. 한국고대사를 전공하게 된 데에는 학문분야에 대한 관심은 물론 선생님을 지도교수로서 모시게 되었던 이러한 사연이 있었다.

대학원과정에서의 생활은 석·박사과정 내내 학과조교를 맡는 바람에 생각처럼 순탄하지만은 않았다. 수업과제를 쫓아가는 데 급급한 나머지 전공공부에 할애하는 시간이 상대적으로 부족할 수밖에 없었다. 그럴 때마다 선생님께서는 저자가 공부에 매진할 수 있도록 격려해 주셨다. 그러한 과정에서 학위논문의 주제를 어렴풋하게나마 잡을 수 있게 되었다. 처음 저자가 관심을 가진 분야는 신라사에서 비약적인 발전기로 평가받는 중고기 정치사였다. 그런데 선생님께서는 중고기를 공부하기 위해서는 상고기부터 차근차근 접근해야 신라사를 계기적으로 볼 수 있다고 하셨다. 이에 『삼국사기』와 『삼국유사』를 비교하면서 상고기 정치사 관련기록을 꼼꼼하게 정리하고, 선행 연구성과를 검토했다. 그 결과 기존의 정치사 연구가 정치세력을 지나치게 단순화해서 이해하고 있다는 인상을 받았다. 사료를 면밀히 검토해 보니 신라 상고기에 이미 왕실 내 혈연집단이 나뉘어 현실정치에서 갈등하는 모습이 포착되었다. 또한 이들과 귀족세력 간 정치적 연대의 양상도 기존의 이해보다 복잡하게 전개되고 있음을 알 수 있었다. 이러한 문제의식을 「신라 석씨왕실의 분기와 미추왕의 즉위」라는 석사학위논문으로 구체화했고, 이 논문은 수정과 보완을 거쳐 1년 뒤 『북악사론』 7집(2000. 8)에 게재했다.

　박사과정에 진학한 뒤에도 신라 상고사 연구에 매진했다. 그러한 과정에서 '마립간기'로 불리는 나물왕 이후의 신라정치사가 고구려와 밀접한 관련 하에 전개됨을 알게 되었다. 곧 『삼국사기』와 『삼국유사』는 물론이고 「중원고구려비」와 같은 당대 금석문과 각종 고고학 자료에 고구려가 신라를 지배했던 흔적이 고스란히 남아 있었다. 저자는 외교外交가 내정內政의 연장선상에서 이루어지는 행위로서 동전의 양면과 같은 것이라는 상식적인 명제 앞에 부닥쳤다. 곧 신라 상고기 정치사를 온전히 이해하기 위해서는 대외관계사, 그중에서도 대고구려 관계사를 정확히 규명하는 것이 관건임을 절실히 느꼈다. 이러한 문제의식을 가지고 개별논문을 작성해 나갔으며, 그 결과는 여러 학회에서의 발표와 토론을 통해 수준을 높일 수 있었다. 마침내 그동안 발표했던 논문들을 묶고 부족한 부분을 새로이 집필해 2006년 12월 「신라 상고기 고구려 관계와 정치세력 연구」라는 박사학위논문으로 제출했다.

이 책은 이러한 저자의 박사학위논문을 수정·보완한 것이다. 학위논문을 작성할 때 미처 살피지 못했던 부분과 논문제출 이후 새롭게 제기된 연구성과를 보충했고, 단행본의 성격에 맞도록 체제와 문장을 다듬었다. 사실 학위논문 출간 이후 저자는 슬럼프 아닌 슬럼프에 빠져 있었다. 논문심사 과정에서 절실히 느꼈던 저자 자신의 근본적인 능력의 한계는 자괴감으로 이어졌다. 마치 망망대해 학문의 바다에서 어디로 나아가야 할지 방향감을 상실한 듯했다. 이 책의 출간은 어찌 보면 학문적 슬럼프에 빠진 저자가 돌파구로 마련하는 차원에서 계획한 것이었다. 여러 면에서 부족한 점이 많음을 알기에, 독자의 기탄없는 질정을 항상 거울로 삼아 학문의 길에서 낙오하지 않고 조금씩 전진하는 계기로 삼고자 한다.

저자가 지금까지 공부에 전념하면서 이 정도의 미력한 성과나마 낼 수 있었던 것은 많은 분들의 도움이 있었기 때문이었다. 먼저 지도교수이신 김두진 선생님께서는 학문적으로나 인간적으로 저자가 항상 최선의 노력을 다할 수 있게 이끌어 주셨다. 선생님께서는 학문의 길에 묵묵히 매진하는 학자로서의 모습에 솔선수범하셨다. 또한 학문적으로 따끔한 충고와 따뜻한 격려는 물론 공부에 전념할 수 있도록 생활적인 면에서도 많은 도움을 주셨다. 문창로 선생님께서는 학부시절부터 저자가 힘들 때마다 찾아가 의지했고, 그럴 때마다 너그러운 미소를 주셨던 쉼터 같은 분이다. 선생님께서는 박사학위 논문의 심사를 맡아주셨을 뿐만 아니라 이 책의 출간을 손수 주선해 주시기까지 했다. 정만조·박종기·지두환·이범학·조용욱·장석흥 선생님께서도 많은 도움을 주셨다. 특히 정만조 선생님께서는 박사학위논문 심사위원장으로서 논문의 완성도를 높일 수 있게 지도해 주셨다. 박종기 선생님께서는 저자가 발표한 개별논문을 일일이 읽고 논평해 주셨는데. 선생님의 격려는 논문을 작성하는 과정에서 큰 힘이 되었다. 장석흥 선생님께서는 결혼 후 입학한 박사과정 내내 등록금 걱정없이 공부할 수 있도록 조교자리를 마련해 주셨다. 지금은 퇴임하셨지만 역사공부를 하는 데 있어 자유로운 비판의식을 가질 수 있도록 큰 가르침을 주신 조동걸 선생님의 학문적 은혜도 잊을 수 없다. 이처럼 저자 곁에서 항상 도움을 주시는 선생님들께 지면으로 감사의 마음을 표현한다는 것이 외람될 뿐이다. 앞으로 연구자로서 올곧게 정진하는 것이 선생님들의 은혜에 조금이나마 보답하는 것이 아닐까 싶다. 학위논문의 심사과정에서 많은 조언을 해주신 주보돈·정운용 선생님께도 감사드린다. 두 분 선생님을 뵌 것은 저자의 학문일생에서 커다란 행운이었다고 생각한다.

어찌 보면 지독히도 외로울 수 있었던 역사학자로서의 길을 함께 걷고 있는 북악사학회의 선·후배들과 신라사학회의 여러 선생님들은 저자가 언제나 즐겁게 공부할 수 있도록 도와주는 고마운 분들이시다. 1년 선배랍시고 항상 궂은 일을 떠넘겨도 마다하지 않고 도와

주는 한태일 선생은 이번에도 흔쾌히 영문초록을 작성해 주었다. 이들과 기울였던 소주 한잔의 우정이 영원하기를 기대한다. 아울러 요즘 같은 경제불황에 상품성 없는 이 책의 출판을 흔쾌히 수락해 주시고 예쁘게 만들어주신 신서원 임성렬 사장님과 조인순 님을 비롯한 편집부 여러분의 노고에도 감사한 마음을 전한다.

    부족하고 모난 자식이 탱자가 되지 않고 귤이 될 수 있는 토양을 마련해 주셨고, 그것도 모자라 귤나무가 무럭무럭 자라 결실을 맺을 수 있도록 거름까지 평생토록 제공해 주신 부모님께 고개 숙여 감사드린다. 당신들이 겪어왔던 삶의 노곤함이 자식들로 인해 조금이나마 풀릴 수 있기를 바라며, 오래도록 함께 계셔주기를 진심으로 기원한다. 석사학위도 미처 받지 못했던 능력없는 사위를 가족으로 받아주시고, 손자의 육아까지 도맡으면서도 힘든 내색 한 번 안하신 장인·장모님은 저자의 가장 든든한 후원자이시다. 두 분이 아니었다면 저자는 결코 오늘날의 이 자리에 설 수 없었을 것이다. 진심으로 감사드리며 항상 노력하는 큰사위가 될 것을 약속드린다. 집안의 대소사를 일일이 챙기며 물심양면으로 큰 힘이 되어주는 형·형수님, 공부하는 매제와 형부를 언제나 자랑스럽게 생각하고 격려해주는 처남과 처제 내외분께도 고마운 마음을 전하고 싶다. 마지막으로 언제나 그 자리에 가장 든든한 버팀목으로 서있는 아내 정미혜와 "눈에 넣어도 아프지 않을 것 같다"는 말이 무엇인지 가르쳐준 사랑하는 아들 현욱이와 이 책 출간의 기쁨을 함께 나누고 싶다.

2008년 12월 저 자

차 례

책을 내면서 · 5

제1장 서론 · 15

제2장 석씨왕실 내 권력다툼과 고구려 관계의 개시 · 37

  1. 조분왕~첨해왕대 고구려 관계의 개시 ················· 37

  2. 석씨왕실 가계의 분지와 고구려 관계 ················· 51

    1) 골정계·이매계의 정치적 갈등과 대고구려 인식의 차이·51

    2) 골정계·구도계 김씨세력의 연합과 미추왕의 즉위·66

제3장 김씨왕실의 개창과 고구려의 내정간섭 · 75

  1. 나물왕대 고구려 관계의 재개 ························· 75

  2. 실성왕의 즉위와 고구려의 군사적 지원 ·············· 89

  3. 고구려의 지지노선 변화와 눌지왕의 즉위 ············ 99

제4장 김씨왕실의 세습체제 구축과 고구려세력 축출 · 107

  1. 눌지왕대 김씨왕실의 안정과 박씨세력과의 제휴 ········107

  2. 왕경 주둔 고구려세력의 축출과정 ·····················117

  3. 고구려세력 축출의 대외적 배경 ·······················135

제5장 자비왕~소지왕대 축성사업 추진과 고구려와의 각축 • 145

1. 자비왕~소지왕대 축성·교전지역의 양상과 그 특징 ·················145
   1) 자비왕대 대고구려 방어성 구축·145
   2) 소지왕대 대고구려 공방전 전개·160
2. 소백산맥 이북으로의 고구려세력 축출과 대치 ·····················177
3. 고구려의 소지왕 암살미수와 신라왕실 내 정치변동 ················188

제6장 지증왕의 집권과 대고구려 방위체계 확립 • 205

1. 지증왕의 집권배경 ···205
2. 지증왕의 즉위과정과 지지세력 ··217
3. 대고구려 방위체계 확립과 삼국관계의 변화 ·························227
   1) 대고구려 축성사업과 동해안 방어망의 구축·227
   2) 삼국관계의 변화와 그 배경·236

제7장 신라 상고기 대고구려 관계의 역사적 의미 • 243

1. 김씨왕실의 집권과 박씨세력의 부상 ····································243
2. 통치체제 정비와 무관직·관부 창설의 촉발 ·························257
3. 고구려 문물의 수용과 영향 ···269

제8장 결론 • 283

참고문헌 / 영문요약[Abstract] / 찾아보기 • 299

표·그림 목록

[표 1] 관구검의 침입에 대한 사서 간 차이 ···································· 43
[표 2] 석씨왕실의 계보 ·· 53
[표 3] 신라 상고초기 閱兵과 국왕 즉위의 상관관계 ······················· 57
[표 4] 3세기 중반~5세기 초반의 삼국관계 ···································· 79
[표 5] 나물왕~지증왕대 왕실계보 ·· 98
[표 6] 5세기 전반~6세기 중반의 삼국관계 ···································· 173
[표 7] 자비왕~소지왕대 축성·교전지역의 위치비정에 대한 연구동향 ········ 178
[표 8] 神宮의 설치시기와 主神에 대한 연구동향 ···························· 256

[그림 1] 자비왕~지증왕대 축성·교전지역과 교통로 ························· 180
[그림 2] 의성군 관내도 ·· 265

일러두기

1. 본문에서 『삼국사기』· 『삼국유사』와 같은 국내의 대표적인 사서를 전거로 제시할 때는 한글로 표기했다. 중국과 일본의 자료를 인용할 때는 각 장별로 처음에만 원전대로 표기하고 이하는 한글로 표기했다. 고고학 자료의 경우 별도로 표시하지 않았으나 금석문은 「 」로 구분했다.
2. 각주에서 전거자료의 경우 『삼국사기』와 『삼국유사』는 출처만을 표기했고, 그 외의 자료는 원문을 제시했다. 중국자료의 경우 판본에 따른 해당 쪽을 밝혀두었다. 저자가 이용한 판본은 참고문헌에 제시했다.
3. 기존의 연구를 인용할 경우 저자, 논문(책)명, 발행기관에 대해 각 장별로 처음에는 원래의 것 그대로 제시했고, 이후 한글로 했다.
4. 연구논문(박사학위논문 포함)은 「 」로, 단행본은 『 』로 표시했다.
5. 연구논문이 단행본에 실려 출간되었을 경우 세미콜론(;)으로 표시했다. 연구성과를 병렬적으로 나열할 경우 콜론(:)으로 구분했다.
6. 연구논문의 경우 각 장별로 처음에만 발행기관을 표시하고 이하는 생략했다.
7. 괄호표시는 원칙적으로 ( )는 국왕의 재위년을 서기년으로 병기하거나, 중국문헌의 출처를 표기할 때 사용했다. 〔 〕는 저자가 사료나 본문의 내용을 보충할 때 이용했다.

제1장

서 론

　신라 상고기[1]는 신라사의 첫 출발에 해당하는 시기이다. 때문에 그 연구의 중요성은 두말할 나위가 없다. 그럼에도 불구하고 신라역사상 '비약적 발전기'로 일컬어지는 중고기에 비해 그동안의 연구성과가 상대적으로 부진했다. 이는 『삼국사기』와 『삼국유사』 등 문헌·금석문 자료의 절대적 부족과, 그와 맞물려 있는 초기기록[2]의 신빙성 문제에서 초래된 것이었다. 하지만 신라가 중고기에 '중앙집권적 귀족국가'로 발전할 수 있었던 토대는 당연히 상고기에서 찾아야 하며, 특히 이른바 '마립간기麻立干期[3]와 계기적으로 이해하는 것이 중요하다. 곧 '신라사의 전체적 이해체계'를 마련한다는 측면에서 상고기에 대한 연구성과의 축적은 절실하다. 저자가 이 시기에 관심을

---

1) 이 책에서의 上古期·中古期는 一然의 시대구분법에 따른 것이다. 일연은 『三國遺事』 王曆에서 신라사를 '上古'(赫居世~智證王)·'中古'(法興王~眞德王)·'下古'(太宗武烈王~敬順王)의 세 시기로 구분했다.
2) 신라사에서 '초기기록'이라 하면 일반적으로 나물왕(356~402) 이전의 기록을 의미한다. 이 책에서도 이런 의미로 사용했다.
3) 『삼국사기』에는 눌지왕부터, 『삼국유사』에는 나물왕부터 '麻立干' 왕호를 칭한 것으로 되어 있다. 이 책에서의 '마립간기'는 후자에 따라 나물왕~지증왕까지로 설정했다.

가지는 근본적인 이유는 바로 이러한 데에 있다.

 그런데 나물왕(356~402) 이후 김씨왕실의 세습과정에 고구려가 깊이 연루되어 있음이 문헌과 몇몇 금석문·고고학 자료에 나타나 있어 흥미롭다. 예컨대『삼국사기』와『삼국유사』에 따르면, 나물왕은 경쟁관계였던 실성을 고구려에 볼모로 보냈다. 실성왕(402~417) 역시 나물왕의 왕자 복호(보해)를 고구려에 볼모로 보낸 후 급기야 눌지까지 제거하려 했으나, 고구려가 지지노선을 바꿈에 따라 눌지에게 살해되고 말았다. 곧 실성왕과 눌지왕(417~458)의 즉위에 고구려가 직접 개입한 것이다.

 또한 415년에 제작된 것이 유력한 고구려 광개토왕의 이름이 새겨진 청동합이 경주 호우총에서 발굴됨으로써 당시 신라의 대고구려 종속관계가 생생하게 드러났다.「중원고구려비」(이하 중원비로 줄임)와『일본서기』웅략천황 8년(464)조에는 고구려 군사가 신라에 주둔한 사실이 기록되어 있다. 이밖에『삼국사기』지리지의 이른바 '고구려고지高句麗故地'로 일컬어지는 지명들과 순흥읍내리벽화고분(이하 읍내리고분으로 줄임) 등의 경북일대 고구려계 유물·유적을 통해서 보면, 신라가 중고기 이전에 고구려와 밀접한 관계를 맺고 있었음은 뚜렷이 확인된다. 기왕의 연구성과에 따라 그것은 '신라의 대고구려 종속' 내지 '고구려의 신라 간섭(지배)'으로 이해되어 왔다.

 저자는 신라가 중고기에 비약적으로 발전할 수 있었던 전제이자 우선적 요건으로 '고구려세력의 축출'을 꼽고자 한다. 이는 외세의 간섭 하에서라면 신라의 국가적 발전이 필연적으로 한계를 지닐 수밖에 없다는 기본적인 문제의식에서 비롯한 것이다. 결국 신라 상고기 고구려 관계의 추이를 체계적으로 조명하는 작업은 중고기 발전의 대외적 조건을 규명한다는 점에서도 의미가 크다.

신라와 고구려 관계의 추적은 단순히 '대외관계의 변화양상'이라는 현상적 측면에 그치지 않는다. 나물왕~눌지왕의 즉위과정에 고구려 군사가 직접 개입한 것이 이를 시사해 준다. 그러한 현상은 상고기 전반에 걸쳐서 대고구려 관계와 신라정치사의 흐름이 밀접하게 연동되어 있음을 암시해 준다. 저자는 결국 '관계사적 측면'에 머물지 않고 한걸음 더 나아가 '신라 내 정치변동'과 관련지어야만 비로소 신라 상고기의 고구려 관계 연구가 진일보할 수 있다는 확신을 갖게 되었다. 이 책의 제목을 '신라 상고기 정치변동과 고구려 관계'로 잡은 이유가 바로 여기에 있다.

신라 상고기 고구려 관계에 대한 연구는 문헌자료에 대한 분석으로부터 시작되었다. 우선 이병도는 나물왕이 22년(377)과 26년(381)에 전진前秦에 조공했다는 기록4)을 주목한 뒤, 이때 신라가 고구려 영토를 경유하면서 고구려의 도움을 받은 것으로 이해했다.5) 이홍직은 『삼국사기』와 『삼국유사』에 보이는 나물왕~눌지왕대 고구려의 간섭과 경자년庚子年(400) 고구려가 신라왕의 요청으로 보병과 기병 5만을 보내 신라에 침입한 왜군을 물리쳐 주었다는 「광개토왕릉비」의 기록에 주목했다. 나아가 『일본서기』 웅략천황 8년(464)조에 설화적

---

4) 『資治通鑑』 卷104, 晉紀26, 烈宗孝武皇帝上之中(3281~3282쪽) 및 『三國史記』 卷3, 新羅本紀3, 奈勿尼師今 26년(381)조.
5) 李丙燾, 『韓國史』(古代篇), 震檀學會, 乙酉文化社, 1959, 401~402쪽.

으로 전해지는 고구려군의 신라 내 주둔기록을 활용했다.6) 이를 통해 신라가 나물왕 이후 일정한 기간 동안 고구려에 종속되었다는 인식이 자리잡았다. 두 연구로써 '마립간기' 신라의 고구려에 대한 종속관계는 어느 정도 규명되었다고 볼 수 있다. 다만 그것이 '고구려의 신라 간섭[지배]시기와 형태'에 대한 논의로 진전되기까지는 상당한 과정을 거쳐야 했다. 막연히 475년에 고구려가 백제 한성漢城을 공략하고 백제가 웅진熊津[공주]으로 천도하면서 영토가 남양만에서 죽령·조령 일대까지 확장된 것으로 추정할 따름이었다.7) 이후 신라 상고기 고구려 관계는 삼국관계를 살피는 과정에서 부분적으로 다루어지는 데 그쳤다.8)

1979년 「중원비」의 발견9)은 신라·고구려 관계의 연구에 획기적 발판을 마련해 주었다. 비문에 고구려와 신라가 '형제관계'를 천명하는 의식을 치룬 것과 고구려군이 신라의 영토 안에 주둔한 사실이 보이기 때문이었다. 그런데 비문의 내용·건립연대에 대한 견해가 5세기 중반설[449년·450년]과 후반설[475년·480년·481년]로 나뉘었고, 그것이 신라의 고구려 축출시기에 대한 이해의 편차로까지 이어졌다.10)

---

6) 李弘稙, 「日本書紀所載 高句麗關係記事考」『東方學志』1·3, 延世大學校 國學研究院, 1954·1957) ; 『韓國古代史의 研究』, 新丘文化社, 1971, 140~145쪽 및 「新羅의 勃興期」 『國史上의 諸問題』3, 國史編纂委員會, 1959 ; 위의 책, 1971, 440~447쪽.
7) 李基白·李基東 共著, 『韓國史講座』1(古代篇), 一潮閣, 1982, 172쪽 : 李基白, 『韓國史新論』(新修版), 一潮閣, 1990, 66쪽.
8) 盧重國, 「高句麗·百濟·新羅 사이의 力關係變化에 대한 一考察」『東方學志』28, 1981 : 金秉柱, 「羅濟同盟에 관한 研究」『韓國史研究』46, 韓國史研究會, 1984.
9) 鄭永鎬, 「中原高句麗碑의 發見調査와 研究展望」『史學志』13, 檀國大學校 史學會, 1979 및 「中原高句麗碑의 發見調査와 意義」『中原高句麗碑 研究』(高句麗研究 10), 高句麗研究會, 學研文化社, 2000.
10) 학술발표회 결과는『史學志』13(中原高句麗碑 特輯號), 檀國大學校 史學會, 1979로

『삼국사기』에 따르면, 신라와 고구려 관계는 눌지왕이 고구려에 대한 자립을 추구한 결과 454년(눌지왕 38 : 장수왕 42) 이후 대립적으로 변했다. 「중원비」의 건립연대를 5세기 중반으로 보면 신라의 고구려에 대한 종속적 관계는 급격히 변화된 것으로 이해되고, 5세기 후반으로 볼 경우 이 시기까지 신라의 대고구려 종속관계가 유지된 것으로 볼 수 있게 된다. 당시 학술발표회의 분위기는 일간지日干支 '12월 23일 갑인十二月廿三日甲寅'과 연간지年干支 '신유년辛酉年'을 동시에 고려한 5세기 후반설이 우세했다.11) 여기에는 고구려가 475년 이후라야 한강유역을 차지할 수 있었다는 통설이 작용한 듯하다. 어쨌든 「중원비」의 발견으로 신라가 나물왕(356~402) 이후 5세기 말까지 고구려의 간섭을 받았다는 이해는 더욱 굳어졌다. 다만 '고구려의 신라 간섭형태'에 대한 분석으로까지 나아가지 못한 채, 475년 이후에 비로소 소백산맥 일대까지 영토화했다는 통설은 여전히 유지되었다.

1980년대 후반에 이르러 신라의 대고구려 종속관계 연구는 '영역적 지배'를 전제로 한 '고구려의 신라지배'에 대한 논의로 진전되었

간행되었다. 게재된 순으로 소개하면 다음과 같다.
　鄭永鎬, 「中原高句麗碑의 發見調査와 硏究展望」; 李丙燾, 「中原高句麗碑에 대하여」; 李基白, 「中原高句麗碑의 몇 가지 문제」, 『韓國古代政治社會史硏究』, 一潮閣, 1996 ; 邊太燮, 「中原高句麗碑의 內容과 年代에 대한 검토」; 任昌淳, 「中原高句麗古碑小考」; 申瀅植, 「中原高句麗碑에 대한 考察」, 『韓國古代史의 新硏究』, 一潮閣, 1984 ; 金貞培, 「中原高句麗碑의 몇 가지 문제점」, 『韓國古代史論의 新潮流』, 高麗大 出版部, 1980 ; 李昊榮, 「中原高句麗碑 題額의 新讀」, 『月山 李昊榮의 韓國史學 遍歷』, 서경문화사, 2007.

11) 논증과정은 다르지만 이병도·변태섭·신형식·이호영이 5세기 후반설을, 임창순과 김정배가 5세기 중반설을 주장했다. 「중원비」의 내용 및 건립연대에 대한 연구사는 張彰恩, 「中原高句麗碑의 연구동향과 주요 쟁점」, 『歷史學報』 189, 2006, 304~313쪽 참조.

다. 먼저 이도학은 고구려가 경자년(400)에 신라의 구원을 명분으로 출병한 뒤 5세기 중·후반까지 죽령 동남쪽 지역을 거점지배한 것으로 파악했다.12) 김정배는 기존에 소홀히 취급했던『삼국사기』지리지의 '고구려고지'에 대한 분석을 시도했다. 곧 신라의 영토가 '고구려고지'로 기록된 데에는 고구려가 어느 시기엔가 해당지역을 통치한 역사적 경험이 반영되어 있다는 것이다. 또한 경북 순흥에서 1971년과 1985년 각각 발견된 어숙지술간묘(於宿知述干墓(535년 추정))와 읍내리고분(539년 추정)의 '고구려적 요소'를 고구려가 신라를 지배한 산물로 이해했다. 여기에『삼국사기』에서 눌지왕대에 고구려 관계가 대립적으로 변화됨을 고려해「중원비」의 건립연대를 449년으로 추정했다. 결국 그는 5세기 초에 고구려가 소백산맥 이남의 신라지역을 영역지배했으며, 5세기 중엽 두 나라의 관계가 대립적으로 변했지만 6세기 초까지 고구려의 신라에 대한 영향력이 온존했음을 주장했다.13)

김정배의 연구는 그 결과뿐만 아니라 연구방법적인 면에서도 이후의 연구자들에게 많은 영향을 끼쳤다. 실제로 '고구려고지'14)와

---

12) 李道學,「新羅의 北進經略에 관한 新考察」,『慶州史學』6, 慶州史學會, 1987.
李道學,「高句麗의 洛東江流域進出과 新羅·伽倻 經營」,『國學硏究』2, 國學硏究所, 1988a 및「永樂 6年 廣開土王의 南征과 國原城」,『孫寶基博士停年紀念 韓國史學論叢』, 知識産業社, 1988b;『고구려 광개토왕릉비문 연구-광개토왕릉비문을 통한 고구려사-』, 서경, 2006.
13) 金貞培,「고구려와 신라의 영역문제」,『韓國史硏究』61·62, 1988 ;『韓國古代史와 考古學』, 신서원, 2000.
14) '고구려고지'의 역사성을 '고구려의 신라지배' 시기와 양상의 규명에 활용한 대표적인 연구는 다음과 같다.
鄭雲龍,「5世紀 高句麗 勢力圈의 南限」,『史叢』35, 高大史學會, 1989 ; 徐榮一,「5~6世紀 高句麗 東南境 考察」,『史學志』24, 1991 ; 鄭雲龍,「5~6世紀 新羅 高句麗 關係의 推移-

읍내리고분15) 등 고고학 유물의 '고구려적 요소'들은16) 고구려의 신라지배에 대한 근거자료로 적극 활용되었다.17) 이로써 5세기대에 고구려가 신라를 간섭했었다는 기존의 이해는 한층 심화될 수 있었다.18) 곧 고구려의 신라 지배기간과 범위, 지배형태에 대해 다양한

遺蹟 遺物의 解釋과 關聯하여-」,『新羅의 對外關係史 研究』, 新羅文化祭學術發表會論文集 15, 新羅文化宣揚會, 1994 ; 金賢淑, 「4~6세기경 小白山脈 以東地域의 領域向方-『三國史記』地理志의 慶北地域 '高句麗郡縣'을 중심으로-」,『韓國古代史研究』26, 한국고대사학회 편, 2002 ;『고구려의 영역지배방식 연구』, 도서출판 모시는사람들, 2005 ; 徐榮一, 「廣開土太王代 高句麗와 新羅의 關係」,『廣開土太王과 高句麗 南進政策』, 高句麗研究會 編, 學硏文化社, 2002.

15) 읍내리고분의 성격, 축조연대, 피장자의 귀속문제는 아래의 연구가 참고된다.
文化財管理局 文化財研究所,『順興邑內里壁畫古墳』, 1986 ; 東潮,「新羅・於宿知述干 壁畵墳に關する一考察」,『東アジアの考古と歷史』上, 岡崎敬先生退官記念論集, 1987 ; 李殷昌,「順興 己未中墓의 思想史的 研究」,『嶺南考古學』 4, 嶺南考古學會, 1987 ; 김정배, 앞의 논문, 1988 ; 앞의 책, 2000, 333~338쪽 ; 金昌鎬,「順興 己未銘 壁畵古墳의 築造 年報」11, 釜山直轄市立博物館, 1988 ; 李熙敦,「順興 己未年銘 壁畵墳에 대하여」,『斗山 金宅圭博士華甲紀念 文化人類學論叢』, 1989 ; 鄭雲龍,「順興 邑內里壁畵古墳의 新羅史 的 意義」,『白山學報』52, 申瀅植博士 回甲紀念論叢, 1999 ; 姜賢淑,「高句麗 壁畵墳과 新羅 榮州地域 壁畵墳 比較 考察」,『白山學報』67, 申瀅植博士 停年紀念論叢, 2003 ; 이한상,「읍내리분묘군의 편년을 통해 본 5세기대 순흥지역의 위상」,『역사문화연구』19, 한국외국어대학교 역사문화연구소, 2003.
16) 경북 일대 불교유적에서의 고구려적 요소를 분석한 秦弘燮의「新羅 北境地域 佛像의 考察」,『大丘史學』7·8, 大丘史學會, 1973이 기초가 되었다.
17) 다만 이인철은『삼국사기』편찬자가 漢州·朔州·溟州 관할 하 다수의 군현이 고구려 영역이었음을 확대해석해 3개 주를 일괄해서 '本高句麗' 郡縣으로 기록한 것으로 보아, '고구려고지'의 역사성을 인정하지 않았다(이인철,『고구려의 대외정복 연구』, 백산자료원, 2000, 296~312쪽).
18) 5세기까지의 신라와 고구려 관계를 다룬 연구성과로 다음이 주목된다.
盧泰敦,「『삼국사기』신라본기의 고구려관계 기사 검토」,『慶州史學』16, 1997 ; 孔錫龜,『高句麗 領域擴張史 研究』, 書景文化社, 1998 중 제5장 2절, 제8장 2절 ; 우선정,「麻立干 時期 新羅의 對高句麗 關係」,『慶北史學』23, 慶北史學會, 2000 ; 林起煥,「中原高句麗碑를 통해 본 高句麗와 新羅의 關係」,『中原高句麗碑 研究』(高句麗研究 10), 高句麗研究會, 學硏文化社, 2000 ; 李明植,「5세기 新羅의 對高句麗關係」,『大丘史學』69, 2002 ; 장창은,「신라 訥祇王代 고구려세력의 축출과 그 배경」,『韓國古代史研究』33, 2004a ; 張彰恩,「新羅 慈悲~炤知王代 築城·交戰地域의 검토와 그 의미-소백산맥 일

논의가 이루어졌다.

그 결과 고구려의 신라 지배시기에 대해서 4세기 말을 시작으로 보는 데는 이견이 없게 되었다. 그 하한은 연구자들 사이에 세부적인 차이가 있지만 5세기 말까지로 이해하는 경향이 강하다. 그리고 지배범위와 형태는 소백산맥 이남의 경북 북부지역을 '영역지배'했다는 견해[19]와 경북 북부지역에 고구려가 영향력을 행사했지만 '영역지배'에는 이르지 못한 것으로 한계를 두는 주장[20]으로 나뉜다.

사실『삼국사기』본기에는 450년에 신라 하슬라何瑟羅[강릉] 성주城主가 고구려 변방장수를 살해한 뒤, 454년에 고구려가 신라를 공격함으로써 기존의 우호관계가 대립적으로 변화됨이 분명히 나타나 있다.[21] 그럼에도 불구하고 종래 신라의 고구려 축출시기를 5세기 말로 늦추어 보려는 경향이 우세했던 것은 다음의 몇 가지 이유 때문이었다.

첫째는『일본서기』웅략천황 8년(464)조의 신라국내 고구려 군사

대 신라·고구려의 영역향방과 관련하여-」,『新羅史學報』2, 新羅史學會, 2004b : 張彰恩,「新羅 炤知王代 對高句麗關係와 政治變動」,『史學研究』78, 韓國史學會, 2005 : 朱甫暾,「5세기 高句麗·新羅와 倭의 관계」,『왜5왕 문제와 한일관계』(한일관계사연구논집 2), 한일관계사연구논집 편찬위원회 편, 景仁文化社, 2005 : 朱甫暾,「5~6세기 중엽 高句麗와 新羅의 관계-신라의 漢江流域 진출과 관련하여-」,『北方史論叢』11, 고구려연구재단, 2006 : 張彰恩,「新羅 智證王의 執權과 對高句麗 防衛體系의 확립」,『韓國古代史研究』45, 2007.

19) 申瀅植,「中原高句麗碑에 대한 考察」,『史學志』13, 1979 : 앞의 책, 1984, 406~409쪽 : 서영일, 앞의 논문, 1991, 11~22쪽 : 金瑛河,「高句麗의 發展과 戰爭」,『大東文化研究』32, 成均館大學校 大東文化研究院, 1997, 27~28쪽 : 노태돈, 앞의 논문, 1997, 78~83쪽 : 이명식, 앞의 논문, 2002, 223~233쪽.

20) 정운용, 앞의 논문, 1989, 17~27쪽 및 1994, 50~55쪽 :「三國關係史에서 본 中原高句麗碑의 意味」,『고구려의 국제관계』(연구총서 5), 고구려연구재단, 2005, 105~107쪽 : 김현숙, 앞의 논문, 2002, 97~107쪽.

21)『三國史記』卷3, 新羅本紀3, 訥祗麻立干 34년(450)·38년(454)·39년(455)조.

살해기록의 연대 때문이다. 곧 464년에 신라가 자국에 주둔해 있던 고구려 군사를 살해함으로써 두 나라의 관계가 대립국면으로 전환했다는 것이다.22)

둘째는 다수의 연구자들이 「중원비」의 내용·건립연대를 5세기 후반, 그중에서도 480년과 481년으로 비정했다.23) 「중원비」의 내용에 따르면, 고구려와 신라는 '형제관계'를 천명하는 의식을 치렀고, 고구려왕이 신라매금寐錦에게 의복 등을 하사했다. 또한 신라의 영토로 추정되는 우벌성于伐城[순흥]24)에 고구려 관리가 드나드는가 하면, 고구려 군사지휘관인 '신라토내당주新羅土內幢主'가 주둔해 있었다. 곧 「중원비」의 내용연대를 5세기 후반으로 보는 설은 고구려의 신라간섭 종식기를 5세기 말로 늦추어보는 중요한 논거가 되었다. 이들은 또한 481년(소지왕 3 : 장수왕 69)에 고구려가 신라 북쪽 변경을 침입해 호명狐鳴 등 7성을 빼앗고 미질부彌秩夫[흥해]에 진군했다는 기록25)을 「중원비」의 연대와 연결시키거나 그 의미를 강조했다.26)

셋째로 읍내리고분27) 등 경북 북부지역의 '고구려적 요소'를 가

---

22) 각주 19·20의 연구자 중 김현숙 외 나머지가 이러한 입론을 바탕으로 한다.
23) 각주 19·20의 연구자 중 정운용·김현숙 외 나머지가 이에 해당한다.
24) 손영종, 「중원고구려비에 대하여」, 『력사과학』 85-2, 과학백과사전출판사, 1985, 30쪽.
25) 『三國史記』 卷3, 新羅本紀3, 炤知麻立干 3년(481)조.
26) 「중원비」의 내용연대를 5세기 중엽으로 본 정운용(앞의 논문, 1989, 13쪽)과 김현숙(앞의 책, 2005, 238~239쪽)도 481년 신라침입의 주체와 출발지에 대해 소백산맥 일대에 주둔해 있던 '고구려 군사'를 주목했다.
27) 고분묵서명 '己未年'의 연대비정은 479년·539년·599년설로 나뉘는데, 기존에는 539년 이후 설이 우세했다. 다만 정운용은 앞의 논문, 1999, 165~174쪽에서 479년설을 주장했고, 이한상도 고고학적 입장에서 무덤 조성연대의 하한을 539년 이전의 6세기 전반으로 추정했다(이한상, 앞의 논문, 2003, 23쪽).

진 유물의 분포지역을 고구려 세력권 내지 고구려 군사의 주둔지로 이해하려는 경향이 있다.

그러나 기왕의 연구성과는 5세기 신라와 고구려 관계에서 고구려의 남진사적南進史的 입장을 과장한 감이 없지 않다. 사실『일본서기』웅략천황 8년 봄 2월조의 내용은 '고구려와 신라의 우호→고구려 군사의 신라주둔과 살해→고구려의 신라침입→임나일본부의 신라구원'이라는 인과구조로 되어 있다. 이 기록이 비록 464년조에 정리·수록되었다 하더라도 이와 같은 일련의 사건이 모두 같은 해에 일어났다고 보는 것은 무리이다. 곧 이 기록은 여러 해에 걸쳐 일어난 사건이 압축되어 정리된 결과로 생각된다.

신라에 주둔해 있던 고구려 군사 살해사건의 발생연대를『삼국사기』를 존중해 454년 이전으로 수정해 이해하는 것이 합리적이라는 지적[28]은 이러한 면에서 경청할 만하다. 「중원비」의 내용·건립연대도 481년설의 주요논거였던 연간지 '신유년辛酉年'이 2000년 고구려연구회의 신석문新釋文에서 회의적으로 판명된 이후[29] 5세기 중엽설이 강세를 이루고 있다. 따라서 5세기 후반설에 근거해 고구려의 신라 간섭시기를 이해하는 것은 재검토의 여지가 있다.『삼국사기』에서 481년에 고구려가 신라 북쪽 변경을 급습했다는 것도 기록대로라면 신라의 승리로 귀결되었으므로, 고구려의 신라지배 근거로 삼는 데

---

28) 김현숙, 앞의 논문, 2002 ; 앞의 책, 2005, 236~237쪽. 김현구·박현숙·우재병·이재석 공저,『일본서기 한국관계기사 연구(Ⅰ)』, 일지사, 2002, 247~248쪽에서도 이 기사가 5세기 중·후반에 걸쳐 일어난 고구려·신라 관계사가 압축되어 설화적으로 기술된 것으로, 고구려의 신라침입을 464년으로 간주할 필요는 없다고 했다.

29) 高句麗硏究會 編,『中原高句麗碑 硏究』, 학연문화사, 2000, 100~103쪽.

에 동의하기 힘들다.30) 경북 북부지역 고구려계 유물의 분포범위를 고구려 영역으로 등치시키려는 시도도, '문화적 영향'과 '실질적인 영역지배'에 혼동의 우려가 있으므로31) 신중을 기해야 한다.

기존의 연구결과는 신라사의 발전과정을 고려할 때도 납득하기 어렵다. 곧 5세기 말까지 신라가 고구려의 직·간접적인 지배를 받았다면 지증왕(500~514) 즉위 후 신라가 비약적으로 발전할 수 있었겠는가 하는 의문이 든다. 짧은 시간적 간격도 문제이거니와, 신라·고구려 관계의 변화와 고구려의 축출, 각축과정에 대한 계기적 이해가 결여되어 있다는 느낌을 지울 수 없다. 기왕의 연구에 따른다면 『삼국사기』에 보이는 눌지왕대 이후 고구려 관계의 변화 및 그와 맞물려 진행된 체제정비 과정을 합리적으로 설명하기가 어렵다.

또한 자료의 취급에서 『삼국사기』 지리지와 금석문, 고고학 자료에 치우친 나머지 정작 『삼국사기』 본기의 분석에 소홀한 점도 문제로 지적될 수 있다. 곧 신라·고구려본기에 눌지왕대 이후 고구려 관계의 변화과정과 자비왕~지증왕대의 축성·교전기록이 전해짐에도 불구하고, 이에 대한 분석에 소홀했다. 사실 신라의 고구려 축출시기와 양상의 규명에는 신라의 축성과 고구려와 신라의 교전지역 검토가 중요하다. 왜냐하면 축성은 필연적으로 자국의 통치범위 안에서라야 추진이 가능한 사업이고,32) 전쟁은 주로 두 나라의 국경지

---

30) 이도학, 앞의 논문, 1988a : 앞의 책, 2006, 409~410쪽.
31) 김현숙, 앞의 논문, 2002, 79쪽.
32) 이도학은 신라가 5세기 중반 이후 軍管區의 성격의 산성축조를 변경으로 확대하는 현상을 고구려의 축출과 연관지었다(이도학, 앞의 논문, 1987, 26쪽). 저자는 이에

대에서 발생할 가능성이 크기 때문이다. 곧 5세기 중·후반 축성·교전지역을 검토함으로써 신라·고구려 관계의 추이와 두 나라의 영역 판도를 그려낼 수 있을 것이다.

한편 3세기 중반에 신라와 고구려가 관계를 맺은 기록이 『삼국사기』와 『삼국유사』에 전해짐에도 불구하고 믿지 않거나 별다른 의미를 부여하지 않은 듯하다. 때문에 신라·고구려 관계의 개시연대를 4세기 후반으로 보는 것이 대세로 자리잡았다. 그러나 4세기 전반으로 추정되는 경주월성로고분군에서 고구려 계통의 유물이 발견되는 등의 고고학적 성과와, 동해안로를 통해 3세기 이전에 고구려·옥저·동예와 신라가 교류했음을 알려주는 기록들로 미루어 볼 때, 신라와 고구려 관계의 개시연대는 3세기 중반까지 올라갈 가능성이 다분하다. 굳이 신라·고구려 관계에 대한 인식의 지평을 나물왕대 이후로 한정할 필요는 없다고 생각한다.

기존연구의 근본적인 문제는 대외관계를 주제로 삼으면서 겉으로 드러나는 '우호'와 '대립'이라는 외교적 현상의 분석에 머무른 데 있다. 외교가 내정의 연장선상에서 이루어진 정치행위임을 감안할 때, 고구려와 신라의 자국 내 정치동향과 관련지어야만 입체적인 분석이 이루어질 수 있을 것이다. 이와 관련한 신라 상고 정치사에 대한 연구는 그동안 『삼국사기』 신라본기 초기기록(이하 초기기록으로 줄임)의 신빙성 논의에서 비롯된 기년紀年논쟁과 국가발전단계 및 정치체제 논의에 집중되어 왔다.

시사받은 바 크다.

초기기록 신빙성 논의는 신라의 모체인 사로국斯盧國의 국가발전 단계가 당대자료인 『삼국지』 동이전과 상충됨에서 비롯되었다. 곧 3세기의 사로국을 『삼국사기』는 경상도 일대 진한辰韓 소국小國을 병합한 연맹왕국으로 묘사한 데 반해, 『삼국지』는 진한 12국 중 하나로 기록하고 있다. 게다가 초기기록 자체 내 기년조정의 흔적,[33] 세대 간의 불합리한 연령차이,[34] 역사발전의 대세에 거스르는 면[35] 등은 지속적으로 신빙성 문제를 야기시켜 왔다. 현재는 일본인 학자들의 부정론[36]이 극복된 가운데 수정론적 관점에서 다양한 연구성과가 축적되고 있다. 초기연구가 주로 왕실계보와 기년의 수정문제를 다루었다면,[37] 90년대 이후에는 연구자 자신의 기년수정안을 입론으로 삼아 신라 상고기 정치체제, 국가성립 및 지방통치체제의 발전과정에 대한 본격적인 연구로까지 결실을 맺었다.[38]

---

[33] 사로국을 건국한 혁거세와, 석씨왕실을 개창한 벌휴이사금의 즉위년이 甲子年이다. 이는 '甲子革命說'을 의식한 인위적 조정이라는 것이 통설이다.

[34] 瓠公의 활동연대가 85년에 이르는 점, 仇道-味鄒-奈勿의 3세대 간 차이가 2백여 년이나 벌어지는 점, 父子 사이인 석우로와 흘해왕의 세대 차가 1백여 년이라는 점 등이다.

[35] 사로국이 주변의 소국도 복속하지 못한 탈해왕대(57~80)에 소백산맥 일대에서 백제와 교섭·교전한 것 등이 있다.

[36] 津田左右吉, 「三國史記の新羅本紀について」『古事記及び日本書紀の研究』, 1919 ; 今西龍, 「新羅史通說」『新羅史研究』, 近澤書店, 1933 ; 末松保和, 「新羅上古世系考」『史學論叢』, 1938 ; 『新羅史の諸問題』, 1954가 대표적이다.

[37] 金哲埈, 「新羅 上古世系와 그 紀年」『歷史學報』17·18, 1962 ; 『韓國古代社會研究』, 知識産業社, 1975 ; 서울大學校 出版部, 1990, 190~213쪽 ; 金光洙, 「新羅 上古世系의 再構成 試圖」『東洋學』3, 檀國大 東洋學研究所, 1973, 369~388쪽 ; 李仁哲, 「新羅 上古世系의 新解釋」『淸溪史學』4, 淸溪史學會, 1986 ; 『新羅村落社會史研究』, 一志社, 1996, 332~338쪽.

[38] 강종훈, 『신라상고사연구』, 서울대학교 출판부, 2000 ; 宣石悅, 『新羅國家成立過程研究』, 혜안, 2001 ; 이부오, 『신라 군·성〔촌〕제의 기원과 소국집단』, 서경, 2003.

저자 역시 초기기록에 대한 엄정한 사료비판이라는 문제의식에는 충분히 공감한다. 그럼에도 불구하고 기년과 계보의 수정은 좀더 신중해야 할 것 같다. 『삼국사기』전체가 유기적으로 구성되어 있음에도 불구하고 신라본기의 기년만 조정했을 때 발생하는 문제[39]도 물론이거니와, 신라 상고기 역사상의 규명에 자칫 혼란을 가중시킬 수 있다는 우려가 생기기 때문이다. 『삼국사기』초기기록은 쉽게 조작될 수 있는 성질의 것이 아닌 듯하며,[40] 비록 후대적 용어나 기년상의 불합리한 점이 있더라도 계보나 기년의 대폭적인 수정까지 요하는 문제는 아니라고 생각한다.

국가발전단계 논의[41]는 신라 상고기에 국한된 문제는 아니지만 역시 초기기록의 신빙성 문제라든가 정치체제 문제와 맞물려 최근까지 논의의 쟁점이 되고 있다. 한동안 백남운 이후 손진태와 김철준이 부족국가-부족연맹-귀족국가의 발전도식으로 체계화한 부족국가론部族國家論이 통설로 인정받았다. 그러다가 1970년대 이르러 부

---

39) 李熙眞, 「三國史記 초기기사에 대한 최근 紀年調整案의 문제점」『歷史學報』160, 1998, 239~242쪽.

40) 高柄翊, 「三國史記에 있어서의 역사서술」『金載元博士華甲紀念論叢』, 1969 ; 『韓國의 歷史認識』上, 창작과 비평사, 1976, 48~55쪽 ; 盧泰敦, 「『三國史記』上代記事의 신빙성문제」『아시아문화』2, 翰林大 아시아文化硏究所, 1987 ; 『한국사를 통해 본 우리와 세계에 대한 인식』, 풀빛, 1998, 322쪽 ; 朱甫暾, 「新羅國家 形成期 金氏族團의 성장배경」『韓國古代史硏究』26, 2002, 117~125쪽.

41) 이하의 내용은 다음의 논문을 참고해 정리한 것이다.
朱甫暾, 「韓國 古代國家 形成에 대한 연구사적 검토」『한국고대국가의 형성』, 民音社, 1990 및 「초기국가 형성론」『한국 전근대사의 주요 쟁점』, 역사비평사, 2002 ; 하일식, 「고대사 연구의 주요 쟁점과 과제」『한국사 연구 50년』, 이화여자대학교 한국문화연구원 편, 2005 ; 金壽泰, 「新羅의 國家形成」『新羅文化』21, 東國大學校 新羅文化硏究所, 2003.

족국가론에 대한 대안으로 성읍국가론城邑國家論과 신진화론을 적용한 Chiefdom론이 제기되었다. 성읍국가론은 천관우가 성읍국가 - 영역국가 단계로 설정한 이후, 이기백이 성읍국가 - 연맹왕국 - 중앙집권적 귀족국가설로 완성했다. Chiefdom론은 Elman Service가 제시한 Band - Tribe - Chiefdom - State의 진화도식을 받아들인 것이었다. 그런데 김정배는 Chiefdom을 '군장사회君長社會'로 번역해 삼한시대에, 최몽룡은 '족장사회族長社會'로 번역한 뒤 기원전 5·6세기~기원 전후의 지석묘사회에 적용했다. 그런가 하면 이종욱은 '추장사회酋長社會'로 번역해 신라의 6촌장사회(기원전 7~2세기)에 대입시키는 등 연구자들 간에 이해차이가 크다.

한편 1975년 노태돈[42]에 의해 제기된 이른바 '부체제론部體制論'이 많은 연구자들에 의해 발전적으로 계승되면서[43] 부체제-[중앙집권적] 영역국가[귀족국가]라는 국가발전단계가 설정되기도 했다.[44] 부체제 논쟁의 핵심은 부의 성격을 어떻게 보느냐에 있다. 곧 행정구역설[45]과 단위정치체설[46]이 대립하고 있는데, 전자가 초기기록을 신빙하는 입

---

42) 盧泰敦, 「三國時代의 '部'에 關한 硏究-成立과 構造를 중심으로-」 『韓國史論』 2, 서울大學校 國史學科, 1975.
43) 전덕재와 강종훈은 이를 신라 상고사에 적용해 연구서로 집대성했다.
全德在, 『新羅六部體制硏究』, 一潮閣, 1996 : 강종훈, 앞의 책, 2000.
44) '부체제론'자 사이에도 부의 성립과 소멸시기에 대해 의견이 다양하다. 전덕재, 위의 책, 1996, 1~9쪽에는 신라 6부에 대한 연구사의 흐름이 잘 정리되어 있다.
45) 李鍾旭, 「新羅'部體制說'에 대한 비판-하나의 새로운 新羅史體系를 위하여-」 『韓國史硏究』 101, 1998 : 『한국 고대사의 새로운 체계』, 소나무, 1999 : 「한국고대의 부와 그 성격-소위 부체제설 비판을 중심으로-」 『韓國古代史硏究』 17, 2000 : 전미희, 「冷水碑·鳳坪碑에 보이는 신라 6부의 성격」 『韓國古代史硏究』 17, 2000이 대표적이다.
46) 노태돈, 앞의 논문, 1975 : 「초기 고대국가의 국가구조와 정치운영-부체제론을 중심으로-」 『韓國古代史硏究』 17, 2000 : 「삼국시대의 部와 부체제-부체제론 비판에 대

장에서 왕권을 강조한 반면, 후자는 초기기록에 대한 수정적 입장에서 개별 부가 자치체였으며 왕도 부의 대표자에 불과한 것으로 이해했다.

이와 같은 초기기록 신빙성 문제에서 비롯된 국가발전단계와 정치체제 논쟁이 신라 상고기 정치사를 규명하기 위해서 반드시 필요한 작업임은 분명하다. 그럼에도 불구하고 통치조직이라든가 정치세력의 변동 등 구체적인 연구로 진전되지 못한 것은 한계라 할 수 있겠다. 그런 와중에 초기기록의 적극적인 활용과 건국신화의 체계적인 분석을 통해 왕실세력의 변천에 대한 이해의 틀이 마련되거나,[47] 제도사적 분석으로 통치조직의 규명을 시도한 점[48]은 주목할 만한 성과로 평가된다.

저자는 신라 상고기 정치사의 선결과제는 정치체제와 제도에 앞서 그 운용주체로서 정치세력의 실상을 규명하는 일이라고 생각한

한 재검토-」『韓國古代史論叢』10, 2000 ; 전덕재, 앞의 책, 1996 및 『한국고대사회의 왕경인과 지방민』, 태학사, 2002 ; 강종훈, 앞의 책, 2000 및 「삼국 초기의 정치구조와 '部體制'」『韓國古代史硏究』17, 2000이 대표적이다.

47) 李鍾旭,『新羅上代王位繼承硏究』, 嶺南大學校出版部, 1980 및『新羅國家形成史硏究』, 一潮閣, 1982 ; 金杜珍,「新羅 昔脫解神話의 形成基盤-英雄傳說의 性格을 중심으로-」『韓國學論叢』8, 國民大學校 韓國學硏究所, 1986 ;「新羅 建國神話의 神聖族觀念」『韓國學論叢』11, 1988 ;「新羅 金閼智神話의 形成과 神宮」『李基白先生古稀紀念 韓國史學論叢』上, 一潮閣, 1994 ;「韓國古代의 建國神話와 祭儀』, 一潮閣, 1999 ; 金哲埈,「新羅 上代社會의 Dual Organization」『歷史學報』1·2, 1952 및「新羅 上古世系와 그 紀年」『歷史學報』17·18, 1962 ; 앞의 책, 1990 ; 申瀅植,「新羅王位 繼承考」『柳洪烈博士 華甲紀念論叢』, 探求堂, 1971.

48) 李基白,「新羅時代의 葛文王」『歷史學報』58, 1973 ;『新羅政治社會史硏究』, 一潮閣, 1974 ; 李文基,「新羅 上古期의 통치조직과 국가형성문제」『한국 고대국가의 형성』, 民音社, 1990 ; 金瑛河,「新羅 上古期의 官等과 政治體制」『韓國史硏究』99·100, 1997 ;『韓國古代社會의 軍事와 政治』, 高麗大學校 民族文化硏究院, 2002.

다. 물론 그동안에도 이러한 점이 전적으로 무시된 것은 아니었다. 하지만 정치세력으로서의 분석대상이 주로 왕실세력에 국한되었고, 그나마 박朴·석昔·김金 3성세력 사이의 정치적 제휴와 갈등이라는 도식적인 잣대를 적용했다. 그러나 3성세력은 신라 상고기부터 혈연집단 내 직계와 방계 간의 분지화分枝化가 일어나 정치적으로 갈등·대립했다. 다른 성씨집단과의 세력연합을 통해 같은 성씨집단을 견제하는 모습은 곳곳에서 발견할 수 있다.

요컨대 신라 상고기 정치세력의 역학관계는 기왕의 생각보다 복잡한 양상으로 전개되었음을 예측할 수 있다. 또한 왕실세력과 함께 그들을 지지한 세력으로서 귀족과 지방세력을 함께 다루어야만 입체적 연구로 수준을 높일 수 있다. 결국 대외관계, 특히 고구려 관계의 변화를 주도한 주체에 대한 규명은 정치세력의 변동양상을 좀더 세밀하게 분석할 때만이 성공적으로 이루어질 수 있을 것이다.

이 책에서는 신라·고구려 관계의 개시연대를 감안해 3세기 중반~6세기 초반을 분석의 대상으로 삼았다. 지증왕대를 시간적 범위의 하한으로 잡은 까닭은 이때 신라와 고구려의 관계가 새로운 국면으로 전환될 뿐만 아니라, 왕실세력의 교체도 이루어지기 때문이다. 곧 5세기 중엽~말까지 신라와 고구려가 각축하던 양상은 6세기 초 지증왕 즉위 후 고구려와 백제 두 나라 간의 대립국면으로 변화되었다. 또한 눌지왕~소지왕대에 왕실의 혼인이 김씨세력 안에서 이루어지고 왕위계승이 나물왕 직계로 계승되던 형국은, 나물왕 방계 지증에게 넘어갔고 그에 따라 박씨가 왕비족으로 새롭게 등장했다.

　본 연구주제의 두 축은 신라와 고구려지만, 두 나라의 관계에서 백제가 중요변수로 등장하므로 연구의 공간적 범위에는 백제를 포함한다. 또한 고구려는 백제·신라와 동시에 전연前燕·후연後燕·북위北魏 등 북중국 세력과 각축했으므로 대외관계의 객관적인 변화양상과 변동요인을 이끌어내기 위해 이에 대한 분석에도 만전을 기할 것이다.

　이 책에서는 문헌자료를 중심으로 금석문·고고학 자료를 최대한 이용하고자 한다. 우선 기본자료인『삼국사기』와『삼국유사』에 대한 분석을 철저히 하겠다. 이전에는 초기기록의 신빙성 논의에 집중한다든지, 금석문·고고학 자료에 우선순위를 두는 과정에서 두 사서가 전하는 많은 정보를 놓친 면이 있었다. 저자는 초기기록의 기년은 신중히 사료비판을 하되 내용은 적극적으로 활용하려 한다. 또한 삼국 간의 영역판도를 추적하는 단서로 중요한 축성과 교전지역의 검토에는『삼국사기』외에도『신증동국여지승람』등 조선시대 지리지를 최대한 참고하겠다. 그밖에 단편적이지만『일본서기』와 중국의 정사류도 기본적인 자료로 이용할 것이다.

　당대자료로서 금석문의 중요성 역시 두말할 나위가 없다.「광개토왕릉비」·「중원비」·「호우총출토 호우명」 등에는 문헌에 없는 신라와 고구려의 관계를 알려주는 단서가 많다. 특히「중원비」의 내용·건립연대는 논란이 분분한 만큼 이에 대한 논증에 소홀함이 없도록 하겠다. 한편 고고학 자료 역시 보조자료로 적극 활용하고자 한다. 신라·고구려 관계의 기원을 살필 때, 신라고분에서 출토되는 4세기의 고구려계 토기·마구류·장신구 등은 문헌자료를 보완해 주는 유용한 자료이다. 또한 축성·교전지역의 위치를 비정하는 데 있어 현존하는 산성자료는 중요한 검토대상이 된다. 읍내리고분과 경북 일대 고구려계 유물·유적, 동해안 일대에서 꾸준히 발굴되는 고분유적도 신라와 고구려의 교섭과 각축양상을 추적하는 단서로 이용하겠다.

신라 상고기 정치세력의 규명에는 성씨姓氏가 기본적인 분석틀이 될 것이다. 『북제서』에서 처음 진흥왕에 김씨성을 부여한 데 주목해, 상고기의 성씨는 후대에 붙여진 데 불과하다는 견해도 있지만, 진흥왕 이전에 성姓이 없었던 것이 아니라 중국식 성이 사용·정착되지 않았다고 하는 것이 옳을 것이다. 비록 박·석·김으로 성을 삼은 것은 후대일 수 있더라도, 그것을 소급할 수 있는 확실한 계보와 그 주체로서의 친족공동체가 있었음을 유념할 필요가 있다.49) 곧 성씨의 분석을 통한 상고기 정치사 연구는 온당하다고 생각한다. 다만 같은 성씨 안에서도 '혈연집단의 분지화'가 일어나므로, 성씨가 같다고 해서 정치적 성격까지 같은 것으로 섣불리 단정해서는 곤란하다. 이러한 작업은 혼인관계라든가 실제 정치활동의 분석을 통해 규명될 것이다.50) 이상과 같은 문제의식과 연구방법을 가지고 이 책에

49) 金哲埈, 「新羅時代의 親族集團」, 『韓國史研究』1, 1968 : 앞의 책, 1990, 281~282쪽.
50) 신라 상고기 친족집단의 성격(출자) 및 왕위계승의 원리에 대해서는 기왕에 單系說[父系·母系]·非單系說[兩系(Double descent)]·선택적 양계출자체계(Ambilineal descent system) 등 논란이 분분했다. 저자는 신라왕실의 혈통은 부계적이지만 父쪽의 단계성만이 강조된 것이 아니라 모계인척의 비중이 컸다고 한 견해에 동의한다(李基東, 「新羅 中古時代 血緣集團의 特質에 관한 諸問題」, 『新羅骨品制社會와 花郞徒』, 一潮閣, 1984, 114쪽). 더불어 신라 상고기의 왕위계승은 기본적으로는 父系(子)계승을 추구했지만, 혈족

서는 다음과 같이 논지를 전개시키도록 하겠다.

제2장에서는 우선 이전에 부정하거나 소홀히 다루었던 3세기 중반 조분왕(230~247)~첨해왕대(247~261) 대고구려 교전·교섭기록의 신빙성 여부를 검증해 보고자 한다. 이를 토대로 석씨왕실 내 직계〔骨正系〕와 방계〔伊買系〕간의 정치적 갈등양상을 살펴본 후, 이들의 고구려에 대한 인식이 어떻게 다른지 살피도록 하겠다. 나아가 석씨왕실의 갈등구조 속에서 구도계(仇道系) 김씨(金氏) 미추왕(262~284)이 집권하는 과정과 배경을 추적해 보고자 한다.

제3장에서는 신라의 고구려 교섭이 나물왕(356~402)이 즉위한 후 재개되면서 고구려에 종속되는 과정을 고찰해 보겠다. 먼저 신라와 고구려의 관계가 나물왕대 김씨왕실의 개창과 더불어 재개될 수 있었던 대내외적 배경을 살펴볼 것이다. 또한 나물왕·실성왕대(402~417)와 눌지왕(417~458) 즉위 전후 고구려의 내정간섭과 왕실세력 간의 권력다툼이 어떻게 연결되는지 검토해 보겠다. 고구려가 실성왕에서 눌지로 지지를 전격적으로 바꾼 이유에 대해서도 추적해 볼 예정이다.

제4장에서는 눌지왕이 고구려와의 종속관계를 청산한 뒤 중앙정계에서 고구려 군사를 축출하는 과정을 분석해 보고자 한다. 이를 위해 우선 김씨세력 중심의 통치체제 정비와, 박씨세력과의 제휴를 통한 지지기반의 확대라는 측면을 고구려 군사 축출의 대내적 배경으로 주목할 것이다. 또한 고구려 군사 축출의 대외적 배경으로 장

체계의 원리보다는 정치적 역학관계가 우선적으로 반영된 결과라고 생각한다.

수왕대 고구려의 정치동향과 대외관계를 살펴 연구의 객관성을 제고시키려 한다.

제5장에서는 자비왕(458~479)~소지왕대(479~500) 고구려와의 각축양상을 규명해 보고, 이를 신라 정치변동과 관련지어 보겠다. 우선 자비왕대 축성지역의 검토를 통해 신라와 고구려의 영역판도를 조망하고자 한다. 또한 소지왕대 축성·교전지역을 살핌으로써 소백산맥 이북으로의 고구려세력 축출 및 대치국면을 가늠해 볼 것이다. 나아가 『삼국유사』에 전해지는 '사금갑射琴匣 설화'를 고구려의 소지왕 암살미수 사건으로 재조명한 뒤, 신라왕실 내 정치변동과 연결시켜 보겠다.

제6장에서는 지증왕(500~514)의 집권배경 및 과정, 그리고 즉위 후 행해진 대고구려 방위체계의 확립과 그에 따른 삼국관계의 변화를 살펴보고자 한다. 지증왕의 즉위를 일반적으로 '찬탈'로 이해하지만, 집권배경에 대한 면밀한 검토는 미흡했다. 여기에서는 소지왕이 말년에 '친고구려세력'과 제휴하면서 폐위되는 과정을 부각할 것이다. 또한 지증왕의 지지세력이었던 박씨세력의 정치적 성장과정을 추적해 보겠다. 이로써 중고기 '박씨왕비족시대'가 열리는 이유와 그 계기적 과정이 드러날 것이다. 나아가 지증왕 즉위 후 대고구려 축성사업의 완비로써 일단락되는 신라·고구려 관계와 삼국관계의 변화를 조망하려 한다.

제7장에서는 신라 상고기 고구려 관계의 역사적 의미를 부여해 보고자 한다. 우선 정치사적 측면에서 김씨세력의 집권과 박씨세력의 정치적 부상에 초점을 맞추어 볼 것이다. 제도사적인 측면에서는

통치체제의 정비과정을 살피면서 무관직武官職·관부官府의 창설이 촉발되는 특성에 주목하고자 한다. 마지막으로 사회·문화사적 측면에서 신라가 고구려의 정치적 간섭을 받고 이를 극복해 나가는 과정에서 고구려로부터 수용한 문물이 신라사회에 어떠한 영향을 미쳤는지 고민해 보겠다.

이 책을 통해 상고기 신라의 고구려 축출시기와 과정이 계기적이면서 입체적으로 분석되었으면 하는 바람을 갖는다. 이를 통해 신라가 중고기에 '중앙집권적 귀족국가'로 발전할 수 있었던 배경이 드러나지 않을까 생각된다. 궁극적으로는 신라 상고사에 대한 종합적 지견을 높이고 신라사 전체의 이해체계를 진전시키는 데 조금이나마 기여할 수 있기를 기대해 본다.

제 2 장

석씨왕실 내 권력다툼과 고구려 관계의 개시

1. 조분왕~첨해왕대 고구려 관계의 개시

신라와 고구려의 관계는 현전하는 기록에 따르면 3세기 중반 한 차례 교전交戰·교섭交涉하는 것으로 시작되었다. 이에 대한 구체적인 내용은 다음의 기록에서 알 수 있다.

1-① 겨울 10월에 고구려가 북쪽 변경으로 쳐들어왔다. 于老가 군사를 이끌고 나가 싸웠으나 이기지 못하고 물러나 馬頭柵을 지켰다. 그날 밤이 몹시 추웠는데, 우로가 사졸들을 위로하고 몸소 장작을 피워 그들을 따뜻하게 해주니 모두 마음속으로 감격했다.1)
② 2월에 고구려에 사신을 보내 화친을 맺었다.2)

---

1) 『三國史記』卷2, 新羅本紀2, 助賁尼師今 16년(245)조. 『三國史記』卷17, 高句麗本紀5, 東川王 19년(245)조에도 같은 내용이 실려 있다.
2) 『三國史記』卷2, 新羅本紀2, 沾解尼師今 2년(248)조. 『三國史記』卷17, 高句麗本紀5,

사료 1-①~②에 따르면, 고구려는 동천왕 19년(245)에 신라 북쪽 변경을 쳐들어갔다. 신라는 당시 최고의 권력가이자 장군이었던 석우로昔于老를 내보내 맞섰으나 패하고 말았다. 3년 후 신라는 고구려에 사신을 보내 화친을 도모했는데, 고구려가 이를 받아들임으로써 두 나라는 화친관계를 맺게 되었다.

그런데 이 기록들에 대해 대부분의 연구자들은 구체적인 논증과 정도 없이 믿지 않는 경향이 강했다.3) 그것은 당시 낙랑군樂浪郡·대방군帶方郡과 옥저沃沮·동예東濊가 두 나라를 가로막고 있는 지리적 형세와, 244~245년 위魏나라 장수 관구검毌丘儉의 공격으로 고구려가 신라를 쳐들어갈 여력이 없었을 것이라는 정황에서 비롯된 것으로 생각된다.4) 일부 연구자들에 의해 반론이 펼쳐지기도 했지만5) 단

東川王 22년(248)조와 『三國遺事』卷1, 王曆1, 第十二理解尼叱今[沾解尼師今]조에도 같은 내용이 전해진다.
3) 末松保和, 「新羅建國攷」『新羅史の諸問題』, 1954 : 『新羅の政治と社會』(末松保和朝鮮史著作集 1), 吉川弘文館, 1995, 138~139쪽 ; 李丙燾, 『韓國史』(古代篇), 震檀學會, 乙酉文化社, 1959, 403쪽 ; 林起煥, 「漢城期 百濟의 對外交涉-3~5세기를 중심으로-」 『漢城期 百濟의 물류시스템과 對外交涉』, 한신대학교 학술원, 학연문화사, 2004, 106쪽의 각주 14 및 「4세기 동아시아 정세 변동과 고구려의 대외전략」 『광개토대왕비와 한일관계』(한일관계사연구논집 1), 한일관계사연구논집 편찬위원회 편, 景仁文化社, 2005, 39쪽의 각주 46.
4) 李基東, 「于老傳說의 世界」 『韓國古代의 國家와 社會』, 歷史學會 編, 1985 : 『新羅社會史研究』, 一潮閣, 1997, 31~32쪽 ; 盧泰敦, 「『삼국사기』 신라본기의 고구려관계 기사 검토」 『慶州史學』 16, 1997, 74~75쪽 ; 徐榮一, 「廣開土太王代 高句麗와 新羅의 關係」 『廣開土太王과 高句麗 南進政策』, 高句麗研究會 編, 學研文化社, 2002, 39쪽의 각주 4 ; 朱甫暾, 「5세기 高句麗·新羅와 倭의 관계」, 「왜5왕 문제와 한일관계」(한일관계사연구논집 2), 한일관계사연구논집 편찬위원회 편, 景仁文化社, 2005, 141쪽. 이부오도 같은 입론이지만 4세기 초로 기년을 인하했다(李富五, 「新羅初期 紀年問題에 대한 재고찰」, 『先史와 古代』 13, 1999, 249쪽 및 「4세기 초·중엽 고구려·백제·신라의 관계 변화」, 『新羅史學報』 5, 新羅史學會, 2005, 13~14쪽, 22쪽). 다만 이기동과 노태돈은 245

편적인 언급에 그치고 말았다. 결국 3세기에 중반 신라와 고구려의 관계가 실질적으로 개시되었는 지에 대해서는 여전히 회의적인 견해가 지배적이다. 그리하여 신라와 고구려의 관계는 4세기 후반 고구려의 도움으로6) 신라가 전진前秦에 사신을 파견함으로써7) 시작되는 것으로 이해함이 통설로 자리잡았다.

그러나 4세기 전반으로 추정되는 경주월성로고분군 중 가-5호와 가-12호묘에서 각각 고구려 계통의 녹유소호綠釉小壺와 찰갑札甲이 발굴되었다.8) 이로써 신라와 고구려 관계의 개시연대는 기존의 이해보다 소급될 여지가 마련된 셈이다.9) 실제로 이후 '신라는 3세기 단계의 진·변한문화 공통기반을 토대로 한 위에 고구려 계통의 색채

년의 교전기록만 언급했다.
5) 이인철, 「고구려의 대외정복 연구」, 백산자료원, 2000, 294쪽 : 박노석, 「서기 3세기의 고구려의 동해안 지역 진출」『全北史學』23, 全北史學會, 2000, 84~85쪽 : 김선숙, 「4세기 신라 정치외교관계의 형성과 그 배경-고구려·왜와의 관계를 중심으로-」『慶州文化研究』5, 慶州大學校 文化財研究所, 2003, 26~27쪽 : 윤성용, 「4~5세기 고구려와 신라의 관계」『호우총 은령총』(발굴60주년 기념심포지엄 발표논문집), 국립중앙박물관, 2006, 84쪽. 이인철과 김선숙은 245년의 교전기록만 언급했고, 윤성용은 248년의 교섭기록만 다루었다.
6) 李丙燾, 『韓國史』(古代篇), 震檀學會, 乙酉文化社, 1959, 401~402쪽.
7) 『資治通鑑』卷104, 晉紀26, 烈宗孝武皇帝上之中(3281~3282쪽)에 "太元二年[377] 春 高句麗新羅西南夷皆遣使入貢于秦"라 했고, 『三國史記』卷3, 新羅本紀3, 奈勿尼師今 26년 (381)조에 "春夏旱 年荒民飢 遣衛頭入苻秦貢方物 苻堅問衛頭曰 卿言海東之事與古不同 何耶 答曰 亦猶中國時代變革名號改易 今焉得同"이라 했다.
8) 『慶州市月城路古墳群』, 國立慶州博物館·慶北大學校博物館·慶州市, 1990, 69쪽, 139~142쪽, 439쪽.
9) 李賢惠, 「4세기 加耶지역社會의 交易體系의 변천」『韓國古代史研究』1, 韓國古代社會研究所 編, 1988 : 『韓國 古代의 생산과 교역』, 一潮閣, 1998, 303~304쪽 : 李熙濬, 「4~5세기 新羅의 考古學的 研究」, 서울大學校 博士學位論文, 1998 : 『신라고고학연구』, 사회평론, 2007, 219~220쪽 : 朴光烈, 「新羅 積石木槨墓의 開始에 對한 檢討」『慶州史學』20, 2000, 55~56쪽.

를 가미한 문화를 발전시켜 나갔으니, 4세기 중엽 이후의 적석목곽
분積石木槨墳·관모冠帽·신라토기 등에서 보이는 강건한 분위기는 그러
한 요소를 반영하는 것'10)이라거나, 신라와 고구려 간의 본격적인
정치교섭은 4세기 후반이겠지만 고고학적 정황을 통한 4세기 이전
의 양국교섭을 인정한 연구11)는 이러한 분위기를 고려한 것이었다
고 판단된다. 또한 1~3세기 동해안로를 통해 고구려·옥저·동예와
신라가 교류했음을 알려주는 기록도 적지 않게 전해짐을 유념해야
한다.12)

　　그렇다면 기존 연구자들이 문제로 삼았던 논리적 근거의 타당성
을 검토해 보겠다. 먼저 낙랑군과 대방군 때문에 245년에 신라와 고
구려가 충돌할 수 없었다는 주장이다. 이는 사실 세밀한 논증보다
는, 낙랑군과 대방군이 각각 313년과 314년에 한반도에서 축출되었
으므로13) 245년에는 두 군현에 가로막혀 두 나라가 교전할 수 없다
는 전제에서 도출된 것이다. 여기에는 낙랑군과 대방군의 통치범위

---

10) 金泰植, 『加耶聯盟史』, 一潮閣, 1993, 84쪽.
11) 임기환, 앞의 논문, 2004, 106쪽.
12) 『三國史記』卷1, 新羅本紀1, 赫居世居西干 53년(기원전 5)조. "東沃沮使者來 獻良馬二
十匹 曰 寡君聞南韓有聖人出故遣臣來享"
　『三國史記』卷1, 新羅本紀1, 南解次次雄 16년(19)조. "春二月 北溟人耕田 得濊王印
獻之"
　『三國遺事』卷1, 紀異2, 馬韓. "三國史云 溟州古穢國 野人耕田 得穢王印 獻之"
　『三國史記』卷1, 新羅本紀1, 儒理尼師今 17년(40)조. "秋九月 華麗不耐二縣人連謀 率
騎兵犯北境 貊國渠帥以兵要曲河西敗之 王喜與貊國結好"
　『北史』卷94, 列傳82, 新羅傳(3122~3123쪽). "新羅者…或稱 魏將毌丘儉討高麗破之
奔沃沮其後復歸故國 有留者 遂爲新羅."『隋書』卷81, 列傳46, 東夷 新羅傳(1820쪽)과『通
典』卷185, 邊防1, 新羅傳(4992쪽)에도 『북사』와 같은 내용이 실려 있다.
13) 『三國史記』卷17, 高句麗本紀5, 美川王 14년(313)·15년(314)조.

가 시종 한반도 중부를 광범위하게 차지했고, 지배력도 공고했다는 인식이 내재되어 있었다. 그러나 이들 군현에 대한 지속적인 연구결과 본국의 사정에 따라 군현의 지배력에 차이가 심했고, 군이 통치한 범위도 후기로 갈수록 축소된 것으로 밝혀졌다. 더구나 통치방법도 토착세력의 자율적인 '국읍체제[國邑體制]'를 허락하는 간접지배였다고 한다.14) 물론 그렇더라도 위나라가 낙랑군과 대방군을 접수한 경초년간[景初年間(237~239)15) 이후에는 두 군의 기능이 강화되어 통치력의 상당부분이 회복된 것으로 볼 수 있다.16) 따라서 245년에 낙랑군과 대방군 지역을 경유해서 고구려가 신라를 침략했을 가능성은 희박하다고 보여진다. 하지만 이미 살펴본 대로 옥저·동예와 신라는 동해안로를 통해 활발히 교류했다. 사료 1-①에서 고구려가 침입한 지역이 신라 '북변'으로 되어 있는 점은 동해안 일대에서 두 나라가 교전했을 가능성을 시사해 준다.17)

---

14) 낙랑군과 대방군의 통치체제에 대해서는 다음의 논문이 주목된다.
　　權五重, 『樂浪郡硏究-中國 古代邊郡에 대한 事例的 檢討-』, 一潮閣, 1992 및 「중국사에서의 낙랑군」, 『韓國古代史硏究』 34, 2004 ; 임기환, 「3세기~4세기초 위·진의 동방정책-낙랑군·대방군을 중심으로-」, 『역사와 현실』 36, 한국역사연구회, 2000 ; 송지연, 「帶方郡의 盛衰에 대한 硏究」, 『史學硏究』 74, 韓國史學會, 2004 ; 吳永贊, 「樂浪·帶方郡 支配勢力 硏究」, 서울大學校 博士學位論文, 2005 ; 『낙랑군 연구』, 사계절, 2006.
15) 『三國志』 卷30, 魏書30, 烏丸鮮卑東夷傳30, 序(840쪽)에 "景初中 大興師旅誅淵[公孫淵] 又潛軍浮海 收樂浪帶方之郡 而後海表謐然 東夷屈服"이라 했고, 같은 책, 韓傳(851쪽)에서는 "景初中 明帝密遣帶方太守劉昕 樂浪太守鮮于嗣越海定二郡 諸韓國臣智加賜邑君印綬 其次與邑長 其俗好衣幘 下戶詣郡朝謁 皆假衣幘 自服印綬衣幘千有餘人"이라 했다. 뒷 기록의 下戶는 부여나 고구려에서 奴僕 처지였던 하층민이 아닌, 읍락사회의 부유한 계층으로 이해된다(文昌魯, 『三韓時代의 邑落과 社會』, 신서원, 2000, 209~211쪽).
16) 이때 魏는 韓에 대해서는 유화책을, 고구려에 대해서는 강경책을 구사했다(권오중, 앞의 책, 1992, 116~117쪽 ; 임기환, 앞의 논문, 2000, 13~15쪽).

논의의 핵심은 245년에 고구려가 옥저와 동예를 지배했었는지의 여부로 귀결된다. 만일 옥저와 동예가 고구려의 지배 하에 있었다면 고구려가 이곳을 경유해 신라로 나아갈 수 있었을 것이기 때문이다. 이제 옥저와 동예 때문에 245년에 고구려와 신라가 교전하지 못했을 것이라는 불신론의 두 번째 논거와, 그와 맞물려 있는 244~245년에 위나라 장군 관구검(毌丘儉)의 침입을 받아 신라를 침략할 여력이 없었다는 세 번째 논거가 타당한지를 검토할 차례이다.

논리전개의 편의상 먼저 관구검의 고구려 침략문제에 대해 살펴보도록 하겠다. 관구검의 침략문제에 대해서는 그 연대와 전쟁의 경과 등에 대해서 사서마다 다르게 기술되어 있다. 여기에서는 우선 관구검이 고구려를 침략한 연대가 중요하다. 왜냐하면 관구검이 244~245년에 고구려를 침략했다면 기존의 주장대로 고구려가 신라를 침략할 여력이 없었거나, 설사 가능했다고 하더라고 단발적 전투로서 그 의미가 반감될 수밖에 없기 때문이다.

[표 1]을 통해 보면, 관구검의 고구려 침략연대에 대해『삼국지』본기[18]와『자치통감』[19)·『삼국사기』[20]는 246년의 1차로,『삼국지』관구검전[21]과『북사』[22]는 244~245년의 1~2차로 기록되어 있음을 알 수

---

17) 신라사에서의 '北邊'이 꼭 동해안 일대를 의미하는 것은 아니다. 다만 신라 상고기의 경우 말갈이나 고구려와의 전쟁지역이 주로 '북변'으로 기록되어 있다. 특히『삼국사기』나물왕 40년(395)·42년(397)·자비왕 11년(468)조에는 悉直과 何瑟羅가 병기되어 있어 동해안 일대가 '북변'의 주요범위였음을 알 수 있다.
18)『三國志』卷4, 魏書4, 三少帝紀4(121쪽).
19)『資治通鑑』卷75, 魏紀7, 邵陵厲公中(2365~2366쪽).
20)『三國史記』卷17, 高句麗本紀5, 東川王 20년(246)조 및 같은 책 卷24, 百濟本紀2, 古尒王 13년(246)조.
21)『三國志』卷28, 魏書28, 王毌丘諸葛鄧鍾傳28, 毌丘儉(762쪽).

[표 1] 관구검의 침입에 대한 사서 간 차이

자료	내용	침략 연대	경과 및 동천왕 피난경로	결과
『三國志』	三少帝紀	246년 2월	5월 濊貊 공파	韓那奚 등 수십국 항복.
『三國志』	列傳 毌丘儉傳	244~245년 (1~2차)	관구검 玄菟 出. 沸流水·梁口戰 魏 승. 동천왕 敗走. 관구검 丸都 도륙. 동천왕 도망. 관구검 회군. 245년 관구검 재침. 동천왕 買溝로 피난. 현도태수 왕기 추격. 옥저 1천리 지나 肅愼 南界 도달.	위군 승. 8천 명 죽거나 항복. 丸都山과 不耐城 돌에 공을 새기고 돌아감.
『北史』 高麗傳		244~245년 (1~2차)	관구검 玄菟 出. 沸流戰 魏 승. 동천왕 敗走. 관구검 峴峴까지 추격. 丸都 도륙. 동천왕 도망. 245년 관구검 재침. 동천왕 옥저로 피난. 왕기 추격. 옥저 1천리 지나 肅愼 南 도착.	丸都山과 不耐城 돌에 공을 새기고 돌아감.
『資治通鑑』		246년 2월	관구검 출정. 동천왕 敗走. 관구검 丸都 도륙. 동천왕 도망. 관구검 회군. 오래지 않아 관구검 재추격. 동천왕 買溝로 피난. 현도태수 왕기 추격. 옥저 1천리 지나 肅愼 南界 도달.	위군 승. 8천 명 죽거나 항복. 돌에 공을 새기고 돌아감.
『三國史記』	高句麗本紀	246년 8~10월	8월 관구검 玄菟 出. 沸流水·梁貊谷 戰 고구려 승. 동천왕 鐵騎 5천으로 선공. 패배 후 鴨淥原으로 달아남. 10월 관구검 丸都城 함락 도륙. 동천왕 남옥저로 달아나 竹嶺에 이름. 왕기 추격. 밀우의 활약으로 시간을 벌어 남옥저로 피신. 유유의 활약으로 고구려 재반격.	고구려 승. 위군 낙랑으로부터 물러감. 위 장군 숙신 남계까지 돌에 공을 새기고, 丸都山에 이르러 不耐城에도 새기고 돌아감.
『三國史記』	百濟本紀	246년 8월	관구검이 낙랑태수 유무와 삭방태수 왕준과 더불어 고구려를 침. 왕은 그 틈을 타서 좌장 진충을 보내 낙랑 변방 주민을 습격해 빼앗음.	유무가 이를 듣고 노하자 왕은 침공을 받을까 우려해 주민을 돌려줌.

있다. 그런데 사서에서 244~245년설과 246년설이 양립해 있음에도 불구하고, 대다수의 연구자들은 244~245년설을 따르고 있다.[23]

---

22) 『北史』 卷94, 列傳82, 高麗(3112쪽).

특히 『삼국사기』는 전쟁의 경과라든가 내용에 있어 중국사서들과 근본적으로 다를 뿐 아니라 가장 풍부한 내용을 담고 있다. 그럼에도 불구하고 기존의 연구경향이 244~245년설에 치우쳐 있는 까닭은 아마도 「관구검기공비毌丘儉紀功碑」〔이하 관구검비로 줄임〕 때문인 듯하다. 「관구검비」의 명문[24]을 살펴보도록 하자.

「관구검비」에는 관구검이 고구려를 침략했던 경위와 시점이 분명하게 기록되어 있다. 다만 문맥의 연결부분이 결락되어 있어 해석에 논란의 여지가 있다. 기존에는 대체로 「관구검비」의 내용 중 "正始三年高句驪反…督七牙門討句驪 五匝…復遣寇 六年五月旋…"에서 정시 5년(244)과 6년(245)의 행위주체를 위나라 관구검으로 보았다. 그러나 부정적인 뜻이 있는 '寇구'의 파견주체를 위나라로 파악하는 것보다는 고구려로 이해하는 것이 문맥상 자연스럽다. 비문 4~5행의 인명표기에서 '討寇將軍 ○○○', '威寇將軍○○○'라 했으므로 '寇구'가 고구려를 지칭함은 분명하다. 그렇다면 이어지는 6년 5월기사도 결락된 부분이 없으므로 그 행위주체를 5년조와 연속선상에서 보는 것이 옳다고 생각한다.

요컨대 「관구검비」의 내용은 정시 3년(242)에 고구려가 서안평西安平을 쳐들어가자[25] 위나라가 7아문을 독려해 고구려를 토벌했으며,

---

23) 기존 연구경향은 박노석, 「고구려 동천왕대 관구검의 침입」, 『韓國思想과 文化』 20, 韓國思想文化學會, 2003, 152쪽의 각주 7이 참고된다.

24) □ 안의 글자는 저자가 추독한 것이다. 원문은 王國維 著, 『觀堂集林』 第4冊, 卷20, 史林12, 「魏毌邱儉丸都山紀功石刻跋」(981~982쪽)을 기본으로 탁본과 대조해 확정했다. 사진과 탁본은 국립문화재연구소 홈페이지(www.nricp.go.kr) 내 '한국금석문종합영상정보시스템'을 참고했다.

25) "正始三年[242]高句驪反"은 『三國史記』 卷17, 高句麗本紀5, 東川王 16년(242)조의

2.

행\열	1	2	3	4	5	6	7
1	正	督	復	討	威	行	결락
2	始	七	遣	寇	寇	神	神
3	三	牙	寇	將	將	將	將
4	年	門	六	軍	軍	軍	軍
5	高	討	年	魏	都	領	
6	句	句	五	烏	亭	玄	
7	驪	驪	月	丸	侯		
8	反	五	旋	單			
9		年		于			
	이하결락	이하결락	이하결락	이하결락	이하결락	이하결락	이하결락

「관구검기공비」
[중국 요령성 박물관 소장]

정시 5년(244)에 고구려가 다시 쳐들어왔다가, 6년 5월에 이르러 회군한 것으로 이해된다.[26] 그랬을 경우 관구검의 침입은 이에 대한 보복의 차원에서[27] 다음해인 246년에 감행되었음을 예상할 수 있다.

따라서 관구검의 침입에 대해서는 연대나 경과·결과 등 모든 면에서 『삼국사기』의 기록이 가장 믿을 만하다. 전쟁초기의 양상이나 최후의 결과에서 고구려가 승리했음에도 불구하고, 중국 측 사료가 이를 윤색했던 것이다. 결국 관구검의 고구려 원정은 246년 8월에 감행됐음을 알 수 있다. 그렇다면 고구려가 244~245년에 관구검의 침

"王遣將襲破遼東西安平"과 부합한다.
26) 이러한 해석방식은 박노석, 앞의 논문, 2003, 168~170쪽 참조.
27) 曹魏의 동이경략 배경은 요동의 안정과 동이와의 통교 재개·유지, 나아가 동이와 孫吳의 연계를 차단하고 蜀漢과의 항전에 주력하기 위한 것이다(尹龍九, 「三韓의 對中 交涉과 그 性格-曹魏의 東夷經略과 관련하여-」, 『國史館論叢』 85, 國史編纂委員會, 1999, 112쪽).

략을 받았기 때문에 신라에 쳐들어갈 여력이 없었을 것이라는 주장은 설득력이 반감될 수밖에 없다.

더불어 245년 옥저와 동예의 고구려 귀속여부를 검토해 보자. 옥저는 태조왕 4년(56)에 고구려에 복속된 뒤,[28] 3세기 중엽까지 고구려에게 이른바 '공납제적 수취방식'의 간접지배를 받았다.[29] 동예도 옥저와 비슷한 경로를 걸었던 것으로 이해되는데, 기록상 3세기 말~4세기 초에 이르러 고구려에 속했다.[30] 이와 같은 이해에는 연구자들 사이에 공감대가 형성되어 있다고 본다.[31] 그렇다면 245년 시점에 고구려가 옥저와 동예를 지배했는지의 여부를 좀더 분명히 할 필요가 있다. 이와 관련해서는 다음의 기록이 주목된다.

   3. 正始 6년(245)에 樂浪太守 劉茂와 帶方太守 弓遵이 [單單大]領 동쪽의 濊가 고구려에 복속하자 군사를 일으켜 쳐들어가니, 不耐侯 등이 邑을 들어 항복했다.[32]

---

28) 『三國史記』卷14, 高句麗本紀3, 太祖大王 4년(56)조.
29) 『三國志』卷30, 魏書30, 烏丸鮮卑東夷傳30, 東沃沮(846쪽)에 "東沃沮…國小 迫於大國之間 遂臣屬句麗 句麗復置其中大人爲使者 使相主領 又使大加統責其租稅 貊布魚鹽海中食物 千里擔負致之 又送其美女以爲婢妾 遇之如奴僕"이라 했다.
30) 『三國志』卷30, 魏書30, 烏丸鮮卑東夷傳30, 濊(848쪽)에 "濊…自單單大山領以西屬樂浪 自領以東七縣[東部]都尉主之 皆以濊爲民 後省都尉 封其渠帥爲侯 今不耐濊皆其種也 漢末更屬句麗"라고 했는데, 후한 말에 다시 고구려에 귀속되었다는 것으로 보아 이미 고구려의 지배를 받았던 적이 있음을 알 수 있다. 다만 이때 '지배[屬]'의 의미는 정치적 측면보다는 옥저와 같은 경제적 측면의 수취지배로 이해된다. 이와 관련해『삼국지』한전의 '屬'이 대외교섭상의 統屬관계를 표현한 것이라는 견해가 참고된다(박대재,『고대한국 초기국가의 왕과 전쟁』, 景仁文化社, 2006, 196~197쪽).
31) 임기환은 태조왕대 고구려에 의해 자주 동원되는 濊貊을 동옥저나 동예세력으로 보아, 이들 지역이 관구검의 공격 때까지 고구려 세력권 내로 편제되었던 것으로 이해했다(임기환,「고구려와 낙랑군의 관계」,『韓國古代史硏究』34, 2004, 150쪽).
32) 『三國志』卷30, 魏書30, 烏丸鮮卑東夷傳30, 濊(849쪽).

위 기록은 관구검의 고구려 침공과 연계되어 있는 작전이었다. 곧 관구검은 낙랑군과 대방군의 군사력을 동원해 동예를 정복함으로써 배후를 차단하고 양면에서 고구려를 압박하려 했다. 여기에서 주목할 부분은 낙랑태수와 대방태수의 동예 출정동기가 바로 '동예가 고구려에 복속되었다'는 점이다. 이는 곧 246년 8월 관구검의 침략 이전에 동예가 고구려의 지배를 받고 있었음을 결정적으로 반증해 준다.

또한 관구검의 침입 때 동천왕(227~248)이 피신한 경로와 지역을 상기할 필요가 있다. 사료에 따라 최종적인 귀착지에는 차이가 있지만, 남옥저〔옥저·동옥저〕 지역을 경유하거나 남옥저 지역으로 피신한 것으로 되어 있다. 동천왕이 옥저지역을 피난처로 삼을 수 있었다는 것은, 이 지역에 고구려의 지배력이 미치고 있음을 전제로 한다.[33] 고구려가 동천왕 19년(245) 10월 신라 북쪽 변경을 침입하기에 앞선 3월에 동해사람이 미녀를 바치자 왕이 후궁으로 받아들였다는 기록[34]이 전해진다. 이 역시 고구려가 옥저와 동예를 지배했던 상황을 상징적으로 나타내 준다.[35]

요컨대 고구려와 신라가 245년에 충돌할 수 있는 정황적 근거는 마련된 셈이다. 고구려는 동천왕 19년 3월 신라침략에 앞서 자국세력권 내에 있던 옥저와 동예에 사전 정지작업을 했다.[36] 이를 통해

---

33) 余昊奎, 「1~4世紀 高句麗 政治體制硏究」, 서울大學校 博士學位論文, 1997, 185쪽 : 金美炅, 「高句麗의 沃沮服屬과 그 性格」『河炫綱敎授停年紀念論叢』, 혜안, 2000, 91쪽.
34) 『三國史記』 卷17, 高句麗本紀5, 東川王 19년(245)조.
35) 동해안 지역에서의 특산물과 미녀 진상기사를 고구려의 옥저와 동예에 대한 공납물 수취로 이해한 견해가 있다(김현숙, 앞의 책, 2005, 139~140쪽).
36) 김현숙도 동천왕 19년 3월조의 기록을 동천왕이 진한〔신라〕을 정복하기 위한 전진

신라를 쳐들어갈 전진기지와 교통로를 확보한 뒤, 10월에 신라의 북쪽 변경을 공격할 수 있었던 것이다.

이제 신라가 첨해이사금 3년(248 : 동천왕 22) 고구려에 사신을 보내 화친을 도모할 수 있었는지[사료 1-②] 여부를 검토해 볼 차례이다. 논의의 핵심은 역시 당시 옥저와 동예가 고구려에 귀속되어 있었는지의 여부이다. 관구검 침입결과에 대한 『삼국사기』의 기록을 존중한다면, 고구려는 환도성이 함락당하는 위기에도 불구하고 동천왕이 남옥저로 피난해 시간을 벌었고, 유유紐由의 활약으로 재반격해 위나라군에 승리했음을 알 수 있다. 이때 위나라군이 낙랑으로부터 물러갔던 것으로 추정된다면[37] 옥저지역은 여전히 고구려의 영향력 아래 있었다고 보여진다.

그런데 동예의 경우 245년과는 상황이 달라진 것 같다. 사료 3에서 246년에 이미 동예의 중심지이자 동예를 대표하는 불내[38]후不耐侯가 낙랑·대방 연합군에 항복했음을 알 수 있었다. 이어지는 기록을 참고하면 정시 8년(247)에 불내예가 조공해 '불내예왕不耐濊王'으로 책봉해 주었고, 이후 사철마다 군郡에 와서 조알한 것으로 되어 있다. 낙랑군과 대방군에서 발생하는 군역과 부역에 대해 불내인을 군의 사람처럼 부렸다고도 한다.[39] 이러한 상황이라면 248년에 신라가 동해안로를 이용해 동예를 경유하면서 고구려에 사신을 파견한

기지 확보의 의미로 보았다(김현숙, 앞의 책, 2005, 139~140쪽).
37) 박노석, 앞의 논문, 2003, 163쪽.
38) 지금의 강원도 安邊으로 비정된다(이병도, 앞의 책, 1976, 201쪽).
39) 『三國志』卷30, 魏書30, 烏丸鮮卑東夷傳30, 濊(849쪽)에 "其[正始]八年 詣闕朝貢 詔更拜不耐濊王 居處雜在民間 四時詣郡朝謁 二郡有軍征賦調 供給役使 遇之如民"이라고 했다.

다는 것이 불가능해 보일 수도 있다. 그렇다면 248년조의 기록을 믿을 수 없는 것일까?

그렇게 단정하기에는 섣부른 감이 있는 듯하다. 왜냐하면 '전쟁'과 '사신파견'은 그 성격이 근본적으로 다르기 때문이다. 곧 전쟁이 일정규모 이상의 군대가 서로 충돌한 만한 지역적 범위를 상정해야 하는 데 반해, 사신파견은 교통로만 확보된다면 얼마든지 가능한 행위이다. 따라서 동예를 경유하는 경로가 아닌 다른 교통로를 이용한 신라와 고구려 간의 통교가능성은 여전히 존재하는 것이다. 예컨대 동예지역을 우회하는 육상교통로일 수도 있고, 바닷길을 이용했을 가능성도 배제할 수 없다. 후대의 사실이기는 하지만 박제상이 눌지왕의 동생 복호를 고구려에서 탈출시킬 때 고성수구高城水口를 중간기착지로 삼아 '북쪽 바닷길〔北海之路〕'을 이용한 점은40) 이와 관련해 참고가 된다.

'불내예왕'의 조공·책봉기록도 지나치게 확대 해석할 필요가 없다. '왕王'이라는 호칭 자체가 이미 자치적인 성격을 내포하고 있는 것임에 유념해야 한다. 더구나 당시 조위曹魏 동이경략의 주역인 관구검과 사마의司馬懿는 곧 바로 오·촉전선에 배치됐고,41) 낙랑군과 대방군도 246년 '기리영崎離營 전투'에서 한韓과 싸우는 데 주력하고 있었다. 곧 위나라나 낙랑·대방군이 처한 주변세력과의 관계정황을 통해 이들이 동예지역에 정치적 구속력을 유지할 수 없었음을 예상할 수 있다. 고고학적으로 영동예嶺東濊 지역에 서북한 지역의 3세기

---

40) 『三國遺事』 卷1, 紀異2, 奈勿王 金堤上.
41) 윤용구, 앞의 논문, 1999, 112쪽.

대 전실묘塼室墓가 확인되지 않으므로, 위나라의 246년 정벌을 통해 군현지배가 회복된 것으로 보기 힘들다는 견해42)는 이와 관련해 시사해 주는 바가 크다.

『삼국지』동이전 한전43)에는 부종사部從事 오림吳林이 본래 낙랑이 한국韓國을 통치했으므로 진한 8국을 분할해 낙랑에 귀속시켰다는 기록이 전해진다. 기존에는 이어지는 대방군 기리영 전투의 공격주체가 주된 관심의 초점이었다. 하지만 위나라가 대방군의 관할 하에 있던 진한 12국 중 8국을 낙랑군의 관할로 옮긴 배경에 대해, 대방군에서 바닷길로 이어지는 교역로와 달리 내륙의 교역로를 새로 확보하려는 의도로 이해한 연구44)가 있다. 이는 248년에 신라가 고구려로 사신을 파견한 배경과 연결될 소지가 있어 보인다.45) 이런 점에서 신라가 위나라가 주도한 교역체계의 변화에 대응하고 새로운 교역체계의 확립을 위해 248년 고구려에 사신을 파견했다는 주장46)은 시론적이지만 일리가 있다. 이로써 248년 신라와 고구려의 교섭 배경의 일면이 어느 정도 드러날 수 있겠다.

고구려의 입장에서도 248년 2월은 246년 관구검의 대대적인 침략을 받은 지 불과 2~3년이 지나지 않은 시점이었다. 동천왕으로서는

---

42) 오영찬, 「帶方郡의 郡縣支配」『강좌 한국고대사』10, 가락국사적개발연구원, 2003 ; 앞의 책, 2006, 221쪽.
43) 『三國志』卷30, 魏書30, 烏丸鮮卑東夷傳30, 韓傳(851쪽)에 "部從事吳林以樂浪本統韓國 分割辰韓八國以與樂浪 吏譯轉有異同 臣智激韓忿 攻帶方郡崎離營 時[帶方]太守弓遵 樂浪太守劉茂興兵伐之 遵戰死 二郡遂滅韓"이라고 했다.
44) 임기환, 앞의 논문, 2000, 17~21쪽.
45) 기리영 전투의 발생연대는 『三國史記』卷24, 百濟本紀2, 古尒王 13년(246)조와 통한다고 보아 246년으로 이해하는 것이 일반적이다.
46) 윤성용, 앞의 논문, 2006, 84~86쪽.

국난의 혼란을 수습하고 대내외적인 안정이 필요했을 그런 때였다. 굳이 신라의 화친제의를 거절할 까닭이 없었을 것이다.47)

요컨대 단편적이기는 하지만 245년과 248년 신라와 고구려 사이의 교전·화친기사는 두 나라 관계의 개시를 알려주는 의미 있는 기록이다. 이러한 점은 3세기 중반 두 나라의 관계가 왜 3년이라는 차이를 두고 대립에서 우호적으로 전환되었는가 하는 배경을 추구함으로써 좀더 분명해질 것이다. 이는 당시 신라의 국내 정치동향을 분석함으로써 접근해 보고자 한다.

2. 석씨왕실 가계의 분지와 고구려 관계

1) 골정계·이매계의 정치적 갈등과 대고구려 인식의 차이

신라와 고구려가 처음으로 관계를 맺었던 3세기 중엽에 신라는 이른바 '석씨왕시대'를 구가하고 있었다. 석씨왕실의 개창은 박씨왕실 가계가 나뉘어 정치권력이 이완되어 있는 정국의 흐름 속에서 이루어졌다. 곧 벌휴로 대표되는 석씨세력은 '박씨왕시대' 말기의 혼란국면에서 구도계仇道系 김씨金氏와 연합해서 권력을 잡을 수 있었다.48)

---

47) 鄭雲龍,「羅濟同盟期 新羅와 百濟 關係」,『白山學報』46, 1996, 95쪽.
48) 석씨세력의 집권과정과 배경에 대해서는 張彰恩,「新羅 朴氏王室의 分岐와 昔氏族의

그런데 석씨세력이 집권한 뒤 얼마 되지 않아 석씨왕실 안에서도 혈연집단이 두 부류로 나누어지게 되었다. 〔표 2〕를 통해서 보면, 석씨왕실은 벌휴이사금 이후 직계인 골정계骨正系〔⑪助賁尼師今, ⑫沾解尼師今, ⑭儒禮尼師今 ⑮基臨尼師今 : 숫자는 왕대수를 의미함〕와 방계 이매계伊買系〔⑩奈解尼師今, 于老, ⑯訖解尼師今〕로 가계가 이분화되었음을 알 수 있다. 일찍이 두 가계로의 분지는 단순한 혈연집단의 현상적 측면뿐 아니라 정치적 갈등이 내포되어 있는 것으로 주목받았다.49)

〔표 2〕는 골정계와 이매계 간 혼인의 양상이 다름을 알려준다. 곧 골정은 구도갈문왕의 딸인 김씨 옥모부인과 혼인했고, 조분이사금은 나음갈문왕의 딸 박씨 □소부인, 그리고 나해이사금의 딸 석씨 아이혜부인과도 결혼했다. 이에 반해 이매계 나해이사금은 골정의 딸인 석씨와 혼인했고, 우로도 조분이사금의 딸 석씨 명원부인을 비로 맞았다. 석씨왕대 다른 왕들의 혼인관계 기록이 남아 있지 않아 단정할 수는 없으나,50) 골정계가 박·석·김씨와 개방적으로 통혼한 반면, 이매계는 석씨족 안에서의 폐쇄적인 혼인을 추구했다는 경향은 지적할 수 있겠다. 신라 상고기 3성세력이 병존해 있는 상황에서 혼인은 곧 그 주도세력 간의 연결고리를 만들어 주는 정치행위라

집권과정」,『新羅史學報』창간호, 2004 참조.
49) 申瀅植,「新羅王位繼承考」,『柳洪烈博士 華甲紀念論叢』, 探求堂, 1971, 64~65쪽 : 金杜珍,「新羅 昔脫解神話의 形成基盤-英雄傳說의 性格을 中心으로-」『韓國學論叢』8, 國民大學校 韓國學硏究所, 1986 :「新羅 脫解神話의 형성기반-英雄傳承의 성격의 再定立-」『韓國古代의 建國神話와 祭儀』, 一潮閣, 1999, 312~318쪽.
50) 석씨왕대 왕들의 즉위와 혼인관계 기록은 누락되어 있는 경우가 많다. 이는 석씨왕족의 世系를 기억해 줄 집단이 줄어든, 즉 석씨족의 쇠퇴가 반영된 것이다(李鍾旭,『新羅上代王位繼承硏究』, 嶺南大學校出版部, 1980, 41쪽).

[표 2] 석씨왕실의 계보

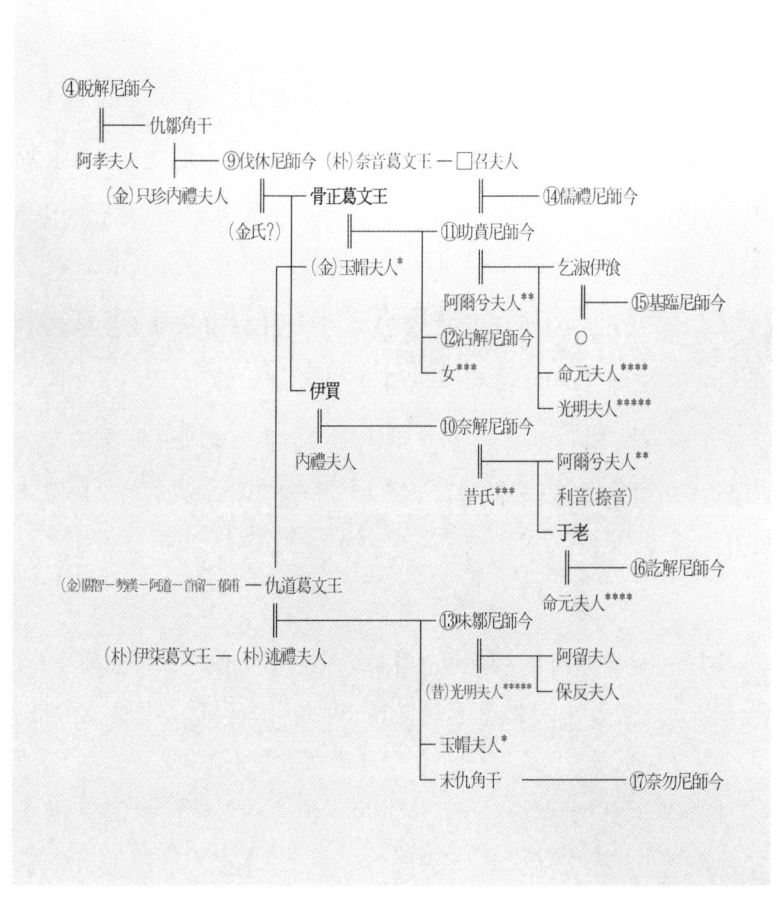

* 동일개수가 같은 인물임

고 판단된다. 그렇다면 혼인양상에서 이미 골정계와 이매계의 갈등이 다분히 내재되어 있음을 읽어낼 수 있다.

골정계와 이매계의 정치적 갈등은 벌휴이사금(184~196)이 죽은 후 왕위계승과정에서 본격화된 듯하다. 사실 벌휴왕이 죽은 후에 큰 아들 골정이 이미 죽었다고는 하지만, 직계 대손大孫으로서 조분이 있었으므로 왕위계승권은 조분이 1순위였다. 그럼에도 불구하고『삼국사기』에는 조분이 어렸기 때문에 이매의 아들 나해를 즉위시킨 것으로 되어 있다.51) 이 점이 석연치 않아 보인다. 아마도 왕의 용모에 대한 수식이나 비를 오게 했다는 주술적인 능력에 대한 강조는 나해이사금의 즉위가 비정상적 행위임을 상쇄시키기 위한 표현으로 생각된다. 골정이 구도갈문왕의 딸인 옥모부인과 혼인했으므로 조분의 뒤에 구도계 김씨세력이 온존해 있었을 것이다. 그렇다면 이들이 나해의 즉위를 방관하지 않았을 텐데도, 나해가 방계로서 어떻게 집권할 수 있었는지 궁금해진다. 다음의 기록은 이와 관련한 시사점을 던져준다.

4. 가을 7월에 백제가 서쪽 국경의 圓山鄕을 급격했고, 또 진군해서 缶谷城을 포위하였다. 仇道가 굳센 기병 5백을 거느리고 그들을 공격하자 백제군사가 거짓으로 달아났다. 구도가 추격하여 蛙山에 이르렀다가 백제에 패하였다. 왕은 구도가 실책했으므로 부곡성주로 좌천시키고, 薛支를 左軍主로 삼았다.52)

구도는 아달라이사금 19년(172)에 파진찬波珍湌으로 등용된 뒤, 벌휴왕 2년(185)에는 좌군주左軍主로서 의성의 소문국召文國 정벌과 백제

---

51) 『三國史記』卷2, 新羅本紀2, 奈解尼師今 즉위년(196)조.
52) 『三國史記』卷2, 新羅本紀2, 伐休尼師今 7년(190)조.

와의 전투에 출정해서 크게 활약했다.53) 이로써 볼 때 구도가 적어도 벌휴왕 7년(190) 이전까지는 장군으로서 병권을 잡고 있었음이 유력하다. 이와 같은 권력구조에서 이매계가 득세하기란 쉽지 않았을 것이다. 그런데 구도가 벌휴왕 7년에 백제와의 전투에서 패했고, 그로 인해 부곡성주로 좌천되었다. 모르긴 해도 나해는 구도계 김씨세력이 일시적으로 약해진 틈을 이용해 직계인 조분을 물리치고 왕위를 차지했을 것으로 추정된다.54)

따라서 나해이사금(196~230)이 즉위 후 행한 체제정비와 일련의 행보가 이매계 중심으로 추구되어졌을 가능성이 크다. 나해왕 재위기간 그의 두 아들 이음과 우로의 활약이 두드러지는 것은 이러한 점에서 주목해 볼 만한 사안이다.55) 특히 이음은 나해왕 12년(207)에 태자로서 이벌찬伊伐湌에 임명되어 중앙과 지방의 군사에 관한 일을 맡은 이후, 포상8국浦上八國의 가라加羅침입과 백제와의 전투에서 활약하는 등 여러 차례 군공을 세웠다.56) 이음이 태자이면서도 동

---

53) 『三國史記』卷2, 新羅本紀2, 阿達羅尼師今 19년(172)조. 같은 책, 伐休尼師今 2년(185)·5년(188)·6년(189)조.
54) 신형식, 앞의 논문, 1971. 63~64쪽.
55) 利音과 于老의 관계는 사료상 모호하다. 이에 대해 이음이 이벌찬이 되어 中外의 兵馬事를 장악한 것은 나해왕 12년(207)인데 비해, 우로가 舒弗邯이 되어 병마사를 맡은 것은 그보다 37년 뒤인 조분왕 15년(244)임에 주목해 官歷이 앞선 이음을 太子, 우로를 次子로 본 견해가 있다(李基東, 「于老傳說의 世界」, 『韓國古代의 國家와 社會』, 歷史學會 編, 1985 : 『新羅社會史硏究』, 一潮閣, 1997, 24~25쪽). 저자도 이를 따르겠다. 한편『三國史記』卷48, 列傳8, 勿稽子傳의 捺音은 포상8국 침입시 공을 세우는 것으로 보아 利音과 동일인임을 알 수 있다. 그러나 조분왕의 장인인 奈音葛文王은 利音과는 다른 인물로 파악된다. 왜냐하면 나음갈문왕의 성은 박씨인데 반해 이음은 석씨이기 때문이다. 나해왕의 아들과 조분이사금의 장인은 세대상으로도 맞지 않는다.
56) 『三國史記』卷2, 新羅本紀2, 奈解尼師今 13년(208)·14년(209)·19년(214)조.

시에 이벌찬에 임명된 것은 신라 상고기에 그 유례를 찾아보기 어려운 것이다. 이벌찬은 기본적으로 왕을 보필하는 재상으로서, 점차 그 세력을 확대시켜 병권을 장악하면서 왕을 견제·대립하는 존재였다.[57] 그렇다면 나해왕이 태자직과 이벌찬을 모두 이음에게 부여한 것은, 이매계 중심으로 권력구도를 재편하는 과정에서 골정계와 연결된 귀족세력을 사전에 차단하기 위한 정치적 포석으로 생각된다.

나해왕이 즉위 5년(200)과 25년(220) 두 차례에 걸쳐 행한 열병閱兵도 같은 연장선상에서 접근할 필요가 있다. 열병이 국왕 통치규범의 일환으로 실시되었다는 것은 잘 알려진 사실이다.[58] 곧 고대사회에서 열병은 전쟁 후의 대책이나 외침의 대비는 물론이고, 정책을 확인하는 수단으로 거행되었다.[59] 국왕은 열병을 통해 군령체계상 최고의 지위에 있음을 과시했고 이를 통해 군령권을 장악했다.[60]

우선 신라 상고초기 열병과 왕위계승의 상관성이 예사롭지 않게 보여 이를 표로 작성해 보았다.

〔표 3〕을 살펴보면, 신라 상고초기 열병을 실시했던 국왕들의 경우 공통적으로 즉위자체가 자연스럽지 못했음이 확인된다. 곧 왕위를 이을 아들이 있었음에도 불구하고 나이가 어리다거나 능력의 하자로 인해 즉위하지 못하는가 하면, 전왕의 아들이 없었기 때문에 왕위를 이어받은 것으로 되어 있다. 열병을 실시한 왕의 즉위과정이

---

57) 申瀅植,「新羅의 國家的 成長과 兵部令」,『韓國古代史의 新研究』, 一潮閣, 1984, 142~150쪽.
58) 金瑛河,「百濟·新羅王의 軍事訓鍊과 統帥」『泰東古典研究』6, 泰東古典研究所, 1990 ;『韓國古代社會의 軍事와 政治』, 高麗大學校 民族文化研究院, 2002, 13~70쪽.
59) 申瀅植,「三國時代 戰爭의 政治的 性格」, 앞의 책, 1984, 298쪽.
60) 李文基,『新羅兵制史研究』, 一潮閣, 1997, 287쪽.

[표 3] 신라 상고초기 閱兵과 국왕즉위의 상관관계

연번	시 기	閱兵 기사	국왕의 즉위 이유
1	파사이사금 15년(94)	秋八月 閱兵於閼川	일성이 친아들이지만 위엄과 현명함이 파사에게 미치지 못함
2	일성이사금 5년(138)	秋七月 大閱閼川西	전왕인 지마의 아들이 없음
3	나해이사금 5년(200)	秋七月…大閱於閼川	전왕 벌휴의 태자인 골정과 이매가 죽고 大孫 조분이 어렸기 때문
4	나해이사금 25년(220)	秋七月 大閱楊山西	
5	미추이사금 20년(281)	秋七月 大閱楊山西	전왕 첨해가 아들이 없어 國人이 추대함

모두 순탄치 않았다고 단정할 수는 없겠지만, 열병의 실시가 비정상적으로 즉위한 왕위계승의 정당성 확보와 관련된다는 점은 부인하기 어렵다.[61]

특히 나해왕의 열병은 이례적으로 한 왕대에 두 차례나 행해졌다는 데에서 그 정치적 의미가 각별하다고 생각된다. 아마도 나해왕은 집권 전반기와 후반기에 각각 실시한 두 차례의 열병을 통해 왕위계승의 정당성을 대내외에 천명했을 뿐만 아니라, 골정계에 대해 이매계의 군사 통수능력을 과시하고자 했을 것이다. 곧 재위 5년의 열병이 집권초기의 정치적 안정을 위한 조치였다면, 25년의 열병은 태자 이음이 갑자기 죽으면서 이음 중심으로 추구되었던 권력구도의 승계에 차질이 생겼고, 그로 인한 정국의 불안요소를 제거하기 위한

---

[61] 파사왕의 즉위는 일성과 정치적으로 갈등한 결과 이루어진 것이다. 자연 파사왕이 행한 열병은 당시 교전국이었던 가야에 대한 방비책임과 동시에, 직계 '阿道系'에 대한 군사통수능력의 과시로써 행하여졌다. 일성왕의 열병 역시 왕위가 '파사계'에서 '아도계'로 넘어온 이후 자신의 가계에 대한 위상을 높이려는 정치적 조치로 단행되었다(장창은, 앞의 논문, 2004, 59~63쪽).

군사적 시위였던 것으로 생각된다. 결국 나해왕대 이르러서는 이매계 중심의 혈연의식이 대두했고, 그것이 실제 정치운영에도 반영되었음을 알 수 있다. 그와 같은 일련의 과정에서 골정계가 가지는 불만은 자연히 증대되어 갔을 것이다.

그런데 나해왕이 죽은 후 태자인 우로[62]가 장성해 있음에도 불구하고 왕위가 골정계 조분이사금(230~247)에게로 넘어갔다. 조분의 즉위과정은 전왕의 유언으로 인해 순탄하게 이루어진 것으로 기록되어 있다. 또한 조분은 키가 크고 풍채가 뛰어났으며, 일을 처리하는 데도 밝게 판단하여 국인이 두려워하면서도 존경했다고 한다.[63] 그러나 이는 왕위계승이 비정상적일 때 흔히 따르는 『삼국사기』의 수식적 표현일 가능성이 크다. 우로는 나해왕 14년(209) 포상8국이 가야에 침입했을 때 이벌찬 이음과 함께 8국을 물리치는 공(功)을 세운 바 있다. 또한 우로는 이음이 죽은 후 유력한 왕위계승권자로서 병권을 장악하고 있었을 것이다. 그럼에도 불구하고 우로가 왕위에 오르지 못했다는 사실은 그가 당시의 정치적 역학관계에서 소외되어 있었음을 암시해 준다.[64] 따라서 왕위에 오르지 못한 이매계 우로는 조분왕 즉위 후 골정계에 대해 잠재된 불만세력으로 존재했을 가능성이 크다.

우로가 비록 골정계 조분에게 왕위를 넘겨주었지만 정치적으로

---

62) 이음이 나해왕 25년 죽은 후 우로가 태자가 되었을 것이다(이기동, 앞의 책, 1997, 25쪽).
63) 『三國史記』卷2, 新羅本紀2, 助賁尼師今 즉위년(230)조.
64) 김두진, 앞의 책, 1999, 312쪽의 각주 36. 신형식은 조분왕의 즉위에 구도계 김씨세력이 개입했고, 석우로가 이들과 대립한 것으로 이해했다(신형식, 앞의 논문, 1971, 64~65쪽).

실세한 것은 아니었다. 도리어 장군이자 권력가로서 ㄱ의 군력과 관력은 상승가도를 이어 갔다. 곧 우로는 조분왕 2년(231)에 대장군大將軍으로서 김천의 감문국甘文國을 토벌했고, 같은 왕 4년(233) 사도沙道에서 왜인을 물리치는 공도 세웠다. 이러한 군공을 바탕으로 조분왕 15년(244)에는 서불한舒弗邯이라는 최고 중책까지 맡았다.65) 이는 왕위가 비록 골정계로 넘어갔지만, 이매계에 대해 확실한 세력의 우위를 점하지 못한 골정계가 우로를 정치적으로 배려할 수밖에 없었던 당시 권력구조의 산물로 이해된다.66)

조분왕 16년(245) 10월 고구려의 침략에 대한 우로의 출정〔사료 1-①〕은 이와 같은 정국의 흐름 속에서 이루어진 것이었다. 주목할 만한 사실은 우로의 군사활동 가운데 이것이 유일한 패전으로 남아 있다는 점이다. 이러한 모습은 승승장구했던 우로의 전력戰歷과 극히 대조적이다. 아마도 이때 고구려와의 전투에서 패한 것은 우로의 정치적 행보에 상당한 영향을 미쳤을 것으로 짐작된다. 그래서인지 몰라도 정치적 입지가 좁아진 우로는 급기야 첨해왕 2년(248) 정월에 서불한의 자리에서 물러나게 되었다.67)

그런데 우로가 서불한의 자리에서 물러난 바로 그 다음달 첨해왕이 고구려에 사신을 보내 화친을 도모했다. 이매계 우로의 정치적 실세와 골정계 첨해왕의 대고구려 사신파견은 밀접한 관련이 있어 보인다. 불과 3년 전(245)까지 이매계 우로가 병권을 잡고 고구려에

---

65) 『三國史記』卷2, 新羅本紀2, 助賁尼師今 2년(231)·4년(233)·15년(244)조.
66) 박순교도 우로의 서불한 기용을 석씨 방계세력의 반발을 무마하기 위한 회유책으로 보았다(박순교, 「신라 미추왕대 정치세력과 남당정치」, 『大丘史學』46, 1993, 32쪽).
67) 『三國史記』卷2, 新羅本紀2, 沾解尼師今 2년(248)조.

대한 강경책으로 전투를 주도했던 분위기였는데, 우로가 서불한에서 물러난 뒤 골정계 첨해왕은 고구려에 대한 온건노선을 추구하면서 화친했던 것이다. 그렇다면 정치적으로 대립했던 골정계와 이매계의 고구려에 대한 입장이 서로 달랐던 것으로 생각된다. 곧 골정계가 '친고구려적'이었다면 이매계는 '반고구려적' 노선을 추구한 셈이다. 결국 245년 10월(조분왕 16 : 동천왕 19)과, 248년 2월(첨해왕 2 : 동천왕 22)에 이루어진 신라와 고구려 간의 전쟁과 교섭은, 신라 석씨왕실의 권력구조가 골정계 중심으로[68] 급격히 재편되어 가는 분위기와 맞물려 발생했던 사건이라 할 수 있다.

첨해왕 2년 정월에 서불한의 자리에서 물러난 이후 우로의 정치적 행보는 분명하게 드러나지 않는다.[69] 그러다가 느닷없이 우로가 왜군倭軍에게 살해되는 사건이 벌어졌다. 그 전말은 다음과 같다.

> 5. 7년 癸酉에 倭國의 사신 葛那古가 客館에 있었는데, 우로가 이를 주관하였다. 〔우로가〕 손에게 희롱하여 말하기를 "조만간 너희 왕을 소금 만드는 奴로 삼고, 왕비는 밥짓는 여자로 삼겠다"고 했다. 왜왕이 이를 듣고 노하여 장군 于道朱君을 보내 우리〔신라〕를 쳐들어왔다. 〔이에〕 대왕〔첨해왕〕이 丁柚村에 나가 있었다. 우로가 말하기를 "지금의 환란은 제 말이 신중하지 못한 데서 비롯한 것이니 제가 감당하겠습니다" 하고는 마

---

68) 이때 골정계의 지지세력으로 구도계 김씨를 주목해야 한다. 미추의 즉위과정과 배경이 이와 연관되어 있기 때문이다.

69) 『三國史記』卷45, 列傳5, 昔于老傳에서 "沾解王在位 沙梁伐國舊屬我 忽背而歸百濟 于老將兵往討滅之"라 했다. 그런데 『三國史節要』卷3, 己巳年條에는 이 기록을 첨해왕 3년조에 삽입했다. 그렇다면 우로가 서불한에서 물러난 뒤에도 병권을 갖고 군사활동을 지속했을 가능성이 있다.

침내 왜군에 가서 말하였다. "전날의 말은 희롱일 뿐인데 어찌 군사를 이끌고 이곳까지 올 줄 알았겠는가?" 왜인은 대답도 없이 그를 잡아서 땔나무를 쌓고 그 위에 올려두어 불태워 죽이고 돌아가버렸다.

〔그때〕 우로의 아들은 어리고 약해서 걷지 못하였으므로, 다른 사람이 품어 말을 타고 돌아왔는데, 나중에 訖解尼師今이 되었다. 味鄒王 때 왜국의 大臣이 와서 문안했다. 우로의 妻가 왕에게 청해 사사로이 왜국 사신을 접대하였다. 그가 몹시 취하자 壯士를 시켜 마당으로 끌어내 불태워 이전의 원한을 갚았다. 왜인이 분하게 여겨 金城을 공격해왔지만 이기지 못하고 돌아갔다.70)

기록에 따르면, 우로는 첨해왕 3년(249) 4월에71) 왜국의 사신 갈나고를 영접하는 일을 맡았다. 그런데 그 과정에서 우로가 갈나고에게 "조만간 너희 왕을 소금 만드는 노비로 삼고, 왕비는 밥 짓는 여자로 삼겠다"라고 한 희롱의 발언이 빌미가 되어, 왜군에게 무참하게 살해되었다. 우로의 죽음은 이전까지 보여준 그의 활약상이라든가 '영웅전승적' 모습과 전혀 어울리지 않는다. 게다가 그 과정이 어이없게까지 묘사되어 있어 쉽게 납득이 가지 않는다.

그렇다면 우로의 갑작스러운 죽음을 어떻게 이해해야 할까? 이에 대해 우로의 죽음은 그의 실언이 초래한 결과라는 주장이 제기되었다. 이러한 논조는 김부식의 사론史論72)에서 단적으로 엿볼 수 있는

---

70) 『三國史記』 卷45, 列傳5, 昔于老傳. 『日本書紀』 卷9, 氣長足姬尊 神功皇后 攝政前記(仲哀天皇) 9年 12月 戊戌朔辛亥條에도 유사한 내용이 실려 있다.
71) 우로의 죽음에 대해 본기와 열전은 각각 첨해왕 3년과 7년의 사건으로 다르게 기록되어 있다. 저자는 우로의 죽음을 전후한 정국동향을 감안해 본기의 3년설을 취한다.
72) 『三國史記』 卷45, 列傳5, 昔于老傳에서 "論曰 于老爲當時大臣 掌軍國事 戰必克 雖不克 亦不敗 則其謀策必有過人者 然以一言之悖 以自取死 又令兩國交兵 其妻能報怨 亦變而

데, 이후 조선시대 유학적 소양을 지닌 역사가에 의해 지속적으로 계승되었다.73) 또한 왜군의 세력이 강한 데서 발생한 불가항력의 사건으로 생각할 여지도 있다.

그러나 우로가 살해된 사건의 배경을 단순히 그의 실언에서 찾은 것은 피상적 측면만을 바라본 데 불과하다. 또한 왜군의 세력이 강했기 때문에 미처 대응할 수 없었던 것이 아니냐는 주장도 받아들이기 어렵다. 왜냐하면 우로 부인의 복수로 말미암아 금성金城까지 쳐들어온 왜군을 물리치는 기록이 곧이어 나오기 때문이다. 왜군의 실체 및 세력규모에 대해서 일률적으로 말하기는 어렵겠지만,74) 이 시기를 전후한 왜인의 침략은 식량과 사람의 약탈을 위해 게릴라식의 전술을 구사한 해적행위였던 것으로 보인다.75) 따라서 우로의 죽음은

非正也 若不爾者 其功業 亦可錄也"라 했다.

73) 『三國史節要』, 『東國通鑑』에서의 권근의 논평이 대표적이다. 그는 우로의 실언과 우로 부인의 사사로운 원한으로 인해 두 나라의 교전이 초래된 데 대한 비판을 가했다. 『三國史節要』卷3. 己巳年條에 "權近曰…一言之悖 致兩國交兵 以取身死 樞機之不可不愼 如此 其妻能不忘 讎必欲報之有足嘉矣 然徒欲報其私怨 敢殺來使 又致兩國之交兵 當時君 臣不能禁於未然 亦不得辭其責矣"라 했다.

74) 『삼국사기』 신라본기에 나오는 倭의 실체에 대한 분석은 延敏洙, 「5세기 이전의 新羅의 對外關係-『三國史記』倭關係기사를 중심으로-」『日本學』8·9, 東國大學校 日本學研究所, 1989 : 『고대한일관계사』, 혜안, 1998. 340~370쪽 및 「古代 韓日關係와 蔚珍地方」『韓國古代社會와 蔚珍地方』(국보242호 울진봉평신라비 발견 10주년기념 학술대회논총), 盧重國 外, 蔚珍郡·韓國古代史學會, 1999 ; 『古代韓日交流史』, 혜안, 2003. 315~317쪽 참조.

75) 旗田巍, 「『三國史記』新羅本紀にあらわれた'倭'」『日本文化と朝鮮』2. 朝鮮文化社 編, 1975 : 김기섭 역, 「『三國史記』新羅本紀에 보이는 '倭'」『고대 한일관계사의 이해-倭-』, 이론과 실천, 1994. 109~118쪽 ; 李鍾旭, 「廣開土王陵碑와 『三國史記』에 보이는 '倭兵'의 正體」『韓國史 市民講座』11, 一潮閣, 1992. 44~66쪽.

벌휴왕~첨해왕대 倭의 침입기사를 살펴보면 이러한 성격이 잘 드러난다.
『三國史記』卷2. 新羅本紀2. 伐休尼師今 10년(193)조. "六月 倭人大饑 來求食者千餘 人". 助賁尼師今 3년(232)조. "夏四月 倭人猝至圍金城 王親出戰 賊潰走 遣輕騎追擊之 殺

당시의 정치적 상황 속에서 재검토할 필요가 있다.

사료 5에 따르면, 우로의 희롱적 언사에 분노한 왜왕이 군대를 파견했고, 이때 첨해왕은 우유촌于柚村에 출거해 있었다고 한다. 우유촌의 위치는 경북 울진76) 또는 영덕77)으로 비정되었는데, 어느 곳이든 왜군이 바다를 건너와 상륙한 동해안 일대임에는 분명하다. 그렇다면 첨해왕이 왜군의 침략에 대응하기 위해 직접 군대를 이끌고 가서 우유촌에 진을 치고 있었던 것으로 이해된다. 그런데 우로가 이를 자신이 직접 해결하겠다고 나섰다가 죽임을 당했다. 결국 우유촌에서 일어난 우로의 살해사건을 첨해왕이 몰랐을 리 없다. 그럼에도 불구하고 첨해왕이 우로의 죽음에 개입한 흔적이 전혀 보이지 않는다. 이러한 점이 당시 왕실 내부의 정치적 사정에서 초래된 것이 아닌가라는 의구심을 갖게 한다.78) 다음의 기록은 당시의 정치상황을 살피는 데 유용하다.

6. 우로는 임금을 섬김에 공이 여러 번 있어 舒弗邯이 되자, 訖解의 용모가 뛰어나고 담력이 있으며 머리가 뛰어나 일을 하는 것이 보통사람들과 다른 것을 보고 諸侯에게 일러 말했다. "우리 집안을 일으킬 사람은 반드시 이 아이일 것이다." 이때 이르러 基臨이 아들 없이 죽자 군신이 의논해 말하기를 "흘해는 어리지만 노련한 덕이 있다"고 하며 이내 그를

獲一千餘級". 同王 4년(233)조. "五月 倭兵寇東邊 秋七月 伊湌于老與倭人戰沙道 乘風縱火焚舟 賊赴水死盡".
76) 前間恭作,「新羅王の世次と其の名について」『東洋學報』15-2, 1925, 215쪽 : 연민수, 앞의 논문, 1999 : 앞의 책, 2003, 314~315쪽.
77) 이기동, 앞의 논문, 1985 : 앞의 책, 1997, 28~29쪽의 각주 8.
78) 연민수, 앞의 책, 1998, 371~372쪽.

받들어 [왕으로] 세웠다.79)

 흘해이사금(310~356)은 우로의 아들이다. 이 기록은 흘해왕의 즉위와 우로의 공적 내지 무력적 기반이 연관된다는 측면에서 주목된 바 있다.80) 한발 나아가 우로가 한 발언의 시점과 의미를 유념할 필요가 있다. 우로가 흘해를 내세우는 발언을 한 때는 기록대로라면 서불한이 된 조분왕 15년(244) 이후이다. 당시 우로는 이매계 핵심인물로서 병권을 장악하고 있었다. 그럼에도 불구하고 "우리 집안을 일으킬 사람은 반드시 이 아이일 것이다[興吾家者 必此兒也]"라고 한 발언에 숨겨진 의미는 무엇일까? 서불한의 자리를 차지한 것으로도 부족해 집안을 일으켜야 한다면 그것은 다름 아닌 '왕권'을 염두해 둔 것이 아닐까?

 나해왕의 아들로서 유력한 왕위계승권자였던 우로는 왕위를 골정계 조분에게 넘겨주었다. 그런데 골정계가 이매계를 압도하지 못했기 때문에 이매계 우로는 세력을 유지할 수 있었고, 여러 차례의 군공을 기반으로 서불한의 자리까지 올랐다. 그러나 우로 정치활동의 궁극적인 목적은 골정계에게 빼앗긴 왕위를 이매계로 되찾아오는 것일 가능성이 크다. 우로가 아들 흘해를 내세우는 발언을 한 데에는 이러한 속내가 담겨져 있다고 여겨진다. 그 때문에 우로의 발언은 골정계에게 상당한 위기감을 조성했을 것이다. 더구나 왕위를 이을 아들이 없었던 첨해왕에게는 더욱 그러했을 터이다. 이를 계기로

---

79) 『三國史記』卷2, 新羅本紀2, 訖解尼師今 즉위년(310)조.
80) 김두진, 앞의 책, 1999, 317쪽의 각주 45.

골정계가 우로세력의 견제에 만전을 기했을 것임을 예상할 수 있다. 우로가 조분왕 16년(245)에 고구려와의 전투에서 패한 이후 권력의 중심에서 점점 소외되어 가는 모습은 이러한 정황에서라야 온전히 이해가 된다. 결국 우로의 죽음은 골정계와 이매계 사이 정치적 갈등의 산물로 파악하는 것이 합리적이다. 첨해왕이 우로의 죽음에 직접적으로 대응하지 않았던 것은, 결과론적이지만 그가 왜군의 침입을 우로 제거의 좋은 기회로 삼아 그의 죽음을 방관한 데 따른 결과로 생각된다.[81]

한편 우로가 죽은 후 신라와 고구려의 관계는 직접적인 기록이 없어 분명히 하기 힘든 면이 있다. 다만 우로가 시종 추구했던 고구려에 대한 강경책이 그가 권력에서 소외되면서 온건책으로 변화되었음을 고려할 때, 우로가 죽은 후 '친고구려 정책'이 한층 가속화되거나 적어도 이전의 기조를 유지했을 것으로 판단된다.

이매계의 핵심인물인 우로가 죽은 후 이매계 세력은 약화될 수밖에 없었다. 골정계와 이매계가 대립했던 왕실의 권력구도는 급격히 골정계 중심으로 재편되어 갔다. 사실 첨해이사금(247~261)은 즉위 직후부터 골정계 중심의 권력강화를 추구했다. 왕위에 오르자마자 아버지 골정을 세신갈문왕世神葛文王으로 추봉했던 것이다.[82] 이전 왕과 다른 가계家系에서 왕위에 즉위했을 때 자기의 아버지를 갈문왕으로 추봉했다고 한다.[83] 첨해왕이 즉위 후 우선적으로 죽은 아버지

---

81) 연민수, 앞의 책, 1998, 371~376쪽 : 박순교, 앞의 논문, 1993, 25~27쪽.
82) 『三國史記』卷2, 新羅本紀2, 沾解尼師今 원년(247)조.
83) 李基白, 「新羅時代의 葛文王」『歷史學報』58, 1973 : 『新羅政治社會史研究』, 一潮閣, 1974, 20쪽.

를 갈문왕으로 추봉한 것 역시 골정계의 정통성 강조와 혈연의식을 강조하기 위해서였음이 분명하다.

우로의 죽음 직후 이어진 남당南堂 설치기사[84]도 같은 맥락으로 파악된다. 남당은 원시부족집회소의 후신으로, 회의기관이자 실무를 집행하는 국가생활의 중심적인 정청으로 알려져 있다.[85] 남당은 그 직속에 집행기관을 가졌다기보다 그 결정이 왕을 통해 집행되었다.[86] 때문에 왕은 남당에서의 정치를 통해 이전보다 강한 왕권을 행사했다.[87] 결국 우로가 죽은 후 이어진 남당설치는 첨해왕이 추구했던 골정계 중심의 체제정비의 일환으로 이루어진 것이었다.

2) 골정계·구도계 김씨세력의 연합과 미추왕의 즉위

앞에서 신라 석씨왕대 왕실의 혈연집단이 골정계와 이매계로 나뉘어져 정치적으로 갈등했으며, 그것이 고구려에 대한 외교적 입장의 차이로 드러났음을 살펴보았다. 벌휴왕이 죽은 후 왕위계승을 놓고 촉발된 권력의 다툼에서 먼저 주도권을 잡은 것은 이매계였다.

---

84) 『三國史記』卷2, 新羅本紀2, 沾解尼師今 3년(249)·5년(251)조.
85) 李丙燾, 「古代南堂考」, 서울大論文集 『人文社會科學』 1, 1954 ; 『韓國古代史硏究』(修訂版), 博英社, 1976, 623~636쪽.
86) 李基白, 「稟主考」 『李相伯博士回甲紀念論叢』, 1964 ; 『新羅政治社會史硏究』, 一潮閣, 1974, 137쪽.
87) 이종욱, 앞의 책, 1980, 235~236쪽. 첨해왕 때 남당이 설치되면서 중앙 행정담당 신료는 남당에서 국정일반을 담당하고, 국왕 근시신료는 왕궁에서 궁내부적인 업무를 수행하는 큰 범주의 계열화가 이루어졌다(李文基, 「新羅 上古期의 統治組織과 國家形成 問題」 『한국 고대국가의 형성』, 한국고대사연구회, 民音社, 1990, 269~270쪽).

곧 나해는 골정계의 후원자였던 구도계 세력이 약해진 틈을 이용해 직계 조분을 물리치고 집권했다. 나해왕은 즉위 후 자신의 아들들인 이음과 우로를 요직에 중용하면서 이매계 중심의 권력강화에 주력했다. 그럼에도 불구하고 왕권은 다시 골정계인 조분과 첨해로 이어졌다.

왕위를 비록 골정계에게 내주었지만, 우로는 이매계의 핵심인물로서 군사적 활동을 지속했다. 그 결과 서불한의 자리에까지 올랐다. 그러나 우로는 조분왕 16년(245)에 출정한 고구려와의 전투에서 패했고, 이후 정치권력의 중심에서 점차 소외되었다. 급기야 첨해왕 3년(249)에 우로는 골정계 집권세력의 방관 속에 왜군에게 무참히 살해되었다. 이후 이매계 세력은 약화되었고, 권력구조는 첨해왕에 의해 급속히 골정계 중심으로 재편되어 갔다.

그런데 여기서 유념해야 할 것이 있다. 비록 석씨왕대 왕실의 갈등구조가 골정계와 이매계를 두 축으로 했지만, 골정계의 뒷배경에는 구도계仇道系 김씨가 온존해 있었다는 점이다. [표 2]에 따르면, 구도는 자신의 딸 옥모부인을 골정과 혼인시켰다. 또한 구도의 아들인 미추 역시 골정계 조분왕의 딸인 광명부인과 혼인했다. 이는 곧 석씨왕실 개창 전후부터 미추가 왕으로 즉위할 때까지 석씨 골정계와 구도계 김씨가 지속적인 혼인을 통해 연대하고 있었음을 보여준다.

벌휴왕 7년(190)에 구도가 부곡성주로 좌천된 뒤, 구도계 김씨의 활동이 기록상 드러나지는 않는다. 그렇더라도 골정계와의 혼인관계 기록을 존중하고, 미추이사금(262~284)의 즉위배경과 과정을 '김씨족의 정치적 성장'이라는 관점에서 본다면,[88] 계기적 차원에서 관련자료를 이해하는 것이 바람직하다. 골정계와 이매계의 정치적 갈등과정에서 발생했던 대부분의 사건에서 구도계 김씨세력이 골정계의 후원자 역할을 하였음이 유력하다.[88] 그러한 과정에서 구도계 김씨의 정치적 입지는 점차로 증대되었을 것이고, 이것이 미추왕 집권의 배경으로 작용했을 법하다.

골정계와 이매계의 정치적 갈등과정에서 이매계는 고구려에 대한 강경책을 유지했고, 반면에 골정계는 이매계 핵심세력인 우로가 죽은 후 고구려에 사신을 보내 화친을 도모했음을 살펴보았다. 구도계 김씨와 골정계가 제휴했다면 미추의 고구려에 대한 입장 역시 골정계와 궤를 같이 했을 것이다. 역설적이지만 조분왕 16년(245) 우로가 고구려군에 패했을 때 구도계 군사력이 온존해 있었으면서도 개입하지 않았던 것은 이러한 추측을 방증해 준다. 따라서 기록상에 직접 드러나지는 않을지라도, 적어도 미추왕의 즉위는 고구려와의 우호적인 분위기에서 이루어진 것으로 추정된다.[90] 관구검의 고구

---

88) 미추왕의 즉위를 '김씨족의 정치적 성장'으로 보는 데에는 이견이 없다(이종욱, 앞의 책, 1980, 187쪽 : 盧重國, 「鷄林國考」『歷史敎育論集』13·14, 1990, 195쪽 : 강종훈, 『신라상고사연구』, 서울대학교 출판부, 2000, 136~141쪽).
89) 구도가 벌휴왕 7년(190)에 부곡성주로 좌천될 때까지 軍主로서 여러 차례 군공을 세운 점을 주목할 필요가 있다. 구도계 김씨세력은 늦어도 골정계 조분이 즉위한 이후에는 재기했을 가능성이 크다. 때문에 구도계 김씨세력의 군사적 기반은 골정계가 이매계를 제어하는데 일정한 역할을 했을 것이다. 다만 조분~첨해왕대 발생한 이매계 우로의 대고구려 전투와 살해사건에 구도계 군사력의 개입 흔적이 드러나지는 않는다. 이는 골정계에 대한 그들의 지원이 공공연한 것이었다기보다는 은근한 형태로 이루어졌기 때문으로 추정된다.
90) 미추왕의 즉위과정에 고구려가 직·간접적으로 개입했을 가능성도 배제할 수 없다. 그렇다면 기존에 '마립간기' 이후 설정된 김씨세력과 고구려의 친연적 관계는 미추왕대까지도 소급될 가능성이 있다. 「광개토왕릉비」에 고구려가 신라를 오래 전부터 조공을 바친 屬民으로 인식한 것은 이러한 연유 때문일 것이다.

려 침공여파로 옥저에 남아 있던 고구려세력이 남하해 신라를 세웠다는 『북사』와 『수서』 신라전의 내용91)은, 그 사실성 여부를 차치하고서라도 3세기 중반 신라와 고구려 지배세력 상호 간 교류의 흔적을 시사해 준다.

미추왕의 즉위과정과 지지세력은 다음의 기록에서 엿볼 수 있다.

7-① 겨울 12월 28일에 왕이 갑자기 병이 나서 죽었다.92)
② 첨해가 아들이 없었으므로 國人이 미추를 [왕으로] 세웠다.93)
③ 未鄒尼叱今 … 대대로 높은 귀족으로서 또한 성스러운 덕이 있어 理解[첨해왕]에게 선위를 받아 비로소 왕위에 올랐다.94)

사료 7-①~②에 따르면, 첨해왕이 재위 15년(261)에 갑자기 병이 나서 죽었는데, 아들이 없자 국인이 미추를 왕으로 세웠다고 한다. 첨해왕의 갑작스러운 죽음과 미추의 즉위가 연관되는지의 여부는 분명하지 않다. 다만 7-③의 기록과 골정계와 구도계 김씨세력의 연합구도로 전개되어 왔던 정국동향을 고려할 때, 미추왕의 즉위과정은 순탄했던 것으로 생각된다.

미추왕의 지지세력으로 '국인'을 꼽는 데에는 주저함이 따르지 않는다. 다만 국인의 실체를 좀더 구체화할 필요가 있겠다. 우선 미추왕의 왕비가 조분왕의 딸인 광명부인이므로 골정계 석씨세력을 국

---

91) 앞의 각주 12 참조.
92) 『三國史記』 卷2, 新羅本紀2, 沾解尼師今 15년(261)조.
93) 『三國史記』 卷2, 新羅本紀2, 味鄒尼師今 즉위년(261)조.
94) 『三國遺事』 卷1, 紀異2, 未鄒王 竹葉軍.

인 중 우선적으로 꼽을 수 있다.95) 또한 미추왕의 어머니는 갈문왕 이칠의 딸 박씨 술례부인으로 기록되어 있다. 박씨세력이 미추왕 즉위와 관련하여 그 구체적인 역할이 드러나지 않을지라도, 이들 역시 미추왕 지지세력의 일부였음을 부인하기는 어렵다.96)

미추를 지지했던 구체적인 인물로는 양부良夫가 주목된다. 양부는 첨해왕 3년(249)에 왕이 남당을 지으면서 이찬伊湌으로 삼은 인물이다. 미추왕은 즉위 후 이찬 양부를 서불한으로 승진시키면서 중앙과 지방의 군사에 관한 일을 겸하여 맡게 했다.97) 곧 양부는 친골정계 세력으로서 미추의 즉위에 기여한 핵심인물로 파악된다. 양부가 미추왕대 전반기에 주로 활약했다면, 후반기에 이르러서는 양질良質의 활약이 눈에 띤다. 양질은 미추왕 20년(281) 일길찬一吉湌에 올라 2년 후에 괴곡성槐谷城에서 벌어진 백제와의 전투에서 전공을 세웠다.98) 그 역시 양부와 같은 정치노선을 견지했던 구도계 김씨세력으로 생각된다.99)

---

95) 기존에 조분왕의 사위라는 자격을 미추왕 즉위의 직접적 배경으로 삼은 까닭은 여기에 있었다(이종욱, 앞의 책, 1980, 204쪽). 다만 조분왕의 사위라는 것이 충분조건이라기보다는 정치적 역학관계 속에서 좀더 분석할 필요가 있다.
96) 미추왕의 母系와 妻系를 고려해 미추의 즉위를 박·석·김씨세력의 혼인동맹으로 이해했다(신형식, 앞의 논문, 1971, 66쪽 : 이종욱, 앞의 책, 1980, 77쪽, 187쪽, 227~228쪽).
97) 『三國史記』 卷2, 新羅本紀2, 味鄒尼師今 2년(263)조.
98) 『三國史記』 卷2, 新羅本紀2, 味鄒尼師今 20년(281)·22년(283)조.
99) 신라 상고기 인명에 공통자가 있는 인물은 동일한 친족집단의 구성원이라고 한다(金瑛河, 「新羅 上古期의 官等과 政治體制」, 『韓國史研究』 99·100, 1997 : 『韓國古代社會의 軍事와 政治』, 高麗大學校 民族文化研究院, 2002, 220쪽). 그렇다면 良夫와 良質은 구도계 김씨로서 미추를 지지했을 가능성이 크다. 다만 이들이 처한 시대적인 상황은 달랐다. 즉 양부가 미추왕의 즉위 초 서불한[1위]으로 중용된 데 반해, 양질은 상대적으로 낮은 일길찬[7위]에 등용되었다. 양질이 등용된 때에는 오히려 석씨로 추정되는 弘權이 이찬[2위]으로 기용되었다. 이로써 미추왕 후반 석씨세력이 다시 득세하

미추왕이 석씨를 비롯한 이성異姓세력과의 제휴를 통했을지라도, 미추왕의 즉위는 궁극적으로 '김씨세력의 정치적 성장'에 따른 결과라고 할 수 있다. 자연히 그의 정치적 행보에는 김씨세력의 이해가 적극 반영되었을 것이다.

미추왕은 우선 즉위의례로서 국조묘國祖廟에 친히 제사한 뒤, 죽은 아버지 구도를 갈문왕葛文王으로 추봉했다.100) 이는 김씨로서 처음 왕위에 오른 미추가 김씨족의 정통성과 위상을 높이기 위해 취한 상징적인 조치였다고 보인다. 또한 재위 7년(268)에는 봄·여름에 비가 내리지 않자, 신하들을 남당에 모이게 하고는 몸소 정치와 형벌의 잘잘못을 묻고, 5인의 사자使者를 보내어 백성들의 애환을 보살폈다.101) 첨해왕대 남당 설치기사의 경우 국왕의 권력행사 모습이 나타나 있지 않은 데 반해, 미추왕은 남당을 통해 왕권을 행사하는 모습이 뚜렷이 나타나고 있어 주목된다. 그런가 하면 신라인들에게 미추왕의 무덤은 '대릉大陵'이라고 하여 특별하게 인식되었다.102) 미추왕의 '대릉'은 고고학계에서 일반적으로 적석목곽분積石木槨墳과 연결시키곤 한다.103) '대릉'이라는 이름에 걸맞는 왕릉을 조성하기 위해

는 모습과, 석씨 유례왕이 즉위하는 과정을 이해할 수 있다.
100) 『三國史記』卷2, 新羅本紀2, 味鄒尼師今 2년(263)조.
101) 『三國史記』卷2, 新羅本紀2, 味鄒尼師今 7년(268)조.
102) 『三國史記』卷2, 新羅本紀2, 味鄒尼師今 23년(284)조.
103) 김원룡은 미추왕의 재위연대를 믿어 '大陵'을 적석목곽분의 시원으로 보았다(金元龍, 『韓國考古學槪說』, 제3판, 一志社, 1986, 102쪽). 최병현도 '대릉'을 적석목곽분의 시작으로 본 것은 김원룡과 같지만, 미추의 재위연대를 나물왕 직전으로 수정했다. 그는 적석목곽분을 김씨왕실의 등장과 관련지어 '마립간기'의 묘제로 파악한 뒤, 그 기원을 북방아시아 목곽분 문화와 연결하여 북방 기마민족이 이동하는 과정에서 경주로 유입된 것으로 이해했다(崔秉鉉, 「新羅의 成長과 新羅 古墳文化의 展開」『韓國古代史研究』4, 1991, 150~162쪽 및 『新羅古墳研究』, 一志社, 1992, 378~415쪽).

서는 대규모의 인력동원이 불가피했을 것이다. 이는 미추왕의 업적과 왕권을 생각하게 한다.

이와 같은 미추왕의 위상은 바다 건너 중국에까지 알려진 듯하다. 곧 『진서』에 따르면, 280년·282년·286년의 3차례에 걸쳐 진한왕(辰韓王)이 서진(西晉)에 사신을 파견한 것으로 되어 있다.104) 이때 진한왕의 실체는 신라(사로국)왕으로 보는 것이 일반적이다.105) 기년대로라면 280년과 282년은 각각 미추왕 재위 19년과 21년에, 286년은 유례왕 재위 3년에 해당한다. 물론 이 기록은 『삼국사기』 신라본기 초기기년의 조정 여부와 신라국가 발전단계를 보는 관점에 따라 다르게 이해될 여지도 있을 것이다. 그럼에도 불구하고 미추왕 즉위 후 행해진 일련의 체제정비를 통한 왕권강화와 그것을 토대로 중국에까지 사신을 파견할 수 있지 않았을까 하는 데에는 우연이라고 치부할 수만은 없는 일맥상통함이 느껴진다.

미추왕 이후 왕위는 다시 석씨 유례-기림-흘해이사금에게로

이와 달리 강인구는 적석목곽분을 고구려 적석총이 남하해 이전의 토착화한 漢式土壙木槨墓의 목곽과 결합한 것으로 보았다. 편년도 2~3세기로 추정했다(姜仁求,「新羅墓制의 變遷과 紀年問題」,『古文化談叢』30上, 1993 :『考古學으로 본 韓國古代史』, 學研文化社, 1997, 422~428쪽). 적석목곽분의 기원과 편년에 대한 연구동향은 李鍾宣, 「積石木槨墳의 編年에 대한 諸論議」,『韓國古代史論叢』3, 韓國古代社會研究所 編, 1992 : 『古新羅王陵研究』, 學研文化社, 2000, 33~68쪽에 자세하다.

104) 『晉書』卷97, 列傳67, 東夷 辰韓(2534쪽)에서 "武帝太康元年[280] 其王遣使獻方物 二年[282]復來朝貢 七年[286]又來"라고 했다.

105) 千寛宇,「三韓攷 第3部-三韓의 國家形成」,『韓國學報』2·3, 1976 :『古朝鮮史·三韓史研究』, 一潮閣, 1989, 342~343쪽 : 申瀅植,「新羅史의 時代區分」,『韓國史研究』18, 1977, 16쪽 : 全德在,「新羅六部體制研究」, 一潮閣, 1996, 33~34쪽 : 임기환,「4세기 동아시아 정세변동과 고구려의 대외전략」,『광개토대왕비와 한일관계』(한일관계사연구논집 1), 景仁文化社, 2005, 37쪽.

넘어갔다. 이는 김씨세력이 석씨세력을 압도하지 못했음과 동시에, 미추왕이 추진한 김씨세력 중심의 정국운영이 한계를 드러낸 데 따른 결과일 것이다.106) 다만 왕위를 석씨에게 내주었다고 해서 김씨세력의 정치적 위상에 타격받을 정도의 문제가 발생한 것은 아닌 듯하다. 김씨세력이 미추왕 이후의 석씨왕대에도 지속적으로 정치적 영향력을 행사하는 모습이 보이기 때문이다.

8-① 제14대 儒理(儒禮)王代 伊西國 사람들이 金城을 공격해왔다. 우리[신라]가 [군사를] 크게 일으켜 방어하였지만 오랫동안 저항할 수 없었다. [그때] 문득 이상한 군사들이 와서 도와주었는데, 모두 대나무잎을 꽂고 있었다. 우리 군사와 함께 힘을 합쳐 적을 공격해 깨뜨렸는데, 군사가 물러간 뒤 [그들이] 간 곳을 알지 못하였다. 단지 미추왕릉 앞에 쌓인 대나무잎이 보일 뿐이었다. 이내 先王 음덕의 공로가 있음을 알게 되었다. 이로 인해 [미추왕릉을] 竹現陵이라고 불렀다.107)

② 봄 정월에 末仇를 伊伐湌으로 삼았다. 말구는 충성스럽고 곧으며 지략이 있어 왕이 항상 찾아가 정치의 중요한 일을 물었다.108)

---

106) 미추왕 후기 정국추이와 관련해서 弘權의 활동이 주목된다. 홍권은 유례왕이 2년 (285) 서불한에 중용한 뒤 同王 12년(295)까지 활동했던 유례왕의 핵심 지지세력이었다. 곧 홍권은 석씨임이 유력한데, 그가 권력의 중심부에 등장한 계기가 미추왕 20년 (281) 이찬으로 기용되면서 부터였다. 저자는 이를 미추왕이 추구한 김씨세력 중심의 정국운영이 한계를 드러내면서 석씨와의 제휴를 다시 강화한 것으로 이해한다. 그러한 배경에는 미추왕 즉위 후 급격히 증가한 백제의 침략([표 4] 참조)에 대비하기 위한 측면이 우선적으로 고려될 수 있다.
107) 『三國遺事』 卷1, 紀異2, 未鄒王 竹葉軍.
108) 『三國史記』 卷2, 新羅本紀2, 儒禮尼師今 8년(291)조.

8-①의 기록에서 유례이사금대(284~298) 이서국伊西國[청도]의 침입을 죽엽군竹葉軍 덕분에 물리쳤음을 알 수 있다. 그런데 적군이 물러간 후에 대나무잎이 미추왕릉 앞에 쌓여 있음을 보고서야 비로소 선왕 음덕의 공인줄 알았으며, 이로 인해 미추왕릉을 '죽현릉竹現陵'이라 불렀다고 한다. 곧 이 설화는 미추왕과 밀접히 연관되어 있다. 죽엽군은 아마도 미추왕과 연관된 군사를 은유적으로 나타낸 것으로 생각된다. 어쨌든 미추왕과 연관된 군사력이 유례왕대 국난의 해결에 결정적으로 기여한 것은 분명한 사실이다. 그렇다면 미추왕이 죽은 후에도 구도계 김씨는 군사적 기반을 토대로 중앙정계에 지속적인 영향력을 행사했을 가능성이 크다. 8-②의 기록이 이를 방증해 준다. 말구末仇는 미추와 형제이자 후에 김씨 세습왕실을 여는 나물왕의 아버지이다. 그런데 유례왕이 말구를 이벌찬으로 등용했고, 그에게 항상 정치의 중요한 일을 자문했다고 한다. 곧 김씨인 말구가 석씨 유례왕대에 중용되었다는 사실은 이 시기 김씨세력의 위상이 여전히 무시하지 못할 정도였음을 가늠하게 해준다.

요컨대 '김씨세력의 위상고양과 정치적 성장'이라는 면에서 미추왕 즉위가 가지는 의미는 자못 컸다고 할 수 있다. 말구는 미추왕 이후 김씨세력의 대표로서 미추와 나물을 이어주는 매개역할을 했다. 결국 미추왕의 즉위는 나물왕 이후의 김씨왕실이 세습할 수 있는 토대를 마련했다는 데 역사적 의미를 부여할 수 있다.[109]

---

109) 미추왕 즉위의 역사적 의미와 신라사에서의 위상에 대해서는 張彰恩, 「新羅 昔氏 王室의 分岐와 味鄒王의 卽位」『北岳史論』 7, 北岳史學會, 2000, 37~41쪽 참조.

제3장

김씨왕실의 개창과
고구려의 내정간섭

1. 나물왕대 고구려 관계의 재개

　　신라와 고구려의 관계는 3세기 중반 조분이사금(230~247)과 첨해이사금대(247~261)에 한 차례 교전·교섭한 이후 소강상태를 유지했다. 기록상으로는 377년과 381년에 전진前秦으로 함께 사신 갈 때까지 두 나라 간의 직접적인 교섭과 교전의 흔적을 찾아보기 힘들다. 기존 연구자들이 3세기 중반 신라·고구려 관계의 기록을 믿지 않거나 과소평가했던 것도 이러한 이유 때문으로 판단된다.

　　다만 『삼국유사』 노례왕조[1]를 검토해 보면, 3세기 말 신라와 고구려가 한 차례 교전했을 가능성을 엿볼 수 있다. 곧 노례왕조에 따

---

[1] 『三國遺事』 卷1, 紀異2, 第三弩禮王에 "建虎[武] 十八年[42] 伐伊西國滅之 是年高麗兵來侵"이라고 했다.

르면, 42년에 신라가 청도에 있는 이서국伊西國을 멸망시켰는데, 같은 해에 고구려 군대가 신라에 쳐들어왔음을 부기하고 있다. 그런데 이서국의 신라침입에 대해 가장 자세히 전하고 있는『삼국유사』미추왕 죽엽군에서는 이를 "제14 유리왕대儒理王代"에 일어난 일로 기록했다. 이를 통해 후대의 역사가들이 신라 왕실계보에서 3대 노례弩禮〔儒理〕이사금과 14대 유례이사금儒禮尼師今을 혼동했고, 그로 인해 같은 사건임에도 불구하고 다른 시대의 것으로 각각 기록했음을 알 수 있다. 신라와 고구려가 3세기 중반에 이르러 비로소 관계를 맺었다는 점과 이서국의 신라 침입기사가『삼국사기』유례이사금 14년(297)조에 실려 있음을 감안하면, 노례왕조 기록이 발생한 실제연대는 297년일 가능성이 크다. 그렇다면 신라는 이때 단발적이라 하더라도 고구려에 침입을 당한 것으로 볼 수 있다.

물론 3세기 말 고구려는 요동지방의 선비鮮卑 모용씨慕容氏에게 압박을 받고 있었다. 그 때문에 고구려의 입장에서 신라와의 전쟁을 수행할 여력이 없어 보일 수도 있겠다. 그런데 봉상왕 5년(296)에 고노자高奴子가 신성태수新城太守로 부임한 이후 모용외慕容廆는 한동안 고구려를 쳐들어오지 않았다.2) 모용외의 고구려 침략은『삼국사기』에 따르면 미천왕 20년(319)에 이르러서야 다시 감행되었다. 그렇다면 고구려는 모용씨와의 관계에서 일시적인 안정기를 맞이한 셈이며, 그 틈을 타서 신라를 침략했을 가능성이 있다. 이 시기 서진西晉은 291년에 발생한 이른바 '8왕八王의 난'으로 혼란에 빠져 있었다. 또한 낙랑군과 대방군

---

2)『三國史記』卷17, 高句麗本紀5, 烽上王 5년(296)조.

은 요동출신 장통張統에 의해 명맥을 이어갈 뿐 군현의 기능을 거의 상실한 상태였다.3) 자연히 옥저와 동예도 고구려에 다시 귀속되었을 것이다. 서천왕 19년(288)에 [동]해곡東海谷 태수가 고래를 진상했다는 『삼국사기』의 기록은 이러한 상황을 상징적으로 보여주는 것이라 하겠다. 결국 이와 같은 주변의 정황을 종합적으로 고려해 볼 때, 3세기 말 고구려의 신라침입은 사실로 인정하는 것이 나을 듯하다.

사실 3세기 후반~4세기 후반에 신라와 고구려의 관계가 느슨했던 데에는 당시 고구려의 대외적 처지에서 기인한 측면이 다분하다. 곧 고구려는 293년부터 선비족 모용외의 침략을 받았고,4) 그에 대항해 현도군玄菟郡과 서안평西安平을 공략했다.5) 고구려는 이후 요동지역의 쟁탈을 놓고 전연前燕과 치열한 공방전을 전개했다. 그 결과 고국원왕 12년(342)에는 전연에 패하여 선왕 미천왕(300~331)의 시신과 왕모王母·왕비王妃를 인질로 빼앗기는 수모를 당했다. 미천왕의 시신은 다음해 고국원왕이 아우를 보내 신하로 칭하면서 되찾아왔지만, 왕의 어머니 주씨周氏는 고국원왕 25년(355)에 이르러서야 돌아올 수 있었다. 이때 고구려는 전연과 조공·책봉관계까지 맺었다.6) 이후 전연이 전진에게 망하는 370년까지 두 나라가 충돌한 기사는 전하

---

3) 임기환, 「3세기~4세기초 위·진의 동방정책-낙랑군·대방군을 중심으로-」『역사와 현실』36, 2000, 30~31쪽.
4) 『三國史記』卷17, 高句麗本紀5, 烽上王 2년(293)·5년(296)조.
5) 『三國史記』卷17, 高句麗本紀5, 美川王 3년(302)·12년(311)·16년(315)조.
6) 『三國史記』卷17, 高句麗本紀6, 故國原王 12년(342)·13년(343)·25년(355)조.
355년 전연과 고구려 사이에 맺은 조공·책봉관계의 성격에 대한 연구사는 여호규, 「高句麗와 慕容燕의 朝貢·冊封關係 연구」『한국 고대국가와 중국왕조의 조공·책봉관계』(연구총서 15), 고구려연구재단, 2006, 15~17쪽 참조.

지 않는다.[7]

고구려는 요동지역에서 전연과의 관계가 안정되면서 남쪽으로의 진출에 주력했다. 그리하여 고국원왕 39년(369)을 시작으로 395년까지 12차례에 걸쳐 백제와 전쟁을 치렀다.[8] 그러한 과정에서 371년에는 백제 근초고왕·근구수 부자가 이끈 3만 군이 고구려 평양성을 급습했고, 고국원왕이 이에 대응하다가 급기야 전사까지 하는 국가적 비상사태를 맞이하게 되었다.

요컨대 고구려는 3세기 후반에서~4세기 후반까지 전연 및 백제와의 공방전 수행과 그에 따른 긴장국면으로 인해 신라와의 관계에 소홀할 수밖에 없었던 것이다. 따라서 이 시기 신라와 고구려의 관계를 대립적으로 단정하기보다는, 4세기대에 조성된 경주월성로고분군에서 고구려 계통의 유물이 출토되는 등의 고고학적 교류흔적[9]을 감안할 때 미약하게나마 우호관계를 유지한 것으로 이해함이 나을 듯하다. 그래야만 다음 기록과의 계기적인 이해가 가능해질 수 있다.

---

7) 고구려와 전연의 관계에 대해서는 다음의 연구가 도움이 된다.
池培善,『中世東北亞史硏究-慕容王國史-』, 一潮閣, 1986, 제2장~5장 : 李基東,「高句麗史 발전의 劃期로서의 4세기-慕容'燕'과의 항쟁을 통해서-」『東國史學』30, 東國史學會, 1996 : 金英珠,「高句麗 故國原王代의 對前燕關係」『北岳史論』4, 1997 : 孔錫龜,『高句麗 領域擴張史 硏究』, 書景文化社, 1998, 23~40쪽: 余昊奎,「4세기 동아시아 국제질서와 고구려 대외정책의 변화-對前燕關係를 중심으로-」,『역사와 현실』36, 2000 : 姜仙,「高句麗와 北方民族의 관계 연구-鮮卑·契丹·柔然·突厥과의 관계를 중심으로-」, 淑明女子大學校 博士學位論文, 2003, 30~63쪽: 孔錫龜,「高句麗와 慕容'燕'의 갈등 그리고 교류」,『강좌 한국고대사』4, 가락국사적개발연구원, 2003 : 임기환,「4세기 동아시아 정세 변동과 고구려 대외전략」,『광개토대왕비와 한일관계』(한일관계사연구논집 1), 景仁文化社, 2005, 28~36쪽: 여호규, 앞의 논문, 2006.
8)『삼국사기』를 기준으로 한 것인데, 이후 제시할 [표 4]를 참고하기 바란다.
9)『慶州市月城路古墳群』, 國立慶州博物館·慶北大學校博物館·慶州市, 1990, 69쪽, 139~142쪽, 439쪽.

[표 4] 3세기 중반~5세기 초반의 삼국관계

연번	서기년	연대 각국 왕 재위년			행위주체	내용	경과	비고
		신라	고구려	백제				
1	240	조분11	동천14	고이7	백→신	전쟁	신라서변 침략.	
2	245	16	19	12	고→신	전쟁	신라북변 침략. 신라 우로가 출정했으나 패해 馬頭柵을 지킴.	麗·羅 첫 교전
3	248	첨해2	22	15	신→고	사신파견	화친함.	麗·羅 첫 교섭
4	255	9	중천8	22	백→신	전쟁	9월 槐谷 서쪽에서 교전. 신라장군 익종 전사. 10월 봉산성 공격. 함락 못함.	
5	261	15	14	28	백→신	사신파견	화친 청했으나 신라 받아들이지 않음.	
6	266	미추5	19	33	백→신	전쟁	烽山城 공격. 신라성주 직선 장수 2백 명으로 막음.	
7	272	11	서천3	39	백→신	전쟁	신라변경 침략.	
8	278	17	9	45	백→신	전쟁	槐谷城 포위. 파진찬 정원 출병해 막음.	
9	283	22	14	50	백→신	전쟁	9월 신라변경 침략. 10월 槐谷城 포위. 일길찬 양질 출병해 막음.	
10	286	유례3	17	53	백→신	사신파견	화친 청함.	백제의 대신라 우호 모색
11	295	12	봉상4	책계10	신라	대백제인식	왕이 백제와 연합해 왜를 공격하려 하자 서불한 홍권이 "…백제는 거짓이 많고 항상 우리나라(신라)를 삼키려는 마음을 가지고 있으니 함께 도모하기 어렵다"고 간함. 왕이 따름.	羅·濟의 불완전한 우호 관계 유지

12	337	흘해28	고국원7	비류34	신→백	사신파견	내빙함.	
13	366	나물11	36	근초고21	백→신	사신파견	내빙함.	
14	368	13	38	23	백→신	사신파견	좋은 말 2필 바침.	
15	369	14	39	24	고→백	전쟁	고국원왕 2만군으로 친정. 雉壤城 교전. 태자〔근구수〕출병. 고구려 패배.	麗·濟 첫 교전
16	371	16	41	26	고↔백	전쟁	고구려 선공. 浿河에 매복한 백제군에 패배. 겨울 근초고·근구수 3만군으로 平壤城 친정. 고국원왕 전사. 백제귀환.	
17	373	18	소수림3	28	백→신	귀화	백제 禿山城主가 3백 명 거느리고 신라에 귀환.	羅·濟 다시 대립〔나제동맹 때까지〕
18	375	20	5	30	고→백	전쟁	백제북변 水谷城 함락. 근초고왕 장수를 보냈으나 패함. 재차 군사를 일으키려 하다가 흉년으로 실행 못함.	
19	376	21	6	근구수2	고→백	전쟁	백제북변 침략.	
20	377	22	7	3	고↔백	전쟁	10월 근구수 3만군으로 평양성 친정. 11월 고구려 백제침략.	麗·羅 교섭재개〔前秦 함께 사신감〕
21	386	31	고국양3	진사2	고→백	전쟁	백제침략.	
22	389	34	6	5	백→고	전쟁	고구려 남변약탈 후 귀환.	
23	390	35	7	6	백→고	전쟁	달솔 진가모 보내 都押城을 쳐부수고 2백 명을 약탈.	
24	392	37	광개토2	8	고↔신	사신파견	정월 나물왕 고구려에 인질로 실성을 보냄.	

24	392	나물37	광개토2	진사8	고→백	전쟁	7월 광개토왕 4만군으로 친정. 백제북변 石峴城 등 10성 함락. 10월 광개토왕 백제 關彌城 함락.	고구려본기 391년, 백제본기 392년 조 기록
25	393	38	3	아신2	백→고	전쟁	8월 關彌城을 되찾고자 좌장 진무 출정했으나 실패.	고구려본기 392년
26	394	39	4	3	백→고	전쟁	水谷城 침략. 광개토왕 정예 5천군으로 물리침.	고구려본기 393년
27	395	40	5	4	백→고	전쟁	8월 좌장 진무 출정. 패수가에 진을 친 광개토왕의 7천군에게 패함. 11월 보복 차 7천군으로 靑木嶺에 주둔했으나 큰 눈을 만나 회군.	고구려본기 394년
28	401	46	11	10	신라	실성 귀환	392년 고구려에 인질로 갔던 실성 귀환.	
29	403	실성2	13	12	백→신	전쟁	신라변경 침략.	
30	412	11	22	전지8	산→고	인질 파견	실성왕 나물의 아들 복호 인질로 파견.	
31	424	눌지8	장수12	구이신2	산→고	사신 파견	예방. 장수왕 후하게 위로함.	
32	425	9	13	3	신라	복호 귀환	박제상의 활약으로 복호 탈출 성공.	신라본기 418년. 『삼국유사』에 의거 수정
33	433	17	21	비유7	백→신	사신 파견	화친을 청하므로 신라가 이를 따름.	羅濟同盟 체결
34	434	18	22	8	백→신	사신 파견	좋은 말 2필과 흰매 보냄. 눌지왕 황금과 야광구슬로 답함.	

* 『삼국사기』 본기를 토대로 작성함.

1-① 太元 2년(377) 봄에 高句麗·新羅·西南夷가 모두 사신을 보내 〔前〕秦
에 조공하였다.10)

② 봄과 여름에 가물었고, 흉년이 들어 백성들이 굶주렸다. 〔나물왕이〕
衛頭를 苻秦〔前秦〕에 보내 方物을 바쳤다. 〔전진왕〕 苻堅이 위두에게
물어 말하기를 "卿이 말하는 '海東의 일이 옛날과 다르다'는 것은 무슨
뜻인가?"라고 했다. 〔위두가〕 답하기를 "역시 중국과 마찬가지로 시
대가 변혁되고 이름이 바뀌었으니 지금 어찌 같을 수 있겠습니까?"라
고 하였다.11)

위의 기록을 통해서 나물왕이 22년(377)과 26년(381) 두 차례에
걸쳐 전진에 조공했음을 알 수 있다. 377년의 조공은 전진이 376년
에 서방의 전량前涼과 북방의 대국代國〔拓拔魏〕 등을 멸망시키고 북중국
을 통일한 것을 축하하기 위함이었고, 381년에는 한 해 전에 일어난
부락苻洛모반의 평정을 축하하기 위해 고구려·신라가 사신을 파견한
것으로 추정된다.12) 그런데 이때 신라의 사신은 고구려 영토를 경
유했고, 고구려의 도움을 받았다고 한다.13) 신라와 전진이 당시까
지 외교관계를 맺고 있지 않았음을 감안할 때, 전진이 고구려에 사

---

10) 『資治通鑑』(中華書局 點校本, 1997) 卷104, 晉紀26, 烈宗孝武皇帝上之中(3281~
3282쪽).
11) 『三國史記』卷3, 新羅本紀3, 奈勿尼師今 26年(381)조. 『太平御覽』(北宋本) 卷781, 四
夷部 東夷新羅傳(3461쪽)에 "秦書曰 苻堅建元十八年[382] 新羅國王樓寒遣使衛頭獻美女
國在百濟東 其人美髮髮長丈餘 又曰苻堅時新羅國王樓寒〔奈勿王〕遣使衛頭朝貢 堅曰 卿言
海東之事與古不同何耶 答曰 亦猶中國時代變革名號改易"라 하여 1년의 차이가 나지만
비슷한 내용이 실려 있다.
12) 여호규, 앞의 논문, 2000, 66~67쪽.
13) 李丙燾, 『韓國史』(古代篇), 震檀學會, 乙酉文化社, 1959, 401~402쪽 ; 盧重國, 「高句
麗·百濟·新羅 사이의 力關係變化에 대한 一考察」『東方學志』28, 1981, 59쪽.

신의 파견을 요청하자 고구려가 이 사실을 신라에 통보해 자국사신과 함께 전진에 입공했을 것으로 추정된다.14) 어쨌든 이로써 첨해왕 2년(248) 고구려에 사신을 보내 화친을 맺은15) 이후 한동안 이완되어 있던 신라와 고구려의 관계가 공식적으로 재개되었다. 그렇다면 이 시기 두 나라의 관계가 다시 이어질 수 있었던 대내외적 배경은 무엇일까?

우선 북중국 정세의 변화를 들 수 있다. 잘 알려진 대로 370년 전진이 전연을 멸망시키면서 화북일대와 요서·요동지역을 통일했다.16) 그런데 전진의 대외정책은 이전의 5호胡 및 중원 한인漢人왕조와 차이가 있었다. 곧 전진왕 부견符堅(357~384)은 이민족들을 회유·융합하는 정책을 추구했다. 실제로 부견은 복속시킨 이민족의 내지內地 거주를 적극적으로 유도하는 한편, 그들에게 덕을 베풀거나 신의를 보여 교화하며 요직에까지 등용했다고 한다.17) 이는 변방 이족夷族들과의 싸움에 국력을 낭비하지 않으면서, 그 힘을 천하통일에 집중하기 위한 전략이었다.18)

선비족 모용씨와의 팽팽하고도 지리한 긴장형국에 지쳐 있던 고

---

14) 여호규, 앞의 논문, 2000, 68쪽.
15) 『三國史記』卷2, 新羅本紀2, 沾解尼師今 2년(248)조, 같은 책 卷17, 高句麗本紀5, 東川王 22년(248)조, 『三國遺事』卷1, 王曆1, 第十二理解尼叱今[沾解尼師今].
16) 전진의 화북 통일과정은 三崎良章, 『五胡十六國-中國史上の民族大移動-』, 東方書店, 2002 : 김영환 옮김, 景仁文化社, 2007, 80~82쪽 참조.
17) 朴漢濟, 「苻堅政權의 性格-胡漢體制와 統一體制와의 聯關性-」『中國中世胡漢體制硏究』, 一潮閣, 1988, 85~94쪽 : 姜文晧, 「前秦 宗室과 苻堅의 德政論」『中國中世政治史硏究』, 국학자료원, 1999, 233~247쪽.
18) 박한제, 위의 책, 1988, 86쪽. 강문호는 부견 자신이 氐族 출신이라는 사실에 열등감이 있었고, 漢族왕조인 東晋을 의식했기 때문으로 이해했다(강문호, 위의 책, 1999, 248~249쪽).

구려로서는 전진의 이러한 입장을 내심 반겼을 법하다. 그래서인지 몰라도 370년 전진의 왕맹王猛이 전연을 정벌하자 모용평慕容評이 고구려에 도망쳐 온 일이 있었는데, 이때 고국원왕은 망설임 없이 모용평을 붙잡아 전진으로 보내버렸다.19) 또한 372년에 부견이 순도順道를 파견해 불상과 경문經文을 보내왔을 때도, 소수림왕(371~384)은 바로 사신을 보내 토산품을 바침으로써 감사의 뜻을 표했다.20) 이와 같은 전진과의 우호적인 분위기를 배경으로 소수림왕은 태학太學 설치, 율령의 반포로 이어지는 일련의 체제정비를 단행할 수 있었다.21) 신라와 고구려의 관계가 재개될 수 있었던 것은 이러한 시대적 배경이 뒷받침되었기 때문이었다.

한편 신라와 백제의 관계도 이전과 달라졌다. [표 4]에 따르면, 3세기 중·후반 미추왕대(262~284) 백제는 4차례에 걸쳐 신라를 공격했다. 이에 따라 신라와 백제의 관계는 긴장국면을 이어갔다. 그런데 백제 고이왕(234~286)이 286년(유례왕 3)에 돌연 신라에 사신을 파견해 화친을 청함으로써 우호를 모색하게 된다. 이로써 이후 두 나라는 불완전하게나마 1백여 년 가까이 우호관계를 유지할 수 있었다. 그러다가 나물왕 18년(373)에 백제 독산성주禿山城主가 신라에 투항하는 사건22)이 발생했고, 이를 계기로 신라와 백제의 관계는 다

---

19) 『三國史記』 卷18, 高句麗本紀6, 故國原王 40년(370)조.
20) 『三國史記』 卷18, 高句麗本紀6, 小獸林王 2년(372)조.
21) 『三國史記』 卷18, 高句麗本紀6, 小獸林王 2년(372)·3년(373)조.
22) 『三國史記』 卷3, 新羅本紀3, 奈勿尼師今 18년(373)조. 독산성주가 신라로 귀순한 까닭에 대해서는, 전쟁에서의 패배로 말미암아 받게될 문책을 피하기 위해서 내지 왕명을 제대로 봉명하지 못했기 때문으로 추정되었다(盧重國, 「4~5世紀 百濟의 政治運營」 『韓國古代史論叢』 6, 韓國古代社會研究所 編, 1994, 173쪽).

시 경색국면으로 급변했다. 이후 433년 이른바 '나·제동맹羅濟同盟'을 맺을 때까지 두 나라의 대립관계는 지속되었다. 369년과 371년 백제와의 전투에서 참패를 경험했던 고구려가 이와 같은 신라와 백제 관계의 변화를 주목한 것은 어찌 보면 자연스럽게 생각된다. 고구려는 숙적 백제를 견제·제압하기 위해 그 배후에 있었던 신라와의 관계가 재개되기를 당연히 원했을 테고, 그것을 실행해 옮겼던 것으로 이해된다. 신라로서도 강국 고구려의 제의를 거절하기 어려운 측면이 있었을 것이다.

신라의 입장에서도 마찬가지라고 생각한다. 독산성주가 귀화한 이후 백제와의 대립국면이 표면적인 원인제공을 한 것은 분명하다. 하지만 백제는 이미 369년부터 가야 방면으로의 진출을 모색했었다.[23] 자연히 신라로서는 그에 대비할 필요성이 증대되었을 것이다. 373년 독산성주의 투항에 따른 백제와의 단교는 이러한 정황에서 신라 측의 의지가 반영된 결과였던 것으로 이해된다.[24] 그 뿐만 아니라 이전부터 신라를 괴롭혔던 왜와 백제·가야가 연합하는 형국이 조성되어 갔던 것도[25] 신라에게 부담을 가중시켰을 것이다. 신라로서는 외교적 고립을 면하고 백제·가야·왜 연합군에 대항하기 위한

---

23) 『日本書紀』 卷9, 氣長足姬尊 神功皇后 49년 봄 3월조의 '加羅7國' 평정기사가 근거이다. 한·일 학계 사이에 논란이 분분하지만, 우리 측에서는 120년 인하해 369년의 사실로 이해하고 가라7국 평정의 주체를 백제 근초고왕으로 보는 것이 일반적이다(李丙燾, 「近肖古王拓境考」 『韓國古代史研究』, 修訂版, 博英社, 1976, 511~514쪽 : 千寬宇, 「復元 加耶史(中)」 『文學과 知性』, 1977년 가을호 : 『加耶史研究』, 一潮閣, 1991, 23~25쪽).
24) 鄭雲龍, 「羅濟同盟期 新羅와 百濟 關係」 『白山學報』 46, 1996, 97~100쪽.
25) 노중국, 앞의 논문, 1981, 60~65쪽.

측면에서도 고구려와의 연결도모가 불가피했을 것이다.26)

요컨대 377년과 381년에 이루어진 신라와 고구려 관계의 재개는 당시 동북아 국제정세의 흐름 속에서 두 나라 간의 이해가 맞아떨어진 결과였다. 다만 두 나라의 교섭이 전개되는 과정에서 그 주도권을 고구려가 행사했고, 그에 따라 신라가 고구려에 종속될 소지가 내재되어 있었던 것이다. 다음의 기록들에서 이를 엿볼 수 있다.

2-① 봄 정월에 고구려에서 사신을 보내왔다. 왕은 고구려가 강성하였으므로 이찬 大西知의 아들 實聖을 보내 볼모로 삼았다.27)
② 百殘과 新羅는 옛날부터 〔고구려의〕 屬民이었으므로 조공해 왔다.…28)
③ 〔永樂〕 9년 己亥(399)에 百殘이 맹세를 어기고 倭와 화통하였다. 〔이에〕 왕이 平穰으로 행차하여 내려가니, 그때 신라〔나물왕〕가 사신을 보내 왕께 아뢰기를, "倭人이 그 國境에 가득 차 城池를 부수고 奴客을 〔倭의〕 民으로 삼으려 하니, 왕께 귀의하여 목숨〔을 구원해 주기를〕 청합니다"라고 하였다. 太王이 은혜롭고 자애로와 그 충성을 갸륵히

---

26) 전덕재, 「4세기 국제관계의 재편과 신라의 대응」,『역사와 현실』36, 2000, 86쪽 : 윤명철, 「고구려 발전기의 해양 활동(Ⅰ)-광개토대왕의 대외 정책과 해양 활동」,『고구려 해양사 연구』, 사계절, 2003, 151~152쪽.
사회경제적 측면에서 조명할 필요도 있다. 이 점에서 고구려와의 통교를 370년 이후 백제가 영남〔낙동강〕일대 교역루트를 잠식하자, 이에 대항하는 새로운 교역체계를 수립하기 위한 신라의 적극적 조치로 파악한 연구는 시사하는 바 크다(李賢惠, 「4세기 加耶지역의 交易體系의 변천」,『韓國古代史硏究』1, 1988 ;『韓國 古代의 생산과 교역』, 一潮閣, 1998, 307~314쪽 : 徐榮一, 「廣開土太王代 高句麗와 新羅의 關係」,『廣開土太王과 高句麗 南進政策』, 高句麗硏究會 編, 學硏文化社, 2002, 42~43쪽).
27)『三國史記』卷3, 新羅本紀3, 奈勿尼師今 37년(392)조.『三國史記』卷18, 高句麗本紀6, 故國壤王 8년(391)조에 같은 내용이 전해진다.
28) 「廣開土王陵碑」, 판독문은 韓國古代社會硏究所 編,『譯註 韓國古代金石文』제1권(고구려·백제·낙랑 편), 駕洛國史蹟開發硏究院, 1992, 7~16쪽 참조. 이하의 출처는 생략한다.

여겨, [신라]사신을 보내면서 [고구려의] 계책을 [알려주어] 돌아가서 아뢰게 하였다.
[永樂] 10년 庚子(400)에 [광개토왕이] 보병과 기병 5만을 보내게 해 가서 신라를 구하도록 했다. 男居城으로부터 新羅城에 이르니 그곳에 왜군이 가득 찼다. 官軍[고구려군]이 도착하자 왜적이 물러갔다.…29)

2-①의 기록에 따르면, 고구려의 요청으로 나물왕이 36년(391)30)에 실성을 고구려에 볼모로 보냈다고 한다. 고구려로서는 대대적인 백제정벌31)을 앞두고 신라를 고구려의 영향권 아래에 강하게 종속시킬 필요가 있었을 것이다. 그 징표로써 볼모32)를 요구했다고 보인다.33) 신라의 입장에서는 김씨인 나물왕이 석씨계와 연결된 실성을 견제하기 위한 정치적 수단으로 볼모파견을 활용한 것으로 이해된 바 있다.34)

---

29) 「광개토왕릉비」.
30) 「광개토왕릉비」에 따르면, 광개토왕의 즉위년은 고구려본기보다 1년 빠른 391년이었다. 나물왕이 실성을 고구려에 볼모로 파견한 것은 광개토왕의 즉위와 연결되어 있을 가능성이 크다. 곧 고구려 측에서 광개토왕의 즉위사실을 고구려에 알리면서 볼모파견을 요구한 것 같다. 이러한 정황을 고려해 실성의 고구려 파견연대는 광개토왕의 즉위년인 391년으로 파악한다(朱甫暾, 「5~6세기 중엽 高句麗와 新羅의 관계-신라의 漢江流域 진출과 관련하여-」, 『北方史論叢』 11, 고구려연구재단, 2006a, 72~73쪽).
31) 『三國史記』 卷18, 高句麗本紀6, 廣開土王 원년(391)・2년(392)・3년(393)・4년(394)조. 이러한 일련의 대백제전 성과를 「광개토왕릉비」에는 영락 6년(396)조에 백제 58성을 공파하고 아신왕의 항복을 받은 것으로 압축해 기록했다(李道學, 「永樂 6년 廣開土王의 南征과 國原城」『孫寶基博士停年紀念 韓國史學論叢』, 知識産業社, 1988 ; 『고구려 광개토왕릉비문 연구』, 서경, 2006, 365~366쪽).
32) 인질에 대한 개념정의는 梁起錫, 「三國時代 人質의 性格에 對하여」 『史學志』 15, 檀國大學校 史學會, 1981, 40~50쪽 참조.
33) 5호16국 시기에는 피정복국가나 족속을 통제하기 위해 유력자나 그의 子弟를 수도로 이주시켜 볼모로 삼는 것이 일반적이었다. 고구려의 인질외교는 전연으로부터 배운 방식이라고 한다(임기환, 앞의 논문, 2005, 45쪽).

그런데 이때 신라가 고구려의 강성함을 스스로 인정했다는 대목이 눈에 띤다. 이를 통해 당시 신라가 고구려를 어떻게 인식했는지를 가늠해 볼 수 있다. 곧 「광개토왕릉비」(2-②)에는 백제와 신라가 옛날부터 고구려의 '속민'이었기 때문에 조공해 온 것으로 되어 있다. 물론 「광개토왕릉비」가 장수왕이 아버지 광개토왕의 업적을 기리기 위해 재위 3년(414)에 세운 것임을 감안할 때, 불과 얼마 전(371년) 고국원왕을 전사시킨 백제를 '속민'으로까지 규정한 것은 분명 과장된 측면이 있다. 그렇더라도 신라를 '구시속민舊是屬民'으로 묘사한 것은 전후 내용으로 보아 두 나라의 관계를 어느 정도 반영한 것으로 생각할 수 있다.

이와 관련해 신라왕이 고구려왕에게 '노객奴客'을 칭했음이 주목된다. 이미 영락 6년(396) 광개토왕이 백제를 물리치면서 58성 7백 촌을 획득했을 때, 백제 아신왕(392~405)이 항복하면서 영원히 고구려왕의 노객이 되겠다고 맹세한 적이 있었다.[35] 「모두루묘지」와 「중원고구려비」에서도 모두루와 신라매금寐錦이 각기 고구려왕의 노객임을 칭한 사례가 있다.[36] '노객'의 원래 의미는 노예 내지 그와 비슷한 지위에 있는 신복臣僕을 뜻한다고 한다.[37] 금석문상에 보이는 '노

---

34) 金哲埈,「新羅 上代社會의 Dual Organization」『歷史學報』1·2, 1952 ;『韓國古代社會 研究』, 知識産業社, 1975 ; 서울大學校 出版部, 1990, 127쪽.
35)「廣開土王陵碑」에 "以六年丙申…而殘主困逼 獻出男女生口一千人 細布千匹跪王自誓 從今以後永爲奴客"이라고 했다.
36)「牟頭婁墓誌」(『譯註 韓國古代金石文』 제1권, 93~94쪽)에 "奴客祖先□□□北夫餘隨聖王來奴客…"과 "國罡上大開土地好太聖王緣祖父イ尒恩敎奴客牟頭婁□□牟敎遣令北夫餘守事"라고 했고,「中原高句麗碑」(高句麗硏究會 編,『中原高句麗碑 硏究』, 高句麗硏究 10, 學硏文化社, 2000, 147쪽)에 "…[敎]食□東夷寐錦之衣服建立處用者賜之随□節□□奴客人□…"이라고 했다.

객'도 고구려왕에게 충성을 맹세하는 수단으로 자신을 낮추어 표현한 것으로 보아도 무방할 것이다. 어쩌면 국왕과 신하관계를 설정한 정도로 이해하면 될 듯하다. 그렇다면 나물왕대에 이르러 신라는 국왕이 고구려왕의 신하임을 칭할 정도로 고구려에 종속되어 있었던 셈이 된다.

「광개토왕릉비」(2-③)에는 나물왕 44년(399)에 왜(倭)가 쳐들어오자 신라가 고구려에 사신을 보내 구원병을 요청했고, 이듬해 광개토왕이 보병과 기병 5만을 보내 왜병을 물리치고 신라를 구원해 주었다는 내용이 확인된다. 경자년庚子年(400) 고구려의 대신라 원병파견은 신라의 고구려에 대한 종속의 정도가 한층 심화되는 계기로 작용했을 것이다.[38]

2. 실성왕의 즉위와 고구려의 군사적 지원

나물왕 45년(400) 고구려의 원병이 파견된 다음해 7월 실성은 고구려에서 귀국했다.[39] 곧이어 나물왕이 죽고 실성왕(402~417)과 눌지왕(417~458)이 차례로 왕위에 올랐다. 그런데 이들의 즉위과정에

---

37) 盧泰敦, 「牟頭婁墓誌」 『譯註 韓國古代金石文』 제1권, 101쪽의 주 8.
38) 경자년 고구려 남정의 영향과 의의는 朱甫暾, 「高句麗 南進의 性格과 그 影響-廣開土 王 南征의 實相과 그 意義-」 『大丘史學』 82, 2006b, 51~61쪽 참조.
39) 『三國史記』 卷3, 新羅本紀3, 奈勿尼師今 46년(401)조.

고구려가 밀접히 개입했음을 알려주는 기록이 전해져 주목된다.

 3-① 실성이사금이 왕위에 올랐다. 閼智의 후손으로 이찬 大西知의 아들이다. 어머니는 伊利夫人으로 阿干 昔登保의 딸이고, 왕비는 미추왕의 딸이다. 실성은 키가 7척 5촌이고 지혜가 밝고 사리에 통달하여 멀리 내다보는 식견이 있었다. 나물이 죽고 그 아들이 어려서 國人이 실성을 세워 왕위를 잇게 하였다.40)
 ② 나물왕 37년(392)에 실성을 고구려에 볼모로 삼았으므로, 실성이 돌아와 왕이 되자 나물이 자기를 외국에 볼모로 보낸 것을 원망하여 그 아들〔눌지〕을 해쳐 원한을 갚으려 하였다. 사람을 보내 고구려에 있을 때 서로 알고 지냈던 사람을 불러 몰래 말하기를 "눌지를 보면 곧 죽이시오"라고 하였다. 마침내 눌지로 하여금 가게 하여 도중에 고구려 사람을 맞도록 했다. 〔그런데〕 고구려 사람이 눌지를 보니 외모와 정신이 시원스럽고 우아하여 군자의 풍채가 있으므로 마침내 아뢰어 말하기를 "그대 나라의 왕이 나를 시켜 당신을 해치도록 하였으나, 지금 그대를 보니 차마 해치지 못하겠다"고 하고 되돌아갔다. 눌지가 이를 원망하여 도리어 왕을 죽이고 스스로 왕위에 올랐다.41)
 ③ 〔실성〕왕은 전왕의 태자 눌지가 덕망이 있음을 꺼려 장차 그를 죽이고자 고구려 군사를 청해 거짓으로 눌지를 맞이하였다. 고구려 사람은 눌지가 어진 행실이 있음을 보고 이에 창을 돌려 〔실성〕왕을 죽이고 눌지를 왕으로 세우고 돌아갔다.42)

사료 3-②~③을 통해 눌지왕이 즉위하는 과정에 고구려가 직접

---

40) 『三國史記』卷3, 新羅本紀3, 實聖尼師今 즉위년(402)조.
41) 『三國史記』卷3, 新羅本紀3, 訥祗麻立干 즉위년(417)조.
42) 『三國遺事』卷1, 紀異2, 第十八實聖王.

적으로 개입했음을 알 수 있다. 반면에 실성왕의 즉위와 고구려의 관련성은 분명하게 드러나지 않는다. 그런데 실성왕의 즉위과정 역시 순탄치 않았던 몇 가지 정황이 포착된다. 곧 3-①의 기록에 따르면, 나물왕이 죽고 그 아들이 아직 어렸기 때문에 국인國人들이 실성을 즉위시켰다고 한다. 그러나 나물왕의 맏아들 눌지는 결코 그 당시 왕위를 잇지 못할 정도로 어리지 않았다.43) 무엇보다도 401년 7월에 이루어진 실성의 귀국과 곧이어 발생한 402년 2월 나물왕의 죽음, 그리고 그에 따른 실성왕의 즉위는 서로 밀접한 관련이 있다는 느낌을 갖게 한다. 이 때문인지는 몰라도 일찍부터 실성왕의 즉위에도 고구려가 개입했을 가능성이 다각도로 지적되었다.44)

실제로 실성왕은 '고구려에 있을 때 서로 알고 지냈던 사람[在高句麗時相知人]' 혹은 '고구려 군사'로 지칭되는 세력으로 하여금 눌지의 제거를 기도했다. 이것은 고구려 군사가 실성왕의 지지세력이었음과 실성왕의 재위시기가 고구려로부터 자유롭지 못했음을 보여준다.

---

43) 李弘稙, 「新羅의 勃興期」, 『國史上의 諸問題』 3, 國史編纂委員會, 1959 : 『韓國古代史의 研究』, 新丘文化社, 1971, 446쪽. 『三國遺事』卷1, 紀異2, 奈勿王 金堤上에 나물왕 35년(390) 당시에 10세인 美海[未斯欣]를 倭國에 인질로 파견한 것으로 되어 있다. 나물왕 35년 당시 미사흔이 10세였으므로 실성왕 즉위 원년(402)에는 22세였다. 미사흔이 나물왕의 셋째 아들이므로 그의 형인 눌지는 이때 20대 중·후반 이상일 가능성이 크다.

44) 李弘稙, 「新羅의 勃興期」, 위의 책, 1971, 445~446쪽 : 申瀅植, 「新羅王位 繼承考」, 『柳洪烈博士 華甲紀念論叢』, 探求堂, 1971, 72쪽 : 李文基, 「6세기 新羅 '大王'의 成立과 그 國際的 契機」, 『新羅文化祭學術發表會論文集』 9, 1988, 335~336쪽 : 朱甫暾, 「朴堤上과 5세기 초 新羅의 政治動向」, 『慶北史學』 21, 慶北史學會, 1998, 837~840쪽 : 서영일, 앞의 논문, 2002, 46쪽 : 朱甫暾, 「5세기 高句麗·新羅와 倭의 관계」, 『왜5왕 문제와 한일관계』(한일관계사연구논집 2), 한일관계사연구논집 편찬위원회 편, 景仁文化社, 2005, 145쪽.

따라서 실성왕이 믿었던 '고구려에 있을 때 서로 알고 지냈던 사람'이나 '고구려 군사'는 실성왕의 즉위에 개입했을 가능성이 크다고 볼 수 있다. 이런 점은 다음의 기록을 살펴봄으로써 좀더 방증할 수 있다.

4. …옛날에는 신라寐錦이 몸소 고구려에 와서 일을 상의한 적이 없었는데 國罡上廣開土境好太王代에 … 매금이 … 조공하였다.45)

이 기록은 영락 10년(400)에 광개토왕(391~412)이 5만의 병력으로 신라를 구원한 기사에 바로 이어지는 내용이다. 그 다음기록이 영락 14년(404)의 일이므로, 이 기록은 400~404년까지의 상황을 반영하고 있다. 그런데 옛날에는 고구려에 직접 오지 않았던 신라의 매금이 광개토왕대에 이르러 직접 조공온 사실을 특별하게 취급하고 있음을 주목할 필요가 있다. 나물왕은 402년 2월에 죽었고 실성왕이 곧이어 즉위했다. 때문에 이때 신라의 매금이 나물인지 실성인지 분명하지 않다. 그럼에도 불구하고 종래에는 매금寐錦은 곧 마립간麻立干이라는 입론 하에 나물왕이 광개토왕의 왜구 토벌에 감사하기 위해 조공한 것으로 생각하는 경향이 강했다.46)

매금47)의 실체에 대해서는 논란이 분분하지만, 기존의 연구자들

---

45)「광개토왕릉비」.
46) 武田幸男,『高句麗史と東アジア』, 岩波書店, 1989, 121~122쪽 : 盧泰敦,「『삼국사기』 신라본기의 고구려관계 기사 검토」『慶州史學』 16, 1997, 76쪽 : 孔錫龜,「5~6세기의 대외관계」,『한국사』 5(삼국의 정치와 사회 I-고구려), 1996, 83쪽.
47)『日本書紀』와 금석문에 나오는 매금의 용례를 정리하면 다음과 같다.
　① "新羅波沙寐錦 卽以微叱己知波珍干爲質"(『日本書紀』卷9, 神功皇后 9년 10월조).
　② "昔新羅寐錦未有身來論事□ 國罡上廣開土境好太王□□□□寐錦□□僕勾□□□□朝貢"(「廣開土王陵碑」).

이 매금을 '이사금尼師今' 또는 '마립간麻立干' 같은 특정 왕호와 등치시 켰던 논리적 근거는 주로 음운상의 유사에 의한 것이었다. 때문에 여기에서의 매금을 나물왕으로 단정짓는 것은 성급한 결론이라고 생각한다. 현재로서는 매금의 실체에 대해 일률적으로 정의하기 어 렵다. 하지만 '마립간'에 한정하기보다는 신라왕을 지칭하는 신라의 전통적인 왕호로 이해하는 것이 무난하다고 판단된다.48) 사실 위 기록을 음미해 보면, 앞부분과 뒷부분의 매금을 서로 다른 인물로 대비시켰다는 것을 감지할 수 있다. 이런 점에서 앞의 매금을 나물 왕, 뒤의 매금은 실성왕으로 구분하고, 실성왕이 즉위 후 고구려의

---

③ "五月中高麗太王祖王令□新羅寐錦世世爲願如兄如弟上下相和守天東來之"(「中原高 句麗碑」, 앞의 책, 2000, 147쪽 : 이외에도 '寐錦忌', '東夷寐錦' 등의 용례가 더 있다).
④ "牟卽智寐錦王"(「蔚珍鳳坪碑」, 『譯註 韓國古代金石文』제2권, 15쪽).
⑤ "遍頭居寐錦之尊"(「聞慶鳳巖寺智證大師寂照塔碑文」, 李智冠, 『歷代高僧碑文』新羅 篇, 伽山文庫, 1993, 280쪽).
 今西龍은 『일본서기』의 기록을 주목해 '尼師今'으로 보았고(今西龍, 「新羅史通說」『新 羅史硏究』, 近澤書店, 1933, 43~44쪽). 이병도가 마립간의 異寫로 본 이후(李丙燾, 「中 原高句麗碑에 대하여」, 『史學志』13, 1979, 25쪽) 통설이 되었지만, 법흥왕을 매금왕으 로 표기한 「울진봉평비」를 존중한다면 이를 받아들이기 어렵다. 김병곤은 매금의 용 례를 '新羅系'와 '非新羅系'로 나누어 검토했다. 연구사를 포함한 본격적인 분석에 대해 서는 이를 참조하기 바란다(金炳坤, 「新羅 王號 '寐錦'의 非新羅系 使用例 分析」『東國史 學』39, 東國史學會, 2003 : 「新羅 王號 '寐錦'의 新羅系 使用例 分析」『慶州史學』22, 2003 : 「新羅 王號 '寐錦'의 由來와 性格」『史學硏究』84, 2006).
48) 임기환은 「중원고구려비」의 '매금'을 예로 들면서 그 자체가 열등한 표현은 아니지 만, 고구려적 질서와는 다른 신라식 용어를 그대로 드러냄으로써 신라의 열등성을 보 여주기 위한 용법이라고 했다(林起煥, 「中原高句麗碑를 통해 본 高句麗와 新羅의 關係」, 『中原高句麗碑 硏究』, 高句麗硏究10, 高句麗硏究會 編, 학연문화사, 2000, 430~431 쪽). 김병곤은 '매금'호에 대해 고구려가 신라를 신속시킨 후 '마립간'호를 음차하여 한 자로 표기하면서 나온 他稱으로 이해했다(김병곤, 앞의 논문, 2006, 19~26쪽). 다만 「울진봉평비」와 신라말 선사비문에 '매금'이 나오므로 신라 왕호의 卑稱으로 확대해석 하거나, 특정시기에 사용된 타칭으로 국한하는 데는 신중해야 한다.

후원에 대한 보답으로 직접 고구려에 갔을 것이라는 주장[49]은 일리가 있다.

그렇다면 경자년(400)에 광개토왕이 5만의 군사로 신라를 구원해준 후 대부분은 철군했겠지만 그중 일부가 신라의 영토 안에 잔류했을 가능성이 크다.[50] 뒤에서 자세히 다룰「중원고구려비」와『일본서기』권14, 웅략천황 8년(464) 봄 2월조에는 이러한 신라의 영토 안에 주둔했던 고구려 군사의 존재가 분명하게 드러나 있다.[51] 따라서 고구려 군사가 신라의 영토 안에 주둔한 연원을 광개토왕대까지 소급한다고 해도 무리가 아니라고 생각한다. 결국 경자년 왜병격파 후 신라에 잔류한 고구려세력이 실성왕의 즉위에 개입했을 가능성은 충분하다고 보인다.

이와 관련해『삼국사기』에 전해지는 나물왕 45년(400)에 왕이 탔던 내구마內廄馬가 무릎을 꿇고 눈물을 흘리며 슬피 울었다는 기록은 예

---

49) 주보돈, 앞의 논문, 1998, 839~840쪽 및 앞의 논문, 2005, 146쪽.
50) 末松保和,「新羅建國攷」『新羅史の諸問題』, 1954 :『新羅の政治と社會』(末松保和朝鮮史著作集 1), 吉川弘文館, 1995, 141~142쪽 : 李道學,「高句麗의 洛東江流域進出과 新羅·伽倻 經營」『國學硏究』2, 國學硏究所, 1988 :『고구려 광개토왕릉비문 연구-광개토왕릉비문을 통한 고구려사』, 서경, 2006, 93쪽 : 공석구, 앞의 논문, 1996, 82쪽 : 서영일, 앞의 논문, 2002, 53쪽 : 宣石悅,「麻立干時期의 王權과 葛文王」『新羅文化』22, 東國大學校 新羅文化硏究所, 2003, 98쪽 : 주보돈, 앞의 논문, 2006a, 52쪽.
　김현숙은 신라가 구원군 파견의 대가로『삼국사기』지리지의 신라영토 내 '고구려고지'를 넘겨준 것으로 이해했다(金賢淑,「4~6세기경 小白山脈 以東地域의 領域向方-『三國史記』地理志 慶北地域 '高句麗郡縣'을 중심으로-」『韓國古代史硏究』26, 2002, 89쪽).
51)『日本書紀』雄略天皇 8년조에는 신라에 주둔해있던 고구려 군사의 규모를 1백 명으로 묘사했다. 이를 통해 고구려가 1백여 명 정도의 군사고문단을 주둔시켜 나물왕~눌지왕대 신라의 내정에 간섭했음을 추정할 수 있다. 다만 본국의 사정과 시기에 따라 그 규모는 변했을 것이다.「중원고구려비」의 '新羅土內幢主'를 참고할 때 신라영토 곳곳에 고구려 군사단을 주둔시켰을 가능성이 크다.

사롭게 보이지 않는다. 잘 알려져 있는 대로 신라시조 박혁거세의 탄생은 나정羅井 옆의 숲 사이에서 말이 무릎을 꿇고 울고 있는 것에서 알려졌다.52) 그런가 하면 부여 금와왕의 탄생은 그의 아버지 해부루가 탄 말이 곤연鯤淵에 이르러 큰 돌을 보고 눈물을 흘리는 것으로 예시가 되었다.53) 따라서 한국고대사에서 말이 눈물을 흘렸다는 사실은 생리적 현상으로 치부해 버릴 것이 아니라 고도의 상징이 내포되어 있는 행위로 재해석할 필요가 있다.

이에 대해 당시 신라의 국세, 고구려의 구원이라는 사실과 연관시켜 이해한 견해54)가 제기되었다. 나아가 이 기록을 나물왕이 처해 있던 상황에 대한 비유적 표현으로 보아, 이때 이르러 나물왕이 고구려 및 그에 동조하는 세력들에 의해 정권에서 소외되었던 것으로 추정하기도 했다.55) 나물왕은 이로부터 약 2년 후인 402년 봄 2월에 이르러서야 죽었다. 때문에 나물왕 45년조 기록의 상징성을 감안하더라도, 이를 나물왕의 실각과 직접적으로 연결시키기는 데는 일단 신중해야 한다. 다만 경자년 이후 곧바로 실성이 고구려로부터 돌아왔고, 나물왕의 죽음이 잇따라 발생하는 분위기 역시 무시할 수 없을 것이다.

추측컨대 나물왕이 비록 고구려의 도움을 받았지만, 경자년 고구려 남정 이후 고구려가 자국의 수도에까지 군사를 주둔시키는 등 정

---

52) 『三國史記』 卷1, 新羅本紀1, 始祖 赫居世居西干 즉위년(기원전 57)조.
53) 『三國史記』 卷13, 高句麗本紀1, 始祖 東明聖王 즉위년(기원전 37)조.
54) 金貞培, 「고구려와 신라의 영역문제」, 『韓國史研究』 61·62, 1988 : 『韓國古代史와 考古學』, 신서원, 2000, 327쪽.
55) 梁正錫, 「新羅 麻立干期 王의 통치형태-訥祗麻立干代를 중심으로-」, 『新羅文化』 15, 1998, 114쪽.

치적 간섭을 노골적으로 드러내자, 고구려와의 종속관계를 느슨하게 조정하려 했던 것 같다. 이것이 곧 고구려로 하여금 나물왕과 정치적 경쟁관계였던 실성으로 지지노선을 바꾸게 된 계기로 작용했을 법하다. 그렇다면『삼국사기』나물왕 45년조의 기록을 이와 같은 나물왕의 정치적 실세에 대한 상징 내지 전조로 이해해도 무리가 아닐 듯하다.

결국 실성왕은 나물왕 및 그 직계세력과 정치적으로 대립했던 정국구도에서 고구려세력을 배경으로 하여 즉위할 수 있었다. 이때 실성왕을 지지했던 국인國人을 분석해 보면 당시 국정을 주도했던 정치세력의 실체를 좀더 구체적으로 살필 수 있을 것이다.

사료 3-①에 따르면, 실성왕의 외할아버지는 아간阿干(아찬)을 지냈던 석등보昔登保라고 한다.56) 곧 실성왕의 모계母系가 석씨임을 알 수 있으며, 따라서 실성왕을 지지했던 국인 중에서 석씨세력이 차지하는 정치적 위상이란 결코 적지 않았을 것이다. 그리고 이렇듯 실성왕의 혈연기반이 나물왕 직계와 다른 점이 곧 두 세력 간 정치적 대립의 근본적 원인으로 작용했을 법하다. 나물왕대부터 전개된 인질외교를 통한 나물왕 직계와 방계인 실성왕과의 갈등은 그러한 면이 표출된 단적인 사례라 할 만하다. 자연히 실성왕 즉위 후의 정치운영에는 나물왕대와 달리 석씨세력의 이해가 적극 반영되었을 것으로 예상된다. 그런 점에서『삼국사기』와『삼국유사』에 각각 눌지왕과 나물왕부터 '마립간' 왕호를 칭했다는 상이한 기록에 대해, 나물

---

56) 실성왕이 '마립간기' 김씨왕실 내에서 차지하는 계보적 위치에 대해서는 [표 5]를 참고하기 바란다.

왕에 의해 처음 사용된 마립간의 칭호가 실성에 의해 폐지되었다가 눌지 때 복구되었다는 주장57)은 일정한 시사점을 던져준다. 곧 정치적 해석을 덧붙여 실성왕이 나물왕 중심의 체제를 부정하기 위해 이사금호를 사용했고, 실성왕에 대한 반대로써 눌지왕이 마립간호를 복구한 것으로 해석58)될 수 있기 때문이다.

그런데 실성왕이 나물왕 및 그 직계세력과의 경쟁을 통해서 즉위했을지라도, 그들을 완전히 제압한 것은 아닌 듯하다. 이는 실성왕이 즉위 후 서불한으로 중용한 미사품未斯品59)의 혈통과 정치적 성격을 추정함으로써 알 수 있다. 신라 상고기의 인명에 공통자가 있는 인물은 동일한 친족집단임이 유력하다고 한다.60) 그렇다면 미사품은 나물왕의 왕자이자 눌지의 동생인 미사흔未斯欣과 혈연적으로 가까운 인물로 파악할 수 있다.61) 곧 실성왕은 즉위 후 나물왕 직계에 대해 미사흔을 왜에 인질로 파견하는 견제책을 구사하면서, 동시에 회유책의 일환으로 미사품을 중용했던 것으로 추정된다. 이와 관련해서 실성왕이 7년(408)에 대마도의 왜를 먼저 공격하려 하자 미사품이 충고해 그만두게 했다는 기록62)이 있다. 이는 실성왕의 왕권

---

57) 李基白, 「新羅時代의 葛文王」 『歷史學報』 58, 1973 : 『新羅政治社會史研究』, 一潮閣, 1974, 22쪽의 각주 30.
58) 주보돈, 앞의 논문, 1998, 846~847쪽 : 양정석, 앞의 논문, 1998, 111~112쪽.
59) 『三國史記』 卷3, 新羅本紀3, 實聖尼師今 2년(403)조.
60) 金瑛河, 「新羅 上古期의 官等과 政治體制」 『韓國史研究』 99·100, 1997 : 『韓國古代社會의 軍事와 政治』, 高麗大學校 民族文化研究院, 2002, 220쪽.
61) 신형식도 미사품을 나물왕의 아들로 보고 실성왕이 그를 회유하여 서불한으로 기용한 것으로 이해했다(신형식, 앞의 논문, 1971, 73쪽).
62) 『三國史記』 卷3, 新羅本紀3, 實聖尼師今 7년(408)조.

[표 5] 나물왕~지증왕대 왕실계보

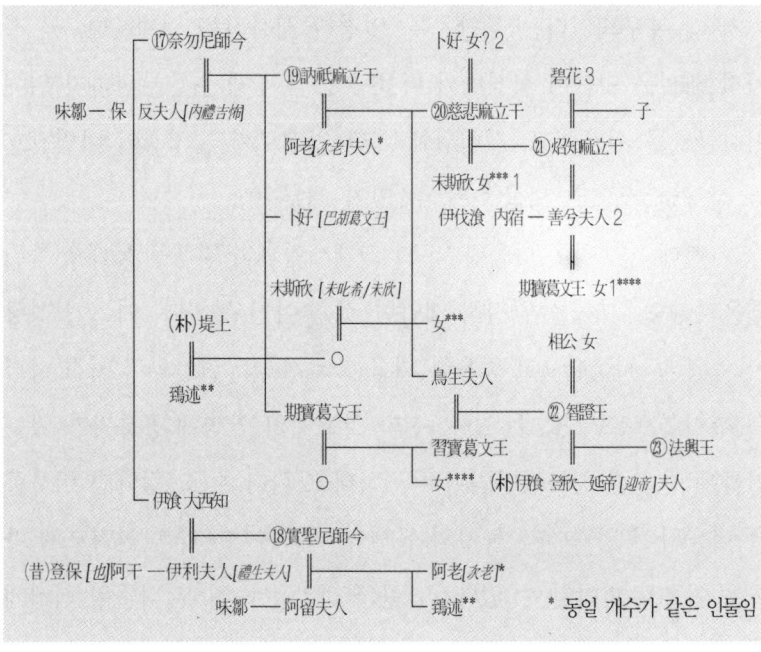

* 『삼국사기』를 기본으로 하되, 『삼국유사』를 참고하여 보충했다. 인명은 주로 『삼국사기』대로 표기했고, 『삼국유사』의 일부를 이탤릭체로 작게 병기했다.

행사가 미사품에 의해 견제되는 듯한 인상을 준다.

요컨대 실성왕은 석씨세력 이외의 지지세력 기반이 미약했을 뿐만 아니라 고구려 군사의 도움을 받아 집권했다는 태생적 한계를 안고 있었다. 곧 실성왕의 취약한 권력기반은 고구려의 태도변화에 따라 급격히 붕괴될 소지가 다분히 내포되어 있었던 셈이다.

3. 고구려의 지지노선 변화와 눌지왕의 즉위

　실성왕 역시 자신의 정치적인 한계를 인식하고 있었을 것이다. 그가 즉위 원년(402)[63]과 11년(412)[64]에 나물왕의 아들 미사흔과 복호를 각각 왜(倭)와 고구려에 볼모로 보냈던 것은 나물왕 직계에 대한 견제의 차원에서 추진된 것임이 분명하다. 그 연속선상에서 나물왕의 큰 아들로서 유력한 차기 왕위계승권자였던 눌지의 제거까지 기도했던 것이다. 그러나 실성왕은 눌지의 제거를 도모하는 과정에서 도리어 고구려 군사를 앞세운 눌지에게 죽임을 당하고 말았다.

　그렇다면 고구려가 갑자기 실성왕에서 눌지로 지지노선을 변경한 이유는 무엇일까? 기록[3-②·③]상으로는 눌지의 외모와 정신이 시원스럽고 우아하여 군자의 풍채가 있다거나, 눌지의 행실이 어질기 때문이라고만 되어 있다. 하지만 이는 수사적(修辭)인 표현이어서 그 근본적 원인을 알려주지는 못한다. 그런가 하면 사료에 제시되어 있는 '고구려에 있을 때 서로 알고 지냈던 사람'과 '고구려 군사'에 대한 차이를 '국내성파'와 '평양성파'라는 고구려 정치세력의 대립에 주목한 뒤, 이들이 각각 실성과 눌지를 지지했을 가능성이 제기되기도 했다.[65] 하지만 고구려 국내 정치세력이 신라에서 각각 실성과 눌

---

[63] 『三國史記』卷3, 新羅本紀3, 實聖尼師今 원년(402)조.
[64] 『三國史記』卷3, 新羅本紀3, 實聖尼師今 11년(412)조. 『三國遺事』卷1, 紀異2, 奈勿王 金堤上에는 눌지왕 3년(419)에 寶海(卜好)를 고구려에 보낸 것으로 되어 있지만, 당시의 정치적 분위기를 감안해 『삼국사기』의 기록을 취한다.

지로 연결되는 모습이 선명히 드러나는 것은 아니다.

고구려가 실성왕에게 지지를 철회한 배경을 살피기 위해서는 일단 실성왕대의 정치운영이 고구려 측의 이해와 배치되는 면이 있었던 것은 아닌지 추적해 볼 필요가 있겠다. 고구려가 실성이 즉위해 기반을 다진 후 고구려의 속민지배로부터 벗어나려 했던 의도를 사전에 간파해서 그를 죽였다는 추정66)도 이러한 문제의식에서 제기된 것이었다고 생각된다. 이를 좀더 구체화하기 위해 다음의 기록을 주목해 보자.

> 5-① 3월에 倭國과 우호를 통하고 나물왕의 아들 未斯欣을 볼모로 삼았다.67)
> ② 가을 7월에 穴城의 들에서 [군대를] 크게 사열하였다. 또 金城 남문에 거둥해서 활쏘기를 구경하였다.68)

5-①의 기록에 따르면, 실성왕은 즉위 원년(402) 왜국에 나물왕의 아들 미사흔을 볼모로 파견했다. 이는 나물왕의 직계세력을 견제하는 정치적 수단으로써 추진된 것이다. 동시에 이전 왕대부터 지속되어 온 왜국의 침략에 대한 타개책으로써의 외교정책이기도 했다.69)

---

65) 주보돈, 앞의 논문, 1998, 848~851쪽.
66) 주보돈, 앞의 논문, 2005, 145~146쪽.
67) 『三國史記』卷3, 新羅本紀3, 實聖尼師今 원년(402)조.
68) 『三國史記』卷3, 新羅本紀3, 實聖尼師今 14년(415)조.
69) 이기백은 실성왕의 對倭外交를 백제 아신왕이 태자 전지를 인질로 파견한 것(『三國史記』卷25, 百濟本紀3, 阿莘王 6년(397)조)에 대응한 군사외교로 이해했다(李基白, 「古代 韓日關係의 檢討」, 『新東亞』, 1970.8 ; 『韓國古代史論』, 增補版, 一潮閣, 1995, 181~182쪽).

그러나 그로부터 몇 년이 채 지나지 않은 실성왕 4년(405)에 왜병들이 명활성明活城에 쳐들어왔고, 이후에도 계속 침입해 사람을 노략질해 갔다.[70] 결과적으로 실성왕의 인질외교는 대내적으로 나물왕 직계의 견제에는 성공했을지 몰라도, 왜국을 회유·포섭하여 침략을 막으려 했던 대왜관계對倭關係의 측면에서는 실패로 기울고 말았다.

그런데 당시 동북아 국제관계의 흐름에서 왜와 백제·가야는 밀접히 연결되어 있었다.[71] 실제로 백제 아신왕(392~405)은 재위 6년(397) 태자 전지를 왜국에 볼모로 보낸 데 이어 재위 11년(402)에는 큰 구슬을 선물로 보냈다. 또한 전지왕(405~420)의 귀국과 즉위에 왜의 군사 1백 명이 도움을 주었으며, 재위 5년(409)과 14년(418)에는 야광구슬과 면포를 서로 선물로 주고받았다.[72] 이와 같이 실성왕 즉위 전후였던 4세기 말~5세기 초 백제와 왜국이 돈독한 우호관계를 유지한 반면에 백제와 고구려는 일진일퇴의 공방전을 주고받는 대립국면을 이어갔다. 따라서 백제와 라이벌 관계였던 고구려로서는 실성왕이 왜국과 우호관계를 맺고자 했던 사실이 못마땅했을 것이다.[73] 「광개토왕릉비」[사료 2-③]에 따르면, 영락 9년(399)에 백제가 이전의 맹세를 어기고 왜와 화통한 사실이 고구려가 신라에 구원병을 파견하는 결정적 계기가 되었다. 영락 14년(404)에 왜가 대방帶方

---

70) 『三國史記』卷3, 新羅本紀3, 實聖尼師今 4년(405)·6년(407)·7년(408)조.
71) 노중국, 앞의 논문, 1981, 60~65쪽.
72) 『三國史記』卷25, 百濟本紀3, 阿莘王·腆支王 해당년조.
73) 실성의 대왜외교를 고구려가 왜를 회유하기 위해 주도한 것으로 보거나(高寬敏, 「永樂10年 高句麗 廣開土王の新羅救援戰について」,『朝鮮史研究會論文集』27, 1989, 168쪽), 비슷한 맥락에서 고구려의 사전승인 내지 묵인 때문에 가능했던 것으로도 이해한다(주보돈, 앞의 논문, 1998, 841~842쪽).

지역에 침입했을 때도 광개토왕이 몸소 출정해서 왜구를 섬멸했다. 이러한 기록들은 당시 고구려의 왜국에 대한 인식을 살펴보는 데 참고가 된다.

5세기 고구려인의 천하관을 분석한 연구에 따르면, 당시 신라는 백제·동부여 등과 함께 고구려의 천하질서체계에 귀속되어 있는 조공국이었다. 반면 왜는 고구려적 천하의 바깥에 있는 이질적인 존재로 간주되었다. 곧 왜의 한반도 침입은 고구려의 입장에서는 자국의 천하질서를 파괴하는 행위로 인식되었고, 「광개토왕릉비」에서 왜에 대한 토벌전을 강조한 까닭은 이러한 고구려인의 천하관에서 기인했다는 것이다.74) 따라서 실성왕의 왜에 대한 외교행위는 고구려로 하여금 실성왕이 자국과 이해가 배치되는 백제·왜국과의 제휴를 통해 자립화를 모색하는 움직임으로 오해받을 소지를 다분히 안고 있었던 셈이다.75)

같은 연장선상에서 사료 5-②의 열병閱兵기사를 주목할 필요가 있다. 이는 실성왕 말년의 기록이어서 특히 실성왕의 실각과 직접적으로 관련될 소지가 많다고 볼 수 있다. 열병은 국왕 통치규범의 일환으로,76) 전쟁 후의 대책이나 외침外侵의 대비뿐만 아니라 정책을 확인하는 수단으로 거행되었다.77) 그렇다면 실성왕 역시 혈성원穴城原

---

74) 盧泰敦, 「5세기 高句麗人의 天下觀」, 『韓國史 市民講座』 3, 一潮閣, 1988 : 「금석문에 보이는 고구려인의 천하관」, 『고구려사 연구』, 사계절, 1999. 367~375쪽, 388~390쪽.
75) 주보돈도 실성왕이 독자적으로 왜와 통교했다면 和通으로 오해받을 소지가 있었음을 지적했다(주보돈, 앞의 논문, 2005, 153쪽).
76) 金瑛河, 「百濟·新羅王의 軍事訓鍊과 統帥」, 『泰東古典研究』 6, 1990 : 앞의 책, 2002, 13~70쪽.
77) 申瀅植, 「三國時代 戰爭의 政治的 性格」, 『韓國古代史의 新研究』, 一潮閣, 1984, 298쪽.

에서의 열병과 금성金城 남문에서의 활쏘기 관람행사를 통해서, 왕권 강화의 일환으로써 군사 통수능력을 과시하려 했을 것이다.[78] 물론 이는 애초에 나물왕 직계를 의식한 정치·군사적 시위로써 추구되어 졌을 것이다. 그런데 이와 같은 실성왕의 군사적 행위가 처음의 의도와 달리 고구려로 하여금 실성왕의 독자적 행보추구로 왜곡되어 비추어졌을 가능성이 있지 않았을까 생각된다.[79]

요컨대 실성왕은 대내적으로 나물왕 직계의 정치적 견제에 지나치게 주력한 나머지 대외적인 고구려와의 우호관계 유지에 한계를 드러냈던 것이다. 이는 결국 고구려 군사의 지지를 배경으로 한 눌지에게 왕위를 빼앗기는 결과를 초래하고 말았다.[80]

이와 같이 고구려는 실성왕과 눌지왕의 즉위과정에서 왕위를 좌지우지할 정도로 신라 국내정치에 강한 영향력을 행사했다. 이 시기 신라의 정국동향은 시종 나물왕 직계와 방계 실성왕 간에 갈등하는 국면이었으며, 고구려의 지원 여부에 따라 그 우열의 정도가 가려지는 형편이었다. 이런 면에서 고구려의 신라에 대한 정책을 '이이제이 以夷制夷'라고 표현한 것[81]은 정곡을 찔렀다고 할 수 있다. 결국 이 시

---

78) 이문기는 "열병이란 국왕이 군령권을 장악하고 있고, 군령체계상 최고의 지위에 있음을 과시하는 상징성이 매우 큰 의식"이라고 했다(李文基, 『新羅兵制史硏究』, 一潮閣, 1997, 287쪽).

79) 우선정도 실성왕의 열병이 고구려를 자극했을 가능성을 지적했다(우선정, 「麻立干 時期 新羅의 對高句麗 關係」『慶北史學』23, 2000, 110쪽).

80) 『三國史記』卷3, 新羅本紀3, 實聖尼師今 15년(416)에 "春三月 東海邊獲大魚有角 其大盈車 夏五月 吐含山崩 泉水湧高三丈"라고 하였다. 전자는 실성왕의 죽음에 대한, 후자는 석씨세력의 몰락에 대한 상징적인 표현이다(김철준, 앞의 논문, 1952 : 앞의 책, 1990, 128쪽 ; 李熙德, 「삼국의 地變과 정치」『韓國古代 自然觀과 王道政治』, 혜안, 1999, 123쪽).

81) 서영일, 앞의 논문, 2002, 48쪽.

기 신라의 대고구려 관계는 종속의
정도가 심화되어 독립국의 지위를
위협받는 지경에 이르렀던 것으로
추정된다.

「호우총출토 호우명」에는 이러
한 모습의 일면이 담겨져 있다. 명
문의 내용은 아래와 같다.

호우총출토 청동합
[국립중앙박물관 소장]

6. 乙卯年國罡上廣開土地好太王壺杅十
   (「壺杅塚出土 壺杅銘」)82)

호우명문에서의 을묘년乙卯年은 415년이 유력하다.83) 이는 장수
왕 재위 3년에 해당한다. 고구려의 장례의식이 3년상이라는 점84)을
감안할 때, 호우는 광개토왕의 장례와 연관되어 고구려에서 제작되
었을 가능성이 크다고 생각된다.85) 따라서 호우의 신라 반입시점과

---

82) 판독문은 金載元, 『壺杅塚과 銀鈴塚』, 國立博物館, 1946, 33쪽을 따랐다.
83) 김재원이 위의 책, 1946, 33쪽에서 설정한 이후 통설이 되었다. 박광렬은 신라와
    고구려에서 출토된 40여 점 합의 형식분류와 속성검토를 통해 415년설을 보강했다
    (朴光烈, 「新羅 瑞鳳塚과 壺杅塚의 絶對年代考」 『韓國考古學報』 41, 韓國考古學會, 1999,
    87~96쪽). 한편 청동호우의 형식기준(동체부의 기형, 구연단형태, 대각부의 모양)
    을 분석해 호우와 명문의 연대를 475년과 535년으로 늦추어 보는 견해도 제기되었
    지만(이주헌·이용현·유혜선, 「壺杅塚·銀鈴塚 出土遺物-土器와 청동용기를 중심으
    로-」 『호우총 은령총』, 발굴60주년기념 심포지엄 발표논문집, 국립중앙박물관, 2006, 62
    쪽), 선뜻 수긍하기 어렵다.
84) 『隋書』 卷82, 列傳46, 東夷 高麗傳(1814~1815쪽)에 "死者殯於屋內 經三年 擇吉日而
    葬 居父母及夫之喪 服皆三年 兄弟三月"이라고 했다.
85) 박광렬은 현전하는 40여 점 호우의 형식과 속성비교를 통해서 호우총출토 호우의
    제작지를 고구려로 확정했다(박광렬, 앞의 논문, 1999, 87~95쪽).

경위에 대한 기존의 이해86)는 대체로 온당했다고 볼 수 있다.

사실 신라왕족 내지 귀족의 것임이 분명한 무덤에 고구려 광개토왕의 이름이 새겨진 청동합이 묻혀있다는 그 자체가 중요할 수 있다. 무덤의 부장품은 피장자와 밀접한 관련성이 있게 마련이다. 피장자가 생전에 애용했다거나, 국왕일 경우 통치업적과 관련되어 있을 가능성이 매우 큰 것이다. 그렇다면 신라가 고도의 상징성이 담겨진 제사용구로 추정되는 물건을 고구려 광개토왕의 이름이 새겨진 것으로 사용했거나 무덤에 부장한 행위는 고구려와의 관련성을 떠나서는 달리 해석할 방도가 마련되지 않는다.

결국 「호우총출토 호우명」은 실성왕~눌지왕 즉위 전후 신라가 고구려에 종속적 간섭을 받았던 실물자료인 것이다. 물론 일각에서는 호우총에서 공반 출토되는 유물과 호우총 자체의 절대연대가 6세기대로 비정됨에 따라 호우의 전세傳世기간을 설정하기도 한다.87) 설령 그렇다고 하더라도 호우의 제작과 반입경위가 중요하므로 그 의미자체가 반감되는 것은 아니라고 하겠다.

---

86) 김재원은 눌지왕 2년(418)에 복호가 고구려에서 귀국할 때 가져온 것으로 추측했고(김재원, 앞의 책, 1946, 35쪽), 鈴木治와 김정배는 제작연대를 존중하여 실성왕에게 보내진 것으로 보았다(鈴木治, 「慶州壺杅塚とその紀年について」, 『天理大學學報』 29, 1959, 26~27쪽 : 김정배, 「고구려와 신라의 영역문제」, 1988 : 앞의 책, 2000, 330~331쪽). 노태돈은 광개토왕을 장사지낸 1년 뒤 왕릉의 제사의식에 조공국 사절로 참석했던 신라 사신에게 호우가 주어져 경주로 가져온 것으로 추측했다(盧泰敦, 「廣開土王壺杅銘文」, 『譯註 韓國古代金石文』 제1권, 135쪽 및 「『삼국사기』 신라본기의 고구려관계 기사 검토」, 『慶州史學』 16, 1997, 76~77쪽).
87) 박광렬, 앞의 논문, 1999, 96쪽의 기존 연구성과 참조.

제4장

김씨왕실의 세습체제 구축과 고구려세력 축출

1. 눌지왕대 김씨왕실의 안정과 박씨세력과의 제휴

　　눌지왕(417~458)은 실성왕(402~417)과의 정치적 갈등과정을 겪은 후 왕위에 오를 수 있었다. 물론 여기에는 고구려의 군사적 지원이 뒷받침되었다. 눌지왕의 즉위과정에서 실성왕과 연결되어 있던 석씨세력은 정치적으로 몰락하여 신라역사에서 자취를 감추었다. 눌지왕 이후 왕위는 직계로서 큰아들인 자비왕(458~479)~소지왕(479~500)으로 이어졌다. 말하자면 나물왕이 '석씨왕시대'를 종식시키고 김씨왕실을 개창했다면, 눌지왕은 김씨왕실의 세습체제를 구축했다고 할 수 있다.

　　이와 같은 정황으로 미루어 볼 때, 눌지왕이 즉위 후 김씨왕실 중심의 권력강화를 추구했음을 어렵지 않게 예상할 수 있다. 그러한 과정에서 신라의 내정에 간섭하고자 했던 고구려는 눌지왕에게 점차 부담스런 존재로 부각되어 갔을 것이다. 외세의 간섭 하에서 진정한 의미의 '왕권'이 담보될 수 없었음은 당연한 것이었다. 더구나 고구려에 대한 신라의 부담은 정치적인 측면뿐만 아니라 '공납貢納'이라는 형태의 경제적인 측면에서도 가중되어 갔을 가능성이 크다. 고구려가 동옥저를 복속한 뒤 '공납제적 수취지배'의 방식을 구사한 점[1]은 이를 방증해 준다. 또한 『위서』에서 4세기대 고구려에 공물을 바친 '섭라涉羅'가 신라로 파악된다면 이러한 추정이 좀더 설득력을 얻을 수 있을 것이다.[2] 고구려로서는 간접적이지만 백제를 경제적으로 견제할 수 있는 측면과 자국의 실리적인 차원에서 어떠한 형태로든지 신라에 경제적인 대가를 요구했을 가능성이 크다. 고구려에 대한 이와 같은 정치적·경제적 부담으로 인해 자연 눌지왕은 고구려의 간섭에서 벗어나고자 했을 것이다.[3]

사실 눌지왕은 실성왕과 달리 고구려에 볼모로 간 적이 없었다.

---

1) 이 책 2장의 각주 29 참고.
2) 『魏書』卷100, 列傳88, 高句麗傳(2216쪽)에 正始(504~507)연간에 고구려 사신이 북위조정에 갔는데, 부여와 涉羅로부터 공급받았던 황금과 珂[瑪瑙]를 부여는 勿吉에게, 涉羅는 백제에게 병탄되어서 더 이상 조공할 수 없다는 내용이 전해진다. 기록상에는 고구려가 황금은 부여로부터 공납받았다지만, 적석목곽분에서 출토되는 신라의 황금문화를 생각하면 황금도 신라가 고구려에 바친 공물 중 하나였을 것이다.
한편 '涉羅'의 실체를 탐라[제주도]로 이해하기도 한다(이도학, 「漢城 陷落 以後 高句麗와 百濟의 관계-탐라와의 관계를 중심으로-」, 『전통문화논총』3, 2005 : 『고구려 광개토왕릉비문 연구-광개토왕릉비문을 통한 고구려사』, 서경, 2006, 476~478쪽).
3) 주보돈은 신라가 고구려의 압박으로부터 벗어나려 했던 경제적 요인을 지적했다(朱甫暾, 「新羅國家 形成期 金氏族團의 成長背景」, 『韓國古代史研究』26, 2002, 148~149쪽 및 「高句麗 南進의 性格과 그 影響-廣開土王 南征의 實相과 그 意義-」, 『大丘史學』82, 2006a, 54~56쪽).

또한 즉위과정에 있어서도 실성왕의 경우 자신이 주체가 되어 고구려 군사를 끌어들인 반면, 눌지왕은 고구려의 일방적 접근을 받아들이는 형국이었다. 이는 눌지왕이 실성왕에 비해 고구려에 상대적으로 덜 구속받는 배경으로 작용했을 것이다. 게다가 눌지왕대 석씨세력이 실세해 정치적 영향력을 발휘할 수 없었던 것은, 실성왕이 즉위 후 나물왕계 김씨세력을 완전히 제압하지 못해 미사품을 중용할 수밖에 없었던 상황과 대조적이다. 이는 곧 눌지왕에게 있어 정적들과의 정치적 다툼에 얽매이지 않은 채, 고구려세력을 물리치는 데 몰두할 수 있는 유리한 조건으로 작용했음을 의미한다. 다만 그러한 조건이 고구려의 내정간섭 배제와 고구려 군사 축출로 실현되기 위해서는 대내외적 배경이 함께 갖추어져야 할 것이다.

신라가 고구려를 축출할 수 있었던 원동력은 우선 신라 내부에서 찾아야 한다. 왜냐하면 외부적 조건이 주어졌더라도, 그것을 이용해 고구려를 물리친 주체는 궁극적으로 신라의 집권세력이기 때문이다. 따라서 눌지왕 즉위 후에 변화된 신라국가의 발전양상을 살펴봄으로써 고구려세력 축출의 대내적 요인을 짚어볼 수 있을 것이다. 그것은 다름 아닌 눌지왕의 왕권강화, 그리고 그것과 밀접한 관련이 있는 통치체제 정비를 살핌으로써 가능할 것이다.

눌지왕에서부터 자비왕~소지왕대에 이르기까지 김씨왕실은 김씨세력 중심의 족내혼과 왕위의 직계 장자계승을 추구했다.[3장의 [표 5] 참조] 이것은 곧 김씨왕실의 안정과 왕권강화를 추구하기 위한 전제적인 조건으로 작용했을 것이다.[4] 이러한 분위기에서 김씨왕실은 자신들의 왕위계승을 합리화하고 혈통의 신성함을 강조하기 위해서

김씨시조인 알지신화(閼智神話)를 체계화시켰던 것으로 이해된다.5)

다음은 눌지왕대 김씨왕실의 신성화 추구와 관련될 수 있는 기록으로 주목된다.

1-① 여름 5월에 未斯欣이 죽자 舒弗邯을 追贈하였다.6)
② 봄 정월에 큰 바람이 불어 나무가 뽑혔다. 2월에 歷代의 園陵을 보수하였다.7)

1-①의 기록에서 눌지왕은 재위 17년(433)에 왜국(倭國)으로부터 탈출시킨 동생 미사흔이 죽자 서불한(舒弗邯)이라는 최고의 관등을 추증해 주었다. 여기에는 물론 죽은 동생을 추모하는 일차적 의미가 있었을 것이다. 동시에 김씨왕족의 위상을 높이려는 눌지왕의 의도가 포함되어 있었다고 여겨진다.

역대의 왕릉을 수리했다는 1-②의 기록은 그 이전에 유례를 찾아볼 수 없는 것이었다. 이 때문에 눌지왕이 최초로 역대의 왕릉을 정비했다는 것이 당시 신라사회에서 가지는 상징성과 의미는 매우 컸

---

4) 李鍾旭, 『新羅上代王位繼承硏究』, 嶺南大學校出版部, 1980, 243~244쪽. 눌지왕과 실성왕 딸의 혼인은 왕위다툼을 벌이기 이전에 이루어졌을 것이다(이종욱, 위의 책, 1980, 242쪽).
5) 金杜珍, 「新羅 建國神話의 神聖族觀念」, 『韓國學論叢』11, 國民大 韓國學硏究所, 1988 ; 『韓國古代의 建國神話와 祭儀』, 一潮閣, 1999, 287쪽 및 「新羅 金閼智神話의 形成과 神宮」, 『李基白先生古稀紀念 韓國史學論叢』上, 一潮閣, 1994 ; 위의 책, 1999, 333~337쪽 : 李鍾泰, 「新羅 智證王代 神宮設置와 金氏始祖認識의 變化」, 『擇窩許善道先生停年紀念 韓國史學論叢』, 一潮閣, 1992 ; 「三國時代의 「始祖」認識과 그 變遷」, 國民大學校 博士學位論文, 1996, 146쪽.
6) 『三國史記』卷3, 新羅本紀3, 訥祇麻立干 17년(433)조.
7) 『三國史記』卷3, 新羅本紀3, 訥祇麻立干 19년(435)조.

을 것으로 짐작된다. 역대의 왕릉에는 기본적으로 박씨와 석씨의 것이 포함되었을 수도 있다. 하지만 김씨왕실의 직계조상으로 그동안 제대로 대접받지 못했던 김씨왕족들의 무덤에 대한 대대적인 보수와 정화가 보다 주된 목적이었을 것이다.[8]

눌지왕대 체제정비의 일면은 남당정치南堂政治 기록[9]을 통해서도 엿볼 수 있다. 신라초기 남당에 대해서는 이미 회의와 실무를 집행하는 기관인 국가생활의 중심적 정청으로 이해되었다.[10] 그런가 하면 남당정치의 특징은 왕이 회의를 주관하는 데 있으며, 왕의 권력은 남당정치를 통해서 행사된 것으로 파악되었다.[11] 그런데 눌지왕대 이후의 남당은 국왕이 양로연養老宴을 베풀거나 죄수의 정상을 살피는 의례적이고 상징적인 통치행위가 이루어지는 장소로 그 기능이 변질되었다.[12]

그렇다면 '이사금기'까지 정치의 중심장소였던 남당의 기능이 의례적으로 변질된 배경은 무엇일까? 기왕에 이에 대해 남당만으로 국가를 통치하기에 부족하여 일어난 변화로 본 적이 있었다.[13] 또한 특

---

8) 강종훈,『신라상고사연구』, 서울대학교 출판부, 2000, 184쪽 : 나희라,『신라의 국가제사』, 지식산업사, 2003, 134~135쪽. 고고학적으로는 퇴락한 역대의 園과 陵을 積石木槨墳[高塚古墳]으로 확대해서 개축한 것으로 파악했다(申敬澈,「古式鐙子考」,『釜大史學』9, 1985, 93쪽 : 崔秉鉉,『新羅古墳研究』, 一志社, 1992, 381쪽).
9)『三國史記』卷3, 新羅本紀3, 訥祇麻立干 7년(423)조.
10) 李丙燾,「古代南堂考」, 서울大論文集『人文社會科學』1, 1954 :『韓國古代史研究』(修訂版), 博英社, 1976, 635쪽.
11) 李基白,「稟主考」『李相伯博士 回甲紀念論叢』, 1964 :『新羅政治社會史研究』, 一潮閣, 1974, 137쪽 : 이종욱, 앞의 책, 1980, 235~236쪽.
12) 이종욱, 앞의 책, 1980, 250쪽 : 李文基,「新羅 上古期의 統治組織과 國家形成 問題」,『한국 고대국가의 형성』, 民音社, 1990, 268쪽.
13) 이종욱, 앞의 책, 1980, 250쪽.

정업무를 분장하는 신료들이 출현하고 그것이 관직의 설치와 분화로 이어지면서 남당의 기능이 축소 변질된 것으로 이해하기도 했다.14) 대체로 온당한 지적이라 생각하지만, 신라의 관부가 중고기에 들어서야 설치되므로 눌지왕대와 그것을 직접 관련짓기에 무리가 따르는 면도 없지 않다. 그럼에도 불구하고 눌지왕대에 남당정치의 성격이 변화되었다는 사실은 이전 '이사금기' 왕들이 남당을 통해서 왕권을 행사한 것보다는 통치기반이 한 단계 진전된 결과로 인정될 수 있다. 왜냐하면 구체적으로 드러나지는 않지만 남당을 대체했음직한 국왕 통치기구의 상정이 가능하기 때문이다. 그렇다면 눌지왕대 남당정치의 변질은 오히려 중고기 이후 관부의 설치에 따른 남당기능 변질의 시원적 모습으로 이해할 필요가 있다.

눌지왕 25년(441) 봄 2월에는 사물현史勿縣에서 꼬리가 긴 흰 꿩[長尾白雉]을 왕에게 바쳤다고 한다. 또한 36년(452)에는 대산군大山郡에서 상서로운 벼이삭[嘉禾]을 진상했다는 기록이 남아 있다.15) 이는 곧 눌지왕대 통치체제의 변화와 왕실의 안정을 상징적으로 나타내주는 이른바 서상설瑞祥說16)로 이해할 수 있다. 눌지왕이 추구한 김씨왕실 중심의 정책은 눌지왕의 왕권강화와 이후 전개되는 김씨왕실 세습체제의 토대를 마련했을 뿐만 아니라, 고구려를 물리치는데 있어 김씨세력을 결집시키는 기반으로 작용했을 것이다.17)

---

14) 이문기, 앞의 논문, 1990, 268~270쪽.
15) 『三國史記』卷3, 新羅本紀3, 訥祇麻立干 25년(441)·36년(452)조.
16) 李熙德, 「삼국의 地變과 정치」,『韓國古代 自然觀과 王道政治』, 혜안, 1999, 116쪽, 212쪽.
17) 선석렬은 눌지왕이 김씨왕실의 결속과 왕권강화를 위해 葛文王制를 개편한 것으로 이해했다. 곧 이전에 王·王母·王妃의 父가 죽은 후 추봉하던 것에서 탈피해 王弟를

눌지왕은 왕위계승과정에서 경쟁자였던 석씨세력은 철저히 도태시켰다. 반면에 박씨세력과 지방세력은 고구려를 축출하는 과정에서 회유·포섭한 듯한 정황이 포착된다. 곧 눌지왕은 고구려에 갔던 동생 복호를 귀환시키기 위해 우선 재위 9년(425)에 수주촌水酒村[예천]·일리촌一利村[성주]·이이촌利伊村[영주]의 3촌간村干을 소집해서 자문을 구했다.[18] 그것은 이들이 고구려와의 교통로에 세력기반을 가진 인물들이어서 고구려로부터 복호를 탈출시키기에 필요한 지식을 가졌다고 생각했기 때문인 듯하다.[19] 눌지왕은 당시 고구려와의 교통

갈문왕으로 책봉했는데, 이들이 제사권을 담당하며 국왕 유고시 왕위에 오를 후보군이라는 것이다(宣石悅, 「麻立干時期 王權과 葛文王」, 『新羅文化』 22, 2003, 99~110쪽).
18) 『三國史記』 卷45, 列傳5, 朴堤上傳에 "及訥祇王卽位 思得辯士往迎之 聞水酒村干伐寶靺 一利村干仇里迺 利伊村干波老 三人有賢智 召問曰 吾弟二人 質於倭麗二國多年不還 兄弟之故思念不能自止 願使生還 若之何而可 三人同對曰 臣等聞歃良州干堤上 剛勇而有謀 可得以解殿下之憂 於是徵堤上使前 告三臣之言而請行 堤上對曰 臣雖愚不肖 敢不唯命祇承 遂以聘禮入高句麗 語王曰 臣聞交鄰國之道 誠信而已 若交質子 則不及五覇 誠末世之事也 今寡君之愛弟在此 殆將十年 寡君以鶺鴒在原之意 永懷不已 若大王惠然歸之 則若九牛之落一毛 無所損也 而寡君之德大王也 不可量也 王其念之 王曰 諾 許與同歸 及歸國"이라고 했다.
『三國遺事』 卷1, 紀異2, 奈勿王 金堤上에는 "至十年乙丑[425] 王[訥祇王]召集群臣 及國中豪俠 親賜御宴 進酒三行 衆樂初作 王垂涕而謂群臣曰 昔我聖考 誠心民事 故使愛子東聘於倭 不見而崩 又朕卽位已來 隣兵甚熾 戰爭不息 句麗獨有結親之言 朕信其言 以其親弟[卜好]聘於句麗 句麗亦留而不送 朕雖處富貴 而未嘗一日暫忘而不哭 若得見二弟 共謝於先主之廟 則能報恩於國人 誰能成其謀策 時百官咸奏曰 此事固非易也 必有智勇方可 臣等以爲歃羅郡太守堤上可也 於是王召問焉 堤上再拜對曰…王甚嘉之 分觴而飮 握手而別 堤上簾前受命 徑趨北海之路 變服入句麗 進於寶海所 共謀逸期 先以五月十五日 歸泊於高城水口而待 期日將至 寶海稱病數日不朝 乃夜中逃出 行到高城海濱 王知之 使數十人追之 至高城而及之 然寶海在句麗常施恩於左右 故其軍士憫傷之 皆拔箭鏃而射之 遂免而歸"라고 했는데, 전체적인 맥락은 『삼국사기』와 비슷하지만 세부적인 내용에는 차이가 있다.
19) 金哲埈, 「新羅 上代社會의 Dual Organization」, 『歷史學報』 1·2, 1952 ; 『韓國古代社會研究』, 知識産業社, 1975 ; 서울大學校 出版部, 1990, 137~138쪽. 3촌간의 성격은 신라가 변경지역에 파견한 지방관 내지 군사지휘관으로 파악하거나(강종훈, 앞의 책, 2000, 192~193쪽) 재지 촌주세력으로 이해하는 견해(전덕재, 「6세기 초반 신라 6부

로 중 죽령로[20]가 험하지만 최단 경로였기 때문에, 3촌간의 지리적 지식을 활용해 죽령로를 통해 탈출의 신속성을 꾀했을 것이다.

하지만 이들은 눌지왕의 기대에 선뜻 부응하지 못했다. 이들은 자신들을 대신해 복호의 탈출을 도모할 적합한 인물로 삽량주간獻良州干 박제상朴堤上[21]을 추천했다. 그런데 박제상은 죽령로가 아닌 북쪽 바닷길[北海之路][22]을 통하여 복호를 탈출시켰다. 박제상이 동해안로를 탈출의 경로로 선택한 까닭은 무엇일까? 그것은 아마도 박제상 자신이 고구려 내지內地로의 접근과 탈출과정에서 신속성을 도모하기에 육로보다는 바닷길이 유리하다고 판단했기 때문일 것이다. 그가 북쪽 바닷길을 선택할 때 '경추북해지로徑趨北海之路'라고 되어 있음이 이를 암시해 준다.[23] 또한 죽령 이남이 눌지왕대에 신라의 영토로 편입되었음에도 불구하고 여전히 고구려 군사가 잔존해 있거나, 죽령

의 성격과 지배구조」,『韓國古代史硏究』17, 2000, 270~271쪽)가 있다.
20) 죽령로를 통해 경주에서 고구려로 가는 경로는 경주-영천-의성-안동-영주-죽령-단양-제천-원주-횡성-홍천-춘천-화천-김화-회양-안변-원산으로 추정된다(서영일,『신라 육상 교통로 연구』, 학연문화사, 1999, 54~57쪽, 179쪽).
21) 박제상의 姓을『삼국유사』에서는 김씨라고 했다(『三國遺事』卷1, 紀異2, 奈勿王 金堤上). 그러나『삼국사기』에는 박제상의 世系에 대해 시조 혁거세의 후손으로서, 파사왕의 5세손이며 할아버지는 阿道葛文王, 아버지는 파진찬 勿品이라고 기술했다(『三國史記』卷45, 列傳5, 朴堤上傳). 여기에서는 기록이 구체적인『삼국사기』를 따르겠다.
22) 『三國史記』三國有名未詳地分에 '北海通'과 '東海通'이 있는데, 정확한 경로는 알 수 없다.『삼국유사』에 따르면, 박제상은 高城水口를 중간기착지로 삼아 육로와 해로를 탈출루트로 이용했다. 고성의 위치는 본래 고구려 達忽이었는데 진흥왕대 州를 삼았고, 경덕왕대에 고성군으로 이름을 고쳤다고 한 기록(『三國史記』卷35, 雜志4, 地理2, 溟州)과 안압지출토 15호 목간(문화재관리국,『안압지』, 1978 : 이용현,『韓國木簡基礎硏究』, 신서원, 2006, 242~243쪽)을 참고하면 지금의 강원도 고성으로 비정된다.
23) 이때 박제상의 출발지로는 영일만이 주목되었다(盧重國,「고대 울진의 역사 개관」,『韓國古代社會와 蔚珍地方』, 국보242호 울진봉평신라비 발견 10주년기념 학술대회논총, 盧重國 外, 蔚珍郡・韓國古代史學會, 1999, 259쪽).

을 넘더라도 곳곳에 고구려 군사가 포진하고 있었기 때문일 수도 있다. 그런데 무엇보다도 이러한 결행이 가능했던 근본적인 배경은 박제상의 근거지가 바닷가에 위치해 배를 만드는 기술과 항해술에 능했던 데에서 찾을 수 있다. 복호의 탈출에 뒤이어 왜국에 가서 미사흔을 극적으로 탈출시키는 모습에서 박제상이 해상활동에 능했음은 다시 한번 빛을 발하게 된다.

박제상 세력이 언제부터 어떠한 연유로 삽량[양산]지방에 머물게 되었는지는 분명하지 않다. 어찌되었건 간에 박제상이 눌지왕의 동생 복호와 미사흔을 탈출시키고 장렬히 죽음으로써 그는 신라인들에게 충절의 표상으로 기억되기에 이르렀다. 또한 박제상의 부인은 국대부인國大夫人으로 책봉되어 대접받았고, 그의 딸은 미사흔의 부인이 되어 왕족의 반열에 오를 수 있었다.[24] 나아가 미사흔과 박제상 딸 사이에서 낳은 딸은 후에 자비왕의 왕비가 되었다.[25] 박제상이 목숨으로써 바친 충성에 대한 왕실의 배려가 얼마나 깊었는지를 보여주는 대목이다.

요컨대 눌지왕은 비록 왕위의 계승은 김씨세습을 추구했지만, 고구려를 축출하는 과정에서 박제상의 결정적 도움을 받음으로써 박

---

24) 『三國遺事』卷1, 紀異2, 奈勿王 金堤上에 "冊其[堤上]妻爲國大夫人 以其女子爲美海公[未斯欣]夫人"이라고 했다. 『三國遺事』卷1, 王曆1, 第十八實聖麻立干에 따르면 박제상의 부인 璃迻은 실성왕의 딸이었다. 곧 박제상이 실성왕의 駙馬인 셈이다([표 5] 참조). 그렇다면 박제상은 왕족으로서의 신분이 어느 땐가 강등되었고, 눌지왕대 공을 세워 신분을 다시 회복한 것으로 볼 수 있다. 선석렬이 실성왕의 축출과 함께 박제상이 奈麻로 강등되어 삽량주간으로 좌천되었다고 본 것도 이 때문이다(宣石悅, 「朴堤上의 出自와 관등 奈麻」 『慶大史論』 10, 慶南大學校 史學會, 1997 ; 「朴堤上의 家系와 관등 奈麻의 의미」 『新羅國家成立過程硏究』, 혜안, 2001, 270~272쪽).
25) 『三國史記』卷3, 新羅本紀3, 慈悲麻立干 4년(461)조.

씨세력과 제휴하게 되었다. 이는 눌지왕이 석씨세력을 거세한 권력의 공백지대에 박씨세력을 다시 등용함으로써 지지기반을 확대하려는 의도에서 이루어진 것이었다.

눌지왕은 재위 19년(435)에 즉위 이후 두 번째로 시조묘始祖廟에 제사를 지냈다.26) 즉위의례로서의 시조묘 제사라면 집권 초반기 한 차례로도 충분하다. 따라서 집권 중반기에 단행된 눌지왕의 두 번째 시조묘 친사親祀는 즉위의례와는 차원이 다른 별도의 의도 하에 추진된 것으로 볼 수 있다. 혹자는 천재지변이나 그 전조인 별·기상의 이변이 일어났을 때 그 예방이나 치료를 위하여 추가적인 시조묘 제사를 행한다고 했다.27) 물론 일차적 원인제공은 그러한 측면이 있을 수도 있다. 하지만 그와 같은 논리의 본질은 정치행위라는 차원에서 좀더 분석하는 것이 바람직하다고 생각한다.

잘 알려져 있는 바와 같이 시조묘에는 국조國祖이자 박씨족의 시조인 혁거세를 모셨다. 그렇다면 눌지왕 19년의 두 번째 시조묘 친사는 새로운 정치동반자로 끌어안은 박씨세력에 대한 위무차원에서 추진된 정치적 행위로 이해하는 것이 온당하다. 눌지왕대 이후 박씨세력이 신라 중앙정계에서 왕실세력으로 다시 부상함은 대단히 주목되는 부분이다. 왜냐하면 지증왕 즉위 후 이른바 '박씨왕비족시대'가 열리는 단초가 이때 마련되었기 때문이다.28)

---

26) 『三國史記』 卷3, 新羅本紀3, 訥祇麻立干 19년(435)조.
27) 崔在錫, 「新羅의 始祖廟와 神宮 祭祀」, 『東方學志』 50, 1986 ; 『韓國古代社會史硏究』, 一志社, 1987, 257쪽.
28) 강종훈도 박제상의 희생으로 김씨족단이 헤게모니를 거머쥔 신라사회에서 박씨족단의 입지가 크게 넓어졌을 것이라고 했다(강종훈, 앞의 책, 2000, 178쪽).

결국 눌지왕대 석씨세력을 물리치고 이룩한 김씨왕실의 세습체제 구축과, 박씨세력의 회유와 포섭이라는 지지세력의 확대를 통해 추구한 왕권강화와 체제정비는 고구려세력을 축출할 수 있었던 근본적인 원동력이 되었다고 할 수 있다.

2. 왕경 주둔 고구려세력의 축출과정

눌지왕이 즉위한 뒤 고구려세력을 배제하기 위해 취한 우선적인 조치는 실성왕 11년(412) 고구려에 인질로 간 동생 복호卜好[寶海]의 귀환 문제였다. 복호의 귀환에 대해서는 『삼국사기』29)와 『삼국유사』30)에 관련기록이 전해지는데, 그 시기와 과정에 차이가 난다. 곧 『삼국사기』는 복호의 귀환이 눌지왕 2년(418)에 발생한 것으로 되어 있는 데 반해, 『삼국유사』는 눌지왕 9년(425)31)의 일로 기록하고 있다. 또한 귀환과정도 『삼국사기』가 박제상의 언변으로써 고구려왕의 허락을 받아 순탄했다면, 『삼국유사』는 치밀한 사전계획 아래 우여곡절을 겪으며 극적으로 탈출하는 것으로 되어 있어 대조적이다.

---

29) 『三國史記』卷3, 新羅本紀3, 訥祇麻立干 2년(418)조 : 같은 책 卷45, 列傳5, 朴堤上傳.
30) 『三國遺事』卷1, 紀異2, 奈勿王 金堤上..
31) 눌지왕 10년 乙丑으로 되어 있는데, 干支를 존중하는 입장에서 눌지왕 9년으로 수정한다.

복호의 귀환시기와 과정은 『삼국유사』의 기록이 역사적 진실에 가까울 것으로 생각된다. 왜냐하면 고구려의 도움을 받아 집권한 눌지왕이 왕권이 불안정한 즉위 다음해 곧바로 고구려에 반대하는 정책의 일환으로 복호를 귀환시키는 모습이란 어쩐지 자연스럽지 못하기 때문이다. 사실『삼국사기』에서 박제상 언변의 공으로 고구려가 복호를 순순히 놓아주었다는 기록은 박제상의 충절이 후대에 회자·입전되는 과정에서 유교적으로 분식된 듯한 인상을 준다. 따라서 복호의 귀환은 눌지왕이 신라의 내정에서 고구려세력을 배제하기 위한 전제조건으로 재위 9년(425) 치밀한 계획 하에 고구려에서 탈출시킨 것으로 이해된다. 이것이 곧 신라가 본격적으로 고구려로부터 벗어나려는 의지의 첫 발로였다고 할 수 있다.

이러한 시대분위기에서 신라와 백제의 관계가 우호적으로 진전되는 듯한 변화의 조짐이 보이고 있다. 다음 기록을 주목해 보기로 하자.

2-① 가을 7월에 백제가 사신을 보내 화친하기를 청하므로 이에 따랐다.32)

② 봄 2월에 백제왕(毗有王)이 좋은 말 2필을 보냈다. 가을 9월에 또 흰 매를 보냈다. 겨울 10월에 왕이 황금과 야광구슬을 백제에 예물로 보내 보답했다.33)

위의 기록은 이른바 나·제동맹羅濟同盟34)으로 불리는 내용을 담고

---

32) 『三國史記』卷3, 新羅本紀3, 訥祇麻立干 17년(433)조.
33) 『三國史記』卷3, 新羅本紀3, 訥祇麻立干 18년(434)조.
34) 백제의 대외정책을 주체적으로 이해하는 입장에서 '濟羅同盟'으로 표현하기도 한다 (朴眞淑,「百濟 東城王代 對外政策의 變化」,『百濟研究』32, 忠南大學校 百濟研究所, 2000, 89쪽). 동맹체결 과정에서 백제가 보여준 적극성을 고려할 때 타당한 면이 있

있다. 나제동맹이 고구려가 장수왕(413~491) 15년(427)에 수도를 평양으로 천도함으로써 가속화된 남진정책에 대해 신라와 백제가 공동으로 대응한 결과라는 것은 잘 알려져 있다.35) 그런데 자칫 그 의미를 지나치게 강조하다 보면, 마치 신라가 433년 이후 고구려를 축출하고 백제와 연합함으로써 고구려와 대립했다는 이해가 팽배해질 우려가 있다.

나제동맹이 눌지왕이 고구려세력을 배제하는 분위기에서 맺어진 것과, 이를 통해서 신라·고구려, 신라·백제의 관계가 이전과 달라진 것은 분명하다. 그렇다고 해서 나제동맹이 곧 신라의 영토 안에 주둔해 있던 고구려 군사의 완전한 축출을 의미하는 것은 아니었다.36) 나제동맹군의 활동이 동맹체결로부터 20여 년이나 지난 눌지왕 39년(455)에 이르러서야 비로소 나타나는 것37)은 바로 그러한 점이 반영된 결과라고 생각한다.38) 이러한 점은 「중원고구려비」(이하

지만, 여기에서는 편의상 羅濟同盟이라 부르겠다. 동맹의 개념 및 나제동맹의 성립~결렬까지의 흐름에 대해서는 金秉柱, 「羅濟同盟에 관한 硏究」, 『韓國史硏究』 46, 1984, 26~46쪽 참조.

35) 양기석은 나제동맹을 백제의 대고구려 봉쇄전략과 고구려의 간섭에서 벗어나려는 신라의 이해가 합치된 산물로 파악했다(梁起錫, 「5~6世紀 前半 新羅와 百濟의 關係」, 『新羅의 對外關係史 硏究』, 新羅文化祭學術發表會論文集 15, 新羅文化宣揚會, 1994, 77~80쪽). 박윤선은 백제가 신라와 동맹을 맺기 위해 신라와 적대적이었던 우방 倭와의 관계에까지 소원했음을 지적했다(박윤선, 「5세기 중후반 백제의 대외관계」, 『역사와 현실』 63, 2007, 220~234쪽).
36) 李道學, 「高句麗의 洛東江流域進出과 新羅·伽倻 經營」, 『國學硏究』 2, 國學硏究所, 1988 : 『고구려 광개토왕릉비문 연구』, 서경, 2006, 411쪽 각주 23.
37) 『三國史記』 卷3, 新羅本紀3, 訥祇麻立干 39년(455)조.
38) 이런 점 때문에 정운용은 455~554으로 나제동맹기를 재설정했다(鄭雲龍, 「羅濟同盟期 新羅와 百濟 關係」, 『白山學報』 46, 1996, 101~104쪽 및 「『삼국사기』 交聘 記事를 통해 본 羅濟同盟 時期의 재검토」, 『百濟硏究』 44, 2006). 박진숙은 496년 이후 나제동맹군의 활동이 보이지 않고 백제의 대신라 견제책이 보인다면서 동맹기의 하한을

120 신라 상고기 정치변동과 고구려 관계

「중원비」로 줄임]의 내용분석과 내용·건립연대를 검토함으로써 확인할 수 있다. 「중원비」의 판독문은 다음과 같다.[39]

좌측면							행/열	앞면										행/열
7	6	5	4	3	2	1		10	9	8	7	6	5	4	3	2	1	
伐	□	□	□	□	□	□	1	□	德	夷	大	夷	用	向	奴	上	五	1
城	□	□	人	□	□	□	2	臨	□	寐	位	寐	者	□	主	下	月	2
因	□	□	□	□	□	□	3	奴	□	錦	諸	錦	賜	上	簿	相	中	3
于	□	□	□	□	□	恩	4	□	幢	上	位	遝	之	共	貴	和	高	4
□	□	□	□	□	□	□	5	□	□	下	上	還	隨	看	德	守	麗	5
古	□	□	□	□	□	□	6	□	募	至	下	來	□	節	□	天	太	6
牟	力	□	□	留	□	于	7	鬼	人	于	衣	節	節	賜	寐	東	王	7
婁	租	□	□	酉	□	伐	8	盖	三	伐	服	教	□	太	□	來	祖	8
城	國	□	□	□	刺	城	9	盧	百	城	因	賜	□	霍	安	之	王	9
守	□	上	□	□	功	不	10	共	新	教	受	寐	奴	鄒	□	寐	令	10
事	沙	曰	□	□	□	□	11	□	羅	來	教	錦	客	□	設	□	錦	11
下	□	□	□	□	□	□	12	募	土	前	跪	土	人	食	因	忌	新	12
部	斯	辛	黃	□	射	村	13	人	內	部	營	內	□	囚	□	太	羅	13
大	色	酉	□	□	□	舍	14	新	幢	大	之	諸	教	東	□	子	寐	14
兄	□	□	□	□	□	□	15	羅	主	使	十	衆	諸	夷	到	共	錦	15
耶	太	□	□	□	□	□	16	土	下	者	二	人	位	寐	至	前	世	16
□	古	□	□	□	□	□	17	內	部	多	月	□	賜	錦	跪	部	世	17
	鄒	□	□	□	□	□	18	衆	拔	亏	廿	□	上	之	營	大	爲	18
	加	東	□	太	節	胜	19	人	位	桓	三	□	下	衣	□	使	願	19
	共	夷	□	王	人	□	20	跓	使	奴	日	因	因	服	太	者	如	20
	軍	寐	囧	國	刺	囚	21	勅	者	主	甲	田	服	建	子	多	兄	21
	至	錦	□	土	□	□	22	補	簿	□	寅	國	教	立	共	亏	如	22
	于	土	□	□	□	□	23	□	奴	貴	東	土	東	處	□	桓	弟	23

496년으로 단축했다(박진숙, 앞의 논문, 2000, 98~100쪽). 한편 정재윤은 나제동맹 성립기인 464년 신라영토 안에 고구려 군사가 주둔해 있을 수 없다며 동맹의 성립 자체를 부정했다. 곧 '우호관계(433년)에서 군사협력단계(454년 이후)로의 모색'으로 이해했다(鄭載潤, 「熊津時代 百濟와 新羅의 關係에 대한 고찰」『湖西考古學』4·5, 湖西考古學會, 2001, 69~73쪽).

39) □ : 마멸자, 囗 : 一자로 추독함을 의미. 釋文은 기왕의 판독과 高句麗研究會 編,

판독문을 문맥에 따라 구분해서 정리하면 다음과 같다.

〈앞면〉

3-① 五月中高麗太王祖王令□新羅寐錦世世爲願如兄如弟上下相和守天東來之

② 寐錦忌太子共前部大使者多亏桓奴主簿貴德□類□奴□□因□□到至跪營□

③ 太子共□向□上共看節賜太霍鄒

④ 設食因東夷寐錦之衣服建立處用者賜之隨□節□□奴客人□敎諸位賜上下
因服

⑤ 敎東夷寐錦遝還來節敎賜寐錦土內諸衆人□□□因田國土大位諸位上下衣
服因受敎 跪營之

⑥ 十二月卄三日甲寅東夷寐錦上下至于伐城

⑦ 敎來前部大使者多亏桓奴主簿貴德□□境□募人三百

⑧ 新羅土內幢主下部拔位使者補奴□疏奴□□□鬼盖盧共□募人

⑨ 新羅土內衆人趾動□□

〈좌측면〉

⑩ …于伐城…留酉…太王國土…辛酉…東夷寐錦土…丐祖奴□沙□斯色□太
古鄒加共軍至于伐城因于□古牟婁城守事下部大兄耶□

「중원비」에는 고구려와 신라가 '형제관계'임을 하늘에 맹세하는 의식을 치렀고, 그 과정에서 고구려왕이 신라매금寐錦과 신하들에게

『中原高句麗碑 硏究』, 학연문화사, 2000, 147~150쪽을 참고했다. 각 연구자의 판독대비표 및 비문의 해석문은 張彰恩, 「中原高句麗碑의 판독과 해석」, 『新羅史學報』 5, 2005 참조.

의복 등을 하사했음이 나타나 있다. 또한 고구려가 중국적 화이華夷 개념을 빌려와 신라왕을 '동이매금東夷寐錦'으로 불렀다거나,[40] 신라영토 안에 '신라토내당주新羅土內幢主'로 불린 고구려 군사가 주둔했음이 분명하게 드러난다. 문헌에서 볼 수 없는 이러한 기록은 신라와 고구려 관계를 밝히는 데 많은 도움을 준다.

그런데 「중원비」건립연대에 대한 기왕의 견해가 백가쟁명인데다가, 그것이 그대로 신라와 고구려

중원고구려비
[충북 충주시 가금면 용전리 소재]

관계에 투영됨으로써 연구결과에 혼란이 가중되고 있는 실정이다. 따라서 「중원비」를 신라와 고구려 관계의 규명에 활용하기 위해서는 우선 비문 서술내용의 발생연대와 비의 건립연대를 분명히 하는 것이 절실하다.[41]

---

40) 李基白, 「中原高句麗碑의 몇 가지 문제」, 『史學志』 13, 檀國大學校 史學會, 1979 : 『韓國古代政治社會史研究』, 一潮閣, 1996, 118~120쪽.
41) 기존에는 비문내용의 발생연대와 비의 건립연대를 구별하지 않았다. 곧 연구자들 사이에 「중원비」 연대를 살피는 데 있어 기준이 일정치 않았고, 그로 인해 적지 않은 혼란이 발생했다. 이에 여기에서는 비문내용이 반영하는 연대와 비가 세워진 연대를 각각 '내용연대'·'건립연대'로 구분하고자 한다. 아울러 연구사 검토는 내용연대를 기준으로 5세기 초·중·후반설로 분류했다. 「중원비」의 내용·건립연대에 대한 연구사 검토로 다음의 논문이 참고된다.
鄭雲龍, 「中原高句麗碑 硏究의 몇 가지 문제」 『국제고려학회 서울지회 논문집』 6, 국

「중원비」의 내용연대와 건립연대에 대한 기왕의 연구는 5세기 초반설, 5세기 중반설, 5세기 후반설의 세 가지로 나누어 볼 수 있다. 여기에서는 논리전개의 편의와 연구사의 시대별 흐름을 감안해 5세기 후반설, 5세기 초반설, 5세기 중반설의 순서로 검토해 보고자 한다.

5세기 후반설은 「중원비」 발견 직후 가장 많은 지지를 받았다. 이병도는 우선 "고려건흥4년高麗建興四年"이라는 제액題額이 있음을 주장한 뒤, 「건흥5년명금동불광배建興五年銘金銅佛光背」의 "건흥5년세재병진建興五年歲在丙辰"에서 건흥 4년이 을묘년乙卯年임을 유추했다. 여기에 '개로盖盧'〔3-⑧〕를 백제 개로왕盖鹵王(455~475)으로 확신해 개로왕 재위년 중 을묘년에 해당하는 475년(장수왕 63)을 비의 내용연대로 삼았다. 또한 '고려태왕조왕高麗太王祖王'〔3-①〕에서 '조왕祖王'을 장수왕으로, '고려태왕高麗太王'을 문자명왕(491~519)으로 보아 문자명왕 초년 경에 비가 건립된 것으로 추측했다.42)

제고려학회 서울지회, 2005, 156~165쪽 : 張彰恩, 「中原高句麗碑의 연구동향과 주요 쟁점」『歷史學報』189, 2006, 304~313쪽 : 鄭雲龍, 「中原高句麗碑의 建立 年代」『白山學報』76, 2006.

42) 李丙燾, 「中原高句麗碑에 대하여」『史學志』13, 檀國大學校 史學會, 1979, 22~24쪽. '盖盧'를 개로왕에 연결시킨 논리는 손영종(「중원고구려비에 대하여」『역사과학』85-2, 과학백과사전출판사, 1985, 29~32쪽)·耿鐵華(「冉牟墓誌와 中原高句麗碑」『中原高句麗碑 研究』, 高句麗研究 10, 학연문화사, 2000, 566~599쪽)·南豊鉉(「中原高句麗碑의 解讀과 吏讀的 性格」, 같은 책, 2000, 366쪽)이 내용·건립연대 추정에 원용했으며, 高麗太王과 祖王의 실체는 손영종(위의 논문, 1985, 29쪽)·남풍현(위의 논문, 2000, 366쪽)·金賢淑(「4~6세기경 小白山脈 以東地域의 領域向方-『三國史記』地理志의 慶北地域 '高句麗郡縣'을 중심으로-」『韓國古代史研究』26, 2002 : 『고구려의 영역지배방식 연구』, 도서출판 모시는사람들, 2005, 335~336쪽)이 받아들여 비의 건립연대를 문자명왕대로 이해했다.

그러나 제액의 판독에는 회의적인 견해가 우세하다.43) 2000년 고구려연구회의 신석문에서도 '연年'자가 읽혀 제액은 확인됐지만, 더 이상의 판독은 이루어지지 못했다. 또한 비문내용의 흐름상 개로왕의 등장이 어색할 뿐만 아니라 고구려 우위의 표현이 비문 곳곳에 사용되는 상황에서 백제 개로왕의 왕명을 그대로 쓴다는 것도 납득하기 어렵다.

5세기 후반설 중 가장 폭넓은 지지를 받고 있는 것이 변태섭에 의해 제기된 481년(장수왕 69)설이다. 그는 일간지日干支 '12월 23일 갑인十二月卄三日甲寅'[3-⑥]과 연간지年干支 '신유년辛酉年[3-⑩]을 모두 믿어 『이십사삭윤표二十史朔閏表』와 『삼정종람三正綜覽』에서 '12월 23일 갑인'에 해당하는 449년·480년·506년과 '신유년'에 해당하는 421년·481년·541년을 찾아낸 후 조합했다. 그 결과 480년을 내용연대로, 481년을 건립연대로 파악했다.44)

변태섭의 학설은 '12월 23일 갑인十二月卄三日甲寅'과 '신유년'을 동시에 고려한 것이어서 일면 진전되어 보인다. 하지만 '신유년'에 대한 판독이 인정받지 못한다면45) 도리어 설득력이 반감될 수도 있다.

---

43) 고구려연구회 편, 앞의 책, 2000, 144쪽.
44) 邊太燮, 「中原高句麗碑의 內容과 年代에 대한 검토」, 『史學志』 13, 1979, 47~50쪽. 그의 학설은 申瀅植(「中原高句麗碑에 대한 考察」, 『史學志』 13, 1979 ; 『韓國古代史의 新研究』, 一潮閣, 1984, 406~409쪽)과 武田幸男(「序說 5~6世紀東アジア史의 一視點-高句麗中原碑から新羅赤城碑へ」, 『古代東アジアにおける日本古代史講座』 4, 1980 ; 『高句麗史と東アジア』, 岩波書店, 1989, 243쪽의 미주 53) 등에 수용되었다.
45) 이전에도 판독에 부정적인 견해가 많았지만(金貞培, 「中原高句麗碑의 몇 가지 문제점」, 『史學志』 13, 1979, 92쪽 : 篠原啓方, 「「中原高句麗碑」의 釋讀과 內容의 意義」, 『史叢』 51, 2000, 29쪽), 2000년 고구려연구회의 신석문에서도 '辛酉年'의 판독은 확정되지 않았다.

사실 5세기 후반설에는 고구려가 475년 백제 한성시대를 종식시킨 후에야 중원지방에 진출할 수 있다는 전제가 깔려 있는 듯한 인상을 받는다.46) 그러나 「광개토왕릉비」에 남겨진 고구려군의 경자년(400) 남정과 『삼국사기』 지리지 소재 '고구려고지', 각종 고고학 자료를 통해 고구려가 이미 5세기 초 동해안과 남한강 상류의 교통로를 통해 신라에 진출해 내정에까지 간섭했음이 밝혀진47) 이상, 이러한 입론을 가지고 내린 결론에는 동의할 수 없다.

5세기 후반설의 근본적인 한계는 간지나 특정한 용어의 분석에 치우친 나머지, 비문전체의 내용을 파악하거나 문헌기록과의 비교·검토에 소홀했다는 데 있다. 『삼국사기』에 따르면, 신라와 고구려는 5세기 중엽 이후 이전의 우호관계를 청산하고 대립적인 관계로 재설정되었다. 그런데 「중원비」에는 고구려 태왕이 신라매금에게 의복을 하사한다거나, 신라의 영토 안에 고구려 당주가 존재하면서 두 나라의 관리가 만나 모인募人활동을 한 내용이 남겨져 있다. 이는 두 나라의 우호가 전제되지 않는 상황에서는 불가능한 외교행위이다. 그렇다면 「중원비」의 내용·건립연대는 적어도 5세기 중엽 이전으로 올라갈 가능성이 큰 것이다.

5세기 초반설은 비의 발견 직후에는 제기되지 않다가 이후 일본

---

46) 이병도, 앞의 논문, 1979, 30쪽 및 같은 책, 학술좌담회록, 116쪽, 128쪽.
47) 金貞培, 「고구려와 신라의 영역문제」, 『韓國史研究』 60·61, 1988 ; 『韓國古代史와 考古學』, 신서원, 2000 ; 李道學, 「高句麗의 洛東江流域進出과 新羅·伽倻 經營」, 『國學研究』 2, 1988 ; 앞의 책, 2006 ; 鄭雲龍, 「5世紀 高句麗 勢力圈의 南限」, 『史叢』 35, 1989 ; 徐榮一, 「5~6世紀 高句麗 東南境 考察」, 『史學志』 24, 1991 ; 鄭雲龍, 「5~6세기 新羅 高句麗 關係의 推移-遺蹟 遺物의 解釋과 關聯하여-」, 『新羅의 對外關係史 研究』, 新羅文化祭學術發表會論文集 15, 1994 ; 김현숙, 앞의 논문, 2002 ; 앞의 책, 2005.

인 연구자들에 의해 논리가 보강되었다. 먼저 木下禮仁은 신라와 고구려의 화친관계가 425년 복호의 귀환으로 변화된 것으로 보아, 비의 내용연대를 그 이전으로 국한했다. 나아가 일간지를 '12월 25일 갑인'으로 판독해 403년으로, 연간지 '신유년'은 421년으로 추정한 뒤 둘을 조합했다. 그 결과 비의 내용연대를 '421년에서 크게 벗어나지 않은 시기'라며 다소 모호하게 이해했다.[48] 木村誠은 비문에 나오는 태자太子에 착안, 태자의 책봉이 있었던 광개토왕대(391~412)를 주목했다. 그는 일간지를 '12월 25일 갑인'으로 판독하거나, '11월 23일 갑인'의 오기일 가능성을 상정해 비의 내용연대로 403년(광개토왕 13)과 408년(광개토왕 18)을 이끌어냈다.[49] 한편 田中俊明은 고구려 역법曆法과 위나라 역법曆法[景初曆]에 차이가 나기 때문에 간지를 이용한 기왕의 연대 추정법에 문제를 제기했다.[50] 그러면서도 일간지 '12월 23일 갑인'에서 고구려 역법이 하루 늦을 가능성을 상정해 423년을 추출하고, 木村誠의 403년설을 받아들여 비의 내용연대를 5세기 초로 삼았다.[51]

비문의 내용을 문헌자료와 조응해 보려는 이들의 노력에는 충분

---

48) 木下禮仁, 「中原高句麗碑-その建立年次を中心として-」『村上四男博士 和歌山大學退官記念 朝鮮史論文集』, 開明書店, 1981 ; 「中原高句麗碑-建立年代를 중심으로-」『素軒南都泳博士華甲紀念 史學論叢』, 太學社, 1984 ; 『日本書紀と古代朝鮮』, 塙書房, 1993, 202~222쪽.

49) 木村誠, 「中原高句麗碑立碑年次の再檢討」『朝鮮社會の史的展開と東アジア』, 武田幸男 編(山川出版社, 1997) ; 『古代朝鮮の國家と社會』, 吉川弘文館, 2004 ; 「中原高句麗碑の立碑年について」『中原高句麗碑 研究』, 학연문화사, 2000, 302~307쪽.

50) 田中俊明, 「高句麗の金石文」『朝鮮史研究會論文集』18, 1981 ; 『國外 韓國史關係論文選集』(古代 1), 韓國人文科學院, 1987, 188쪽.

51) 田中俊明, 「新羅中原小京の成立」『中原文化國際學術會議 結果報告書』, 忠淸北道·忠北大學校 湖西文化研究所, 1996, 75~78쪽.

히 공감한다. 하지만 광개토왕의 태자책봉을 너무 의식한 나머지 '12월 23일 갑인'의 확실한 일간지마저 자의적으로 판독해서 끼워 맞춘 듯한 인상을 지울 수 없다. 이런 점에서 『삼국사기』광개토왕 18년(408)의 태자책봉기록을 기년 오차로 얼버무린 채 403년설을 주장하는 것이 무리라는 노중국의 지적52)은 정곡을 찌른 것으로 생각된다. 또한 『위서魏書』천상지天象志와 『이십사삭윤표二十史朔閏表』를 비교·분석한 연구에 따르면 위나라 역법과 고구려 역법에 차이가 없음이 밝혀졌다.53)

5세기 중반설은 비의 발견 직후에는 5세기 후반설에 밀려 지지를 얻지 못한 채, 임창순과 김정배에 의해 제기되는 정도였다. 이들은 연간지 '신유년'의 판독에 회의적 견해를 표명한 채, 일간지 '12월 23일 갑인'으로써 연대를 추출했다. 결국 고구려 우위에서 신라와 화호和好하는 비문의 내용을 『삼국사기』에 견주어 449년을 비의 내용·건립연대로 추정했다.54) 이후 5세기 중반설은 김창호·정운용·篠原啓方 등이 지지하면서 계승했다. 김창호는 매금寐錦 '기곂'와 눌지마립간訥祇麻立干의 '지祇'가 음운상 같다는 데 착안, 눌지왕의 재위년인 417~458년 중 '12월 23일 갑인'에 해당하는 449년을 비의 내용연대로 삼았다.55) 정운용은 비문에 고구려와 신라의 관계를 '여형여제如兄如弟'

---

52) 木村誠, 앞의 논문, 2000에 대한 노중국의 토론문, 309~310쪽.
53) 金英夏·韓相俊, 「中原高句麗碑의 建碑 年代」『敎育硏究誌』25, 慶北大學校 師範大學, 1983, 36~38쪽.
54) 任昌淳, 「中原高句麗古碑小考」『史學志』13, 1979, 56~57쪽 : 김정배, 앞의 논문, 1979, 89~92쪽.
55) 金昌鎬, 「中原高句麗碑의 재검토」『韓國學報』47, 一志社, 1987, 145~147쪽 및 「中原高句麗碑의 建立 年代」『中原高句麗碑 硏究』, 학연문화사, 2000, 353쪽.

로 표현한 데 주목, 5세기 초 신라의 대고구려 의존도가 일방적이었던 것에서 변화되어 감을 지적한 뒤 비의 내용연대를 449년으로 이해했다.[56] 나아가 5세기 고구려의 천하관과 삼국관계 변화, 그리고 고구려의 연호 사용시기를 분석함으로써 기존의 논리를 한층 더 보강했다.[57] 篠原啓方은 판독이 불분명한 '신유년'이나 '태자'와 같은 용어만으로 연대를 추정하는 기존의 방식에 문제를 제기했다. 그는 눌지왕 34년(450)조에서 '수호지환修好至歡'이 가리키는 것을 비의 내용으로 이해했다. 결국 일간지 '12월 23일 갑인'에 의거해 449년을 비의 내용연대로 파악했다.[58]

「중원비」의 내용·건립연대는 판독에 더 이상 진전이 없는 한 확실한 일간지인 '12월 23일 갑인'을 존중하고, 비의 내용을 문헌기록과 대비해보는 정황론적 측면에서 5세기 중반으로 파악하는 것이 타당하다고 생각한다. 특히 「중원비」의 회맹會盟을 지칭한 것으로 이해된 눌지왕 34년(450)조에서의 '고여대왕孤與大王 수호지환야修好至歡也'는 「중원비」의 내용·건립연대를 추적하는 데 유력한 단서로 주목된다. 말하자면 앞면의 5월과 12월기사는 449년의 내용으로, 좌측면은 그에

---

56) 정운용, 앞의 논문, 1989, 4~7쪽 및 앞의 논문, 1994, 45~46쪽.
57) 鄭雲龍, 「三國關係史에서 본 中原高句麗碑의 意味」 『고구려의 국제관계』(연구총서 5), 고구려연구재단, 2005, 89~110쪽 및 앞의 논문, 2006, 143~155쪽. 비의 건립연대는 450년으로 파악했다(정운용, 위의 논문, 2005, 108~111쪽 및 위의 논문, 2006, 156~160쪽).
58) 篠原啓方, 앞의 논문, 2000, 28~36쪽. 5세기 중반설은 2000년 고구려연구회의 신석문이 제시되어 '12월 23일 갑인'이 확정되고, '신유년'이 미확인되면서 이도학·임기환·김현숙에 의해 논리가 보강되었다(李道學, 「中原高句麗碑의 建立 目的」, 『中原高句麗碑 硏究』, 高句麗硏究 10, 학연문화사, 2000 : 앞의 책, 2006, 461~468쪽 ; 林起煥, 「中原高句麗碑를 통해 본 高句麗와 新羅의 關係」, 같은 책, 2000, 427~430쪽 ; 김현숙, 앞의 책, 2005, 233쪽 및 335~336쪽).

대한 연속선상에서 449년 내지 450년의 사실을 반영하는 것으로 이해된다. 그렇다면 「중원비」의 건립도 450년에 이루어졌음이 유력하다고 생각된다. 결국 비록 눌지왕 17년(433)에 신라와 백제가 동맹을 맺어 고구려에 대응하고자 했지만, 신라는 적어도 눌지왕 33년(449)까지는 고구려로부터 의복 등을 하사받거나 자국의 영토 안에 고구려 당주가 상주하는 열세에 있었다고 할 수 있다.

그런데 「중원비」에서의 신라와 고구려의 관계는 4세기 말 5세기 초의 상황을 반영하는 「광개토왕릉비」의 내용과는 질적인 면에서 달라진 인상을 준다. 곧 「광개토왕릉비」에서 신라가 고구려의 '구시속민舊是屬民'으로서 국왕이 평양까지 직접 가서 조공했다면, 「중원비」에서는 두 나라가 형제관계로 설정되었고, '동이매금토東夷寐錦土', '신라토新羅土' 등 신라의 독자성을 인정하는 표현이 곳곳에 보인다. 이것은 5세기 중반이 5세기 초와 같은 고구려의 일방적 우위관계가 아님을 시사해 준다.[59]

「중원비」가 고구려 측의 일방적 이해 하에 건립된 것임도 염두해 두어야 한다. 따라서 '신라토내당주新羅土內幢主'라든가 의복을 주고받는 등의 행위에 대한 사실은 부정할 수 없겠지만 표현이 과장될 개연성은 농후하다. 그렇다면 이 시기 신라의 고구려에 대한 종속의 정도는 더 낮추어 볼 여지도 있다. 아마도 장수왕은 「중원비」를 건립함으로써 자국의 세력권 내에서 이탈해 가는 신라를 회유·포섭하고

---

59) 정운용, 앞의 논문, 1989, 6쪽 및 앞의 논문, 2005, 115쪽 : 임기환, 앞의 논문, 2000, 431~432쪽. 다만 신라왕이 평양까지 가지 않고 國原[中原]에서 회맹한 것을 이전보다 신라의 독자성이 높아진 것으로 보기는 힘들다. 고구려의 입장에서 중원지방이 가지는 지정학적 중요성을 보여주는 것일 수도 있기 때문이다.

자 했을 것이다.60) 그러나 그의 이러한 노력은 일시적으로는 성공했을지 몰라도 결과적으로 애초의 의도에 부합하지 못한 듯하다. 다음 기록이 이를 알려준다.

4-① 가을 7월에 고구려 변방장수가 悉直의 들에서 사냥하였는데 何瑟羅城主 三直이 군사를 내어 불시에 그를 죽였다. 고구려왕이 이를 듣고 노하여 사신을 보내와 말하였다. "내가 대왕과 우호를 닦은 것을 매우 기쁘게 여기고 있었는데, 지금 군사를 내어 우리 변방장수를 죽였으니 이것이 어찌 의롭다 하겠는가?" 이에 군사를 일으켜 우리의 서쪽 변경을 침략하였다. 왕이 겸허한 말로 사과하자 이내 돌아갔다.61)
② 8월에 고구려가 북쪽 변경을 침략하였다.62)
③ 겨울 10월에 고구려가 백제를 침략하므로 왕이 군사를 보내 구해주었다.63)

4-①의 기록에 따르면, 눌지왕 34년(450)에 고구려 변방장수가 실직[삼척] 들에서 사냥하다가 하슬라[강릉] 성주에게 죽임을 당했다.64) 이 사건으로 인하여 신라는 고구려에 항의성 침략을 받았다. 장수왕의 고압적 발언과 군사행동, 눌지왕의 사과를 받고서야 고구

---

60) 이도학, 앞의 논문, 2000 ; 앞의 책, 2006, 468~469쪽.
61) 『三國史記』卷3, 新羅本紀3, 訥祇麻立干 34년(450)조.
62) 『三國史記』卷3, 新羅本紀3, 訥祇麻立干 38년(454)조.
63) 『三國史記』卷3, 新羅本紀3, 訥祇麻立干 39년(455)조.
64) 김덕원은 고구려 남쪽 최전선 지역의 '邊將'이 신라의 영향력이 미치고 있었던 何瑟羅를 거쳐 悉直으로 오기는 어려웠을 것으로 보았다. 때문에 고구려 변장을 경북 일대에 주둔해 있던 고구려군사로 보았다(金德原, 「신라의 동해안 진출과 蔚珍鳳坪碑」, 『금석문을 통한 신라사연구』, 동북아역사총서 2, 한국학중앙연구원, 2005, 38쪽). 하지만 당시는 신라와 고구려가 우호관계를 유지한 시기였다. 그러므로 동해안로를 통한 이동의 가능성도 배제할 수는 없다.

려 군사가 회군했다는 내용은 신라가 고구려 간섭의 여파에서 여전히 자유롭지 못했음을 알려준다. 그렇더라도 이 기록은 신라가 고구려와의 종속적 관계를 청산해가는 과정에서 일어난 최초의 충돌 사건이라는 데에 의미가 크다. 결국 이어지는 4-②~③의 기록을 통해 보면, 이 사건 후 4년 만에 신라의 고구려 관계는 대립국면으로 변화했다. 나제동맹군의 실제적 활동이 눌지왕 39년(455)에 이르러서야 나타남은 이러한 연장선상에서 이루어진 것으로, 삼국관계의 판도 변화에서 주목되는 부분이다.

눌지왕은 급기야 왕경王京에 주둔해 있던 고구려 군사단의 축출을 시도했다.

5. …신라국은…中國[日本]의 마음을 몹시 두려워하여 高麗[高句麗]와 修好하였다. 이로 인해 고구려왕이 정예군사 100명을 보내 신라를 지켜주었다. 얼마 뒤 고구려 군사 한 사람이 휴가를 얻어 귀국할 때 신라사람을 典馬로 삼았는데, 돌아보면서 일러 말하기를 "너희나라는 우리나라에게 패할 것이 오래지 않았다"고 하였다[다른 책에는 '너희나라가 우리 땅이 될 것이 오래지 않았다'라고 하였다]. 그 전마가 그 말을 듣고 거짓으로 배가 아프다고 하여 뒤에 처졌다. 마침내 도망하여 나라[신라]에 들어가 그 말을 이야기했다. 이에 신라왕은 이내 고구려가 거짓으로 지켜주는 것을 알고 사자를 급히 보내 國人에게 말하기를 "사람들이여 집안에서 기르는 수탉을 죽여라"라고 하였다. 국인이 [그] 뜻을 알고 나라 안에 있는 고구려 사람들을 모두 죽였다.…65)

---

65) 『日本書紀』卷14, 大泊瀨幼武天皇 雄略天皇 8년(464) 2월조.

앞의 기록에 따르면, 신라는 왜倭의 마음을 두려워해서 고구려와 우호관계를 맺었고, 이에 고구려는 군사 100명을 파견해 신라를 지켜주었다고 한다. 또한 신라 전마典馬의 고변으로 고구려의 음모를 안 신라왕이 국인國人에게 이를 알리어 고구려 군사를 모두 죽였다. 이 기록은 『삼국사기』와 『삼국유사』 등에서 확인할 수 있는 신라와 고구려의 우호관계라든지 「중원비」에 나타난 '신라토내당주'와 일맥상통하는 면이 있다. 더욱 흥미로운 점은 신라가 고구려 군사를 축출하는 내용까지 덧붙여져 있다는 것이다.

물론 『일본서기』의 기년은 그대로 믿기에 불합리한 점이 많다. 때문에 이 설화의 내용을 신라와 고구려 관계의 규명에 활용[66]하기 위해서는 우선 기록이 반영하는 시점을 분명히 할 필요가 있다. 그런데 웅략천황대 기년의 신빙성을 방증할 수 있는 것이 있다. 곧 웅략천황 5년(461) 6월조 백제 무령왕의 출생에 대한 기록이 「무령왕릉 출토 지석」과 일치한다.[67] 또한 웅략천황 20년(476)조에 실린 고구려왕의 백제침략과 개로왕 주살의 기록도 『삼국사기』 개로왕 21년(475)조와 같은 내용이다. 물론 이 경우에 1년의 차이가 나기는 하지

---

66) 이홍직은 이 기록을 신라·고구려 관계를 알려주는 것으로 처음 주목했다(李弘稙, 「日本書紀所載 高句麗關係記事考」, 『東方學志』 1·3, 1954·1957 : 『韓國古代史의 硏究』, 新丘文化社, 1971, 140~145쪽 및 「新羅의 勃興期」, 『國史上의 諸問題』 3, 國史編纂委員會, 1959 : 같은 책, 1971, 446~447쪽).

67) 『日本書紀』 卷14, 大泊瀨幼武天皇 雄略天皇 5년(461) 6월조에 "孕婦果如加須利君言 筑紫各羅嶋産兒 仍名此兒曰嶋君 於是 軍君卽以一船送嶋君於國 是爲武寧王 百濟人呼此 嶋曰主嶋也"라 했다. 또한 「武寧王 誌石」(『譯註 韓國古代金石文』 제2권, 駕洛國史蹟開發硏究院, 1992, 150~151쪽)에 "寧東大將軍 百濟斯麻王 年六十二歲 癸卯年五月丙戌朔七 日壬申崩"이라 하여, 무령왕이 癸卯年(523)에 62세로 죽었음을 알 수 있다. 이를 역산하면 461년이다.

만, 분주分註의 『백제기百濟記』 인용기록에는 475년으로 소개하고 있으므로 웅략천황대 기년의 신빙성을 보완해 준다.

이렇듯 웅략천황대의 기년을 안정적으로 믿을 수 있다면, 신라는 자비왕 7년(464)에 이르러 왕경에 주둔하고 있던 고구려 군사를 축출한 셈이 된다. 그런데 문제는 대부분의 연구자들이 464년이라는 시점을 과신한다는 데 있다. 그러다 보니 「중원비」의 481년설을 지지하는 연구자 중에는 464년 철수하던 고구려군이 일부 중원지방에 주둔한 것이 '신라토내당주'이고, 이때 신라의 고구려 군사주살에 대한 반발이 자비왕 11년(468)의 고구려 침략이라는 주장까지 했다.68)

그러나 454년(눌지왕 38)에 이미 신라와 고구려의 관계가 대립적인 국면으로 전환했는데, 신라가 여전히 자국의 영토 안에 고구려 군사의 주둔을 허용했고, 464년(자비왕 7)에 이르러서야 이를 물리쳤다는 것은 논리적인 정황상 납득하기 어렵다. 사실 웅략천황 8년 2월조의 기록을 면밀히 살펴보면 여러 가지 사실이 압축되어 있음을 알 수 있다. 곧 '신라와 고구려의 우호 → 고구려 군사의 신라주둔과 주살 → 고구려의 신라침입 → 임나일본부의 신라구원'이라는 인과구조로 되어 있다. 이 기록이 비록 464년 2월조에 정리·수록되었다고 하더라도, 이와 같은 일련의 사건이 모두 한 해에 일어났다고 보기는 어렵다. 수년 동안의 상황이 압축되어 있다고 하는 것이 맞을 것이다.69) 그렇다면 웅략천황 8년의 기록을 분해하여 이해할 필요성

---

68) 申瀅植, 「中原高句麗碑에 대한 考察」, 1979 : 앞의 책, 1984, 406~409쪽.
69) 김현구·박현숙·우재병·이재석 공저, 『일본서기 한국관계기사 연구』(Ⅰ), 일지사, 2002, 248쪽에서는 이 기록을 4세기 말~5세기 중·후반의 양국관계사가 압축된 것으로 이해했다.

이 제기된다. 결국 고구려 군사 살해사건의 발생연대는 『삼국사기』 본기기록을 존중할 때, 신라가 고구려와 본격적으로 대립하는 눌지왕 38년(454) 이전으로 수정해 이해하는 것이 합리적이라고 생각한다.70)

웅략천황 8년조에는 위의 기록에 이어 신라의 고구려 군사 살해로 인하여 고구려가 침략했고, 신라와 고구려의 원한이 이때부터 생겼다고 했다. 이를 『삼국사기』와 비교해 보면 신라는 눌지왕 34년 (450) 실직에서의 고구려 변방장수 살해사건 이후 어느 시기엔가 왕경을 필두로 국내에 잔존해 있던 고구려 군사를 살해했을 가능성이 크다.71) 그리고 고구려가 이에 대한 보복의 차원에서 눌지왕 38년 (454)에 신라를 침입했던 것으로 이해하면 자연스럽다. 결국 이때부터 신라는 중앙정계에 영향을 미치고 있던 고구려세력을 축출했고, 이후 고구려와 본격적인 대립관계로 들어선 것으로 결론지을 수 있겠다.72)

---

70) 김현숙, 앞의 논문, 2002 : 앞의 책, 2005, 236~237쪽.
71) 눌지왕 37년(453) 가을 7월에 이리떼가 始林에 들어갔다고 한다(『三國史記』卷3, 新羅本紀3, 訥祇麻立干 37년조). 시림은 김씨시조인 閼智가 태어난 곳으로 김씨왕실에게 각별한 장소였다. 따라서 시림에 이리떼가 들어갔다는 것은 '국가적 변고'에 대한 암시 내지 상징적 표현으로 이해된다. 어쩌면 이 기록이 신라왕경에 주둔해 있던 고구려 군사의 신라 병탄야욕과 그에 대응했던 고구려 군사 살해사건과 연결될 소지가 있다.
72) 신라의 대고구려 종속관계를 알려주는 자료로 기왕에 「瑞鳳塚出土 銀盒杅銘」을 이용했다. 곧 명문 중 '延壽 元年 辛卯', '太王'이 특별히 주목되었다. 이에 대해 '延壽'를 고구려 연호로 볼 것인지 신라 연호로 볼 것인지, '辛卯年'이 391년인지 451년인지, 태왕의 실체가 누구인지에 대해 논란이 분분하다. 대체로 '延壽'는 장수를 기원하는 의미에서 고구려 장수왕과 연결시키고, 451년을 은합의 제작연대로 파악하는 것이 대세이다. 그렇다면 「호우총출토 호우명」과 마찬가지로 신라의 왕족 내지 귀족이 고

3. 고구려세력 축출의 대외적 배경

신라가 눌지왕대에 고구려세력을 축출할 수 있었던 요인으로 고구려의 입장에서 대신라 관계를 조망할 필요도 있다. 신라사의 관점만을 가지고 접근하다보면 자칫 두 나라 관계의 변화요인을 객관적으로 살피는 데 한계가 있기 때문이다. 이에 이 장에서는 당시 고구려 국내 정치동향과 대중국 관계, 대백제 관계를 검토함으로써 신라가 고구려를 축출할 수 있었던 대외적 배경을 살펴보려고 한다.

먼저 눌지왕 9년(425) 복호의 귀환에서부터 고구려의 침입을 받게 되는 눌지왕 38년(454) 전후까지 장수왕대의 정치동향을 살펴볼 필요가 있다. 그런데 『삼국사기』고구려본기 장수왕대 기록의 대부분은 북위에 대한 외교관계 기사로 점철되어 있다. 그로 인해 이 시기 고구려 국내 정치동향을 살피기가 여간 어렵지 않다. 다만 장수

구려산 물품을 부장품으로 사용할 정도로 여전히 고구려의 영향을 받고 있었다고 해석할 수 있다.

그러나 은합의 제작기법과 재질분석을 통해 은합은 지증왕 12년(511)에 왕의 장수를 기원하기 위해 제작된 신라제품이라는 주장도 제기되었다(朴光烈, 「新羅 瑞鳳塚과 壺杅塚의 絕對年代考」, 『韓國考古學報』 41, 韓國考古學會, 1999, 77~83쪽). 현재 저자는 이에 대해 분명한 입장을 가지고 있지 못하다. 다만 은합의 제작이나 '太王'의 실체를 고구려와 연결시키거나, 제작연대를 451년으로 이해하는 논증과정은 수용하기 어렵다고 판단한다. 이에 「서봉총출토 은합우명」을 신라와 고구려 관계를 살피는 자료로 취급하는 것을 유보하며, 추후의 검토를 기약하는 바이다.

왕이 재위 15년(427)에 단행한 평양으로의 천도기사를 통해 어렴풋하게나마 유추가 가능할 뿐이다.

장수왕이 수도를 국내성에서 평양으로 옮긴 배경에 대해서는 이미 경제적 기반의 확보와 국내성계 귀족세력의 견제라는 두 가지 측면에서 검토된 바 있다.[73] 여기에서는 특히 정치적 측면에서 후자를 주목하고자 한다. 이와 관련해서 이미 여러 차례 주목받았던 다음의 기록이 참고된다.

6. 建興 2년(472)에 그 왕 餘慶[개로왕]이 처음으로 사신을 보내 表를 올려 말했다.…"지금 璉[장수왕]은 죄가 있어 나라[고구려]가 魚肉이 되었고, 大臣과 强族들의 살육이 끊이지 않아 죄가 차고 악이 쌓여서 백성들이 무너지고 흩어졌습니다. 이때가 [고구려를] 멸망시킬 수 있는 시기요, [왕께서 백제를] 도와줄 시기입니다…."[74]

위 기록은 백제 개로왕(455~475)이 재위 18년(472)에 고구려의 침략에 대해 공동으로 대응하자며 북위 효문제(471~499)에게 보낸 외교문서 중 일부의 내용이다. 여기에는 장수왕대 고구려 국내정치의 혼란상이 적나라하게 드러나 있다. 물론 특정한 목적을 이루고자 쓴 외교문서의 특성상 사실이 왜곡·과장되었을 개연성은 다분하다. 또한 문서의 작성시기로 볼 때 427년의 평양천도와 직접적으로 관련

---

73) 徐永大, 「高句麗 平壤遷都의 動機-王權 및 中央集權的 支配體制의 强化과정과 관련하여-」『韓國文化』2, 서울大學校 韓國文化硏究所, 1981 ; 『高句麗 南進 經營史의 硏究』, 朴性鳳 編, 白山資料院, 1995, 338~361쪽.
74)『魏書』卷100, 列傳88, 百濟國, 2217~2218쪽.『三國史記』卷25, 百濟本紀3, 蓋鹵王 18년(472)조에도 같은 내용이 실려 있다.

지어 해석하기에 어려운 측면도 있다. 그럼에도 불구하고 종래 이 기록은 평양천도를 전후하여 이에 반대한 국내성계 귀족세력에 대한 숙청으로 이해되거나,75) 평양천도 후 장수왕이 귀족세력을 제어해 나가는 모습으로 파악되었다.76)

이렇듯 신라가 고구려로부터 복호를 탈출시키는 눌지왕 9년(425)부터 나제동맹이 체결되는 433~434년을 전후한 즈음의 고구려 내부 정치동향은 장수왕의 평양천도 추진·실행과정에서 국내성계 귀족세력의 반발과 그에 따른 숙청이 이루어지는 등 긴박하게 돌아가고 있었다. 자연 고구려는 내정에 주력한 나머지 신라와의 관계에 소홀할 수밖에 없었을 것이다. 이는 곧 눌지왕(417~458)이 즉위 후 고구려세력을 배제하는 분위기로 나아가는 데 있어 중요한 배경으로 작용했을 법하다. 또한 눌지왕 즉위 전후 장수왕은 평양천도 추진사업에 막바지 박차를 가하고 있었을 것이다. 궁궐을 비롯한 제반 시설의 정비와 백성의 이동 등 국가차원에서 초미의 관심사였음이 분명하다. 눌지왕이 고구려와의 관계에서 반전을 시도할 수 있었던 이유는 곧 이러한 고구려 국내동향과 맞물려 있었던 것으로 생각된다.

이 시기 고구려의 대중국 관계 역시 긴박한 상황이었다. 384년에

---

75) 李萬烈, 『講座 三國時代史』, 知識産業社, 1976, 145쪽.
76) 서영대, 앞의 논문, 1981 ; 앞의 책, 1995, 350~364쪽 ; 朴性鳳, 「高句麗의 漢江流域進出과 意義」, 『鄕土서울』 42, 1984 ; 「高句麗 南進 經營史의 硏究」, 朴性鳳 編, 白山資料院, 1995, 387쪽 ; 김병남, 「高句麗 平壤遷都의 原因에 대하여」, 『全北史學』 19·20, 全北大學校 史學會, 1997, 81~85쪽. 평양천도 후 고구려 국내 정치세력은 '국내성파'와 '평양성파'로 나뉘었으며, 6세기 麤群과 細群의 다툼으로 대표되는 귀족세력의 분열로 이어졌다. 자세한 내용은 林起煥, 「6·7세기 高句麗 政治勢力의 동향」, 『韓國古代史硏究』 5, 1992 ; 「6~7세기 정치세력의 동향과 귀족연립체제」, 『고구려 정치사 연구』, 한나래, 2004 참조.

선비족 모용씨慕容氏가 요동의 서부를 다시 회복하여 모용황慕容皝의 아들 수垂가 후연後燕을 세웠다. 고구려는 이때부터 후연이 멸망하는 407년까지 그들과 대립했고, 그 결과 요동의 중심부를 확보할 수 있었다.[77] 후연의 뒤를 이은 북연北燕은 고구려계인 고운高雲에 의해 건국되었다. 그래서인지 후연은 고구려와 우호관계를 유지했다.[78] 그러나 고운 정권은 풍씨馮氏 정권에 의해 교체되었고, 그에 따라 신흥강자 북위北魏의 압박을 받기에 이르렀다.

고구려와 북위의 첫 교섭은 장수왕 13년(425)에 고구려가 북위에 사신을 파견하면서 이루어졌다.[79] 이때 고구려의 북위에 대한 외교는 북위와 안정된 관계를 유지하고자 하는 정치외교적 의도에서 비롯되었으며, 남조南朝와 긴밀하게 외교관계를 유지했던 백제의 움직임까지도 염두해 둔 것이었다.[80] 북위는 430년대 들어 북중국을 제압한 여세를 몰아 동쪽으로 진출하면서 북연과 충돌했다. 고구려에게 우호적이었던 북연을 공격한 북위는 점차 고구려에 위협적 존재로 부각되었다.[81] 이에 장수왕은 재위 23년(435) 6월 북위에 조공해서 국휘國諱[국왕의 이름]를 알려줄 것을 요청했다. 북위 태무제(424~

---

77) 김한규, 『한중관계사』 1, 아르케, 1999, 163~164쪽. 고구려의 대후연 관계에 대해서는 池培善의 『中世東北亞史研究-慕容王國史-』, 一潮閣, 1986, 279~281쪽, 307~310쪽, 332~334쪽, 353~355쪽 참조. 고구려와 慕容燕 관계에 대해서는 공석구, 「高句麗와 慕容燕의 갈등 그리고 교류」, 『강좌 한국고대사』 4, 가락국사적개발연구원, 2003 참조.
78) 『三國史記』 卷17, 高句麗本紀6, 廣開土王 17년(407)조.
79) 『三國史記』 卷18, 高句麗本紀6, 長壽王 13년(425)조 참조.
80) 朴眞淑, 「長壽王代 高句麗의 對北魏外交와 百濟」, 『고구려의 국제관계』(연구총서 5), 고구려연구재단, 2005, 56~57쪽.
81) 盧泰敦, 「5~6世紀 東아시아의 國際秩序와 高句麗의 對外關係」, 『東方學志』 44, 1984 ; 『고구려사 연구』, 사계절, 1999, 299쪽.

452)는 이에 화답하며 이오李敖를 평양성에 보내 장수왕을 책봉해 주었다. 장수왕도 사신을 보내 감사의 뜻을 표했다.82)

그런데 그해에 북연왕 풍홍馮弘이 고구려에 망명을 요청해오면서83) 고구려와 북위는 대립하게 되었다.84) 결국 고구려가 북연의 수도인 화룡성和龍城(朝陽)을 장악하고 풍홍과 북연 군민을 이끌고 회군했다. 북위 태무제는 장수왕이 북연왕 소환의 요구를 거절하자, 고구려에 군사를 파병하려 했지만 낙평왕樂平王 비丕 등의 반대로 그만두었다.85) 고구려는 곧바로 북위에 사신을 보내 조공했는데,86) 아마도 북위의 정세를 탐색하기 위함이었을 것이다.87) 북연의 문제를 둘러싼 분쟁이 일단락된 뒤 고구려와 북위의 관계는 국경을 마주

---

82) 『三國史記』卷18, 高句麗本紀6, 長壽王 23년(435)조. 이 시기 고구려의 북위에 대한 조공은 장수왕이 국제질서 변화에 능동적으로 대처하기 위한 외교전술이었다(池培善, 「北燕에 대하여(Ⅲ)」『東洋史學硏究』32, 1990 : 「北燕 馮弘과 北燕 말기의 고구려 관계」『中世中國史硏究-慕容燕과 北燕史』, 연세대학교 출판부, 1998, 392~395쪽).

83) 『三國史記』卷18, 高句麗本紀6, 長壽王 23년(435)조. 『資治通鑑』卷122, 宋紀4, 文帝 元嘉 12년(435)조에 북연조정 내에서 고구려로 망명하기까지의 과정이 자세하다.

84) 『資治通鑑』卷122, 宋紀4, 文帝元嘉 12년(435)조(3858쪽)에 "六月…戊申 魏主命驃騎大將軍樂平王丕 鎭東大將軍徒河屈坦 等師騎四萬伐燕"이라고 했다. 이로써 435년 6월 고구려의 조공이 북위의 북연 공격결행에 영향을 주었음을 알 수 있다(李成制, 「長壽王의 對北魏外交와 그 政治的 의미-北燕을 둘러싸고 이루어진 對北魏關係의 전개-」『歷史學報』181, 2004 : 『高句麗의 西方政策 硏究-北朝와의 對立과 共存의 관계를 중심으로-』, 국학자료원, 2005, 48~49쪽).

85) 『三國史記』卷18, 高句麗本紀6, 長壽王 24년(436)조. 북위조정 중신들이 고구려 원정을 반대했던 이유는 柔然의 움직임에 대한 우려 때문이었다(노태돈, 앞의 논문, 1984 : 앞의 책, 1999, 301쪽).

86) 『三國史記』卷18, 高句麗本紀6, 長壽王 25년(437)조.

87) 노태돈, 앞의 논문, 1984 : 앞의 책, 1999, 301쪽. 이성제는 장수왕이 23년(435) 이후 북위에게 조공과 무력시위를 동시에 구사한 것을. 북위와 충돌하지 않는 차원에서 북위의 세력확대를 저지하려는 전략의 구성요소로 이해했다(이성제, 앞의 책, 2005, 63쪽).

댄 채 긴장과 대립상태를 지속했다. 고구려가 439년 이후 462년에 이르기까지 북위에 사신을 파견하지 않은 것은 그러한 분위기가 반영된 결과였다.

한편 북위는 439년에 북량北涼을 멸망시켰고, 446년에는 토욕혼吐谷渾을 공략하여 그 본거지를 소탕했다. 북위의 팽창은 인접해 있는 고구려에 커다란 위협이 되었을 것이다. 이에 고구려는 각각 북방과 남방에서 북위와 대립하고 있던 유연柔然·남송南宋과의 연결을 통해 북위에 대한 견제를 시도했다. 유연과는 늦어도 430년대 말에는 교섭했던 것으로 추측된다.[88] 남송에는 420년 건국 이후 지속적으로 조공·책봉관계를 유지했는데, 특히 북위와 대립했던 439~462년에 9차례에 걸쳐 사신을 파견했다.[89]

고구려와 북위의 관계는 462년에 고구려가 북위에 사신을 보냄으로써 재개되었다.[90] 고구려로서는 자신의 세력권에서 이탈해 나간 신라가 백제와 세력연합을 도모하는 분위기와, 북위가 백제·물길勿吉 등 적대세력과 연계하여 고구려를 위협하고자 하는 상황을 고려한 대응책 차원에서 북위와의 관계개선을 도모했을 것이다.[91] 이

---

88) 노태돈, 앞의 논문, 1984 ; 앞의 책, 1999, 307쪽.
89) 『宋書』卷97, 列傳57, 夷蠻 東夷 高句麗國(2392~2393쪽) 및 金鍾完, 『中國南北朝史硏究』, 一潮閣, 1995, 81~82쪽의 '南北朝時代 中外交涉表' 참조. 이 시기 고구려의 대송외교에 대해, 이성제는 고구려가 북위의 위협에 맞서 송 측에 기우는 경향을 보였지만 견제의 선을 넘지 않으며 중립적인 입장을 유지한 것으로 이해했다(李成制, 「高句麗 長壽王代의 對宋外交와 그 意義」 『白山學報』 67, 2003 ; 앞의 책, 2005, 103쪽). 박진숙은 고구려의 대송외교를 북위뿐만 아니라 적대국 백제의 대송외교에 대한 대응책으로 이해했다(박진숙, 앞의 논문, 2005, 65~66쪽).
90) 『三國史記』卷18, 高句麗本紀6, 長壽王 50년(462)조.
91) 孔錫龜, 『高句麗 領域擴張史 硏究』, 書景文化社, 1998, 280쪽 ; 李成制, 「高句麗의 西方政策과 對北魏外交의 定立-高句麗의 '專制海外'를 둘러싼 北魏의 認識 변화를 중심으

후 고구려에서 북위에 매년 사신을 보냈고 그에 부응해 북위의 사신도 빈번하게 내방하는 등 두 나라의 관계가 급속히 개선되었다.[92] 그 결과 고구려는 북위의 대외사신 파견 대상국 중 남조 다음으로 사신의 파견이 많았고, 사신의 접대도 남조와 거의 대등한 수준으로 받을 수 있었다.[93]

이와 같이 5세기 초 흥기한 북위는 고구려에 위협적 존재로 부각되었다. 장수왕이 427년에 평양으로 천도한 뒤 남진정책을 펼치기 위해서는 서북변의 안정이 필수적인 요건이었을 것이다. 따라서 5세기 초 북위의 흥기, 특히 436~462년 북위와의 긴장관계로 인해 고구려는 신라와의 관계에 상대적으로 소홀할 수밖에 없었을 것으로 판단된다. 나제동맹과 신라의 고구려 군사 축출은 이러한 시대분위기에서 가능했던 것임을 유념해야 한다. 그런 면에서 고구려가 북위와 우호관계를 유지하는 462년 이후에야 비로소 고구려의 백제와 신라

로-」『實學思想硏究』26, 2004 : 앞의 책, 2005, 121~128쪽 ; 김진한, 「5世紀 末 高句麗의 對北魏外交와 漢城 攻略」『北方史論叢』12, 고구려연구재단, 2006, 298~300쪽.
92) 장수왕 53년(465) 이후의『삼국사기』기사는 북위와의 교섭관계가 대부분이다.『魏書』卷100, 列傳88, 高句麗傳(2216쪽)에 "至高祖〔孝文帝 : 471~499〕時 璉〔長壽王〕貢獻倍前 其報賜亦稍加焉"이라 한 것에서 이 시기 고구려와 북위의 관계가 긴밀했음을 알 수 있다.
93)『南齊書』卷58, 列傳39, 東南夷 東夷 高麗國(1009쪽)에 "虜〔北魏〕置諸國使邸 齊使第一 高麗次之"라 했다. 물론 고구려와 북위의 관계가 시종 우호적인 것만은 아니었다. 장수왕 54년(466) 魏 文明太后가 顯祖의 后妃로 왕녀를 청했을 때 이를 거절했다든지 (『三國史記』卷18, 高句麗本紀6, 長壽王 54년조 및『魏書』卷100, 列傳88 高句麗〔2215쪽〕), 장수왕 60년(472) 백제가 북위에 원병을 요청했을 때 북위가 고구려 영내를 통과하려 했지만 고구려 측에 의해서 거절당한 것(『魏書』卷100, 列傳88, 百濟〔2219쪽〕)은 그 단적인 예이다. 고구려가 북위와 관계개선을 도모하면서 동시에 유연·송과의 관계를 지속한 것도 같은 맥락이다. 고구려와 북위 간 조공·책봉관계의 성격에 대해서는 노태돈, 「고구려와 북위 간의 조공·책봉관계에 대한 연구」『한국 고대국가와 중국왕조의 조공·책봉관계』(연구총서 15), 고구려연구재단, 2006, 85~110쪽 참조.

에 대한 본격적인 남진정책이 이루어짐을 주목해야 할 것이다.

　신라가 고구려세력을 축출할 수 있었던 대외적 배경으로 고구려가 숙적인 백제와의 대립에 주력했던 정황도 꼽을 수 있다.94) 4세기 말까지 전개된 두 나라의 치열한 공방전95)에 뒤이은 장수왕의 평양천도도 사실 군사적 의미에서는 백제를 의식한 남진정책이었다고 할 수 있다. 신라와 백제 중 고구려의 평양천도에 보다 더 직접적인 위협을 받은 세력은 당연히 백제였다.96) 백제 측의 주도로 이루어진 나제동맹은 이에 대한 대응으로 볼 수 있으며, 백제가 427~471년 사이 남송에 9차례 사신을 보내 2차례 책봉을 받은 것도97) 같은 맥락으로 이해된다. 다만 기록상으로는 5세기에 들어 중엽에 이르기까지 4세기 말과 같은 두 나라 간의 공방전은 나타나지 않는다. 그럼에도 불구하고 고구려와 백제는 숙적으로 대립한 듯한데, 다음의 기록에서 이를 엿볼 수 있다.

　7. 馮氏의 운수가 다해 남은 무리가 〔고구려로〕 도망하여 온 후로부터 추악한 무리〔고구려〕가 점점 강성해져 마침내 〔백제가〕 능멸과 핍박을 받아 원한을 맺고 화가 이어진 지 30여 년에. 재물은 다하고 힘도 떨어져서 더욱 나약해지고 조심스러워졌습니다. 만일 天子의 자애로움과 간절히 불쌍하게 여김이 멀리 미쳐서 끝이 없다면 빨리 장수 한 사람을 보내어 신의 나라〔백제〕를 구해주십시오. 마땅히 저의 딸을 보내어 후궁에서 청소하게 하고, 더불어 자제들을 보내어 마구간에서 말을 먹이

---

94) 李道學,「新羅의 北進經略에 관한 新考察」『慶州史學』6, 慶州史學會, 1987, 25쪽.
95) 〔표 4〕'3세기 중반~5세기 초반의 삼국관계' 참조.
96) 李基白・李基東 共著, 『韓國史講座』Ⅰ〔古代篇〕, 一潮閣, 1982, 171쪽.
97) 김종완, 앞의 책, 1995, 81~82쪽의 '南北朝時代 中外交涉表' 참조.

게 하겠으며 한 치의 땅이나 한 사람의 匹夫라도 감히 저의 것이라 생각하지 않겠습니다.98)

사료 7 역시 백제 개로왕이 재위 18년(472)에 북위로 보낸 국서의 일부분이다. 『삼국사기』에는 백제와 고구려 간의 전쟁과 관련하여 455년에 고구려가 백제를 침입했으므로 신라가 이를 구해주었다거나,99) 469년에 백제가 고구려의 남쪽 변경을 쳐들어갔다는 기록100)만이 남아 있다. 그러나 개로왕 국서를 통해서 보면, 북연왕 풍홍이 고구려로 망명한 436년 이후에도 고구려가 백제를 지속적으로 침공했고, 이에 견디다 못한 백제가 급기야 북위에 원병의 파견을 요청한 것을 알 수 있다. 물론 개로왕의 원병요청은 북위의 거절로 좌절되었다. 결국 개로왕이 추진한 북위에 대한 외교의 실패는 송·북위와의 외교를 단절시켜 백제를 국제적인 고립에 빠지게 했다.101) 그리고 고구려의 한성공략을 촉발시켜 그 자신이 무참히 피

---

98) 『魏書』 卷100, 列傳88, 百濟國(2217~2218쪽).
99) 『三國史記』 卷3, 新羅本紀3, 訥祇麻立干 39년(455)조. 고구려가 백제를 쳐들어간 것은 455년 9월이었다. 이때 백제는 나제동맹을 주도했던 비유왕(427~455)이 사망한 지 한 달밖에 안된 시점이었다. 비유왕의 사망과 개로왕(455~475)의 즉위과정에 정변이 발생했을 가능성이 크다고 한다(千寬宇, 「三韓의 國家形成」, 『韓國學報』 2·3, 一志社, 1976 : 『古朝鮮史·三韓史研究』, 一潮閣, 1989, 329~330쪽 ; 李道學, 「漢城末 熊津時代 百濟王位繼承과 王權의 性格」, 『韓國史研究』 50·51, 1985, 3~4쪽 ; 盧重國, 『百濟政治史研究』, 一潮閣, 1988, 140쪽). 그런데 이를 비유왕 즉위 후 득세한 해씨세력과 비유왕 사이 대고구려전에 대한 입장 차이에서 발생한 사건으로 보기도 한다. 곧 대고구려 강경책을 주장하는 비유왕이 온건책을 주장하는 해씨에게 제거되었고, 고구려가 그 틈을 이용해 백제를 침략했다는 것이다(文安植, 「개로왕의 왕권강화와 국정운영의 변화에 대하여-개로왕의 전제왕권 지향과 좌절을 중심으로-」, 『史學研究』 78, 2005, 42~47쪽).
100) 『三國史記』 卷18, 高句麗本紀6, 長壽王 57년(469)조 및 같은 책 卷25, 百濟本紀3, 蓋鹵王 15년(469)조.

살되었고 수도를 웅진으로 천도하게 되는 패착으로 귀결되었다.

　고구려가 중국과의 관계에서 안정을 추구하면서 지향한 남진정책의 1차 목표는 숙적인 백제를 제압하는 것이었다. 그 결과가 475년 장수왕의 백제 친정親征으로 일단락되었다.[102] 신라가 눌지왕대에 고구려 관계의 변화를 꾀해 왕경에서 고구려 군사를 축출할 수 있었던 것과, 고구려의 신라에 대한 공세가 소지왕 3년(481) 이후에 집중되는 것은 이러한 이유 때문이었다. 곧 신라가 고구려세력을 물리칠 수 있었던 데에는 고구려가 백제를 우선 공격대상으로 추진한 남진정책이 중요한 배경이 되었다고 할 수 있다. 다음 장에서 자세히 살펴보는 바와 같이, 자비왕이 재위 11년(468)~17년(474)까지 동해안로와 서북변 추풍령로의 군사요충지에 축성사업을 벌임으로써 대고구려 방어성을 구축할 수 있었던 까닭도 바로 여기에 있었다. 말하자면 고구려가 백제와의 전쟁에 주력하는 동안 신라는 축성사업을 벌이는 데 시간을 벌 수 있었던 셈이다.

---

101) 金壽泰, 「百濟 蓋鹵王代의 對高句麗戰」, 『百濟史上의 戰爭』, 忠南大學校 百濟研究所 編, 書景文化社, 2000, 235쪽.
102) 『三國史記』 卷25, 百濟本紀3, 蓋鹵王 21년(475)조 참조.

제5장

자비왕~소지왕대 축성사업 추진과 고구려와의 각축

1. 자비왕~소지왕대 축성·교전지역의 양상과 그 특징

1) 자비왕대 대고구려 방어성 구축

 신라와 고구려의 관계는 눌지왕 38년(454) 고구려가 신라에 침입함으로써 4세기 후반부터 공고히 유지되어 왔던 우호적인 분위기가 대립적으로 변화했다. 두 나라의 관계가 파탄나면서 자연 경북 일대 '고구려고지高句麗故地'에 주둔해 있었던 '신라토내당주新羅土內幢主'로 표현된 고구려 군사도 철수했을 것으로 생각된다. 그런데 454년 이후 고구려의 신라에 대한 공세는 기록상 드물게 전해진다. 481년(소지왕 3)에 이르러서야 대립관계에 걸맞은 수준의 각축전이 전개되는 것이다. 이 때문에 눌지왕 34~38년 신라 중앙정계에서 고구려 군사를 축출한 이후, 두 나라 간의 영역판도와 대치국면을 살피는 것이 쉽지 않다. 그 결과 지금까지 신라영토 내 고구려의 퇴축양상, 곧 신라가 자국 영토에서 소백산맥 이북으로 고구려를 축출하는 과정에 대한 계기적 이해가 결여될 수밖에 없었다. 이에 저자가 주목하고자 하는 것은, 눌지왕 이후 기록에서 큰 비중을 차지하는 자비왕(458~479)~소지왕대(479~500) 대고구려 축성築城·교전交戰기사이다.

축성은 적의 침입을 방어하기 위한 군사적 목적과 지방제도 정비란 측면에서 두 가지 효용성이 담보되는 사업이다.[1] 마립간기 축성사업에 대해서는 여러 소국의 해체 및 주·군州郡으로의 편제과정과 관련지어 이해한 연구가 축적되었다.[2] 그런데 상식적이면서 가장 기본적으로 염두해 두어야 할 점은, 축성이 자국의 통치범위 안에서라야 추진이 가능한 사업이라는 것이다. 또한 교전의 경우 그 주체가 되는 두 나라의 접경지대에서 주로 충돌할 가능성이 큰 행위이다. 곧 자비왕~소지왕대 축성·교전지역을 검토함으로써 신라의 고구려세력 축출과정과 두 나라 간의 영역판도를 그려낼 수 있을 것으로 기대한다.[3] 우선 자비왕대 축성과 교전기록을 정리해보면 다음

---

1) 신형식은 축성이 방어시설의 조성일 뿐만 아니라, 다수의 인원동원을 통한 국력의 집중이며 왕권의 신장을 뜻한다고 했다(申瀅植, 「三國時代 戰爭의 政治的 意味」, 『韓國史硏究』 43, 1983 : 『韓國古代史의 新硏究』, 一潮閣, 1984, 298쪽).
2) 全德在, 「新羅 州郡制의 成立背景硏究」, 『韓國史論』 22, 서울大學校 國史學科, 1990 : 梁正錫, 「신라 麻立干期 왕권강화과정과 지방정책」, 『韓國史學報』 창간호, 고려사학회, 1996 : 朱甫暾, 「麻立干時代 新羅의 地方統治」, 『嶺南考古學』 19, 1996 : 『新羅 地方統治體制의 整備過程과 村落』, 신서원, 1998.
3) 이도학은 신라사에서 5세기 중반 이후 軍管區의 성격의 산성축조가 변경으로 확대되는 현상을 고구려의 축출과 연관지었다(李道學, 「新羅의 北進經略에 관한 新考察」, 『慶州史學』 6, 慶州史學會, 1987, 26쪽). 저자는 이를 발전적으로 구체화시키고자 한다.

과 같다.

> 1-① 11년(468)봄에 高句麗와 靺鞨이 북쪽 변경의 悉直城을 습격하였다. 가을 9월에 何瑟羅 사람으로 15세 이상인 자를 징발해서 泥河〔泥河는 泥川이라고도 한다〕에 성을 쌓았다.4)
> ② 13년(470) 三年山城을 쌓았다〔3년이라는 것은 役事를 일으켜서 시작한 지 3년 만에 끝냈으므로 붙여졌다〕.
> ③ 14년(471) 봄 2월에 芼老城을 쌓았다.
> ④ 16년(473) 가을 7월에 明活城을 수리하였다.
> ⑤ 17년(474) 一牟·沙尸·廣石·沓達·仇禮·坐羅 등의 성을 쌓았다.
> ⑥ 17년(474) 봄 정월에 왕이 明活城으로 옮겨서 거처하였다.

사료 1-①~⑥에 따르면, 자비왕은 재위 11년(468)에 고구려에 실직성悉直城을 기습당한 뒤 같은 해 하슬라 사람을 동원해 이하泥河에 성을 쌓는 것을 시작으로, 13년(470)에 삼년산성三年山城, 14년(471)에 모로성芼老城, 17년(474)에 일모성一牟城·사시성沙尸城·광석성廣石城·답달성沓達城·구례성仇禮城·좌라성坐羅城 등을 지속적으로 축성했다. 또한 16년(473)에 왕성인 명활성明活城을 개축했고, 18년(475)에는 그곳으로 옮겨서 거주했다.

이 기록들에 나오는 지명의 위치비정을 살펴보면, 먼저 1-①의 기록에 나오는 실직성悉直城·하슬라何瑟羅·이하泥河 가운데 실직성과 하슬라는 『삼국사기』 지리지와 『신증동국여지승람』에 그 위치가 각

---

4) 『三國史記』卷3, 新羅本紀3 慈悲麻立干 11년(468)조. 『三國史記』卷18, 高句麗本紀6, 長壽王 56년(468)조에는 장수왕이 말갈병 1만으로써 실직성을 '攻取'한 것으로 나온다. 이하의 사료는 같은 책, 자비마립간 해당년조이다.

각 삼척과 강릉으로 분명하게 기록되어 있어[5] 논란의 여지가 없다. 반면에 이하泥河는 소지왕대에도 대고구려 격전지로 자주 등장해 그 위치비정이 중요함에도 불구하고, 논란이 분분해 정설이 없는 실정이다.

이하泥河는 『신당서』에도 발해와 신라의 경계지로 나오는데,[6] 문제의 발단은 『삼국사기』와 『신당서』의 이하를 같은 곳으로 볼 것인지 아닌지에서부터 비롯되었다. 일찍이 안정복과 유득공은 이하의 위치를 덕원德源으로 보았고,[7] 池內宏은 그보다 북쪽의 고원高原 이북 함흥咸興 이남으로 비정했다.[8] 이들은 이하의 기록에 대한 구분을 하지 않고 『신당서』의 기록에 치우쳐 결론을 도출했다. 이에 반해 김정호는 발해와 신라의 경계였던 이하는 대동강에, 신라·고구려 관계에서의 이하는 덕원으로 나누어 이해했다.[9] 김정호의 주장은 『신당

---

5) 『三國史記』卷35, 雜志4, 地理2, 溟州 및 『新增東國輿地勝覽』卷44, 江原道 江陵大都護府 建置沿革 참조.
6) 자비마립간 11년조 외 泥河 관련기록을 정리하면 다음과 같다.
  ① "春正月 靺鞨大入北境 殺掠吏民 秋七月 又襲大嶺柵 過於泥河 王移書百濟請救 百濟遣五將軍助之 賊聞而退"(『三國史記』卷1, 新羅本紀1, 祗摩尼師今 14년[125]).
  ② "春二月 幸比列城 存撫軍士賜征袍 三月 高句麗與靺鞨入北邊 取狐鳴等七城 又進軍於彌秩夫 我軍與百濟加耶援兵 分道禦之 賊敗退 追擊破之泥河西 斬首千餘級"(같은 책, 卷3, 新羅本紀3, 炤知麻立干 3년[481]).
  ③ "秋七月 高句麗來攻牛山城 將軍實竹出擊 泥河上破之"(炤知麻立干 18년[496]).
  ④ "渤海···南比新羅 以泥河爲境"(『新唐書』卷219, 列傳144, 北狄 渤海[6179쪽]).
7) 『東史綱目』附卷40, 地理考 新羅疆域考에 "通考[『文獻通考』卷326, 四裔3, 渤海]云 渤海南接新羅以泥河爲界 泥河疑亦在德源界內"라고 했다. 유득공은 1권본 『渤海考』地理考에서 泥河를 洌水[大同江]로 보다가 4권본에서 德源으로 수정했다(박인호, 「발해고에 나타난 유득공의 역사지리인식」, 『韓國史學史學報』 6, 韓國史學史學會, 2002 : 『조선시기 역사가와 역사지리인식』, 이회, 2003, 279~282쪽).
8) 池內宏, 「眞興王の戊子巡境と新羅の東北境」『滿鮮史研究』上世第二冊, 吉川弘文館, 1960, 50~51쪽.

서』의 기록에 연연하지 않았다는 점에서 시사하는 바 크다고 생각한다. 이에 저자는 구별론의 입장에서 『삼국사기』에 전해지는 이하의 위치를 비정해 보겠다.

이하의 위치에 대한 기왕의 견해는 남한강 상류설, 강릉 일대설, 낙동강 상류설로 나눌 수 있다. 남한강 상류설은 津田左右吉이 처음 제기했다. 그는 정선旌善의 옛 이름 잉매현仍買縣의 '잉仍'이 '이泥'와 음운이 비슷하다며 영춘·단양 부근의 남한강 상류를 주목했다. 이는 소지왕 18년(496)에 고구려가 우산성牛山城을 공격해오자 신라장군 실죽實竹이 출격하여 이하 상류에서 물리쳤다는 기록[각주 6의 사료 ③]에서 우산성과 이하의 위치가 가깝다는 가정에 착안했다. 그리고 신라와 고구려의 교전지역이 소백산맥 이서以西의 청천과 보은 일대임을 주목한 뒤, 백제와 고구려의 교전지이기도 했던 우산성牛山城10)을 감안해 그 위치를 충주·보은 방면으로 추측함으로써 이하의 위치를 도출했다.11) 그러나 신라와 고구려 간 교전지로서의 우산성과 백제와 고구려의 교전지인 우산성을 같은 곳으로 보기에는 주저되는 면이 많다. 『삼국사기』 지리지 삼국유명미상지분三國有名未詳地分에 같은 이름의 우산성牛山城이 두 군데에 기재된 것은 두 곳이 이름은 같지만 별

---

9) 『大東地志』卷31, 方輿總志3, 渤海國傳에 "新羅以泥河爲界(按泥河今大同江)"이라 했고, 같은 책, 卷30, 方輿總志2, 新羅傳에 "泥河 祇摩王十四年春 靺鞨大入北境殺掠吏民杖又襲大嶺柵過於泥河 百濟遣五將救之靺鞨退 慈悲王十一年 徵何瑟羅洲人築城於泥河 證在江陵以北不遠之地 泥河一云德源"이라고 했다.
10) 『三國史記』卷19, 高句麗本紀7, 安原王 10년(540)조 및 卷26, 百濟本紀4, 聖王 18년(541)조.
11) 津田左右吉, 「好太王征服地域考」, 『朝鮮歷史地理』上, 1913 ; 亞世亞文化社 刊, 1986, 78~79쪽 및 「長壽王征服地域考」, 같은 책, 96~98쪽.

개의 장소임을 암시한다.12)

강릉 일대설은 정약용이 주장한13) 이후 폭넓은 지지를 받으며 계승되었는데, 구체적인 위치는 연구자들마다 다르다. 강릉의 성남천城南川을 주목하는가 하면,14) 대관령 북쪽의 이현泥峴15)에서 발원하는 연곡천連谷川으로 비정하기도 했다.16)

한편 리지린·강인숙과 양태진은 낙동강 상류를 이하로 이해했다. 이들은 자비왕 11년조〔사료1-①〕의 모순을 지적했다. 곧 신라가 봄 2월에 고구려에게 삼척의 실직성을 빼앗겼는데, 9월에 그 북쪽의 하슬라〔강릉〕 사람을 동원해 축성할 수 있었겠느냐는 것이다. 이에 하

---

12) 鄭雲龍,「5世紀 高句麗 勢力圈의 南限」,『史叢』35, 高大史學會, 1989, 16쪽.
　　남한강 상류설은 酒井改藏(「三國史記の地名考」,『朝鮮學報』54, 朝鮮學會, 1970, 38쪽)·이강래(「三國史記에 보이는 靺鞨의 軍事活動」,『領土問題研究』2, 高麗大 民族文化 硏究所, 1985, 48~53쪽)·정운용(앞의 논문, 1989, 11쪽)·井上秀雄(「古代朝鮮의 城郭史」,『古代東アジアの文化交流』, 溪水社, 1993, 472쪽)이 계승했다. 서영일은 고구려 계통의 적석총이 강원도 내륙의 교통요지인 정선에 분포되어 있음에 주목해 송계리산성을 이하성에 비정했다(서영일,『신라 육상교통로 연구』, 학연문화사, 1999, 52~53쪽의 각주80 및「5~6세기 新羅의 漢江流域 進出과 經營」,『博物館紀要』, 檀國大學校 石宙善紀念博物館, 2005, 57쪽).
13)『與猶堂全書』卷6, 彊域考 卷2, 渤海考에 "又按泥河者我江陵之北泥川水也 新羅慈悲王時徵何瑟羅人(今江陵)築泥河城 又炤知王時追擊句麗靺鞨兵于泥河之西卽此地也 渤海新羅旣以泥河爲界則襄陽以北皆渤海之所得也"라고 했다.
14) 이병도 역주,『三國史記』상(신장판), 을유문화사, 1983, 34쪽의 각주 86.
15)『大東輿地圖』原圖, 慶熙大學校附設 傳統文化硏究所, 白山資料院 影印, 1980, 第十三-7.
16) 徐炳國,「新唐書渤海傳所載 泥河의 再檢討」,『東國史學』15·16, 1981, 244~256쪽 : 金澤均,「東濊考-江陵 濊國說과 관련하여-」,『江原文化硏究』16, 江原大學校 江原文化硏究所, 1997, 68~70쪽. 다만 서병국이 신라와 발해의 경계지로서 이하도 연곡천으로 본 반면 김택균은 이를 대동강으로 파악했다. 趙二玉(「통일신라시대의 말갈연구」,『梨大史苑』22, 1992 :『統一新羅의 北方進出 硏究』, 서경문화사, 2001, 82쪽)과 이인철(「高句麗의 南進經營과 靺鞨」,『春州文化』11, 1996 :『고구려의 대외정복 연구』, 백산자료원, 2000, 308쪽)도 강릉 일대설을 따랐다.

슬라가 실직성(삼척) 남쪽에 있어야 한다면서 '하슬라何瑟羅'를 '하서량河西良'으로, 울주蔚州를 하곡河曲(一作西)현縣이라 한 데17) 주목, 하슬라를 울진 일대로 비정했다.18)

실제 자비왕 11년조의 기록은 일면 모순되는 것처럼 보인다.19) 그럼에도 불구하고 강릉과 삼척임이 분명한 하슬라와 실직의 위치를 이동하는 것은 신중할 필요가 있다. 하곡河曲이 하서河西라고 해서 하슬라를 울산으로까지 내려보는 것은 자료의 분위기상 어울리지 않으며, 논증과정도 없이 울산에서 한참 북쪽인 울진 일대로 수정한 것에도 찬성할 수 없다. 오히려 자비왕 11년조의 기사를 통해 2월 고구려의 실직성 공취에도 불구하고 9월에 하슬라에 축성할 수 있었던 이유를 실직과 하슬라 일대가 신라 북단의 군사거점으로 온존해 있었다고 본 견해20)가 주목된다. 결국 동해안 일대에서 신라와 고구려 간의 교전지가 유동적임을 감안할 때, 자비왕 11년조의 기록은 그대로 인정하는 것이 나을 듯하다.

이렇듯 이하泥河의 위치는 분분한 논란만큼이나 단정하기가 쉽지

---

17) 『三國史記』卷35, 雜志4, 地理2, 溟州 및 雜志3, 地理1, 良州 臨關郡.
18) 리지린·강인숙, 『고구려사연구』, 사회과학출판사, 1976, 68~69쪽; 梁泰鎭, 「高句麗 領土 연구-三國史記를 중심으로-」『軍史』 18, 국방부 전사편찬위원회, 1989, 31~32쪽. 김진한도 이에 동조했다(金鎭漢, 「6世紀 前半 高句麗의 政局動向과 對外關係」『軍史』 64, 국방부 군사편찬연구소, 2007, 126~128쪽).
19) 이병도가 悉直이 원래 하슬라 북쪽의 襄陽이었는데 후일 후퇴한 것으로 이해한 것이나(李丙燾, 『韓國史』 古代篇, 震檀學會, 乙酉文化社, 1959, 423쪽), 전덕재(앞의 논문, 1990, 47쪽의 각주 96)와 서영일(「5~6世紀 高句麗 東南境 考察」『史學志』 24, 1991, 18쪽)이 의구심을 가진 것도 이 때문이었다.
20) 이강래, 앞의 논문, 1985, 65쪽; 정운용, 앞의 논문, 1989, 11쪽. 이는 이하를 남한강 상류로 보아 동해안로에서 시야를 넓혀 영서에서 영동으로의 침입로를 상정한 데에서 도출된 것이다.

않다. 하슬라의 위치가 분명하므로 일면 강릉 일대설이 설득력 있게 보인다. 다만 고구려·말갈의 침입에 대해 신라가 백제에 도움을 청한다거나[각주6의 사료①] 백제·가야의 구원군이 활약하는 것[각주6의 사료②]을 볼 때, 과연 백제군이 영동지역까지 신속히 이동할 수 있었겠는가 하는 의구심도 든다. 군사적 방어의 효용성이라는 측면에서는 영동보다 영서지방의 남한강 상류가 이하의 위치로 적합할 수 있기 때문이다.

저자는 이하의 위치비정에 말갈의 세력범위와 대령大嶺·하슬라何瑟羅·우산성牛山城의 위치가 함께 고려되어야 할 것으로 생각한다. 주지하듯이 고구려는 신라를 침입할 때 용병으로써 부용세력인 말갈[21]을 종종 이용했다. 말갈은 신라초기부터 북변에 자주 출몰했는데 대부분 장령長嶺을 경유해 신라에 쳐들어왔고, 신라도 말갈의 방어를 위해 장령에 목책木柵을 쌓았다.[22] 따라서 장령의 위치도 이하의 위치비정에 참고할 필요가 있다.[23] 물론 장령은 백제본기에도

---

21) 靺鞨의 실체는 정약용이『與猶堂全書』6, 地理集, 彊域考, 靺鞨傳에서 東濊로 본 이후 통설화되었다. 다만 백제본기와 신라본기의 말갈을 각각 영서·영동지방에 세력기반을 둔 貊系靺鞨과 濊系靺鞨로 나누어 이해하기도 한다(文安植,「三國史記 新羅本紀에 보이는 樂浪·靺鞨史料에 관한 檢討-東海岸路를 통한 新羅의 東北方 進出과 土着勢力의 在地基盤의 運動力을 중심으로-」『傳統文化硏究』5, 朝鮮大 傳統文化硏究所, 1997 및「삼국시대 嶺西地域 토착세력의 추이」『忠北學』2, 忠北學硏究所, 2000 : 『한국 고대사와 말갈』, 혜안, 2003, 15~198쪽). 한편 노태돈은 통일전쟁기 이전의 말갈은 동예를 신라 말 고려 초에 改書한 것이며, 통일전쟁기 이후의 말갈은 읍루-물길-말갈로 이어지는 집단으로 구분해 이해했다(노태돈,「『삼국사기』에 등장하는 말갈의 실체」『한반도와 만주의 역사 문화』, 이병근 외, 서울대학교 출판부, 2003, 281~319쪽).
22) 『三國史記』卷1, 新羅本紀1, 祇摩尼師今 14년(125)조 및 逸聖尼師今 4년(137)·6년(139)·7년(140)조.
23) 이강래도 이를 지적했지만, 장령의 구체적인 위치를 비정하지 않고, 백제본기에 나오

말갈의 침략과 관련해서 기록이 나온다.24) 그러나 시기적으로나 자료의 분위기상 신라본기의 장령과는 다른 곳으로 판단된다.25) 장령은 '긴고개'라는 뜻의 일반명사로서 고개의 이름에 쉽게 붙을 수 있기 때문에 그 위치를 단정하기 힘든 면이 있다. 다만 말갈이 신라의 북쪽 변경에서 장령을 통해 쳐들어왔으므로, 오대산 서쪽을 장령長嶺으로 불렀음은26) 주목할 가치가 있어 보인다. 또한 말갈이 대령책大嶺柵을 습격한 뒤 이하를 지난 것[각주 6의 사료 ①]도 관련지을 수 있다. 대령大嶺은 곧 대관령大關嶺의 약칭으로 보여진다.27) 그렇다면 말갈은 오대산 서쪽의 장령에서 대관령을 넘어 동해안로로 진입한 뒤 하슬라와 실직을 공격했던 것으로 추측된다.28)

결국 하슬라 사람을 동원해서 축성한 사실이라든가, 장령과 대령의 위치를 종합적으로 고려할 때 이하는 강릉 일대에 있었음이 유력

는 高木城의 馬首城·甁山柵 부근으로 추정했다(이강래, 앞의 논문, 1985, 48~49쪽).
24) 『三國史記』卷26, 百濟本紀4, 武寧王 7년(507)조에 "夏五月 立二柵於高木城南 又築長嶺城 以備靺鞨"이라고 했다.
25) 武寧王 3년조("秋九月 靺鞨燒馬首柵 進攻高木城")와, 6년조("秋九月 靺鞨來侵破高木城 殺虜六百餘人")를 참고할 때 長嶺城은 高木城과 가깝게 생각된다. 고목성이 경기도 연천에 비정된다면(千寬宇, 「三韓의 國家形成」『韓國學報』2·3, 一志社, 1976 ; 『古朝鮮史·三韓史硏究』, 一潮閣, 1989, 311쪽), 長嶺城도 경기도 일대에 있었을 것이다.
26) 『新增東國輿地勝覽』卷44, 江陵大都護府 山川조에 "五臺山 在府西一百四十里 東滿月 南麒麟 西長嶺 北象王 中智爐 五峯環列大小均敵故名之我"라 했다. 『三國遺事』卷3, 塔像4, 臺山五萬眞身과 溟州五臺山寶叱徒太子傳記에도 五臺山의 西臺를 長嶺山이라고 했다.
27) 『新增東國輿地勝覽』卷44, 江陵大都護府 山川에 "大關嶺…府治五十里 俗號大嶺"이라 했다. 『三國遺事』卷3, 塔像4, 臺山五萬眞身과 溟州五臺山寶叱徒太子傳記에도 大關嶺을 大嶺이라 했다.
28) 『三國遺事』臺山五萬眞身과 溟州五臺山寶叱徒太子傳記가 이와 관련해 중요한 시사점을 던져준다. 곧 신라 보천·효명 태자가 河西府에서 머물다가 대령을 지나 오대산에 숨어 들어갔다. 이는 말갈의 침입경로와 반대된다.

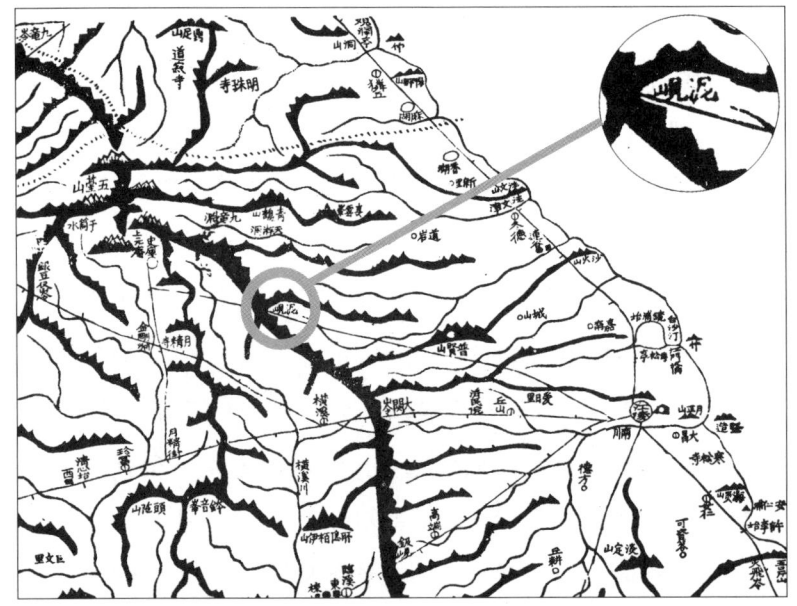

대동여지도의 이현

하다. 이에 저자는 『대동여지도大東輿地圖』에 표기된 대관령 북쪽의 이현泥峴에서 발원한 연곡천을 주목한 견해에 동조하고자 한다. 정약용이 이하를 강릉 북쪽의 '이천수泥川水'라고 구체화 할 수 있었던 것은 그 당시 강릉 북쪽에 '이천수'가 존재했기 때문에 가능하지 않았을까 생각된다.[29]

 남한강 상류설의 가능성도 여전히 배제할 수 없는 측면이 있지만, 하슬라 사람을 동원해 이하에 성을 쌓았다는 기록을 유념해야 한다. 하슬라의 범위가 분명하지 않더라도, 인구와 경제력의 규모를 감안할 때 강릉 일대가 중심지였음을 부인할 수 없기 때문이다. 따

---

29) 김택균, 앞의 논문, 1997, 69~70쪽.

라서 영동에서 영서지방으로의 인력동원은 지리적인 환경을 감안할 때 효율적인 측면에서 제약이 따를 수밖에 없다. 남한강 상류설이 좀더 설득력을 가지기 위해서는 영서·영동지방에서 군사 내지 축성에 따른 인구가 상호 이동하는데 이용했던 고대 교통로의 규명과 산성 같은 고고학 자료의 발굴이 좀더 뒷받침되어야 할 것이다.30)

요컨대 고구려는 자비왕 11년(468)에 말갈의 1만 군사와 함께 신라의 실직성을 침략한 이후 동해안로를 적극적으로 이용하여 신라 북쪽 변경을 공략했다. 신라는 이에 대응하여 기존의 북방 군사거점 성이었던 삼척의 실직성을 보완하는 의미에서 보다 더 북쪽에 있는 강릉 일대의 이하에 성을 쌓았던 것이다.31)

한편 삼년산성三年山城[사료 1-②]의 위치에 대해서는 『삼국사기』와 『신증동국여지승람』에 분명한 기록이 전해져32) 충북 보은으로 비정하는 데 이견이 없다. 삼년산성은 성 이름의 유래대로 자비왕 13년(470)에 축성을 시작해서 3년 만에 완공했다. 이후 소지왕 8년(486)

---

30) 이하를 강릉 일대로 비정했을 때 제기되었던 백제동맹군의 원거리 지원 여부도 고구려에 대한 나제동맹의 다른 대응사례를 살피면 불가능한 것이 아님을 알 수 있다. 곧 475년 고구려의 백제 한성공략 때 신라가 구원병을 파견했고, 481년 고구려가 신라 彌秩夫[興海]에 진격했을 때도 나·제·가야동맹군의 활약으로 고구려를 물리쳤다. 또한 495년 고구려가 백제의 雉壤城[白川]을 포위했을 때도 소지왕이 장군 덕지를 보내 구원했다.
31) 이부오는 이하성이 중심성인 하슬라성과 실직성을 보조하는 한편 인근 읍락을 통제하기 위해 구축된 것으로 보았다(이부오, 『신라 군·성[촌]제의 기원과 소국집단』, 서경, 2003, 184쪽).
32) 『三國史記』卷34, 雜志3, 地理1, 尙州조에 "三年郡 本三年山郡 景德王改名 今保齡郡"이라 했고, 『新增東國輿地勝覽』卷16, 報恩縣 建置沿革에 같은 내용이. 古蹟조에는 "烏頂山城 在縣東五里卽三年山城也 築之三年訖功放名 石築周三千六百九十九尺 高十八尺 內有五井今半頹圮"라고 했다.

삼년산성
[충북 보은군 보은읍 소재]

에 일선군一善郡 정부丁夫 3천 명을 징발해서 굴산성屈山城과 함께 개축했다.[33] 곧 삼년산성은 신라가 소백산맥을 넘어 서북방으로 진출해 가는 데 있어 중요한 군사적 거점성으로 기능했음을 알 수 있다.[34]

모로성芼老城[사료 1-③]은 『삼국사기』 지리지 삼국유명미상지분三國有名未詳地分[35]에 실려 있는 만큼 위치추정이 쉽지 않다. 津田左右吉과 酒

---

33) 『三國史記』 卷3, 新羅本紀3, 炤知麻立干 8년(486)조.
34) 삼년산성의 지정학적 위치는 崔永俊, 『嶺南大路-韓國古道路의 歷史地理的 硏究-』, 고려대학교 민족문화연구소, 1990 : 『한국의 옛길 嶺南大路』, 고려대학교 민족문화연구원, 2004, 85쪽의 그림 참조. 발굴조사 개요는 成周鐸의 「新羅 三年山城 硏究」, 『百濟硏究』 7, 1976 : 『百濟城址硏究』, 서경, 2002, 425~445쪽이 참고되며, 이후의 재조사 및 종합적 연구는 『三年山城-기본자료 및 종합 보존·정비계획안-』, 報恩郡·忠北大學校 中原文化硏究所, 2001에 정리가 잘 되어 있다.
35) 『三國史記』 卷37, 雜志6, 地理4, 三國有名未詳地分[이하 三國有名未詳地分으로 줄임].

井改藏이 경북 군위군 효령현에 비정했고,[36] 이를 따르는 연구자들이 많기는 하다.[37] 하지만 음운상의 유사로만 이끌어낸 것이어서 선뜻 따르기 어렵다.[38]

일모성一牟城〔사료 1-⑤ : 이하 좌라성까지 같음〕의 위치는 충북 청원군 문의로 보는 데 연구자들 간의 의견이 일치한다.[39] 사시성沙尸城의 위치는 충남 홍성설과 충북 옥천설로 나뉘어 있다. 자료의 분위기와 다른 성들의 위치를 감안할 때 홍성설은 부인할 수 있다.[40] 자비왕

---

36) 津田左右吉,「羅濟境界考」, 앞의 책, 1913 : 1986, 218쪽 ; 酒井改藏, 앞의 논문, 1970, 40쪽.『三國史記』卷34, 雜志3, 地理1, 尙州조에 "嵩善郡…領縣三 孝靈縣 本芼兮縣 景德王改名"이라 했고,『新增東國輿地勝覽』卷25, 軍威縣 屬縣조에 같은 내용이 실려 있다. 이들은 효령현이 신라시대에 芼兮縣으로 불리웠음에 주목하여 芼老城과 음운상 통한다고 보았다.

37) 浜田耕策,「新羅の城・村設置と州郡制の施行」,『朝鮮學報』84, 1977, 4쪽 ; 이도학, 앞의 논문, 1987, 26쪽 ; 梁起錫,「신라의 청주지역 진출」,『新羅 西原小京 硏究』, 서경, 2001, 17쪽 ; 이부오, 앞의 책, 2003, 185쪽. 井上秀雄은 군위군 효령(譯註『三國史記』1, 1980, 92쪽 ; 鄭求福・盧重國・申東河・金泰植・權悳永,『譯註 三國史記』3, 韓國精神文化硏究院, 1997, 89쪽에서 재인용함) 또는 포항시 기계면(앞의 책, 1993, 469쪽)에 비정했다.

38) 이병도도 모로성의 위치를 미상으로 보았다(이병도, 앞의 책, 1983, 75쪽).

39)『三國史記』卷36, 雜志5, 地理3, 熊州조에 "燕山郡 本百濟一牟山郡 景德王改名"이라 했고,『新增東國輿地勝覽』卷15, 文義縣 建置沿革에는 "本百濟一牟山郡 新羅改燕山郡 高麗屬淸州"라고 되어 있다. 이를 근거로 津田左右吉(앞의 책, 1913 : 1983, 218쪽)・酒井改藏(앞의 논문, 1970, 40쪽)・浜田耕策(앞의 논문, 1977, 4쪽)・申瀅植(「新羅軍主考」『白山學報』19, 1975 ;「新羅 地方制度의 發展과 軍主」, 앞의 책, 1984, 208쪽)・이도학(앞의 논문, 1987, 26쪽)・井上秀雄(앞의 책, 1993, 472쪽)・서영일(앞의 책, 1999, 80쪽)・양기석(앞의 논문, 2001, 17쪽)・이부오(앞의 책, 2003, 185쪽)의 견해가 일치한다. 구체적으로 淸原 壤城山城으로 비정되기도 했다(尹根一 外 3인,『淸原 米川里 古墳群』, 國立文化財硏究所, 1995, 138~139쪽).

40)『三國史記』卷6, 新羅本紀6, 文武王 元年(661) 9월조에 "上州摠管品日 與一牟山郡太守大幢 沙尸山郡太守哲川等 率兵攻雨述城 斬首一千級"이라 했고, 같은 책 卷36, 雜志5, 地理3, 熊州조에는 "潔城郡…新良縣 本百濟沙尸良縣 景德王改名"이라고 되어 있다. 여기에서 '沙尸'라는 표현을 주목한다면 결성군과 신량현은 홍성군 장곡면에 해당한다(정

대에 백제의 통치권이 강하게 미치고 있었던 내륙 깊숙한 곳에 신라
가 축성할 수 있었을까 하는 의구심 때문이다. 물론 그렇다고 해서
옥천설을 따를 수 있는 입장도 아니다.41) 광석성廣石城은 충북 영동
으로 위치비정하는 경우가 있는데,42) 근거가 빈약하다.43) 답달성沓
達城의 위치는 관련기록이 전해지므로 경북 상주 부근으로 보아도 무
방하게 생각한다.44) 구례성仇禮城의 위치에 대해서는 음운학적 방법
으로 충북 청산으로 보는가 하면,45) 별다른 논증과정이 없이 충북
옥천으로 추정하기도 했다.46) 좌라성坐羅城의 위치도 역시 음운상의

구복 외, 앞의 책 3권, 1997, 89쪽).
41) 옥천설은 酒井改藏(앞의 논문, 1970, 40쪽)·신형식(앞의 책, 1984, 208쪽)·양기석(앞의 논문, 2001, 17쪽)이 개진한 뒤, 서영일(앞의 책, 1999, 80쪽)·이부오(앞의 책, 2003, 185쪽)가 받아들였다. 특히 양기석은 위의 기록에서 일모산군과 사시산군이 같이 나옴에 착안해 일모산군[청원군 문의]과 가까운 충북 옥천을 주목했다. 그러나 위 기록의 사시산군은 충남 홍성이 분명하고, 옥천은 『三國史記』卷34, 雜志3, 地理1, 尙州조에 管城郡으로서 신라시대 古尸山郡으로 불려 정황상 인정되더라도 확정할 수는 없다.
42) 酒井改藏은 『三國史記』卷34, 雜志3, 地理1, 尙州조에 "永同郡 本吉同郡"이라 한 것에 주목했다. 곧 廣石의 訓을 '덜돌'로, 吉同은 '널돌(nol-tol)'로 보아 등치시켰다(酒井改藏, 앞의 논문, 1970, 40쪽). 井上秀雄(앞의 책, 1993, 469쪽)·양기석(앞의 논문, 2001, 17~18쪽)·이부오(앞의 책, 2003, 185쪽)도 영동으로 비정했다.
43) 『삼국사기』지리지에는 三國有名未詳地分에 실려 있다.
44) 『三國史記』卷34, 雜志3, 地理1, 尙州조에 "化寧郡 本荅達匕郡(一云 沓達) 景德王改名"이라고 했고, 『新增東國輿地勝覽』卷28, 尙州 屬縣조에 化寧縣이 속해 있다. 화령은 상주시 화서면이다. 酒井改藏(앞의 논문, 1970, 40쪽)·浜田耕策(앞의 논문, 1977, 4쪽)·신형식(앞의 책, 1984, 208쪽)·이도학(앞의 논문, 1987, 26쪽)·서영일(앞의 책, 1999, 80쪽)·양기석(앞의 논문, 2001, 18쪽)·이부오(앞의 책, 2003, 188쪽)가 이 기록을 근거로 답달성의 위치를 상주로 비정했다. 상주시 복룡동에서 "沙伐州…沓里"가 새겨진 돌이 발견된 것도 이와 관련될 수 있다(嶺南文化財硏究院, 「尙州 伏龍洞 遺蹟 發掘調査 현장설명회 자료」, 2004).
45) 酒井改藏, 앞의 논문, 1970, 40쪽. 충북 청산군의 屈山을 '구라(kura)'와 동일시한 결과이다. 『三國史記』卷34, 雜志3, 地理1, 尙州조의 "三年郡…耆山縣 本屈縣 景德王改名 今靑山縣"과 『新增東國輿地勝覽』卷16, 靑山縣 建置沿革을 참고한 듯하다.

비슷함을 근거로 충북 황간으로 비정한 견해가 있지만47) 단정하기는 어렵다.48)

한편 1-④·⑥의 기록에 따르면, 자비왕은 재위 16년(473)에 명활성明活城을 개축했고, 재위 18년(475) 정월에는 명활성으로 옮겨서 거주했다. 신라왕은 소지왕 9년(487)에 월성月城을 수리한 뒤 다음해 이르러서야 월성으로 돌아올 수 있었다.49) 이는 1차적으로 당시 동해안을 통해 지속적으로 침입해 왔던 왜인倭人을 의식한 방편이었을 것이다.50) 나아가 동해안로를 통한 고구려군의 기습에 대비한 측면도 있었을 것으로 짐작된다.

요컨대 자비왕은 재위 11년(468)에 고구려로부터 실직성〔삼척〕을 습격당한 뒤 동해안로의 군사적 거점지였던 강릉의 이하에 성을 쌓았다. 이어 13년(470)에 삼년산성 쌓는 것을 시작으로 17년(474)까지 집중적으로 축성함으로써 대고구려 방어성을 구축해 나갔다. 이때 쌓은 성들의 위치는 삼년산성〔충북 보은〕·일모성一牟城〔문의〕·답달성沓達

---

46) 신형식(앞의 책, 1984, 208쪽)과 井上秀雄(앞의 책, 1980, 31쪽 : 정구복 외, 앞의 책 3권, 1997, 90쪽에서 재인용)이 개진한 이후 서영일(앞의 책, 1999, 80쪽)·양기석(앞의 논문, 2001, 18쪽)·이부오(앞의 책, 2003, 185쪽)가 받아들였다. 井上秀雄은 청도군 청도읍으로도 보았다(앞의 책, 1993, 472쪽).
47) 『三國史記』卷34, 雜志3, 地理1, 尙州조에 "永同郡…黃澗顯 本召羅縣 景德王改名"이라 했다. 酒井改藏는 이 기록의 '召羅'와 坐羅城에서의 '坐羅'를 같은 곳으로 보았다. 井上秀雄(앞의 책, 1993, 469쪽)·정구복 외(앞의 책 3권, 1997, 90쪽)가 같은 논리로 주장한 뒤, 양기석(앞의 논문, 2001, 18쪽)과 이부오(앞의 책, 2003, 185쪽)가 이를 인용했다.
48) 『삼국사기』지리지에는 三國有名未詳地分에 실려 있다.
49) 『三國史記』卷3, 新羅本紀3, 炤知麻立干 10년(488)조.
50) 閔德植, 「新羅의 慶州 明活城碑에 관한 고찰-新羅王京研究를 위한 일환으로-」, 『東方學志』74, 1992, 124쪽.

城(경북 상주)과 같이 드러나는 것들이 있는가 하면 여전히 알 수 없는 것들도 있다. 그러나 후보로 언급되는 지역들을 참고할 때 주로 신라 서북쪽 변방의 소백산맥 일대에 축성되었다고 보아도 큰 무리가 없을 것으로 판단된다.

결국 신라 육상교통로를 추풍령로秋風嶺路·계립령로鷄立嶺路·죽령로竹嶺路·동해안로東海岸路로 나누었을 때,51) 자비왕대의 축성지역은 추풍령로와 동해안로 방면에 집중되어 있음을 알 수 있다. 이는 자비왕대 서북쪽 변방 소백산맥 너머에 축성사업을 통해 1차 방어성을, 소백산맥 이남의 내륙교통로 요지에 2차 방어성을 구축했음을 알려준다. 또한 신라영토 안에 주둔해 있던 고구려 군사가 눌지왕 38년(454) 이후 급속히 소백산맥 이북으로 물러갔음을 시사해 주는 대목이기도 하다.

2) 소지왕대 대고구려 공방전 전개

자비왕대 고구려의 주된 공격대상은 백제였다. 그 때문에 신라는 고구려를 대비한 방어망으로써 동해안과 서북쪽 변방 소백산맥 일대에 비교적 수월하게 성을 쌓아 대비할 수 있었다. 그러나 이러한 양상은 475년에 고구려가 백제 한성漢城을 공략한 뒤 변했다. 그 결

---

51) 秋風嶺路는 경주-영천-경산-대구-칠곡-선산-상주-추풍령(화령)-보은-청산·문의이고, 鷄立嶺路는 경주-영천-경산-대구-칠곡-선산-상주-문경-계립령, 竹嶺路는 경주-영천-의성-안동-영주-죽령이다(서영일, 앞의 책, 1999. 54~57쪽). 東海岸路는 경주-영일-흥해-청하-영덕-울진-삼척-강릉의 교통로를 지칭한다.

과 소지왕(479~500)이 즉위한 후 신라는 고구려의 집중적인 공격을 받게 되었다. 관련기록을 연대별로 정리하면 다음과 같다.

2-① 3년(481) 봄 2월에 〔왕이〕 比列城에 행차해 군사들을 위로하고 솜을 넣어 만든 군복을 내려주었다. 3월에 고구려와 말갈이 북쪽 변경에 들어와 狐鳴 등 7城을 빼앗았고, 또 彌秩夫에 진군하였다. 우리〔신라〕 군사와 백제·가야의 구원병이 길을 나누어 막으니 적이 패해 물러갔다. 泥河 서쪽까지 추격해서 그들을 물리쳤는데, 1천여 명을 목베었다.52)

② 6년(484) 가을 7월에 고구려가 북쪽 변경을 침략했다. 우리 군사와 백제 군사가 母山城 아래에서 함께 공격하여 그들을 크게 물리쳤다.

③ 7년(485) 봄 2월에 仇伐城을 쌓았다.

④ 8년(486) 봄 정월에 伊湌 實竹을 將軍으로 삼았다. 一善界 丁夫 3천을 징발해서 三年·屈山의 두 성을 고쳐 쌓았다.

⑤ 10년(488) 가을 7월에 刀那城을 쌓았다.

⑥ 11년(489) 가을 9월에 고구려가 북쪽 변경을 습격하여 戈峴에 이르렀다. 겨울 10월에 〔고구려가〕 狐山城을 함락하였다.

⑦ 12년(490) 봄 2월에 鄙羅城을 증축하였다.

⑧ 16년(494) 가을 7월에 將軍 實竹 등이 고구려와 薩水의 들판에서 싸웠으나 이기지 못하고 물러나 犬牙城을 지켰다. 고구려 군사가 포위하였으나, 백제왕 牟大〔東城王〕가 3천의 군사를 보내 구해주어 포위를 풀었다.

⑨ 18년(496) 가을 7월에 고구려가 牛山城을 공격해왔다. 장군 實竹이 나가 싸워 泥河 상류에서 그들을 물리쳤다.

---

52) 『三國史記』 卷3, 新羅本紀3, 炤知麻立干 3년조. 이하의 사료는 같은 책, 소지마립간 해당년조이다.

⑩ 19년(497) 8월에 고구려가 牛山城을 공격하여 함락시켰다.

2-①의 기록에 따르면, 소지왕은 재위 3년(481) 2월에 비열성比列城〔안변〕53)으로 행차해서 군사들을 위로했다. 그런데 결과적으로 이것이 도리어 고구려를 자극한 셈이 되고 말았다. 곧 한 달 뒤 고구려는 말갈과 함께 신라에 대대적인 공격을 감행해서 호명狐鳴 등 7성을 차지한 뒤, 미질부彌秩夫까지 진출했다. 호명성의 위치가 경북 청송54) 또는 영덕55)에 비정되고,56) 미질부는 흥해에 있었던 것이 유력하므로57) 고구려가 동해안로를 통해 경주 근처까지 신라를 압박해왔음을 알 수 있다.

이때 고구려의 신라침입을 「중원고구려비」의 건립연대와 관련지

---

53) 『三國史記』卷35, 雜志4, 地理2, 朔州조에 "朔庭郡 本高句麗比列忽郡 眞興王十七年梁太平元年爲比列州置軍主"라고 했고, 『新增東國輿地勝覽』卷49, 安邊都護府 建置沿革에 같은 내용이 실려 있다.

54) 이병도가 청송군 虎鳴山에 비정한 뒤(이병도, 앞의 책, 1983, 77쪽) 정운용(앞의 논문, 1989, 13쪽)·서영일(앞의 책, 1999, 51쪽)·이인철(앞의 책, 2000, 306~308쪽)·양기석(앞의 논문, 2001, 16쪽)이 호명성을 청송으로 비정했다. 그러나 『신증동국여지승람』을 비롯한 『輿地圖書』·『慶尙道邑誌』 등의 지리지 청송조에는 狐鳴山이 찾아지지 않는다. 다만 『大東輿地圖』에는 청송에 虎鳴川이 나타나 있다.

55) 손영종은 盈德의 고구려계 지명이 也尸忽이라는 데(『三國史記』卷35, 雜志4, 地理2, 溟州 野城郡조) 주목했다. 곧 야시=여우의 옛말 혹은 사투리이고, 忽은 고구려의 城이므로 호명성의 위치를 영덕으로 보았다(손영종, 앞의 논문, 1985, 34쪽 및 『고구려사』1, 과학백과사전종합출판사, 1990, 362쪽).

56) 酒井改藏은 강원도 金城〔金化〕의 옛 이름이 也尸忽이라면서 狐鳴의 뜻이 야시울(yasi-ul)이므로 이 둘을 통하는 것으로 보았다(酒井改藏, 앞의 논문, 1970, 40쪽). 그러나 『新增東國輿地勝覽』卷47, 金城縣 建置沿革에는 '也次忽'로 나와 있다. 착오를 일으킨 듯하다. 井上秀雄도 호명성을 김화로 보았다(井上秀雄, 앞의 책, 1993, 469쪽).

57) 『新增東國輿地勝覽』卷22, 興海郡 郡名과 古蹟조에 彌秩夫城의 존재가 확인되며, 고려 태조 13년 남·북미질부를 합쳐 흥해군으로 삼은 것으로 되어 있다. 미질부성은 지표조사되어 『南彌秩夫城 地表調査報告書』, 慶州文化財硏究所, 1993으로 간행되었다.

어 '고구려고지'의 성립 내지 '고구려 우위의 신라지배'와 연결시키는 설이 제기되었다.58) 또한 고구려군의 신라 침입경로에 대해 소백산맥 일대의 '고구려고지'를 주목하기도 했다. 곧 소백산맥 이남의 순흥·봉화·예안 등지에 잔존해 있던 고구려 군사가 청송-영덕-흥해를 통해 기습한 것으로 이해한 것이다.59) 자료의 분위기상 고구려군이 강릉 이북에서부터 동해안로로 남하했다고 단정할 수 없는 면이 있음은 인정한다. 그렇다고 하더라도 소백산맥 이남에까지 고구려 군사가 주둔해 있었다고 보는 데에는 찬성할 수 없다. 왜냐하면 소백산맥 이남의 경북 북부에 고구려 군사가 잔존해 신라를 위협하고 있었다면, 자비왕이 이에 대한 방비책도 마련하지 않은 채 소백산맥 너머의 서북쪽 변경과 동해안로에 축성사업을 추진했겠는가 하는 의문이 들기 때문이다.60) 물론 경북 북부지역의 '고구려고지'에 고구려세력의 영향력이 소지왕대까지 지속적으로 미쳤던 것은 분명하다. 그러나 그것이 곧 고구려 영토라는 의미일 수는 없다. 경북 북부일대는 눌지왕이 동생 복호의 귀환을 도모하기 위해 수주촌水酒村·일리촌一利村·이이촌利伊村의 3촌간을 소집한 기록61)에서 알 수

---

58) 邊太燮, 「中原高句麗碑의 內容과 年代에 대한 檢討」『史學志』13. 1979. 48~51쪽 : 申瀅植, 「中原高句麗碑의 性格」, 1979 : 앞의 책, 1984. 408~409쪽 : 徐榮一, 「5~6世紀 高句麗 東南境 考察」『史學志』24. 1991. 19~20쪽 : 盧泰敦, 「『삼국사기』신라본기의 고구려관계 기사 검토」『慶州史學』16. 1997. 81~82쪽 : 李明植, 「5세기 新羅의 對高句麗關係」『大丘史學』69. 2002. 228~231쪽.
59) 정운용, 앞의 논문, 1989. 13쪽 및 「三國關係史에서 본 中原高句麗碑의 意味」『고구려의 국제관계』(연구총서 5). 고구려연구재단, 2005. 107쪽 : 김현숙, 앞의 논문, 2002. 103~104쪽.
60) 이도학도 앞의 논문, 1987. 26쪽에서 비슷한 지적을 했다.
61) 『三國史記』卷45. 列傳5. 朴堤上傳.

있듯이 눌지왕대 이미 신라의 영토로 편입되었다.62)

요컨대 481년 고구려의 신라에 대한 침략은 기록대로라면 실패한 작전으로 보아야 한다. 신라·백제·가야63) 동맹군의 활약에 힘입어 고구려의 침입은 저지되었고, 강릉 일대의 이하까지 쫓기면서 패배로 귀결되었기 때문이다.64) 결국 자비왕~소지왕대 이 일대에 고구려 군사가 주둔할 여력은 없었다고 생각한다.

2-②~⑩의 기록을 살펴보면, 고구려는 481년 이후에도 신라에 지속적인 공세를 가했다. 이에 소지왕은 자비왕에 이어 축성사업에 열중하면서 수세적인 방어망의 구축에 힘썼다. 이를 구체적으로 살피기 위해 소지왕대의 축성지역과 고구려와의 교전지역을 검토해 보겠다.

소지왕 6년(484)에 고구려와의 교전지였던 모산성母山城[사료2-②]의 위치는 경북 의성 방면65)과 충북 음성이 주목받았다.66) 하지만 충

---

62) 金在弘,「新羅 中古期의 村制와 지방사회 구조」,『韓國史硏究』72, 1991, 9~10쪽 : 盧重國,「고대 울진의 역사개관」,『韓國古代社會와 蔚珍地方』(국보242호 울진봉평신라비 발견 10주년기념 학술대회논총), 盧重國 外, 蔚珍郡·韓國古代史學會, 1999, 222~223쪽. 강종훈이 3촌간을 변경지역에 파견된 신라 군사지휘관으로 파악한 것도 이러한 전제에서 도출되었고(강종훈,『신라상고사연구』, 서울대학교 출판부, 2000, 192~193쪽), 주보돈이 '干'의 자치적 성격을 언급하면서도 이들 지역이 신라 중앙정부에 의해 영역으로 인식되어 재편의 과정을 거쳤다고 본 것(주보돈, 앞의 논문, 1996 : 앞의 책, 1998, 45~46쪽)도 같은 맥락으로 이해된다.
63) 이때 가야의 실체를 독자적인 대가야 세력으로 보는 입장(金泰植,『加耶聯盟史』, 一潮閣, 1993, 111~112쪽 : 이희진,『加耶政治史硏究』, 學硏文化社, 1998, 132쪽)과 백제의 부용세력으로 보는 입장(千寬宇,「復元 加耶史」『文學과 知性』, 1977 :『加耶史硏究』, 一潮閣, 1991, 36쪽 : 金秉柱,「羅濟同盟에 관한 연구」『韓國史硏究』46, 1984, 33쪽 : 朴眞淑,「百濟 東城王代 對外政策의 變化」『百濟硏究』32, 忠南大學校 百濟硏究所, 2000, 91쪽)이 있다.
64) 이인철(앞의 책, 2000, 308쪽)과 김현숙(앞의 책, 2005, 204쪽)도 같은 입장이다.
65) 천관우, 앞의 책, 1989, 302쪽.

북 진천의 대모산성大母山城으로 보는 통설67)이 더 설득력 있게 판단된다. 소지왕 7년(485)과 10년(488)에 쌓은 구벌성仇伐城[사료 2-③]과 도나성刀那城[사료 2-⑤]은 각각 경북 의성 부근68)과 경북 상주 도안69)으로 비정되었는데, 근거자료로 볼 때 인정할 수 있겠다.

소지왕 11년(489)에 고구려가 급습해 빼앗은 과현戈峴과 호산성狐山城[사료 2-⑥]의 위치는 각각 강원도 회양 및 호명성과 같은 곳으로 비정되었다.70) 그러나 당시 신라와 고구려 간의 영역판도와 자료에 드러나는 분위기를 고려할 때 받아들이기 힘들다.71) 소지왕 12년

---

66) 酒井改藏, 앞의 논문, 1970, 39쪽. 음성이 고구려의 仍忽縣 임에(『新增東國輿地勝覽』 卷14, 陰城縣 建置沿革) 주목해 음홀(Um-hul)과 母山의 어모(omo-mal)를 관련지었다.

67) 이병도가 후대 사실의 誤記이지만 충북 진천의 大母山城으로 보았고(이병도, 앞의 책, 1983, 47쪽), 민덕식이 종합적으로 보강한 뒤(閔德植, 「鎭川 大母山城의 分析的 研究」, 『韓國史研究』 29, 1980, 1~50쪽), 정운용(앞의 논문, 1989, 15쪽)·서영일(앞의 책, 1999, 100~101쪽)·양기석(앞의 논문, 2001, 33~34쪽)·이부오(앞의 책, 2003, 188쪽)가 수용했다.

68) 『三國史記』 卷34, 雜志3, 地理1, 尙州조에 "古昌郡…高丘縣 本仇火縣(或云高近)"이라 했는데, 『新增東國輿地勝覽 卷25, 義城縣 古蹟조에 따르면 고구현은 의성에 속해 있다. 酒井改藏이 이에 주목해 '火'가 '伐'과 통하므로 구벌성을 의성에 비정한 뒤(酒井改藏, 앞의 논문, 1970, 40쪽), 浜田耕策(앞의 논문, 1977, 4~5쪽)·井上秀雄(앞의 책, 1993, 472쪽)·이도학(앞의 논문, 1987, 26쪽)·서영일(앞의 논문, 1991, 21쪽)·양기석(앞의 논문, 2001, 18쪽)·이부오(앞의 책, 2003, 188쪽)가 구체적인 위치는 다르지만 의성 일대로 비정했다.

69) 『三國史記』 卷34, 雜志3, 地理1, 尙州조에 "化寧郡…道安縣 本刀良縣 景德王改名 今中牟縣"이라 했는데, 중모현이 『新增東國輿地勝覽』 卷28, 尙州牧 屬縣조에 포함되어 있다. 酒井改藏(앞의 논문, 1970, 40쪽)과 浜田耕策(앞의 논문, 1977, 5쪽)이 道那=道良으로 해석해 상주로 비정한 뒤, 이도학(앞의 논문, 1987, 26쪽)·井上秀雄(앞의 책, 1993, 469쪽)·양기석(앞의 논문, 2001, 18쪽)·이부오(앞의 책, 2003, 188쪽)가 받아들였다. 『삼국사기』 삼국유명미상지분에 刀那城이 刀那城으로 표기되었고, '良'·'那'·'耶'가 통하므로(梁柱東, 『增訂 古歌研究』, 一潮閣, 1965, 286쪽) 믿을 수 있다.

70) 『新增東國輿地勝覽』 卷47, 淮陽都護府 建置沿革에 "本高句麗各連城郡(各一作客 一云加兮牙)"라고 했다. 酒井改藏은 '加兮'를 칼(khal)로 보고 '戈'와 통하는 것으로 보았다 (酒井改藏, 앞의 논문, 1970, 40쪽).

(490)에 증축한 비라성鄙羅城[사료 2-⑦]의 위치는 함경도 안변 비열성比列城72) 또는 경북 안강73)으로 추정되었으나, 역시 논증과정이 생략되어 있어 수긍할 수 없다.74)

소지왕 16년(494)에 장군 실죽이 고구려와 싸우다 물러난 살수薩水와 견아성犬牙城[사료 2-⑧]의 위치는, 살수의 경우 충북 청천으로 보는데 의견이 일치하고 있다.75) 반면에 견아성의 위치에 대한 주장은 충북 청천 부근,76) 보은 일대,77) 청산,78) 경북 상주 견훤산성甄萱山城,79) 문경80)으로 나뉘어 있다.81) 살수의 위치가 청천이라면 퇴각

---

71) 狐山城은 『삼국사기』三國有名未詳地分에 실려 있다. 이병도(앞의 책, 1983, 78쪽)는 두 곳 모두, 井上秀雄(앞의 책, 1993, 469쪽)은 호산성의 위치를 미상으로 보았다. 정영호는 충남 예산으로 비정했다(鄭永鎬, 「高句麗의 錦江流域進出에 대한 小考」 『汕耘史學』 3, 1989, 100쪽).
72) 酒井改藏, 앞의 논문, 1970, 40쪽.
73) 井上秀雄이 추정한 뒤(앞의 책, 1993, 472쪽), 양기석(앞의 논문, 2001, 18쪽)·이부오(앞의 책, 2003, 188쪽)가 같은 견해를 보였다.
74) 이병도는 미상 처리했다(이병도, 앞의 책, 1983, 78쪽).
75) 『三國史記』 卷34, 雜志3, 地理1, 尙州조에 "三年郡…淸川縣 本薩買縣 景德王改名 今因之"라고 했고, 『新增東國輿地勝覽』 卷15, 淸州牧 屬縣조에 같은 내용이, 山川조에는 靑川縣에 靑川川이 있다고 했다. 이를 근거로 津田左右吉이 살수를 達川의 상류 靑川으로 본 이후(津田左右吉, 앞의 책, 1913 : 1986, 220~221쪽), 酒井改藏은 괴산과 보은의 중간인 청천시장 부근으로(앞의 논문, 1970, 40쪽), 리지린·강인숙(앞의 책, 1976, 70쪽)·서영일(앞의 책, 1999, 82쪽)·양기석(앞의 논문, 2001, 25쪽)이 같은 견해를 표명했다. 이병도(앞의 책, 1983, 78쪽)와 정영호(앞의 논문, 1989, 109쪽)는 청주로 위치비정했다.
76) 津田左右吉, 앞의 책, 1913 : 1986, 221쪽 : 이부오, 앞의 책, 2003, 188쪽.
77) 양기석, 앞의 논문, 2001, 25쪽의 각주 33.
78) 酒井改藏, 앞의 논문, 1970, 40쪽.
79) 이도학, 앞의 논문, 1988 : 앞의 책, 2006, 416쪽의 각주 33 : 서영일, 앞의 책, 1999, 83쪽.
80) 정영호, 앞의 논문, 1989, 109쪽.
81) 이병도는 미상 처리했다(이병도, 앞의 책, 1983, 78쪽). 역시 『삼국사기』 삼국유명미상지분에 실려 있다.

로를 감안할 때 상주시 화북면의 견훤산성을 견아성으로 주목하는 것이 자연스럽다.

 소지왕은 고구려의 침입에 대비해 새롭게 축성하는 한편 군사적인 요충지였던 삼년산성三年山城과 굴산성屈山城[사료 2-④][82]은 개축했다. 소지왕 8년(486) 봄 정월에 실시된 삼년산성과 굴산성의 개축은 그 직전 장군將軍으로 임명된 실죽實竹이 공사를 주도했을 가능성이 크다. 실죽은 장군으로서 소지왕 16년(494)과 18년(496)에 고구려와의 전투를 주도했는데,[83] 이때 그가 활동한 살수나 견아성의 위치가 그 근방임을 고려하면 이러한 추정이 무리가 아님을 알 수 있다.

 한편 삼년산성과 굴산성의 개축에 일선계一善界[선산] 정부丁夫 3천 명을 동원했음이 특기되어 있는 점도 주목된다. 자비왕 11년(468) 신라 북쪽 변경의 요충지인 이하에 성을 쌓을 때 15세 이상의 하슬라 사람을 동원한 사례가 있기는 하다. 그러나 3천 명이라는 구체적이면서 적지 않은 인원을, 그것도 보은과 청산에서 멀리 떨어진 일선

---

82) 굴산성의 위치는 『三國史記』 卷34, 雜志3, 地理1, 尙州조에 "三年郡…耆山縣 本屈縣 景德王改名 今靑山縣"이라 한 것과, 『新增東國輿地勝覽』 卷16, 靑山縣 建置沿革에 "本新羅屈山縣(一云埃山) 景德王改者山爲三年郡領縣 高麗初改今名屬尙州"라고 한 것을 토대로 충북 옥천군 청산으로 비정되었다. 津田左右吉(앞의 책, 1913 : 1986, 220쪽) 이후 이병도(앞의 책, 1983, 77쪽)·浜田耕策(앞의 논문, 1977, 4~5쪽)·민덕식(앞의 논문, 1980, 43쪽)·이도학(앞의 논문, 1987, 26쪽)·정영호(「尙州방면 및 秋風嶺 北方의 古代交通路 硏究-山城의 調査를 중심으로-」, 『國史館論叢』 16, 1990, 218~220쪽)·井上秀雄(앞의 책, 1993, 472쪽)·서영일(앞의 책, 1999, 53쪽)·양기석(앞의 논문, 2001, 18쪽)·이부오(앞의 책, 2003, 188쪽)가 이를 인정했다. 정영호와 민덕식은 지금의 山桂里土城으로 구체적인 비정을 시도했다.

83) 將軍職은 자비왕 16년(473)에 阿湌 伐智와 級湌 德智를 좌·우장군으로 삼으면서 처음 생겼다(『三國史記』 卷3, 新羅本紀3, 慈悲麻立干 16년조). 덕지가 소지왕 17년까지 장군으로서 활약했으므로 실죽이 벌지에 이어 좌장군에 임명되었을 것이다.

계에서 동원했다는 것은 두 성이 신라의 대고구려 방어망에서 중요한 위상을 차지했음을 암시한다. 신라가 일선계의 백성을 차출하여 소백산맥 너머의 군사적 요충지에 축성했다는 것은 지방민에 대한 역역力役 동원능력과 지배방식이 진전되었음을 보여준다.[84] 그렇다면 가까운 주변지역에서 역부를 징발하지 않고 군이 멀리 떨어진 선산에서 역부를 동원한 이유는 무엇일까? 저자는 이 시기 선산지역이 갖는 역사지리적 중요성을 살피는 과정에서 이와 같은 의문이 풀릴 수 있을 것으로 생각한다.

선산지방은 서쪽의 금릉, 북쪽의 상주, 동쪽의 대구지방과 연결되는 요지이며 또한 백제·고구려에 대한 서북방향이 합쳐지는 전략상의 중요성 때문에 서북방 최대의 요충지였다.[85] 선산은 신라가 서북방으로 진출할 때 이용했던 계립령로와 추풍령로가 만나는 상주로 나아가는 길목에 위치한다. 이는 거꾸로 고구려나 백제로부터 계립령로와 추풍령로를 통해 들어오는 물자와 문화의 유입이 상주와 선산을 거쳐감을 의미한다. 육상교통로뿐만 아니라 낙동강을 끼고 있어 수운水運까지도 활용이 가능한 지리적인 환경을 가지고 있다. 고구려를 통해 들어온 초전불교初傳佛敎와 관련된 설화가 모두 일선군 모례毛禮의 집과 연결되어 있는 것[86] 역시 이러한 이유 때문으로 이해된다. 이와 같이 물자유통의 중심지 역할을 했던 일선군의 사회경제적 처지는 다른 지역보다 우위에 있었을 것이다.[87] 일선계의 장정 3천 명을 동원

---

84) 김재홍, 앞의 논문, 1991, 30쪽 : 서영일, 앞의 책, 1999, 53쪽.
85) 申瀅植, 「新羅 地方制度의 發展과 軍主」, 앞의 책, 1984, 196쪽.
86) 『三國史記』卷4, 新羅本紀4, 法興王 15년(528)조 : 『三國遺事』卷3, 興法3, 阿道基羅.
87) 『擇里志』八道總論 慶尙道에 "尙州一名洛陽 嶺下一大都會也 山雄野濶而 北近鳥嶺通忠

해 삼년산성을 개축했다는 사실은 역으로 5세기 후반 이 지역이 이를 감당할 만한 인구와 경제력을 가지고 있었다는 것을 반증해 준다.[88]

　선산지역의 지리적 중요성은 소지왕이 재위 5년(483)과 10년(488) 두 차례에 걸쳐 일선군에 순수巡狩를 가는 것[89]에서도 단적으로 드러난다. 신라사에서 한 왕이 같은 지역에 두 차례나 순수를 행함은 전례를 찾아보기 힘들다.[90] 소지왕 5년의 순수는 표면적으로는 수해를 당한 백성에 대한 위무였지만, 이 지역이 대고구려·백제 관계에서 갖는 변경 요충으로서의 의미에 비중을 둔 통치관행으로 추진된 것이었다.[91] 또한 소지왕 10년의 환鰥·과寡·고孤·독獨 구제와 죄수 사면은 동왕 8년에 이루어진 삼년산성·굴산성 개축의 인력차출에 대한 보상과 위무 차원에서 이루어진 것으로 추정된다. 결국 일선군의 백성을 동원하여 보은과 청천의 삼년산성과 굴산성을 개축한 데에는, 군사적 요충지의 배후였던 선산지방에 대한 신라 중앙정부의 통치방식과 밀접한 관련이 있었던 것으로 이해된다.

　　清京畿 東臨洛東通金海東萊 馬運船載而南北水陸走集便於貿遷故也 地多富厚者 又多名儒顯官…南則善山山川比尚州尤淸明穎秀 故諺曰 朝鮮人才半在嶺南 嶺南人才半在一善 故舊多文學之士"라 하여, 조선시대 상주·선산지방의 지리적 환경과 경제적 처지가 잘 나타나 있다. 후대기록이지만 신라시대 이 지역의 경제능력을 유추하는 데 참고가 된다.
88) 서영일, 앞의 책, 1999, 317쪽. 阿道가 毛禮네 집의 양과 소 천마리를 길렀고, 곡식 천석을 시주 받아 桃李寺가 창건되었다는 이야기는 선산지역의 사회경제적 처지를 유추하는 데 도움을 준다. 지금도 '羊千골'과 '牛千골'의 지명이 남아 있다(鄭永鎬, 『善山地區古蹟調査報告書』, 檀國大 出版部, 1968, 212~214쪽 및 「구미·선산지역의 불교」, 『韓國學論集』 24, 계명대 한국학연구소, 1997, 10~11쪽).
89) 『三國史記』 卷3, 新羅本紀3, 炤知麻立干 5년(483)·10년(488)조.
90) 신라시대 순수기사의 총정리는 金瑛河의 「新羅時代 巡狩의 性格」, 『民族文化研究』 14, 1979 ; 『韓國古代社會의 軍事와 政治』, 高麗大學校 民族文化研究院, 2002, 176~178쪽 참조.
91) 김영하, 위의 책, 2002, 186쪽.

소지왕대 대고구려 축성지역의 양상을 살펴본 결과, 소지왕은 자비왕대 이후 벌여온 축성사업을 연장해서 소백산맥 너머의 보은 일대[삼년산성·굴산성]의 외곽요충지에 1차 방어성을, 상주[도나성·견아성]·의성[구벌성] 등의 내륙교통로를 따라서는 2차 방어성을 구축했음을 알 수 있다. 그러나 소지왕대는 자비왕대와 달리 축성사업을 추진하는 동안에 고구려의 파상적인 공격을 감내해야만 했다. 그러한 고구려와의 교전지역 분석의 결과, 주로 동해안로[비열성·호명성·미질부]와 소백산맥 너머 서북쪽 변경의 충북 진천[모산성]·청천[살수] 등지에서 치열한 공방전을 벌였음을 알 수 있다.
　그런데 이와 같은 전쟁은 주로 고구려의 선제공격에 의해서 개시되어 신라의 방어적 공세의 양상으로 전개되었다는 데 그 특징이 있다. 그럼에도 불구하고 전쟁은 대부분 신라의 승리로 귀결되었으며, 거기에 나제동맹군의 활약이 중요한 역할을 했음이 주목된다.[92] 곧 소지왕 3년(481) 교전[사료 2-①]의 경우, 전쟁 초기 고구려 대 신라의 맞대결 구도에서는 신라가 고전했지만, 백제의 원병이 파견된 이후 신라가 승기를 잡을 수 있었다. 고구려의 침입경로를 경상도 내륙 동쪽으로 예상할 때, 백제의 원군이 도달하는 데 상당한 시일이 소요되었을텐데도 나제동맹군이 신속히 대응해 활약하는 모습은, 475년 고구려의 백제 한성침공 때 신라의 지원군이 한발 늦어 실효를 거둘 수 없었던 것과 대조적이다. 이로써 보면 475년 이후 신라와 백제 간에는 고구려의 침략에 신속히 대응할 수 있는 군사적 작전체

---

92) 이하 5세기 중반~6세기 전반까지의 신라·고구려의 전쟁양상과 나제동맹군의 참전 여부는 [표 6]을 참조하기 바란다.

계가 수립되어 있었던 것으로 추정된다.

나제동맹군은 소지왕 6년(484)에 모산성(진천) 전투(사료 2-②)에서도 고구려군을 물리쳤다. 비록 489년에 고구려군이 신라 과현(위치 미상)을 거쳐 호산성(위치 미상)을 함락했을 때는 별다른 대응을 하지 못했지만(사료 2-⑥),[93] 494년의 고구려·신라(사료 2-⑧), 495년의 고구려·백제 간 전투(표 6) 연번 23)에서는 고구려군에 포위를 당해 위기에 빠진 동맹국을 극적으로 구원해 주었다. 곧 살수(청천) 전투에서 고구려에 패해 견아성(상주 견훤산성)에 진을 친 신라장군 실죽이 고구려군에 포위되자 백제 동성왕이 3천의 군사로써 도와주었고, 고구려군이 백제 치양성雉壤城(白川)을 포위했을 때는 신라 소지왕이 장군 덕지를 보내 구원해 주었다. 이른바 '군사동맹관계'에 걸맞는 수준의 활약이라 할 만하다.

고구려는 496년과 497년 연이어 신라 우산성(강릉 인근)을 공략했다(사료 2-⑨·⑩). 백제의 군사지원이 어려운 지역을 집중적으로 공격함으로써 나제동맹을 무력화시키려는 작전으로 판단된다.[94] 그 결과 496년에는 신라장군 실죽과의 이하 전투에서 패했지만, 다음해 결국 우산성을 차지했다. 주목할 만한 사실은 이전까지 활발했던 나제동맹군의 활동이 이때부터 보이지 않는다는 점[95]이다.

---

93) 박진숙은 이른바 '魏虜'의 백제 침입시기와 주체를 488년·490년에 고구려가 북위를 끌어들여 백제본토를 공격한 것으로 이해했다(朴眞淑, 「長壽王代 高句麗의 對北魏 外交와 百濟」, 『고구려의 국제관계』, 연구총서 5, 고구려연구재단, 2005, 78~82쪽). 그렇다면 489년 백제가 신라에 원병을 파견할 여력은 없었을 것이다.
94) 鄭載潤, 「熊津時代 百濟와 新羅의 關係에 대한 고찰」, 『湖西考古學』 4·5, 湖西考古學會, 2001, 79쪽.
95) 정운용은 그 이유를 이 지역이 백제지역에서 원격지일 뿐 아니라, 고구려가 중원지역을 장악해 백제구원군의 교통로가 확보될 수 없었기 때문으로 보았다(鄭雲龍, 「羅濟同盟期 新羅와 百濟 關係」, 『白山學報』 46, 1996, 114쪽). 이는 물론 백제 내부의 정치

이와 같이 고구려는 5세기 중·후반에 신라를 향해 적극적인 공세를 가했다. 그것은 아마도 신라가 한동안 자국의 간섭을 받다가 이탈했을 뿐만 아니라 숙적 백제와 동맹을 맺은 데 대한 응징적 차원으로 추진되었을 것이다.96) 그러나 475년 이후 본격화된 두 나라의 공방전에서, 고구려는 전쟁 초반의 승세에도 불구하고 나제동맹군의 활약으로 번번이 패전의 멍에를 쓰고 말았다. 곧 481년~497년에 일어난 총 6회의 전쟁 중 고구려는 489년 호산성 전투와 497년 우산성 전투에서 승리했을 뿐이었다. 나머지 4회를 신라가 승리했는데 그중 3차례에 걸쳐 나제동맹군이 활약했다.97)

결국 장수왕(413~491)~문자명왕대(491~519) 추진된 고구려의 남진 정책은 백제 '한성시대'를 종식시키고 수도를 웅진으로 천도케 하는 성과를 거두었지만, 신라와의 전쟁에서는 나제동맹군의 방어에 고전해 저지된 것으로 결론지을 수 있겠다.

세력 변동[동성왕→무령왕]과, 신라 정치세력의 변동[지증왕의 즉위]을 함께 고려할 필요가 있다. 전자에 대해서는 김현숙, 「熊津時期 百濟와 高句麗의 관계」, 『古代 東亞細亞와 百濟』, 충남대학교 백제연구소 편, 서경, 2003, 152~153쪽과 162~163쪽이, 후자에 대해서는 梁起錫, 「5~6世紀 前半 新羅와 百濟의 關係」, 『新羅의 對外關係史 硏究』, 新羅文化祭學術發表會論文集 15, 1994, 88쪽과 박진숙, 앞의 논문, 2000, 98~102쪽이 참고된다.
96) 양기석, 위의 논문, 1994, 82쪽 : 정재윤, 앞의 논문, 2001, 76쪽.
97) 이인철은 5세기 후반에 이르면 신라군이 고구려군과 마찬가지로 重裝騎兵을 보유하게 되어 삼국 간의 전쟁에서 고구려군의 우위가 더 이상 확보되지 않았음을 주장했다. 또한 무기와 무장이 비슷한 상태였던 고구려군과 신라군이 대치하고 있는 상황에서, 甲胄로 무장하지 않은 백제 輕騎兵이 고구려군의 후미를 공격함에 따라 중무장으로 인해 질주 속도가 느린 고구려의 중장기병이 타격받았을 것으로 추측했다(이인철, 「4~5세기 高句麗의 南進과 重裝騎兵」, 『軍史』 33, 1996 : 앞의 책, 2000, 282쪽).

[표 6] 5세기 전반~6세기 중반의 삼국관계

연번	서기년	연대 각국 왕 재위년			행위 주체	내용	경과	나제동맹군 활약여부 및 비고
		신라	고구려	백제				
1	424	눌지8	장수12	구이신2	신→고	사신 파견	예방. 장수왕 후하게 위로함.	
2	433	17	21	비유7	백→신	사신 파견	화친을 청하므로 신라가 이를 따름.	나제동맹 체결
3	434	18	22	8	백→신	사신 파견	좋은말 2필과 흰매 보냄. 눌지 왕 황금과 야광구슬로 답함.	
4	450	34	38	24	고→신	전쟁	신라 何瑟羅 城主 삼직이 悉直 들에서 사냥하던 고구려 변 방장수 죽임. 고구려 신라서변 침입. 눌지왕이 사과하자 고구 려 물러감.	×
5	454	38	42	28	고→신	전쟁	북변에 침입	×
6	455	39	43	개로1	고→백	전쟁	눌지왕 군사를 보내 백제 구함.	○
7	468	자비11	56	14	고→신 신라	전쟁 축성	2월 말갈과 군사 1만으로 신라 북변 悉直(州)城 빼앗음. 9월 泥河 [하슬라인 15세 이 상 징발]	×
8	469	12	57	15	백→고 백제	전쟁 축성 [개축]	8월 고구려 남변 침략. 10월 雙峴城을 수리. 青木嶺 에 목책 설치. 북한산성 군사 로써 지킴.	×
9	470	13	58	16	신라	축성	三年山城	
10	471	14	59	17	신라	축성	芼老城	
11	474	17	62	20	신라	축성	一牟城·沙尸城·廣石城· 畓達城·仇禮城·坐羅城 등	

12	475	자비18	장수63	개로21	고→백	전쟁	장수왕 3만군으로 한성 공략. 개로왕 죽이고 8천 포로를 이끌고 귀환.	○신라 동맹군 한발 늦음
13	476	19	64	문주2	백제	축성 〔개축〕	大豆山城 수리, 漢北의 백성 이주.	
14	481	소지3	69	동성3	신라 고→신	순수 전쟁	2월 比列城에 행차해 군사 위로하고 솜군복 하사함. 3월 말갈과 신라북변 침입. 狐鳴 등 7성을 빼앗고 彌秩夫에 진군함. 나·제·가야병이 나누어 막아 물리쳤고, 이하 서쪽까지 추격해 1천 명 죽임.	○
15	484	6	72	6	고→신	전쟁	북변 침입. 나제동맹군 母山城에서 물리침.	○
16	485	7	73	7	신라 백→신	축성 사신 파견	仇伐城 예방.	
17	486	8	74	8	신라 백제	축성 〔개축〕 축성	三年山城·屈山城 〔일선군 장정 3천 동원〕 牛頭城	
18	488	10	76	10	신라	축성	刀那城	
19	489	11	77	11	고→신	전쟁	9월 북변에 침입 戈峴에 이름. 10월 狐山城 빼앗음.	×
20	490	12	78	12	신라 백제	축성 〔개축〕 축성	鄒羅城 沙峴城·耳山城〔북부인 15세 이상 징발〕	
21	493	15	문자2	15	백→신	사신 파견	혼인 청함. 소지왕 이벌찬 비지 딸 보냄.	

제 5장 자비왕~소지왕대 축성사업 추진과 고구려와의 각축 175

22	494	소지16	문자3	동성16	고↔신	전쟁	신라가 薩水들판에서 고구려와 싸우다 犬牙城으로 후퇴. 고구려 견아성 포위. 동성왕 3천 군사로 구원함.	○
23	495	17	4	17	고→백 백→신	전쟁 사신파견	雉壤城 포위. 소지왕 장군 덕지 보내 구원. 동성왕 사신 보내 고마움 표시.	○
24	496	18	5	18	고→신	전쟁	牛山城 침입. 장군 실죽 이하에 출전 물리침.	×
25	497	19	6	19	고→신	전쟁	우산성 공격해 함락함.	×
26	498	20	7	20	백제	축성	7월 沙井城 쌓고 한솔 비타 지키게 함.	
27	501	지증2	10	23	백제	축성	7월 炭峴에 목책 설치하여 신라에 대비함. 8월 加林城 쌓고 위사좌평 백가 파견.	나제관계 잠재적 변화
28	502	3	11	무령 2	백→고	전쟁	변경 침입.	×
29	503	4	12	3	백→고	전쟁	달솔 우영 5천 군사로 水谷城 침입.	×
30	504	5	13	4	신라	축성	波里城·彌實城·珍德城·骨火城 등 12성	
31	506	7	15	6	고→백	전쟁	큰 눈이 내려 사졸들 동상 입고 후퇴.	×
32	507	8	16	7	고→백	전쟁	고로가 말갈과 함께 한성 칠 것을 꾀하여, 橫岳에 주둔. 무령왕 군사 보내 물리침.	×
33	512	13	21	12	고→백	전쟁	加弗·圓山城 함락. 1천 명 생포. 무령왕 기병 3천 보내 葦川 북쪽에서 물리침.	×

번호	연도	법흥	문자	무령	신라	축성/전쟁	내용	비고
34	518	법흥5	문자27	무령18		축성	株山城	
35	523	10	안장5	무령23 성왕 1	백제 고→백	축성 전쟁	雙峴城 〔한북 주군 백성 15세 이상 징발〕 浿水에 이름. 좌장 지충에게 步騎 1만 주어 물리침.	521년 羅濟 梁에 사신감 ×
36	525	12	7	3	백↔신	사신 교환	교빙함.	
37	526	13	8	4	백제	축성 〔개축〕	熊津城. 沙井柵.	
38	529	16	11	7	고→백	전쟁	북변 穴城 함락. 성왕 좌평 연모에게 보기 3만 주었으나, 五谷벌판에서 패하여 2천 명 전사함.	×
39	540	진흥1	안원10	18	백→고	전쟁	牛山城 포위. 안원왕 기병 5천 보내 물리침.	×
40	541	2	11	19	백→신	사신 파견	화친 청하므로 신라에서 받아들임.	
41	548	9	양원4	26	고→백	전쟁	穢 군사 6천과 함께 漢北 獨山城 공격. 백제의 구원요청으로 진흥왕 장군 주령에 군사 3천을 주어 물리침.	○
42	550	11	6	28	백↔고	전쟁	정월 백제가 고구려 道薩城 빼앗음. 3월 고구려가 백제의 金峴城 함락함. 진흥왕 이사부에게 명하여 두 성을 빼앗음.	
43	551	12	7	29	신→고	전쟁	진흥왕이 거칠부 등에 명하여 10군(성)을 빼앗음.	554년 나제동맹 결렬

* 『삼국사기』 본기를 토대로 작성함.

2. 소백산맥 이북으로의 고구려세력 축출과 대치

　자비왕~소지왕대 축성·교전지역의 양상과 그 특징을 살피기 위해 지금까지 검토한 각 연구자들의 지리비정 결과를 〔표 7〕로 정리했다. 〔그림 1〕은 그중에서 위치비정이 가능한 것들을 이해하기 쉽도록 간단히 지도상에 표기한 것이다.
　〔표 7〕과 〔그림 1〕을 통해 드러난 자비왕~소지왕대 축성·교전지역의 양상과 특징은 다음의 세 가지로 정리할 수 있다.

　첫째, 신라 자비왕~소지왕대의 축성·교전지역은 신라와 고구려 간 교통로 중에서 특히 동해안로와 소백산맥 이서以西의 추풍령로에 집중되어 있다.
　둘째, 신라는 자비왕~소지왕대에 지속적으로 소백산맥 너머의 서북쪽 변방의 군사적 요충지에 1차 방어망을, 소백산맥 이남의 내륙교통로의 요충지에 2차 방어망을 구축하는 축성사업을 추진했다.
　셋째, 소지왕대 고구려와의 교전지역은 동해안 일대에서는 유동적이었지만, 내륙의 소백산맥을 기점으로 해서는 그 이북으로 한정해서 나타났다.

[표 7] 자비왕~소지왕대 축성·교전지역의 위치비정에 대한 연구동향

연구자 지명	津田左右吉	酒井改藏	浜田耕策	이병도	井上秀雄	신형식	이도학	정운용
泥河城	남한강 상류	남한강 상류		강릉 城南川	남한강 상류			남한강 상류
三年山城	보은	보은	보은	보은	보은	보은	보은	보은
芼老城	군위군 효령	군위군 효령	군위군 효령	미상	군위군 효령		군위군 효령	
一牟城	청원군 문의	청원군 문의	청원군 문의		청원군 문의	청원군 문의	청원군 문의	
沙尸城		옥천			옥천	옥천		
廣石城		영동			영동			
沓達城		상주	상주		상주	상주	상주	
仇禮城		청산			청도	옥천		
坐羅城		황간			황간			
狐鳴城		김화		청송	김화			청송
彌秩夫	흥해	흥해	흥해	흥해	흥해	흥해	흥해	
母山城		음성		진천				진천
仇伐城		의성	의성	미상	의성		의성	
屈山城	옥천군 청산		옥천군 청산	옥천군 청산	옥천군 청산		옥천군 청산	
刀那城		상주시 도안	상주시 도안	미상	상주시 도안		상주시 도안	
戈峴		회양		미상				
狐山城		김화		미상	미상			
鄙羅城		안변		미상	안강			
薩水		청천		청주				
犬牙城		청산		미상			상주 견훤성	
牛山城	충주 보은			미상				남한강 상류

제 5장 자비왕~소지왕대 축성사업 추진과 고구려와의 각축 179

연구자 지명	서영일	양기석	이부오	기타	저자
泥河城	정선		강릉	[정약용] 강릉 泥川水 [서병국·김택균] 강릉 연곡천 [松井等] 소양강 [이강래] 남한강 상류	강릉 연곡천
三年山城	보은	보은	보은	보은	보은
芼老城		군위군 효령	군위군 효령	[井上秀雄] 포항시 기계	미상
一牟城	청원군 문의	청원군 문의	청원군 문의		청원군 문의
沙尸城	옥천	옥천	옥천	『역주 삼국사기』 홍성군 장곡	미상
廣石城		영동	영동		미상
沓達城	상주	상주	상주		상주
仇禮城	옥천	옥천	옥천		미상
坐羅城		황간	황간	『역주 삼국사기』 황간	미상
狐鳴城	청송	청송		[이인철] 청송 [손영종·김현숙] 영덕	영덕?
彌秩夫	흥해	흥해	흥해	흥해	흥해
母山城	진천	진천	진천	[천관우] 의성 [민덕식] 진천	진천
仇伐城	의성	의성	의성?		의성
屈山城	옥천군 청산	옥천군 청산	옥천군 청산	[민덕식·정영호] 옥천군 청산	옥천군 청산
刀那城		상주시 도안	상주시 도안?		상주시 도안
戈峴					미상
狐山城				[정영호] 예산	미상
鄒羅城		안강	안강?	[정영호] 청주	미상
薩水		청천		[리지린·강인숙] 청천	청천
犬牙城	상주 견훤성	보은	청천	[정영호] 문경	상주 견훤성
牛山城	문경 예천			[이강래] 남한강 상류 [정영호] 청양	강릉

* 기왕의 연구는 발표연대순으로 정리했다. 전거는 본문 참조. 지명은 시대순으로 했으며, 가운데 굵은 선을 기준으로 자비왕과 소지왕대를 구분했다. 泥河城은 신라본기에 한했다.

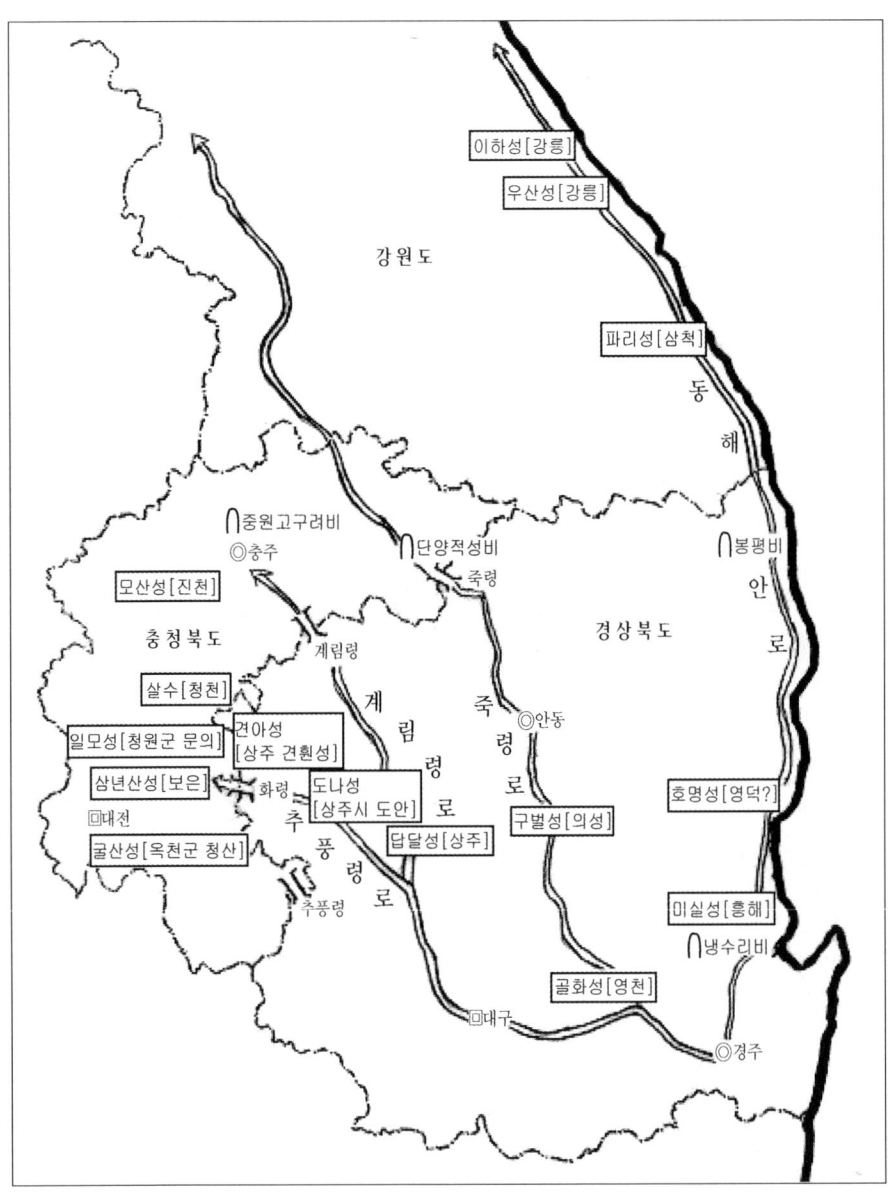

[그림 1] 자비왕~지증왕대 축성·교전지역과 교통로[98]

그렇다면 이러한 특징들이 의미하는 바는 무엇일까? 여기에서는 이것을 신라의 고구려세력 축출과 관련지어 해석해 보려고 한다. 삼년산성의 예에서 알 수 있듯이 신라는 원만한 축성사업을 위해 순수巡狩를 동시에 시행하는 등 영역지배를 공고히 하기 위한 제도적인 장치를 보완해 갔다.[99] 곧 적어도 축성지역 안에서 고구려 군사력의 존재를 상정할 수는 없다. 따라서 소지왕대 고구려와의 교전지역이 신라 서북쪽 변경의 소백산맥 이북에 한정하여 나타나는 현상은 신라의 영토 안에 주둔해 있던 고구려 군사가 소백산맥 이북으로 축출되었음을 시사해 주는 지표임이 분명하다.

물론 동해안로와 계립령로·죽령로에서의 고구려세력 잔존 가능성에 대한 의문이 여전히 남아 있을 수 있다. 그러나 동해안로의 경우 신라와 고구려 간 각축이 심했고, 그로 인해 두 나라의 영역향방 역시 유동적일 수밖에 없었다. 그러나 전쟁의 결과가 신라의 승리로 귀결되었기 때문에 이 일대를 통한 고구려 군사의 주둔과 신라영토로의 진출을 생각하기 어렵다. 계립령로와 죽령로에서 고구려 군사가 잔존해 있을 가능성에 대해서는 관련기록이 없어 단정할 수 없는 측면이 있다. 하지만 자비왕~소지왕대 계립령과 죽령 일대에서의

---

98) 편의상 이하에서 다룰 지증왕대의 축성〔波里城·骨火城〕까지 포함했다.
99) 이와 관련해 자비왕 12년(469)에 京都의 坊里名을 정한 것이나, 소지왕이 9년(487) 四方에 郵驛을 설치하고 官道를 수리한 뒤 12년(491)에 서울[경주]에 시장을 열어 사방의 재화를 유통시킨 것은 의미가 크다. 경도의 방리명 설정과 시장의 개설은 국왕 중심의 행정적 지배력과 왕경관념을 제고시켰을 것이다. 또한 축성사업과 그에 따른 교통로의 확보는 경주와 거점지역 간의 통합을 진전시켜 관도정비 및 우역의 설치로 연결되었을 것이다. 이는 결국 道使로 대표되는 지방관의 파견을 통한 지방통치제도의 정비와 맥이 닿는다(朱甫暾, 『新羅 地方統治體制의 整備過程과 村落』, 신서원, 1998, 63~67쪽 : 서영일, 앞의 책, 1999, 306~309쪽 : 魏英, 「新羅 初傳佛敎의 展開過程 檢討」『新羅文化』20, 2002, 109쪽).

대고구려 전투기사가 남아 있지 않다. 따라서 계립령과 죽령 이남에서 고구려 군사가 주둔해 있을 가능성 역시 희박하다고 판단된다. 만일 경북 북부 일대에 고구려 군사가 주둔해 계립령로와 죽령로를 통해 신라를 위협할 수 있었다면, 신라가 이에 대한 방비책도 마련하지 않은 채 추풍령로와 동해안로에 군사력을 집중했다는 것은 상황적 논리로 봤을 때도 납득이 가지 않는다.

이와 같은 가설은 궁극적으로 자비왕~소지왕대 축성·교전지역이 추풍령로와 동해안로에 집중되었던 이유와도 연관된다. 더불어 신라가 백제의 영역 혹은 국경으로 생각되는 소백산맥 이북의 요충지에 어떻게 축성할 수 있었는지도 궁금해진다. 후자에 대해서는 이미 백제가 고구려의 남하에 총력을 기울인 틈을 이용하여 신라가 꾀한 영토확장 결과로 이해한 연구가 있다.[100] 이러한 주장은 고구려가 백제 한성을 공략하는 475년까지는 적용될 수 있다. 그러나 475년 이후 특히 493년에 백제 동성왕(479~501)의 주도로 이루어진 나제간 이른바 '혼인동맹'을 정점으로 두 나라의 우호관계는 긴밀히 유지되었다. 실제로 481~495년 사이 고구려의 5차례 침입에 4차례나 나제동맹군이 활약했다. 때문에 신라와 백제와의 우호관계를 불완전하게 파악한 뒤 소백산맥 이서에서의 축성을 백제에 대한 영토확장으로 보는 관점을 소지왕대에 적용하기에는 설득력이 떨어진다.[101] 이에 반해 백제의 묵시적 양해[102] 혹은 백제와의 통로를 보

---

100) 정재윤, 앞의 논문, 2001, 73쪽. 그는 자비왕대의 축성을 고구려의 남침에 대한 대비의 측면보다 백제에 대한 견제책으로 보았다. 김병주도 나제동맹의 불완전성을 보여주는 사례로 이해했다(김병주, 앞의 논문, 1984, 36~37쪽).
101) 이들은 496년 이후 나제동맹군의 활약이 미미하고, 501년에 동성왕이 탄현에 목

호함으로써 고구려군의 침입을 견제하기 위한 것으로 보기도 했다.103) 당시의 나제관계를 고려할 때 신라가 소백산맥 서북 너머에 축성할 수 있었던 이유는 고구려의 침략에 대비해 신라 측의 주도로 이루어진 결과물로 봄이 옳다고 판단된다. 여기에는 백제의 묵과 내지 협조가 수반되었을 것이다.

이러한 문제는 거꾸로 고구려의 입장에서 계립령로와 죽령로를 제쳐두고 추풍령로를 주요 남진길로 선택한 이유와도 연결된다. 궁극적으로 자비왕~소지왕대 축성·교전지역이 추풍령로와 동해안로에 집중적으로 나타나는 까닭과도 일맥상통한다. 고구려가 추풍령로를 집중 공략한 이유에 대해서는 나제동맹을 무력화시키기 위해서라는 견해가 제시되었다.104) 이 역시 타당한 지적이지만, 보다 근본적인 이유는 계립령과 죽령의 역사지리적 조건에서 찾는 것이 옳을 듯하다.

계립령은 소백산맥을 통과하는 고갯길 가운데 가장 긴 협곡지대를 통과해야 하는 곳이어서 군사적인 면에서 공격 측에게 불리하고, 방어하는 측에서는 소규모의 병력으로도 대규모의 적군을 차단할 수 있는 지점이라고 한다. 협곡은 보급부대에 치명적인 약점으로 작용

책을 설치하여 신라에 대비하는 듯한 기록에 착안했다. 물론 이것이 나제동맹의 긴밀도가 이전과 달라짐을 보여주는 사례라고 할 수 있다. 하지만 도리어 기록대로 나제관계 변화의 시점은 496년 이후로 보는 것이 옳다.
102) 정운용, 앞의 논문, 1996, 108쪽. 다만 삼년산성에 한정해 의미를 부여했다. 그는 백제가 4세기 후반~5세기 후반까지 청주지역을 군사거점 삼아 중원으로부터 이어지는 고구려세력의 확산을 방어·견제한 것으로 보았다.
103) 서영일, 앞의 논문, 1991, 19~20쪽의 각주 52.
104) 서영일, 앞의 책, 1999, 199~200쪽.

할 수 있다. 그 때문에 계립령로는 고구려에 아주 불리한 지형으로, 신라에게는 천연적인 방어선으로 기능했다는 것이다.105) 그렇다면 고구려가 계립령로를 통해 신라로 진출하기는 어려웠을 것이다.

죽령은 신라와 고구려 간의 주요 교통로로 경자년(400) 광개토왕의 남정 때 이용되었을 가능성이 크다.106) 죽령 이남의 경북 북부에 해당하는 영주·순흥·봉화 등지가 '고구려고지'에 해당하므로, 이 지역은 한때 고구려 군사가 주둔했을 것으로 여겨졌다.107) 「중원고구려비」에서 고구려와 신라의 관리들이 만나는 장소로 순흥에 있었던 것임이 유력한 우벌성于伐城이 나온다. 이는 최소한 고구려가 신라의 내정에 간섭했던 눌지왕대까지 죽령로가 두 나라를 이어주는 가장 중요한 교통로였음을 시사해 준다.

그런데 6세기 중엽 진흥왕(540~576)이 죽령을 넘어108) 고구려가

---

105) 서영일, 앞의 책, 1999, 200쪽 및 「신라 육상교통로 계립령」, 『문경의 길과 고개-길 위의 역사, 고개의 문화-』, 문경새재박물관 엮음, 실천문학사, 2002, 142~143쪽. 이 도학도 계립령과 문경지역의 험준한 지세를 강조했으며, 신라가 이 지역에 野門城(鷄立城)·麻姑城·姑母城·姑父城 등의 관방시설을 포진시킨 것으로 보았다(李道學, 「高句麗의 洛東江流域進出과 新羅·伽倻 經營」, 『國學研究』 2, 國學研究所, 1988 : 『고구려 광개토왕릉비문 연구-광개토왕릉비문을 통한 고구려사-』, 서경, 2006, 413~414쪽).
106) 梁起錫, 「高句麗의 忠州地域 進出과 經營」, 『中原文化論叢』 6, 忠北大 中原文化研究所, 2002, 65쪽 ; 금경숙, 「교통로를 통해서 본 강원도의 고구려」, 『강원도와 고구려』, 금경숙·임기환·공석구 편저, 집문당, 2006, 59~60쪽 ; 임기환, 「고대의 강원도와 삼국의 역관계-문헌자료의 검토를 중심으로-」, 같은 책, 2006, 33쪽. 서영일도 지원부대나 보급품의 수송은 동해안로를 이용했지만 주력군의 남하길은 죽령로에 비중을 두었다(徐榮一, 「廣開土太王代 高句麗와 新羅의 關係」, 『廣開土太王과 高句麗 南進政策』, 學研文化社, 2002, 51~52쪽).
107) 김정배, 「고구려와 신라의 영역문제」, 앞의 책, 2000, 318~322쪽.
108) 이도학은 신라의 북진길로 예천에서 저수령·벌재로 넘어가는 赤城路를 주목했다(李道學, 「醴泉의 上乙谷城考-신라의 소백산맥 以北 進出據點과 관련하여-」, 『慶州史學』 8, 1989).

차지하고 있던 한강유역을 빼앗을 때까지 죽령로 관련기록은 드러나지 않는다. 자비왕~소지왕대의 축성·교전지역에서 죽령 일대가 빠져있다는 것은 이 지역이 신라와 고구려의 각축장이 아니었음을 반증해 주는 것이다. 이는 눌지왕 말년 축출된 고구려 군사가 급속히 후퇴해 늦어도 자비왕~소지왕대 이르러서는 죽령 이북으로 물러갔음을 강하게 암시해 주는 대목이다. 따라서 눌지왕이 고구려세력을 축출한 후 신라와 고구려는 계립령과 죽령을 잇는 선에서는 별다른 교전 없이 대치했을 것으로 추측된다.109)

박제상이 눌지왕의 동생 복호를 탈출시킨 경로는 죽령로가 아닌 '북해지로北海之路'였다. 이는 박제상이 고구려 내지로의 접근과 탈출과정에서 신속성을 도모하기에 바닷길이 유리하다고 판단했기 때문일 것이다. 동시에 역설적으로 죽령로 일대의 지리적 험준성이 동해안로에 비해 탈출에 적합하지 않았음을 시사해 준다. 앞에서 이미 죽령 이남이 눌지왕대 신라의 영토로 편입되었음에도 불구하고 아직까지 고구려 군사가 잔존해 있었거나, 설령 죽령을 넘더라도 곳곳에 고구려군이 포진하고 있었기 때문임을 추정한 바 있다. 결국 계립령과 죽령 일대는 5세기 중·후반 이후 신라와 고구려 사이에 일종의 군사적

---

109) 이한상도 신라가 5세기대 고구려와 죽령을 경계로 대치했을 것으로 이해했다(이한상, 「읍내리분묘군의 편년을 통해 본 5세기대 순흥지역의 위상」, 『역사문화연구』 19, 한국외국어대학교 역사문화연구소, 2003, 27쪽). 김현숙은 481~500년 사이 고구려세력이 경북지역에서 물러가면서 550년까지 죽령을 경계로 대치했다고 보았다(김현숙, 앞의 논문, 2002, 107쪽). 한편 두 나라가 죽령을 천연방어망 삼아 대치했을지라도 각각의 관방시설을 구축했을 것이다. 이와 관련해 죽령 일대에서 발견된 赤城山城·貢文城·獨樂城·鵲城·老姑城 등이 주목된다. 자세한 내용은 車勇杰, 「竹嶺路와 그 부근 嶺路沿邊의 古城址 調査研究」, 『國史館論叢』 16, 1990을 참고하기 바란다.

완충지대로 존재했을 가능성이 크다.110) 다음의 기록은 이를 좀더 방증해 준다.

> 3-① 영양왕이 즉위하자 溫達이 아뢰어 말하기를 "신라가 우리 한강 이북의 땅을 빼앗아 군현으로 삼아서 백성들이 몹시 한탄하여 일찍이 부모의 나라를 잊은 적이 없습니다. 원컨대 대왕께서는 〔저를〕 어리석고 불초하다 여기지 마시고 군사를 주신다면 한번 가서 반드시 우리 땅을 도로 찾아오겠습니다"라고 하니, 왕이 허락했다. 온달이 출정에 임해 말했다. "鷄立峴과 竹嶺 서쪽의 땅을 우리에게 귀속시키지 않으면 돌아오지 않겠다." 마침내 떠나 신라군과 阿旦城 아래에서 싸우다가 날아오는 화살을 가슴에 맞고 넘어져 죽었다.111)
> ② 고구려왕〔보장왕〕이 〔김춘추에게〕 말하기를 "麻木峴〔鷄立嶺〕과 竹嶺은 본래 우리나라 땅이니 만약 우리에게 돌려주지 않으면 〔너는〕 돌아갈 수 없다"고 했다.112)

사료 3-①~②를 통해 6~7세기 고구려인들 사이에 신라 진흥왕에게 한강을 빼앗긴 사실이 천추의 한으로 남았으며, 이에 한강유역 재탈환이 당대 고구려의 숙원사업이었음을 알 수 있다. 그런데 주목되는 부분은 온달과 고구려왕이 공통적으로 계립령과 죽령 이북의 땅에 대한 귀속과 연고권을 주장한다는 점이다. 이것은 마치 고구려

---

110) 서영일도 계립령에 한해 5~6세기 중엽 두 나라 사이의 완충지대로 인식되었던 것으로 보았다(서영일, 앞의 책, 1999, 201쪽).
111) 『三國史記』 卷45, 列傳5, 溫達傳.
112) 『三國史記』 卷41, 列傳1, 金庾信 上. 『三國史記』 卷5, 新羅本紀5, 善德王 11년(642) 조에 같은 사건의 기록이 전해지는데, 여기에서는 보장왕이 죽령 서북의 땅을 돌려줄 것을 요구했다.

가 계립령과 죽령 이북의 지역을 오랜 기간 점유하고 있었는데, 신라에 의해 부당하게 빼앗겼음을 상기시키려는 듯한 인상을 준다. 위의 기록대로라면 고구려인의 인식 속에 계립령과 죽령의 이북이 고구려 영토라는 관념이 깊이 자리잡고 있음을 알 수 있다. 그런데 보다 더 주목이 가는 부분은, 어쩐 일인지 고구려가 죽령 이남의 땅에 대해서는 이러한 연고의식을 보이지 않는다는 점이다.

고구려는 광개토왕의 남쪽 원정을 계기로 신라영토 안에 자국의 군대를 주둔시켜 나물왕~눌지왕대에 신라의 내정에 간섭했었다. 그 결과 죽령 이남의 경북 일대에 '고구려고지'가 성립해서 일정한 기간 동안 존속했다. 그렇다면 고구려는 죽령 이남에 대한 소유권까지도 주장할 수 있었다는 이야기이다. 그럼에도 불구하고 고구려인의 영토관념에 죽령 이남은 포함되어 있지 않다. 그것은 곧 '고구려고지'의 존속시기가 고구려인의 영토관념에 포함될 정도까지 길지 않았음을 시사해 준다. 아마도 고구려가 400년 광개토왕의 남정 이후 6세기 중엽 신라에 한강을 빼앗길 때까지 150여 년 동안 계립령과 죽령 이북을 다스린 결과가 이 지역에 대한 영토관념으로 자리잡았을 것이다. 따라서 소백산맥 이남의 '고구려고지'는 광개토왕의 남쪽 원정을 계기로 성립했지만, 눌지왕 38년(454)에 고구려세력을 축출한 이후 소멸된 것으로 생각된다. 그 결과 고구려인의 영토관념으로까지 이어지지 못하고 『삼국사기』 지리지에 그 자취만을 남겼던 것이 아닌가 싶다.113)

---

113) 『삼국사기』 지리지에 전해지는 '고구려고지'에 대해서는 별도의 논문을 통해 검토할 예정이다.

눌지왕이 고구려 군사를 신라의 영토 안에서 축출하는 분위기에서 '고구려고지'는 급속히 소멸되어 갔을 것이다. 결국 자비왕~소지왕대에 이르러 고구려 군사는 소백산맥 이북으로 완전히 축출되었으며, 이 시기 신라와 고구려는 계립령과 죽령을 국경으로 삼아 대치한 채 동해안로와 추풍령로에서 각축했던 것으로 결론지을 수 있다.114)

3. 고구려의 소지왕 암살미수와 신라왕실 내 정치변동

475년 이후 고구려가 신라에 대한 공세의 기치를 한창 올리고 있었던 488년(소지왕 10 : 장수왕 76), 신라의 왕궁 안에서는 궁주宮主가 분수승焚修僧과 간통하다가 살해되는 사건이 발생했다. 이른바 '사금갑射琴匣' 사건으로 불리우는데, 그 전말은 다음과 같다.

  4. 제21대 毗處王[소지왕] 즉위 10년 戊辰, [왕이] 天泉亭에 행차했다. 이

---

114) 최근 신라의 예속민 집단인 奴人과 奴人村의 형성시기를 신라가 구고구려 영역을 편입하거나 자국 영토 내 주민의 編籍과정에서 고찰한 연구가 발표되었다(朴宗基, 「韓國 古代의 奴人과 部曲」 『韓國古代史硏究』 43, 2006) 여기에는 신라가 5세기 중반 이후 고구려와 대립하며 5세기 후반까지 고구려세력을 소백산맥 이북으로 축출했다는 이해가 전제되어 있다. 이는 部曲의 기원을 밝히고자 했던 본래의 연구목적은 물론, 5~6세기 신라와 고구려 관계를 새로운 분석의 틀로 조망했다는 데에도 연구사적 의미가 크다.

때에 까마귀와 쥐가 와서 울며 사람의 말로 말하기를 "이 까마귀가 가는 곳을 찾으라"고 하였다〔혹은 神德王이 興輪寺에 가서 行香하려 할 때, 길에서 여러 마리의 쥐가 꼬리를 물고 있는 것을 보고 이를 이상하게 여겨 돌아와 점치니 이튿날 먼저 우는 까마귀를 찾으라 했다는데, 이 설은 잘못이다〕. 왕이 騎士에게 명해 이를 쫓게 했다. 남쪽의 避村에 이르러 두 마리의 돼지가 서로 싸우는 것을 머물러 보다가 문득 까마귀가 간 곳을 잃어버리고 길가를 배회하였다. 이때에 老翁이 연못에서 나와 글을 바쳤다. 바깥면 제목에 이르기를 "열어보면 두 사람이 죽고, 열지 않으면 한 사람이 죽는다"고 되어 있다. 사신이 돌아와서 그것을 바치니 왕이 말하기를 "두 사람이 죽는 것보다 열지 않아 한 사람이 죽는 것이 낫다"고 했다. 日官이 아뢰어 말하기를 "두 사람은 庶民이고, 한 사람은 왕입니다"라고 했다. 왕이 그렇게 여겨 열어보니, 그 글에 '거문고갑을 쏴라'고 되어 있었다. 왕이 궁에 들어가 거문고갑을 보고 〔화살을〕 쐈다. 〔그 안에서〕 內殿 焚修僧과 宮主가 몰래 간통하고 있었다. 두 사람은 처형되었다.

이로부터 나라의 풍속에 매년 정월 上亥·上子·上午日에는 모든 일을 꺼리고 조심해 함부로 움직이지 않고, 〔정월〕 16일을 '烏忌日'로 삼아 찰밥으로 제사지내는데 지금도 이를 행한다. 俚言에 怛忉는 슬퍼하고 근심해서 모든 일을 꺼려 금한다는 말이다. 그 못을 '書出池'라 불렀다.115)

소지왕은 즉위 10년(488)에116) 천천정天泉亭으로 갔다가 까마귀·

---

115) 『三國遺事』 卷1, 紀異2, 射琴匣.
116) 사금갑 사건의 발생시점을 分註에는 신덕왕대(912~917)라고 했지만, 일연의 고증과 시대배경이 불교수용 초기와 부합되므로 소지왕대로 봄이 옳다(辛鍾遠, 「古代 日官의 性格」, 『韓國民俗學』 12, 1980 : 「古代의 日官과 巫」, 『新羅初期佛教史研究』, 民族社, 1992, 35쪽). 또한 사금갑 설화의 내용상 '孝'가 강조되는 신라중대 이후보다 '忠'이 강조되는 상고말~중고기와 어울린다(金杜珍, 「新羅 上古代末 初傳佛教의 受容」, 『千寬宇先生還曆紀念 韓國史學論叢』, 正音文化社, 1985, 275쪽).

쥐・돼지를 매개로 해 연못에서 나온 노옹을 만났다. 노옹은 왕에게 밀서를 바쳤고, 소지왕은 일관日官의 자문을 받아 밀서의 내용대로 거문고갑을 활로 쏘아 그 안에서 몰래 간통 중인 내전 분수승과 궁주를 죽였다. 이후 신라의 풍속에 정월 16일을 '오기일烏忌日'로 삼아 제사지냈고, 밀서가 나온 연못을 '서출지書出池'라 불렀다고 한다.

사금갑 설화에 대한 기존 연구는 주로 신라왕실 내 초전불교初傳佛敎의 수용에 따른 토착신앙117)과 불교, 또는 왕실과 귀족세력 간의 갈등양상에 초점이 맞추어졌다. 먼저 김두진은 소지왕대 내전에 분수승을 둘 정도로 왕실과 불교가 밀착된 채 수용되어 있었음을 지적했다.118) 나아가 소지왕의 분수승과 궁주 살해를 눌지계 소지왕이 자신에 반대하는 습보계를 제거한 사실로 이해했다.119) 비슷한 맥락에서 사금갑조의 노옹老翁과 일관日官을 무격신앙의 전통을 가진 귀족세력으로 본 후, 궁중 내 불교세력의 확대에 대해 이들의 반발이 커지자 소지왕이 그것을 무마하기 위한 자구책으로 분수승을 희생시킨 것으로 본 연구120)도 있다. 이와 반대로 사금갑 설화를 왕에

---

117) 불교공인 이전의 신라 토착신앙에 대해 학계에서는 '샤머니즘'・'巫俗信仰'・'巫覡信仰'・'巫教信仰'・'巫 信仰'・'巫術信仰' 등 다양한 용어를 사용하고 있다. 이기백은 '巫術信仰'의 타당성을 주장하며, 기존 용어들의 문제점을 지적했다(李基白, 「한국의 原始思想과 傳統文化」『韓國思想史方法論』, 李基白・金英美・李泰鎭・金泰永 공저, 小花, 1997 : 『韓國傳統文化論』, 一潮閣, 2002, 58~69쪽). 저자는 잠정적으로 '토착신앙'으로 부르겠다.
118) 김두진, 앞의 논문, 1985, 275쪽 : 崔光植, 「新羅의 佛敎 傳來, 受容 및 公認」『新羅思想의 再照明』, 新羅文化祭學術發表會論文集 12, 新羅文化宣揚會, 1991, 117쪽.
119) 김두진, 위의 논문, 1985, 285~286쪽 및 「新羅 金閼智神話의 形成과 神宮」『李基白先生古稀紀念 韓國史學論叢』上, 一潮閣, 1994 : 『韓國古代의 建國神話와 祭儀』, 一潮閣, 1999, 336~337쪽.
120) 李鍾泰, 「新羅 智證王代의 神宮設置와 金氏始祖認識의 變化」『擇窩許善道先生停年紀

의한 불교탄압 사례로 주목하기도 했다. 왕실이 불교를 적극적으로 수용해서 왕권을 강화하려 했다는 기존의 연구121)를 비판한 것이었다.122) 한편 천천정을 신궁과 관련된 나정羅井으로 이해한 뒤, 소지왕이 신궁 설치 후 그곳에 제사드리러 가서 신탁을 받아 궁중 내 중요문제를 처리했다고 보거나,123) 신궁 설치에서 비롯된 왕실과 귀족세력 간의 갈등으로 파악하기도 했다.124)

요컨대 사금갑 설화에 대해 지금까지는 세부적 차이가 있기는 하지만 사상적으로 신라 토착신앙과 불교, 정치적으로는 그 주도집단인 왕실과 귀족세력 간의 갈등으로 이해하는 경향이 주류를 이루었다고 이해된다.125)

그러나 토착신앙[귀족] ↔ 불교[왕]라는 도식적인 관점만으로는

念 韓國史學論叢』, 一潮閣, 1992 ; 「三國時代의 『始祖』認識과 그 變遷」, 國民大學校 博士學位論文, 1996, 132쪽 ; 曺壽鶴, 「射琴匣 說話 硏究」『人文硏究』7집 2호, 영남대 인문과학연구소, 1985, 4~10쪽.
121) 李基白, 「新羅 初期佛敎와 貴族勢力」『震檀學報』40, 1975 ; 『新羅思想史硏究』, 一潮閣, 1986 ; 김두진, 앞의 논문, 1985, 286쪽.
122) 辛鍾遠, 「新羅 佛敎傳來의 諸樣相」『新羅初期佛敎史硏究』, 民族社, 1992, 157~159쪽 및 「신라 궁중의 첫 순교자 '射琴匣'條」『삼국유사 새로 읽기』(1)-紀異篇-, 일지사, 2004, 103~105쪽 ; 魏英, 「新羅 初傳佛敎의 展開過程 檢討」『新羅文化』20, 東國大學校 新羅文化硏究所, 2002, 117~121쪽.
123) 羅喜羅, 「新羅의 國家 및 王室 祖上祭祀 硏究」, 서울大學校 博士學位論文, 1999 ; 『신라의 국가제사』, 지식산업사, 2003, 152쪽의 각주 57.
124) 蔡美夏, 「新羅 宗廟制와 王權의 推移」, 慶熙大學校 博士學位論文, 2001 ; 「新羅의 神宮 祭祀」『한국문화와 주변문화』, 이도학 외 공저, 서경, 2004, 52~54쪽.
125) 고익진도 사금갑 사건을 巫敎的 정책을 취한 소지왕의 승려에 대한 박해로 이해했다(高翊晋, 『韓國古代佛敎思想史』, 동국대학교 출판부, 1989, 30쪽). 김병곤 역시 천신신앙을 사상적 기반으로 지닌 귀족집단이 왕실 주도로 수용되는 불교에 반발함으로써 발생한 사건으로 보았다(김병곤, 『신라 왕권 성장사 연구』, 학연문화사, 2003, 269~270쪽).

사금갑 설화를 올바르게 이해할 수 없을 듯하다. 기왕에는 노옹과 일관을 토착신앙을 견지한 귀족세력으로 보고, 이들이 왕실 주도의 불교수용에 반대한 결과 분수승과 궁주가 죽었다고 보았다. 하지만 사료에 충실하는 한 사금갑 설화의 노옹과 일관에게 사상적이든 정치적이든 왕실에 반反하는 모습은 발견할 수 없다. 이들은 소지왕이 분수승과 궁주를 죽이는 데 결정적 도움을 주었으므로 친왕적 존재로 파악된다. 오히려 이들과 소지왕에 의해 제거된 분수승과 궁주가 반왕적 인물로 보여진다. 기존의 견해대로『삼국사기』의 노구老嫗 · 노옹老翁 · 일관日官은 제관 또는 토착신앙을 추구한 귀족세력일 수 있다. 그렇다고 해서 이들의 정치적 성격을 왕실과 반대되는 입장으로 단정해서는 곤란하다.

설화대로라면 내전에 분수승을 둔 것도, 분수승과 궁주를 죽인 것도 모두 소지왕이었다. 이는 사상적으로 왕실 내에 불교를 들여온 것과, 분수승을 죽여 불교를 탄압한 주체가 소지왕임을 의미한다. 곧 소지왕의 분수승에 대한 입장은 초전불교 수용 초기의 우호적이던 것에서, 어떠한 계기로 인해 갑자기 바뀌었으며 급기야 분수승의 살해로 귀결되었던 것이다. 기록에서는 그 표면적 이유를 분수승과 궁주가 간통했기 때문으로 설명했다. 하지만 그것은 결과론적 윤색 같은 느낌을 지울 수 없다.

그렇다면 소지왕은 왜 분수승과 궁주를 죽여야 했을까? 사실 그 답은 바로 설화 안에서 찾을 수 있다. 곧 노옹이 소지왕에게 바친 밀서에 따르면 '열어보면 두 사람이 죽고, 열지 않으면 한 사람이 죽는다'고 되어 있었는데, 소지왕은 애초에 '두 사람이 죽는 것보다 열지 않아 한 사람이 죽는 것이 낫겠다'라며, 밀서를 보지 않으려 했었다. 그런데 일관의 조언으로 인해 밀서를 열어보았고, 그 결과가 분수승과 궁주의 죽음으로 귀결되었다. 중요한 건 만약 소지왕이 밀서를 열지 않았다면 도리어 소지왕이 죽을 수 있었다는 사실이다. 결국 내전에 분수승을 둘 정도로 불교의 홍포에 적극적

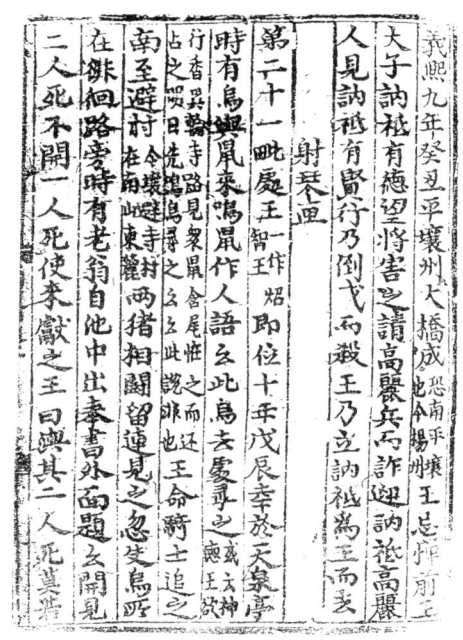

『삼국유사』 사금갑

이었던 소지왕이 분수승을 죽일 수밖에 없었던 까닭은 자신의 생명과 직결되어 있었기 때문이었던 셈이다.

따라서 사금갑 설화의 본질은 '소지왕 암살미수 사건'으로 재조명할 필요가 있다.[126] 소지왕이 분수승과 궁주를 제거하지 않았더라

---

126) 『佔畢齋集』 卷3, 東都樂府에 "照知王十年 王遊天泉亭 有老翁自池中出獻書 外面題云 開見二人死 不開一人死 王曰 與其二人死 莫若不開 但一人死耳 日官云 二人者庶民也 一人者王也 王懼拆而見之 書中云射琴匣 王入宮 見琴匣 倚壁射之而倒 乃內殿焚修僧也 王妃引與通 因謀弑王也 於是王妃伏誅…"라 하여 金宗直이 사금갑 사건을 왕비와 분수승이 주도한 국왕 시해사건으로 인식했음을 알려준다. 柳得恭은 "按東京雜記 新羅炤智王十年正月十五日 幸天柱寺 有飛烏警告于王射殺謀逆僧(『京都雜志』 卷2, 歲時 上元條)"이라 하여 분수승이 반역을 꾀한 것으로 생각했다. 다만 그가 참고한 『東京雜記』 卷2, 古蹟

면 도리어 본인이 죽었을 것이 명백한 이상, 소지왕 암살기도의 주모자를 이들로 이해하는 것은 자연스럽게 생각된다. 분수승과 궁주가 거문고갑 안에서 몰래 정을 통한 것으로 표현되었고 그것이 이들 살해의 결정적 명분이 되었다. 하지만 그것은 어쩌면 분수승과 궁주가 소지왕을 암살하기 위해 은밀히 모의하고 있었던 모습으로 볼 수도 있다.

그렇다면 소지왕 암살을 기도했던 분수승과 궁주의 실체를 밝히는 것이 중요한데, 우선 분수승의 실체를 추적해 보도록 하겠다. 분수승焚修僧은 글자의 의미 그대로 '향香을 태우면서 불교의식을 주관하는 승려'이다. 그런데 삼국시대에 승려는 종교적 직분을 가진 존재이면서도 때로는 정치적 행위를 수행하는 임무를 띠기도 했다. 특히 고구려는 승려를 첩자로 위장시킨 후 백제와 신라로 종종 파견했다. 대표적인 사례를 몇 가지 꼽아본다면, 장수왕(413~491)이 승려 도림道琳을 백제에 보내 개로왕(455~475)으로 하여금 무리한 축성과 궁실 공사를 조장함으로써 국고의 고갈과 민심의 이반을 초래했고, 그것이 백제 '한성시대'를 종식시키는 결정적 계기로 작용했음은 유명한 일화이다.127) 이는 사금갑 사건이 벌어지기 13년 전의 일이어서 사금갑 사건에서 궁주의 실체를 규명하는 데 크게 참고가 된다. 이보다

條와『新增東國輿地勝覽』卷21, 慶州府 古蹟條에는 "書出池…王入宮 見琴匣射之 乃內殿 焚修僧與宮主潛通而爲奸也 二人伏誅"라 하여 潛通 사실만을 전한다. 鄭孝雲(「新羅 中古時代의 王權과 開元에 관한 硏究」,『考古歷史學志』2, 동아대 박물관, 1986, 16쪽)과 朱甫暾(「迎日冷水里新羅碑에 대한 기초적 검토」,『新羅文化』6, 1989 ;『금석문과 신라사』, 지식산업사, 2002, 75쪽)도 국왕 암살미수 사건으로 이해했다. 이들은 다만 고구려와 연결짓지는 않았다.

127)『三國史記』卷25, 百濟本紀3, 蓋鹵王 21년(475)조.

후대의 일이긴 하지만, 선덕왕 11년(642) 김춘추가 고구려에 군사원조를 청하러 갔다가 억류되었을 때 김유신이 김춘추를 구하고자 군사를 일으키려 한 적이 있었다. 이때도 이 사실은 당시 고구려에서 파견한 간첩 승려인 덕창德昌에 의해서 보장왕에게 알려지게 되었다.128)

첩자로서 승려의 활약은 비단 고구려뿐만이 아닌 삼국의 공통된 첩보전술로 활용되었다.129) 이는 종교인이 갖는 특수성으로 인해 첩자활동을 쉽게 은폐할 수 있다는 장점에서 비롯된 것이다.130) 저자는 사금갑 설화에서의 분수승의 실체도 이와 같은 관점에서 추적할 필요가 있다고 생각한다. 물론 사금갑 설화에서의 분수승은 첩자의 모습에서 더 나아가 자객刺客의 성격까지 띠고 있다.

삼국시대에는 자객에 의한 국왕의 시해로 인해 정국의 흐름이 급격히 바뀌는 경우가 종종 있었다. 다른 나라의 자객에 의한 국왕 시해사건으로는 백제 분서왕이 낙랑태수樂浪太守가 보낸 자객에게 살해된 사례가 대표적이다.131) 자국 안의 반대세력에 의해 왕이 시해되어 정국의 흐름이 바뀐 경우는 직접적으로도 백제의 문주왕과 동성왕, 고구려의 모본왕·차대왕·영류왕,132) 신라의 실성왕·진지

---

128) 『三國史記』卷41, 列傳1, 金庾信 上.
129) 金福順, 「三國의 諜報戰과 僧侶」『韓國佛敎文化思想史』卷上, 伽山李智冠스님 華甲紀念論叢, 1992 ; 『한국 고대불교사 연구』, 民族社, 2002, 69~87쪽.
130) 金瑛洙, 「古代 諜者考」『軍史』27, 國防軍史研究所, 1993, 24쪽 및 『역사를 훔친 첩자』, 김영사, 2006, 37~40쪽.
131) 『三國史記』卷24, 百濟本紀2, 汾西王 7년(304)조.
132) 『三國史記』卷14, 高句麗本紀2 慕本王 6년(53)조 : 같은 책 卷15, 高句麗本紀3, 次大王 20년(165)조 : 같은 책 卷20, 高句麗本紀8, 營留王 25년(642)조.

왕133) 등이 있다. 그렇다면 분수승의 국적을 신라로만 한정할 것이 아니라, 고구려로 가정하고 사건을 다시 조명해 보면 어떨까? 사금갑 사건이 일어난 488년(소지왕 10 : 장수왕 76)의 시대적 정황을 살펴보면 이러한 추측이 결코 무리가 아님을 엿볼 수 있다.

고구려는 소지왕이 즉위한 후 신라에 집중적인 공세를 가했다. 그러나 신라는 자비왕대부터 지속적으로 축성사업을 추진해 고구려에 대비한 방어망을 구축해 나갔다. 더구나 나제동맹이 긴밀히 유지되고 있었기 때문에, 고구려의 신라에 대한 공세는 전쟁 초기의 우세에도 불구하고 번번이 나제동맹군의 반격에 패전으로 귀착되는 형국이었다. 때문에 고구려의 입장에서는 신라와의 관계에 있어서 열세적 분위기를 반전시킬 새로운 전략과 전술이 절실히 요구되었을 것이다.

사금갑 사건이 발생하기까지 신라와 고구려의 관계를 살펴보더라도, 481년과 484년 각각 이하와 모산성에서 고구려가 나제동맹군에 대패한 이후, 신라가 구벌성・삼년산성・굴산성・도나성을 쌓아 방어성의 구축에 박차를 가하고 있었던 시기였다. 결국 고구려는 답보상태에 빠져있던 대신라 공세의 돌파구를 마련하기 위해 첩자이자 자객으로서 분수승을 신라왕실에 잠입시켰던 것이 아닐까 생각된다. 이와 같은 추측이 타당하다면, 사금갑 사건에는 고구려가 신라에 대한 새로운 전술적 차원에서 추진한 소지왕 암살기도와 좌절이라는 역사적 진실이 담겨져 있었던 셈이 된다.

---

133) 『三國史記』 卷3, 新羅本紀3, 訥祇麻立干 즉위년(417)조 ; 『三國遺事』 卷1, 紀異2, 桃花女 鼻荊郞.

이와 같이 분수승이 고구려에서 파견한 첩자 내지 자객이라면 그가 신라의 왕실에까지 어떻게 들어올 수 있었을까? 또한 소지왕은 왜 아무런 의심 없이 분수승을 받아들이게 됐는지 궁금하지 않을 수 없다. 이를 위해서는 신라 초전불교의 전래 및 수용과정을 살펴볼 필요가 있다.

신라 초전불교 관련기록은 『삼국사기』·『삼국유사』·『해동고승전』에 두루 전해지고 있다.[134] 그런데 그 전래시기와 전래인물에 대해서 사서 간에 착종이 심하다. 곧 전래시기는 미추왕·눌지왕·소지왕대, 전래인물은 묵호자墨胡子[黑胡子]·아도阿道[我道]로 각각 다르게 기록되어 있다. 전래시기는 일연의 고증에 따라 미추왕대를 부정하는 것이 대세지만, 전래인물에 대해서는 묵호자와 아도의 동일인 여부에 대해 논란이 분분한 실정이다.[135] 그럼에도 불구하고 초전불교가 고구려로부터 전해졌고, 일선군一善郡[선산] 모례毛禮[毛祿]의 집이 불교전파의 온상이었으며, 향의 용도 및 왕의 딸의 치병을 계기로 왕실에 수용되었다는 점은 공통적이다. 기존의 견해에 따라 초전불교가 왕실에 유리한 이념을 제공해 주었거나[136] 기록에서처럼 왕의 딸의 병을 치료해 주었다면, 초전불교는 눌지왕~소지왕대 신라왕실이 수용할 만한 매력이 있었던 것이 분명하다. 시대적으로도 당시 지속된 고구려와의 전쟁으로 인해 백성들이 피폐해짐에 따라

---

134) 『三國史記』卷4, 新羅本紀4, 法興王 15년(528)조 : 『三國遺事』卷3, 興法3, 阿道基羅 : 『海東高僧傳』卷1, 流通1-1, 阿道.
135) 자세한 내용은 위영, 앞의 논문, 2002, 111쪽과 113쪽의 표 참조.
136) 원시불교는 왕자계급의 우월을 내세우고 그들의 정복사업을 정당화하는 성격을 가졌다. 신라왕실은 초전불교를 통해 귀족세력과의 현실적 상하 지배질서를 뒷받침할 관념을 모색했다(김두진, 앞의 논문, 1985, 264~269쪽, 276~277쪽).

왕에서 백성에 이르기까지 종래의 것을 대안할 새로운 신앙과 종교가 요구되었을 것이다.137) 소지왕이 내전에 분수승을 둠으로써 왕실 중심의 불교를 홍포하려 했던 까닭은 이러한 관점에서 이해하면 수긍이 된다.

그런데 비록 눌지왕~소지왕대 왕실의 주도로 초전불교가 받아들여졌지만 공인으로까지 이어지지는 못했다. 잘 알려진 대로 법흥왕대(514~540) 이차돈異次頓의 순교를 계기로 신라사회에 비로소 불교가 공인될 수 있었다. 또한 초전불교 신앙행위가 일선군 모례의 집에서 은밀히 이루어짐을 유념해야 한다. 특히 초전불교 설화의 흐름을 살펴보면, 눌지왕대에서 소지왕대로 넘어가면서 불교를 배척하는 분위기가 고조됨을 읽어낼 수 있다. 고구려 승려 정방正方과 멸구자滅垢玼가 신라에 들어와서 군신들에 의해 탄압받아 살해된 것138)은 그 대표적인 사례에 해당한다.

사실 눌지왕~소지왕대 초전불교는 비록 신앙행위에 제약이 따랐지만 왕실의 필요성에 의해 수용되어 가는 분위기였다. 그런데 어떠한 계기로 인해 초전불교가 탄압을 받는 분위기로 급속히 반전되었던 것이다. 결국 초전불교 탄압의 계기는 소지왕 10년(488)의 사금갑 사건에서 구해야 할 것 같다. 궁주와 간통했던 분수승 살해가 그 촉발점이 되었던 것으로 생각된다.139) 이와 같은 초전불교의 배척

---

137) 최광식, 앞의 논문, 1991, 115~116쪽.
138) 『海東高僧傳』 卷1, 流通1-1, 阿道條.
139) 조수학, 앞의 논문, 1985, 17쪽 : 신종원, 「新羅 佛敎傳來의 諸樣相」, 앞의 책, 1992, 157쪽의 각주 107 : 위영, 앞의 논문, 2002, 117쪽. 김상현은 靜庵 訊詡이 1757년 편찬한 『新羅雲住山安國寺事蹟』에서 사금갑 사건 이후 불교가 박해받았다는 내용을 소개했다(김상현, 「신라 初傳佛敎의 여러 문제」 『신라의 사상과 문화』, 一志社,

에 대해 기왕에는 토착신앙을 견지한 귀족세력의 주도로 이루진 것으로 보아 왔다. 사상적인 측면에서 온당한 지적일 수 있겠지만, 사금갑 사건에서 분수승을 죽인 주체가 궁극적으로 소지왕임을 유념해야 한다. 이는 사금갑 사건으로 인해 신라왕실과 귀족사회 전반에 걸쳐서 불교가 용인되지 못했던 분위기를 알려준다. 그것은 사상적인 차원을 넘어서 정치적인 문제였고, 궁극적으로는 고구려와의 긴장관계에서 초래된 결과였던 것이다.[140] 아마도 사금갑 사건은 신라왕실로 하여금 한동안 '고구려 승려는 곧 위장한 첩자·자객'이라는 인식을 불러일으켰을 것이다. 초전불교가 탄압분위기에서 벗어나지 못한 채 법흥왕대에 가서야 비로소 공인될 수 있었던 까닭은 바로 이러한 근본적인 이유 때문으로 추정된다.

이와 관련해 일선군[선산] 모례의 집이 초전불교 전파의 온상으로 부각된 점이 주목된다. 일선군은 신라가 서북방으로 진출하는 데 이용했던 계립령로·추풍령로가 만나는 상주로 나아가는 길목에 위치한 군사적 요충지였다. 일선군의 지리적 환경을 고려할 때 고구려나 백제로부터 들어오는 물자와 문화는 이곳을 거쳐 경주로 유입되었을 가능성이 크다.[141] 고구려로부터 들어온 불교 전래인물이 한결같이 일선군 모례의 집과 관련되어 있음은 이를 단적으로 말해준다.

1999, 264쪽).
140) 南希叔(「新羅 法興王代 佛敎受容과 그 主導勢力」『韓國史論』25, 서울大學校 國史學科, 1991, 23~24쪽)과 위영(앞의 논문, 2002, 119~121쪽)도 소지왕대 불교배척의 분위기를 대고구려 관계의 대립국면과 관련지었다. 다만 그 계기를 475년 도림의 간첩활동에서 찾았다.
141) 신형식도 고구려 불교의 전파경로로 계립령로(廣州-忠州-聞慶-尙州-善山)를 주목했다(申瀅植,「新羅王位 繼承考」『柳洪烈博士 華甲紀念論叢』, 探求堂, 1971, 61~62쪽).

따라서 일선군은 신라의 영토이면서도 고구려에 쉽게 노출될 수 있는 지역이었다. 이에 고구려는 두 나라 간 교통로로 자주 이용했던 일선군을 대신라 거점지역으로 주목했을 것이다.142) 결국 고구려는 당시 신라왕실의 초전불교 수용의지와 유입경로를 간파하고, 첩자와 자객을 승려로 위장시켜 신라의 왕궁 안에 잠입시켰던 것으로 추정된다.

한편 사금갑 설화의 노옹·일관과 궁주는 소지왕대 정치사의 흐름과 관련해 주목되는 존재들이다. 특히 소지왕 10년에 살해된 궁주는 그동안 별다른 주목을 받지 못한 채 그저 분수승과 몰래 정을 통했기 때문에 살해된 존재 정도로 여겨졌다. 궁주의 실체를 규명하는 것과 그 정치적 의미는 소지왕대 중반까지의 정국운영과 관련지어 분석할 필요가 있다. 이에 궁주가 누구인지를 밝히기 위해 우선 『삼국유사』 이후의 문헌자료에 궁주가 어떻게 묘사되었는지 살펴보도록 하겠다.

    5-① 內殿焚修僧與王妃潛通者也. 妃與僧皆伏誅.143)
    ② 內殿焚修僧與王妃潛通者也. 妃與僧皆伏誅.144)

---

142) 군사주둔이 가능한 거점지역이라기보다는 대신라 군사첩보작전을 수행하는 이들의 기착지 내지 은둔지로 생각된다. 일선군이 고구려 물자·문화 유입의 루트로 기능했다면 이 지역에는 고구려와 연결된 세력이 존재했을 법하다. 이와 관련해서 김덕원은 신라로 가는 고구려 승려들이 일선군 모례의 존재를 미리 알았던 것 같다면서, 모례를 '고구려 간섭기'에 일선군을 중심으로 고구려에 협력한 '친고구려계세력'으로 이해했다(金德原,「新羅 佛敎의 民間 受容에 대한 一考察—善郡 毛禮를 中心으로—」,『新羅史學報』 창간호, 2004, 100~101쪽).
143) 『三國史節要』 卷5, 戊辰條.
144) 『東國通鑑』 卷4, 戊辰條.

③ 內殿焚修僧與宮主潛通以爲奸也 二人伏誅.145)
④ 王入宮 見琴匣 倚壁射之而倒 乃內殿焚修僧也 王妃引與通 因謀弑王也 於是王妃伏誅.146)
⑤ 內殿焚修僧與宮主潛通以爲奸也 二人伏誅.147)
⑥ 鷄林誅其妃善兮夫人 妃與僧潛通故也.148)

사료 5-①~⑥에서 분수승과 함께 죽은 존재에 대해서『삼국사절요』·『동국통감』·『점필재집』은 '왕비王妃'로,『신증동국여지승람』과 『동경잡기』는『삼국유사』와 같은 '궁주宮主'로 묘사했다. 그러다가 안정복의『동사강목』에 이르러서 궁주가 비妃 '선혜부인'으로 구체화되어 있음을 알 수 있다.149)

일단 궁주의 개념부터 살펴보도록 하자. 신라시대 궁주의 사례는 사금갑조 외에『삼국유사』(권3, 탑상4) 백률사조에 효소왕대 국선國仙 부례랑大禮郞의 어머니를 사량부 경정궁주鏡井宮主로 삼았다는 기록이 있다.150) 고려시대의 궁주가 후비后妃인 점을 감안해 기왕에 신라시대 궁주를 '왕비에 버금가는 높은 신분'151) 내지 '왕의 여인'152)으

---

145)『新增東國輿地勝覽』卷21, 慶州府 古蹟條.
146)『佔畢齋集』卷3, 東都樂府.
147)『東京雜記』卷2, 古蹟條.
148)『東史綱目』卷第二下, 戊辰條.
149) 각 사서 간 표현의 차이가 저본에서 비롯된 것인지는 분명치 않다. 宮主→王妃→善兮夫人으로 유추할 수도 있기 때문이다.
150)『海東高僧傳』卷1, 流通1-1, 阿道傳에도 미추왕대 초전불교 전래설화가 소개되면서 '成國宮主'가 나온다.『三國遺事』卷3, 興法3, 阿道基羅에는 '成國公主'로 되어 있다.
151) 辛鍾遠,「新羅 五臺山事蹟과 聖德王의 卽位背景」『崔永禧先生華甲紀念 韓國史學論叢』, 探求堂, 1987, 109쪽.
152) 金台植,「射琴匣 설화의 역사적 이해」『민속학연구』12, 국립민속박물관, 2003, 117~122쪽.

로 이해한 바 있다. 궁주의 개념과 현전하는 자료만을 가지고 사금갑 설화의 궁주가 누구인지를 밝히는 것은 쉽지 않다. 때문에『동사강목』의 기록은 주목할 만한 가치가 있어 보인다.[153] 곧 안정복은 무슨 이유에서인지 '궁주宮主'와 '왕비王妃'를 선혜부인善兮夫人으로 단정했다. 궁주가 '왕 또는 왕실의 여인'이라는 견해를 따른다면,『삼국사기』에 소지왕의 왕비로 유일하게 실명이 전해지는 선혜부인을 궁주로 주목하는 것은 어찌 보면 자연스러운 이해라고 할 수 있다.[154]

선혜부인과 소지왕이 혼인한 시기는 분명하지 않다. 다만 선혜부인의 아버지 내숙乃宿이 소지왕 8년(486)에 이벌찬으로 등용된 것[155]은 이와 관련한 단서가 될 수 있다. 현재 소지왕 8년 이전의 내숙과 관련된 기록은 전하지 않는다. 자연 선혜부인이 소지왕의 왕비가 된 것과 내숙의 이벌찬 등용은 밀접한 관련이 있어 보인다. 내숙의 이벌찬 등용은 아마도 그의 딸이 왕비가 된 뒤 그것을 토대로 해서 이루어졌거나, 선혜왕비와 소지왕의 혼인과 맞물려있을 가능성이 있다. 소지왕의 어머니는『삼국사기』와『삼국유사』에 모두 미사흔의 딸로 되어 있다. 그런데 자비왕은 재위 4년(461)에 미사흔의 딸을 왕비로 삼았다.[156] 곧 소지왕은 461년 이후에 태어났으므로 즉위년인

---

153) 김태식(앞의 논문, 2003)과 채미하(「新羅의 神宮 祭祀」, 앞의 책, 2004, 53쪽)도『동사강목』을 논거로 삼아 궁주를 선혜부인으로 추정했다.
154)『三國史記』卷3, 新羅本紀3, 炤知麻立干 즉위년(479)조에는 소지왕비를 伊伐湌 乃宿의 딸 善兮夫人이라 했고,『三國遺事』卷1, 王曆1에는 소지왕비가 期寶葛文王의 딸이라고만 되어 있다. 이벌찬 내숙=기보갈문왕이라면 소지왕비는 선혜부인이 유일하고, 개별 인물이라면 소지왕비는 선혜부인 외 1명을 감안해야 한다. 여기에서는 개별 인물로 파악하고 [표 5]의 왕실계보도를 작성했다.
155)『三國史記』卷3, 新羅本紀3, 炤知麻立干 8년(486)조.
156)『三國史記』卷3, 新羅本紀3, 慈悲麻立干 4년(461)조.

479년에 20세를 넘을 수 없다. 이러한 정황을 고려할 때 소지왕과 선혜부인이 혼인한 시기는 대체로 소지왕 즉위 전후~8년 사이로 추정된다.157)

그런데 내숙이 이벌찬에 등용되었다면 이후 국정을 주도했을 것이고, 따라서 그의 활동이 기록에 남아 있을 만한 데도 불구하고 그렇지 못하다는 점이 의아하다. 오히려 소지왕 15년(493)에 백제 동성왕이 사신을 보내 혼인을 청했을 때 이벌찬 비지比智의 딸을 보냈다는 기록158)을 통해, 내숙이 늦어도 소지왕 15년 이전에 이벌찬의 자리에서 물러났음을 엿볼 수 있다. 이는 곧 소지왕 8년~15년 사이 이벌찬이 내숙에서 비지로 바뀌었음을 시사해 준다. 이벌찬의 교체를 전임자의 죽음에 따라 자연스럽게 이루어진 일상적 정치행위로 볼 수도 있다. 하지만 그렇게 넘기기에는 소지왕 8년(486)~15년(493) 사이 발생한 사금갑 사건(488년)이 예사롭게 보이지 않는다. 아마도 사금갑 사건으로 선혜왕비가 분수승과 함께 제거되면서 내숙도 그와 연관되어 이벌찬의 자리에서 물러난 것이 아닌가 추측된다.

그렇다면 왕족으로서 그에 상응하는 정치적 지위를 누렸을 선혜부인과 내숙이 고구려 분수승과 공모해 소지왕의 암살을 기도했던 이유는 무엇일까? 현전하는 기록에서 이를 밝혀내기란 쉽지 않아 보인다. 다만 선혜부인이 소지왕의 뒤를 이을 아들을 낳지 못했다는 점을 고려할 때, 왕자의 생산과 관련이 있지 않을까 어렴풋하게나마

---

157) 김태식(앞의 논문, 2003, 116쪽)과 박성천(「新羅 智證王의 卽位過程에 대한 硏究」, 『慶州文化硏究』 6, 慶州大學校 文化財硏究所, 2003, 44쪽)도 비슷한 입장이다.
158) 『三國史記』 卷3, 新羅本紀3, 炤知麻立干 15년(493)조.

추정할 따름이다.

　잘 알려져 있는 바처럼 김씨왕실의 세습이 공고해지는 눌지왕 이후의 왕위는 자비왕~소지왕까지 직계 맏아들로 계승되었다. 또한 왕실의 혼인도 김씨족 안에서 맺어졌다. 그것은 석씨세력과 김씨세력이 정치적으로 갈등한 산물로서, 김씨왕실이 세습체제를 구축하는 과정에서 모계母系가 석씨였던 실성왕을 제거했음을 앞서 살펴보았다.159) 곧 김씨세력은 석씨세력을 물리친 후 김씨세력 중심의 체제정비와 안정적인 왕위계승을 위해 직계 위주의 장자계승을 추구했다고 볼 수 있다.

　따라서 선혜부인이 왕비로서 소지왕의 뒤를 이을 왕자를 생산하지 못함에 따라 왕실 내에서 선혜부인과 내숙의 정치적 입지는 점차 위축되어 갔을 가능성이 크다. 곧 선혜부인이 분수승과 함께 소지왕의 암살을 공모했던 까닭은, 아마도 아들을 낳지 못함으로써 초래되었던 정국운영의 주도권 상실 우려에 따른 불가피한 선택이지 않았을까?160) 그러나 결과는 선혜왕비와 내숙의 자충수로 귀결되고 말았다. 고구려의 소지왕 암살기도 역시 노옹과 일관세력의 도움을 받은 소지왕의 긴밀한 대응으로 실패로 끝나고 말았던 것이다.

---

159) 이 책의 3장 2절~3절 참조.
160) 신라중대 사례지만 신문왕 원년(681)에 일어난 김흠돌 난이 신문왕 비로 들어간 김흠돌의 딸이 아들을 낳지 못한 것과 관련된다는 연구는 이와 관련해 참고된다(李丙燾,『韓國史』古代篇, 震檀學會, 乙酉文化社, 1959, 645쪽 : 金壽泰, 「專制王權의 확립과 金欽突亂」,『新羅中代政治史研究』, 一潮閣, 1996, 9~14쪽). 또한 경덕왕이 先妃 三毛夫人이 아들을 낳지 못하자 출궁시키고 後妃 滿月夫人을 얻었고, 그녀마저 아들을 못낳자 表訓으로 하여금 하늘로 올라가 天帝에게 간청해 아들을 얻었다는 이야기는 왕위를 계승할 아들의 생산이 차지하는 중요성을 단적으로 보여준다(李基白·李基東 共著,『韓國史講座』Ⅰ, 古代篇, 一潮閣, 1982, 312쪽).

제6장

지증왕의 집권과
대고구려 방위체계 확립

1. 지증왕의 집권배경

　　소지왕 이후 신라의 왕위는 지증왕(500~514)에게 넘어갔다. 지증왕대는 왕실세력의 변천과 통치체제 정비라는 측면에서 볼 때 신라사에서 변혁기로 평가받고 있다. 실제로 소지왕대까지 나물왕 직계로 왕위가 계승되던 형국에서 지증왕은 방계로서 집권했고, 더불어 '박씨왕비족시대'가 개막되었다. 또한 '신라新羅' 국호와 왕호가 확정되는가 하면 주·군제州郡制로 불리는 지방통치제도도 마련되었다.[1] 그 외에도 순장殉葬의 금지, 우경牛耕의 실시, 상복법喪服法의 제정, 소경小京의 설치 등[2] 정치·사회·경제적 측면에서 주목할 만한 업적이

---

1) 『三國史記』 卷4, 新羅本紀4, 智證麻立干 4년(503)·6년(505)조.
2) 『三國史記』 卷4, 新羅本紀4, 智證麻立干 3년(502)·5년(504)·15년(414)조 참조.

많다. 『삼국사기』 신라본기가 지증왕대를 기점으로 권4로 설정한 것과, 법흥왕(514~540)부터가 중고기임에도 불구하고 중고기를 여는 실질적 왕으로 지증왕이 주목되었던3) 이유는 이런 점에서 충분히 납득이 가는 대목이다.4) 자연 그동안의 연구성과도 지증왕의 즉위와 통치체제의 정비에 초점이 맞추어져 축적되어 왔다.5)

그런데 대외관계의 측면에서도 지증왕 즉위 전후의 변화가 감지된다. 곧 5세기 중반부터 지속되어 왔던 신라와 고구려의 공방전 양상이 6세기 초 고구려와 백제의 대립구도로 바뀌었다. 또한 나제동맹으로 공고했던 신라와 백제의 관계도 이완되는 조짐이 보이면서 전반적으로 삼국관계가 재편되는 듯한 인상을 받는다.6) 물론 이러한 현상은 기왕에도 어느 정도 지적된 바 있다.7) 다만 신라와 고구려,

---

3) 李基東, 「新羅 奈勿王系의 血緣意識」 『新羅骨品制社會와 花郞徒』, 一潮閣, 1984. 65쪽.
4) 신형식이 신라본기를 계량적으로 분석해 왕위교체와 천재지변의 관련성에서 소지왕대와 지증왕대를 역사적 전환기로 이해한 것이나(申瀅植, 『三國史記 硏究』, 一潮閣, 1981. 36~38쪽 및 『新羅通史』, 주류성, 2004. 143~148쪽), 소지왕대를 기점으로 『삼국사기』의 老嫗가 老翁·老人으로 性이 바뀌는 것에 착안해 이 시기를 전환기로 파악한 최광식의 연구(崔光植, 「三國史記 所載 老嫗의 性格」 『史叢』 25, 高大史學會. 1981 : 『한국고대의 토착신앙과 불교』, 고려대학교출판부, 2007. 320~324쪽) 역시 이러한 점에서 주목된다.
5) 지증왕대를 직접 다룬 연구만도 다음과 같다.
李喜寬, 「新羅上代 智證王系 王位繼承과 朴氏王妃族」 『東亞硏究』 20. 西江大學校 東亞硏究所, 1990a 및 「迎日冷水里碑에 보이는 至都盧葛文王에 대한 몇 가지 問題」 『韓國學報』 60, 一志社, 1990b : 李鍾泰, 「新羅 智證王代의 神宮設置와 金氏始祖認識의 變化」 『擇窩許善道先生停年紀念 韓國史學論叢』, 一潮閣, 1992 : 金義滿, 「新羅 智證·法興王代의 政治改革과 그 性格」 『慶北史學』 23, 慶北史學會, 2000 : 박성천, 「新羅 智證王의 卽位過程에 대한 硏究」 『慶州文化硏究』 6, 慶州大學校 文化財硏究所, 2003.
그 외 「迎日冷水里新羅碑」[이하 냉수리비로 약칭]의 발견으로 지증왕 즉위 전후의 정치동향과 六部의 역학관계, 지방지배방식 등에 대한 연구가 활성화되었다.
6) 이 책 5장의 [표 6] 참조.
7) 鄭雲龍, 「5世紀 高句麗 勢力圈의 南限」 『史叢』 35, 高大史學會, 1989. 8쪽 : 梁起錫,

신라와 백제 관계의 추이 속에서 살펴지다 보니 구체적인 면이나 대외관계의 변화 배경에 대한 분석으로까지 나아가지 못했다. 무엇보다도 '외교外交'가 '내정內政'의 연장선상에서 이루어지는 정치행위임을 감안할 때, 그동안의 연구가 지증왕대의 '내정'에 치우쳐 있었음은 이 시기를 종합적으로 이해하는 데 한계를 노정할 수밖에 없었다. 이에 이 장에서는 지증왕대의 정치동향에 대한 연구를 발전적으로 수용하면서, 기왕에 소홀했던 대외관계에 대한 분석으로까지 논의를 진전시키고자 한다.

먼저 지증왕의 집권배경을 계기적으로 이해하기 위해서는 직전 왕이었던 소지왕 말년의 정국동향과 사망경위를 살펴야 할 것이다. 관련기록은 다음과 같다.

1. 가을 9월에 왕이 捺已郡에 행차하였다. 郡人 波路에게 딸이 있어 碧花라 했는데, 16세로 나라 안의 절세미인이었다. 그 아버지가 [딸에게] 수놓은 비단을 입혀 수레에 태우고 색깔 있는 명주로 덮어 왕에게 바쳤다. 왕은 음식을 보낸 것으로 생각하여 열어보니 어린 소녀가 있어 이상히 여겨 받지 않았다. 궁으로 돌아왔는데 생각이 그치지 않아 두세 차례 몰래 그 집에 가서 그녀를 침석에 들게 하였다. [도중에] 古陁郡을 지나가는 길에 老嫗의 집에 묵었다. [왕이] 묻기를 "지금 사람들은 국왕을 어떤 군주로 생각합니까?"라 하니, 노구가 대답하였다. "많은 사람들이

「5~6世紀 前半 新羅와 百濟의 關係」, 『新羅의 對外關係史 硏究』, 新羅文化祭學術發表會 論文集15, 新羅文化宣揚會, 1994, 87쪽 ; 鄭雲龍, 「羅濟同盟期 新羅와 百濟 關係」, 『白山學報』 46, 白山學會, 1996, 105쪽 ; 朴眞淑, 「百濟 東城王代 對外政策의 變化」, 『百濟硏究』 32, 忠南大學校 百濟硏究所, 2000, 98~102쪽 ; 우선정, 「麻立干 時期 新羅의 對高句麗 關係」, 『慶北史學』 23, 2000, 25쪽 ; 鄭載潤, 「熊津時代 百濟와 新羅의 關係에 대한 고찰」, 『湖西考古學』 4·5, 湖西考古學會, 2001, 79쪽.

聖人으로 여기지만 저만은 그것이 의심스럽습니다. 왜냐하면 제가 왕이 捺己의 여자와 관계하러 여러 번 미복차림으로 온다고 들었기 때문입니다. 무릇 '용이 고기의 옷을 입으면 어부에게 잡히는 법'입니다. 지금 왕은 萬乘의 지위를 누리면서 스스로 신중하지 못하니 이를 성인이라 한다면 누가 성인이 아니겠습니까?" 왕이 그 말을 듣고 크게 부끄럽게 여겨 그 여자를 몰래 맞아들여 별실에 두고 아들 하나를 낳기에 이르렀다. 겨울 11월에 왕이 죽었다.[8]

소지왕은 재위 22년(500)에 날이군(영주)으로 행차했는데, 이때 파로波路가 계획적으로 왕에게 딸을 바쳤다. 소지왕은 처음에는 이상히 여겨 받지 않았지만 벽화의 미모에 반해 이후 여러 차례 미복微服 차림으로 날이군에 드나들었다. 그러한 과정에서 고타군(안동) 노구의 신랄한 비판을 받게 되었다. 소지왕은 이를 부끄럽게 여겼지만 벽화를 왕궁의 별실로 맞아들여 급기야 아들까지 낳게 했다. 그런데 갑자기 소지왕이 죽고 말았다.

소지왕이 날이군 파로의 딸 벽화와 관계를 맺은 것과 그의 죽음이 연결되는지의 여부는 분명하지 않다. 다만 소지왕 재위 22년(500) 당시 그의 나이가 40세를 넘지 못했으므로[9] 자연적인 죽음이라고 단정하기에도 석연치 않은 부분이 있다. 기왕에는 500년에 즉위한 지증왕이 「냉수리비」에 503년까지 갈문왕葛文王을 칭하고 있는 데 주목해, 지증왕의 집권과정에서 소지왕이 정치적으로 희생된 것으로 보는 견해가 우세했다. 저자도 지증왕의 집권과정에 모종의 정치적

---

8) 『三國史記』卷3, 新羅本紀3, 炤知麻立干 22년(500)조.
9) 이 책의 5장 3절 참조.

사건이 있었음에 동의한다. 다만 기왕에는 소지왕이 폐위된 이유에 대해 거의 언급하지 않았다. 막연히 위 기록에 주목해 실정失政의 차원으로 치부해버린 듯한 인상을 받는다. 이에 여기에서는 위의 기록을 지증왕의 즉위배경과 관련지어 주목해 보고자 한다.

우선 사료 1의 시점을 짚고 넘어갈 필요가 있다. 기록대로라면 소지왕이 재위 22년 9월에 날이군으로 행차해서 벽화와 정을 통해 아들을 낳은 후 같은 해 11월에 죽은 것으로 되어 있다. 그러나 이는 인간의 최소 임신기간을 고려하더라도 논리적으로 맞지 않는다. 따라서 사료 1의 내용은 500년 9월 이후 2~3년에 걸쳐 일어난 일이 압축·정리된 것으로 이해하는 것이 합리적이다.10)

그렇다면 소지왕이 날이군에 간 까닭은 무엇일까? 소지왕의 행차는 비록 첫 번째 이후에는 벽화를 만나기 위한 것으로 되어 있지만, 사실 원래부터 그랬던 것은 아니었다. 기록은 분명 소지왕이 날이군에 왔으므로 파로가 자신의 딸을 바쳤다는 인과구조로 되어 있다. 곧 소지왕의 날이군 행차의도는 벽화의 등장으로 윤색되었지만, 소지왕이 처음 날이군 행차를 결심했던 데에는 나름대로의 이유가 있었음이 분명하다. 이와 관련해 소지왕이 5년(483)과 10년(488) 두 차례 실시한 일선계—善界[선산] 순수는 날이군 행차의 의도를 살피는 데 도움을 준다. 소지왕의 일선계 순수에 대해서는 이미 '대고구려

---

10) 鄭求福(「迎日冷水里新羅碑의 金石學的 考察」,『韓國古代史研究』3, 1990, 42쪽의 각주 44)과 李康來(「新羅 奈已郡考」,『新羅文化』13, 東國大學校 新羅文化硏究所, 1996, 349쪽)가 편년에 문제를 제기했다. 이에 김현숙은 압축된 것으로 이해했다(金賢淑,「4~6세기경 小白山脈 以東地域의 領域向方-『三國史記』 地理志의 慶北地域 '高句麗郡縣'을 중심으로-」,『韓國古代史研究』26, 2002, 107쪽의 각주 99).

관계에서의 신라 서북방 군사적·사회경제적 요충지에 대한 통치활동'으로 이해했다. 소지왕대 최대 당면과제가 고구려의 공세에 대한 대응이라는 점을 상기할 때, 소지왕의 날이군 행차 역시 대고구려 관계에서의 통치행위로써 추진된 순수일 가능성이 크다.

날이군의 지리적 환경은 이러한 추측에 힘을 실어준다. 날이군의 태백산[11]은 신라초기부터 왕실에 의해 주목을 받아 왕이 몸소 제사 지냈던 곳이다.[12] 그 결과 사전祀典체제에서도 중사中祀 오악五岳으로 편제되었다.[13] 이는 이 지역이 신라초기부터 국방상 요충지로 인식되었음을 시사해 준다. 명산대천名山大川에 대한 제사는 신앙적 의미뿐만 아니라 실제적인 군사목적도 담보하고 있다. 특히 중사의 제장祭場은 국토 주위를 둘러가며 국경을 이루는 양상을 보여 국토방위의 목적으로 배치된 것으로 분석되었다.[14] 이미 살펴본 대로 죽령로는 4세기 말~5세기 중반까지 신라와 고구려 사이 교통로로써 비중이 컸다. 그런데 날이군이 바로 고구려로 나아가는 죽령의 길목에 위치한다. 죽령 이남 경북 북부지역의 영주·순흥·부석·봉화·예안 등지가 '고구려고지高句麗故地'로 남아 있거나, 순흥읍내리벽화고분과 경북지역 불상 등의 고고학적 유물·유적에서 '고구려적 요소'가 발견되는 점[15]은 이러한 이유 때문일 것이다. 중요한 건 날이군이 5세기

---

11) 태백산은 실제로 삼척과 봉화에 걸쳐 있지만『삼국사기』제사지에는 奈己郡 소재로 되어 있다. 중요한 건 신라인들의 인식이다(李基白,「新羅 五岳의 成立과 그 意義」,『震檀學報』33, 1972 ;『新羅政治社會史研究』, 一潮閣, 1974, 201쪽의 각주 10).
12)『三國史記』卷1, 新羅本紀1, 逸聖尼師今 5년(138)조 : 같은 책 卷2, 新羅本紀2, 基臨尼師今 3년(300)조.
13)『三國史記』卷32, 雜志1, 祭祀條.
14) 崔光植,「국가제사의 祭場」『고대한국의 국가와 제사』, 한길사, 1994, 318~322쪽.

신라와 고구려 관계에서 두 나라 사이의 최전방 군사·문화적 접점 지역에 위치한다는 사실이다. 결국 문헌과 고고학 자료를 통해 신라와 고구려 사이의 핵심교통로였던 죽령로에서 날이군이 차지하는 지정학적 중요성은 여실히 드러난 셈이다.

소지왕이 재위 22년(500)에 날이군으로 순수했다는 것은 당연히 이 지역이 신라의 통치권역 안에 포함되어 있음을 의미한다. 사실 날이군은 눌지왕이 9년(425)에 고구려에 인질로 간 동생 복호를 귀환시키는 과정에서 소집된 3촌 중 하나로 이미 5세기 초 신라의 영토에 속해 있었다. 다만 눌지왕이 고구려의 간섭을 배제하고 경주에서 고구려 군사를 축출한 때가 5세기 중반이므로, 날이군은 신라의 영토이면서도 고구려 군사의 주둔과 영향력에서 자유롭지 못했을 가능성이 있다. 그런데 자비왕~소지왕대에 해당하는 5세기 중·후반에 이르러서는 신라와 고구려가 소백산맥 서북쪽의 변방과 동해안 일대에서 각축했을 뿐 죽령 부근에서 충돌한 기사가 남아 있지 않았다. 이는 곧 신라와 고구려가 죽령을 기점으로 대치하고 있었음을 의미하는 동시에 고구려 군사가 소백산맥 이북으로 물러갔음을 알려주는 지표로 주목한 바 있다. 이러한 상황이라면 날이군은 소지왕대 대고구려 최북방 군사전략지점으로 부각되었을 것이다.

그러나 날이군이 소지왕대 순수의 대상이 되는 영토였을지라도 신라 중앙정부의 통치력이 미치는 최북단 변방지역임을 간과해서는 안 된다. 이 지역에 20~30여 년 전까지 고구려군이 주둔해 있었음

---

15) 秦弘燮, 「新羅 北境地域 佛像의 考察」, 『大丘史學』 7·8, 大丘史學會, 1973 ; 徐榮一, 「5~6世紀 高句麗 東南境 考察」, 『史學志』 24, 檀國大學校 史學會, 1991, 22~39쪽.

을 감안할 때, 비록 고구려 군사가 물러갔다고 하더라도 그 영향력은 남아 있을 수 있다. 5~6세기로 비정되는 이 지역 출토 고분과 불교유적에서 '고구려적 요소'가 발견되는 점은 정치적 귀속 여부와는 별도로 문화적 영향력의 파급효과를 생각케 한다. 따라서 소지왕대 날이군에는 고구려와 연결될 소지가 있는 '친고구려세력'[16]이 잔존해 있을 가능성이 다분하다. 결국 소지왕은 날이군을 순수함으로써 '친고구려세력'을 회유·포섭하고, 과거 고구려의 영향력 하에 있던 지역 민들을 위무해서 그들이 신라의 통치범위 안에 있음을 각인시키려 했던 것으로 이해된다.

이제 소지왕과 벽화의 혼인기록을 문면 그대로 해석할 것만은 아니라고 생각된다. 그렇다면 파로가 소지왕에게 딸을 바치면서 기대한 바는 무엇일까? 이미 이에 대해 소지왕과 벽화의 혼인을 날이군의 신라세력권 편입으로 파악한 적이 있다.[17] 또한 파로가 딸을 바친 것에 대해서는 이 지역에서 고구려세력이 축출되자 고구려 당주와 결탁했던 자신의 행위를 무마시키기 위한 자구책으로 이해하기도 했다.[18]

아마도 파로는 소지왕에게 딸을 바쳐 충성을 맹세함으로써, 신라 중앙정부의 비호 하에 재지세력으로서의 지역 내 통치권을 유지하

---

16) '친고구려세력' 용어는 신라영토지만 고구려와의 국경지대에 존재하면서 과거 '고구려고지'를 경험했던 지역의 재지세력에 한정해 사용하겠다. 이들은 지역 내에서의 통치권을 유지하기 위하여 상황에 따라 고구려와 신라에 적절히 협조했을 것이다. 때문에 그들의 국가적 귀속의식과 정치적 성격은 변화의 소지가 많았을 것이다.
17) 이기백, 앞의 논문, 1972 : 앞의 책, 1974, 201쪽 : 全德在, 「新羅 州郡制의 成立背景 硏究」『韓國史論』22, 서울大 國史學科, 1990, 47~48쪽.
18) 정운용, 앞의 논문, 1989, 26쪽.

려 했던 것 같다. 소지왕으로서도 재지세력의 포섭을 통한 지방통치
는 필요했을 것이다. 특히 날이군이 대고구려 핵심요충지임을 감안
할 때 이 지역에 대한 신라왕실의 관심은 좀더 각별했을 것이다. 그
렇다면 소지왕과 벽화의 혼인은 이러한 양 측의 이해관계가 맞물리
면서 이루어진 결과로 생각된다.[19]

그런데 고타군(안동) 노구는 왜 소지왕의 행위를 신랄하게 비판했
을까? 소지왕이 여색女色에 빠져 정사를 소홀한 데 대한 나무람일까?
기왕의 연구에서는 이에 대해 날이군 지역에 '친고구려세력'이 잔존
해 있을 가능성으로 인한 소지왕의 처신과 안위에 대한 경계로 보거
나,[20] 각 지역세력 혹은 중앙귀족세력 간 갈등의 산물로 파악한 바
있다.[21] 저자 역시 기존의 견해를 존중하는 입장이다. 다만 고타군
노구가 소지왕을 비판한 배경과 그 의미를 온전히 이해하기 위해서
는 우선 고타군의 지역적 특성에 주목할 필요가 있다고 생각한다.

---

19) 물론 소지왕의 왕자 생산의지도 내재되어 있었다. 다만 소지왕이 아들을 낳기 위해
    위험을 감수하면서까지 '친고구려세력'과 혼인했다기보다는, 그만큼 소지왕에게 왕위
    를 이을 아들의 출생이 중요했음을 나타내주는 설화이다.
20) 정운용, 앞의 논문, 1994, 60쪽.
21) 김두진은 소지왕대 권력구조를 訥祇系와 習寶系의 대립으로 본 후, 고타군 노구의
    비판을 눌지계가 귀족세력의 지지를 받지 못했음을 반영하는 것으로 생각했다(金杜
    珍, 「新羅 公認佛敎의 思想과 그 政治史的 意味」, 『斗溪李丙燾博士 九旬紀念韓國史學論
    叢』, 知識産業社, 1987, 94~95쪽). 주보돈은 중앙의 관심이 날이쪽으로 기울어지는
    데 대한 고타세력의 불만으로 보고, 이를 인근세력의 대립을 부추겨 서로 결속하지
    못하게 하는 지방통치술로 이해했다(朱甫暾, 「麻立干時代 新羅의 地方統治」, 『新羅 地方
    統治體制의 整備過程과 村落』, 신서원, 1998, 51~52쪽). 강종훈은 변방출신 벽화가
    왕의 총애를 받자 그녀를 통해 지방세력의 입김이 중앙정계에까지 미칠 우려한 경
    주 귀족들의 생각이 설화적으로 표현된 것으로 보았다(강종훈, 『신라상고사연구』,
    2000, 100쪽의 각주 91).

다음 기록을 살펴보도록 하자.

2-① 여름 5월에 古陁郡主가 푸른 소를 바쳤다.22)
② 가을에 큰 풍년이 들었다. 古陁郡에서 嘉禾를 바쳤다.23)

청우靑牛와 가화嘉禾는 고대로부터 서상瑞祥의 대상으로 여겨졌다.24) 그래서 파사이사금 5년(84)과 조분이사금 13년(242)에 고타군에서 이를 신라왕실에 헌납한 사실은, 이 지역이 일찍부터 신라에 복속되었거나 신라의 우위를 인정할 정도로 종속관계였음을 말해준다고 할 수 있다.25)

이와 관련해 고타군이 '고구려고지'에서 제외되어 있음26)은 시사해 주는 바가 크다. 곧 고타군 인근인 선곡현善谷縣[예안]27)·곡성군曲城郡[임하]28)·진안현眞安縣[진보]29)·적선현積善縣[청송]30)·연무현緣武縣

---

22) 『三國史記』卷1, 新羅本紀1, 婆娑尼師今 5년(84)조.
23) 『三國史記』卷2, 新羅本紀2, 助賁尼師今 13년(242)조.
24) 李熙德, 「三國時代의 瑞祥說」,『李基白先生古稀紀念 韓國史學論叢』上, 一潮閣, 1994 ;『韓國古代 自然觀과 王道政治』, 혜안, 1999, 211~212쪽, 221쪽.
25) 李文基, 「新羅 上古期의 통치조직과 국가형성문제」,『한국 고대국가의 형성』, 民音社, 1990, 282~283쪽 ; 林起煥, 「6·7세기 高句麗 政治勢力의 동향」『韓國古代史硏究』5, 1992, 8쪽 ; 梁正錫, 「신라 麻立干期 왕권강화정책과 지방정책」,『韓國史學報』창간호, 韓國史學會, 1996, 254쪽.
26) 『三國史記』卷34, 雜志3, 地理1, 尙州條 古昌郡 참조.
27) 『三國史記』卷35, 雜志4, 地理2, 朔州條 奈靈郡 ;『新增東國輿地勝覽』卷25, 禮安縣 建置沿革.
28) 『三國史記』卷35, 雜志4, 地理2, 溟州條 曲城郡 ;『新增東國輿地勝覽』卷24, 安東大都護府 屬縣條.
29) 『三國史記』卷35, 雜志4, 地理2, 溟州條 野城郡 ;『新增東國輿地勝覽』卷25, 眞寶縣 建置沿革.
30) 『三國史記』卷35, 雜志4, 地理2, 溟州條 野城郡 ;『新增東國輿地勝覽』卷24, 靑松都護

[안덕]³¹⁾이 모두 '고구려고지'에 속해 있음에도 불구하고 유독 고타군만 빠져 있다. 따라서 고타군은 일찍부터 신라의 통치범위에 속한 채 고구려의 간섭기간에도 상대적으로 고구려의 영향을 덜 받았을 가능성이 크다. 이는 고타군에 일찍부터 신라왕실과 이해관계가 통하는 '친신라세력'³²⁾이 존재했을 가능성을 높여준다. 한국고대사에서의 노구老嫗는 단순히 '늙은 할머니'가 아닌 왕실과 연결되어 왕에게 충고와 조언을 했던 유력한 존재라고 한다.³³⁾ 고타군 노구 역시 이와 같은 노구의 성격에 부합한다. 이에 저자는 고타군 노구를 고타군의 유력한 인물로서 신라 중앙왕실과 긴밀히 연결되어 있던 '친신라세력'으로 파악하고자 한다.

이제 고타군 노구가 비판한 내용을 다시 음미할 필요가 있겠다. 곧 고타군 노구는 소지왕의 행위자체를 비난했다기보다는, 날이군 지역의 여자와 관계함을 문제삼았던 것이 아닐까 한다. 왜냐하면 노구의 입장에서는 날이군에 여전히 '친고구려세력'이 남아 있을 가능성이 크다고 우려했기 때문이었다. 이 점에서 고타군 노구가 왕에게 충고한 발언["무릇 용이 고기의 옷을 입으면 어부에게 잡히는 법입니다"]은 예사롭지 않아 보인다. 노구가 비유적 표현을 통하여 소지왕에게 전달하고자 하는 메시지가 담겨져 있음이 분명하기 때문이다. 저자는 노구가 말한 '용'은 다름 아닌 소지왕을, '고기의 옷을 입는 것'은 '친고구려세

府 建置沿革.
31) 『三國史記』卷35, 雜志4, 地理2, 溟州條 曲城郡 ;『新增東國興地勝覽』卷24, 靑松都護府 屬縣條.
32) '친신라세력'이라는 용어는 '친고구려세력'에 대한 상대적 개념으로만 제한적으로 사용하겠다. 신라 중앙왕실과 연결되어 있는 지방세력 정도로 이해된다.
33) 최광식, 앞의 논문, 1981 ; 앞의 책, 2007, 309~317쪽.

력과의 제휴행위'를, '어부'는 '고구려세력'에 대한 은유적으로 표현으로 생각한다. 그렇다면 고타군 노구는 소지왕이 '친고구려세력'과 지나치게 어울리는 것을 걱정하면서 충간忠諫했다고 볼 수 있다. 따라서 소지왕이 고타군 노구집에 들른 것도 우연이라기보다 계획된 일정으로 보는 것이 자연스럽다. 곧 노구가 왕을 몰라보고 비판한 것이 아니라 친왕적 존재로서 왕의 안위를 충고했던 것이다. 또한 이것은 노구의 입장에서 '친고구려세력'에게 권력의 주도권을 빼앗길 수 있다는 위기의식에서 비롯된 것이기도 했다.

고타군 노구의 충고에도 불구하고 소지왕은 벽화를 왕궁의 별실로 데려와 아들까지 낳게 했다. 그런데 소지왕이 그렇게도 갈망하던 아들을 얻은 후 소지왕은 의문의 죽음을 맞았다. 소지왕이 고타군 노구의 충고를 받아들이지 않은 것과 그의 죽음은 인과관계였을 가능성이 크다. 곧 소지왕은 파로로 대표되는 날이군의 '친고구려세력'과 제휴를 도모하다가 이를 반대하는 '친신라세력'의 견제를 받았고, 그러한 과정에서 희생된 것으로 추정이 된다. 여기에서 소지왕을 폐위한 주체를 단정하기는 어렵다. 하지만 소지왕 죽음의 가장 큰 수혜자는 결과적으로 지증왕이었다. 이는 지증왕이 소지왕의 실각과 관련되어 있음을 부인하기 어렵게 한다.

날이군 파로세력과 얽히기 전까지 소지왕은 재위기간 내내 고구려의 파상적인 공격을 물리쳤고, 장수왕의 암살기도에 신속히 대응하는 등 고구려에 대한 강경책을 성공적으로 주도했었다. 그러다 집권 말년 추진한 날이군 순수가 애초의 의도와 달리 '친고구려세력'과의 제휴행위로 왜곡된 것이다. 그것이 곧 지증왕의 집권에 결정적인 명분을 제공한 셈이 되고 말았다.

2. 지증왕의 즉위과정과 지지세력

날이군 파로의 딸 벽화와의 혼인과 그로 인해 발생한 소지왕의 죽음은 어떻게 보면 왕위를 물려줄 아들에 대한 소지왕의 열망에서 초래된 측면도 있다. 다음의 기록은 이러한 면과 함께 지증왕의 즉위과정과 지지세력을 알려준다.

3-① 智證麻立干이 왕위에 올랐다. 성은 김씨이고 이름은 智大路(智度路 혹은 智哲老 라고도 한다)이다. 나물왕의 증손으로 習寶葛文王의 아들이고, 소지왕의 再從弟이 다. 어머니는 김씨 鳥生夫人으로 눌지왕의 딸이다. 비는 박씨 延帝夫人으로 이찬 登欣의 딸이다. 왕은 체격이 매우 컸고, 담력이 남보다 뛰어났다. 전왕이 죽고 아들이 없자 왕위를 이었는데, 이때 나이가 64세였다.34)

② 제22대 智訂麻立干. 智哲老라고도 하고 또는 智度路王이라고 한다. 김씨이다. 아버지는 눌지왕의 동생 期寶葛文王이고, 어머니는 鳥生夫人으로 눌지왕의 딸이다. 비는 迎帝夫人으로 儉攬代漢只登許(또는 □□) 角干의 딸이다. 庚辰(500)에 왕위에 올라 14년 동안 다스렸다.35)

---

34) 『三國史記』 卷4, 新羅本紀4, 智證麻立干 즉위년(500)조.
35) 『三國遺事』 卷1, 王曆1.

③ 제22대 智哲老王은 성이 김씨이고 이름은 智大路 또는 智度路이며 시호는 智證이다.…왕은 永元 2년 庚辰(500)에 즉위하였다.〔혹은 辛巳라고도 하는데, 그렇다면〔영원〕3년(551)이다〕. 왕은 음경의 길이가 1尺 5寸이나 돼서 배필을 얻기 어려워 使者를 3道에 보내 구하도록 하였다. 사자가 牟梁部 冬老樹 아래에 이르러 개 두 마리가 북만큼 큰 똥덩어리의 양쪽 끝을 물고 싸우는 것을 보았다. 그 마을사람에게 물어보니 한 소녀가 알려주기를 "이것은 〔모량〕부 相公의 딸이 여기서 빨래를 하다가, 숲에 숨어서 눈 것입니다"라고 하였다. 〔사자가〕 그 집을 찾아가 보니 〔여자의〕 키가 7尺 5寸이나 되었다. 자세한 일을 〔왕께〕 아뢰자 왕이 수레를 보내 궁중으로 맞아들이고 皇后로 봉하니, 신하들이 모두 축하했다.36)

위의 기록 중 우선 주목되는 것은 사료 3-③에서 지증왕 음경의 길이를 1척 5촌으로 묘사한 점이다. 『삼국사기』에서 국왕의 신체적 특징과 갖추어야 할 자격을 강조하는 것은 일반적인 사례라고 할 수 있다. 곧 왕은 외모나 골상骨相이 특이하든지 거의 예외가 없이 장신의 소유자로 기록되어 있다. 게다가 종종 남다른 성덕聖德·지혜知慧와 특수한 재능까지 겸비하고 있다.37)

3-③의 기록도 이와 비슷한 맥락으로 이해할 수 있지만, 왕의 생식기 크기를 직접적으로 표현한 것은 특이한 사례에 해당한다. 남성의 생식기가 크다는 사실은 그만큼 생산능력이 왕성함을 의미하는 것으로 해석해도 무방할 듯하다. 지증왕에 대한 이와 같은 묘사는

---

36) 『三國遺事』卷1, 紀異2, 智哲老王.
37) 申瀅植, 「三國時代 王의 性格과 地位」, 『韓國古代史의 新硏究』, 一潮閣, 1984, 86~91쪽.

소지왕이 재위기간 내내 왕위를 이을 아들의 생산에 노력했지만 결국 좌절된 채 실각·폐위되었던 분위기와는 사뭇 대조적이다.38) 따라서 지증왕의 생식기 크기[생산능력]가 강조된 것은 역설적으로 소지왕이 그 부분에 가장 취약했기 때문이지 않았을까? 지증왕이 즉위한 배경에는 이러한 점도 작용했을 것으로 생각한다.

사료 3-①~③을 살펴보면, 지증왕의 즉위가 별다른 정치적 갈등 없이 순탄하게 이루어진 것으로 되어 있다. 그러나 소지왕의 석연치 않은 죽음과, 지증왕이 500년에 즉위했음에도 불구하고 503년까지 왕호를 칭하지 못하고 갈문왕葛文王의 지위를 유지했다는 「냉수리비」의 기록 때문에, 지증왕의 즉위과정을 비정상적으로 보는 견해가 우세했다.39)

---

38) 사실 소지왕과 벽화의 사이에 유복자가 탄생했다(사료 1 참조). 그러나 어머니의 신분적 결함 때문에 왕위계승권을 가질 수 없었을 것이며(李鍾旭,『新羅上代王位繼承研究』, 嶺南大學校出版部, 1980, 88~89쪽). 2~3살 어린 아기였기 때문에 지증왕의 경쟁상대가 되지 못했을 것이다. 아마도 소지왕의 폐위·죽음과 벽화 母子의 운명이 함께 했을 것으로 추정된다.
39) 朱甫暾,「迎日冷水里新羅碑에 대한 기초적 검토」,『新羅文化』6, 1989 :『금석문과 신라사』, 지식산업사, 2002, 83~84쪽 : 정구복, 앞의 논문, 1990, 42~43쪽 : 文暻鉉,「迎日冷水里新羅碑에 보이는 部의 性格과 政治運營問題」,『韓國古代史硏究』3, 1990, 172쪽 : 이희관, 앞의 논문, 1990a, 70~79쪽 및 앞의 논문, 1990b, 87~93쪽 : 이종태, 앞의 논문, 1992, 59~60쪽 : 박성천, 앞의 논문, 2003, 39~60쪽 : 우선정,「麻立干의 위상과 성격」,『慶北史學』25, 2002, 21쪽의 각주 66.
지증왕의 즉위과정을 정상적으로 이해하기도 한다.
金義滿,「迎日 冷水碑와 新羅의 官等制」,『慶州史學』9, 1990, 9~11쪽 및 앞의 논문, 2000, 169~171쪽 : 李鍾旭,「迎日冷水里碑를 통하여 본 新羅의 政治體制」,『李基白先生古稀紀念 韓國史學論叢』上, 一潮閣, 1994 :『한국 고대사의 새로운 체계-100년 통설에 빼앗긴 역사를 찾아서』, 소나무, 1999, 233쪽 및 239~240쪽 : 宣石悅,「迎日冷水里新羅碑에 보이는 官等·官職 문제」,『韓國古代史硏究』3, 1990, 197쪽 및 「麻立干時期의 王權과 葛文王」,『新羅文化』22, 2003, 110쪽.

저자 역시 지증왕의 즉위과정에 정치적 변고가 있었던 것으로 판단하고 있다. 다만 지증왕이 나물왕의 방계로서 정치적으로 소외되어 자비왕~소지왕대에 불만이 누적되었고, 그 결과 박씨족과 연합해서 나물왕 직계 후손들을 물리치고 즉위했다는 일각의 주장[40]에는 동의하지 않는다. 왜냐하면 현전하는 기록상 소지왕 이후 왕위를 이을 만한 나물왕 직계 후손들이 드러나지 않을 뿐만 아니라, 박씨세력도 정치적으로 소외되어 있었다고 보기에는 석연치 않은 부분이 많기 때문이다.

소지왕이 재위기간 중 왕위를 물려줄 아들을 생산했다면 당연히 방계인 지증에게 왕위가 돌아가지 않았을 것이다. 그랬을 때 자비왕~소지왕대 왕위계승권이 없었던 지증이 정치적으로 나물 직계에 대해서 잠재된 불만세력으로 존재했을 가능성까지 부인할 수는 없다. 그러나 이미 검토한 대로 눌지왕은 비록 왕위의 계승은 김씨세습을 추구했지만, 고구려를 축출하는 과정에서 박제상의 도움을 받음으로써 박씨세력과 제휴했다. 이는 눌지왕이 석씨세력을 제거하면서 생긴 권력의 공백을 박씨세력으로 채움으로써 지지기반을 확대하려는 의도에서 이루어진 것이었다. 곧 눌지왕은 '고구려와의 전쟁기'라는 국가적 위기상황에서 대외적인 항쟁력을 높이고자 왕실세력의 통합에 주력했던 것이다. 자비왕~소지왕대 역시 신라국가가 당면한 최우선적 과제는 고구려 관계에서의 우위를 확립하는 것이

---

40) 이희관, 앞의 논문, 1990a, 70~78쪽. 그가 지증왕의 지지세력으로 박씨족을 주목하고 중고기 '박씨왕비족시대'의 시발로 이해한 것은 온당하다. 다만 눌지왕~자비왕대의 지증왕과 박씨족의 정치적 성향을 지나치게 나물 직계와 대립적으로 이해한 것은 문제가 있다.

었다. 이 시기 『삼국사기』 본기기록에 대고구려 관련 축성·전쟁·외교기사가 큰 비중을 차지하고 있음이 이를 반증해 준다. 이 때문에 왕실세력의 미미한 정치적 갈등은 수면 밑으로 침잠되어 겉으로 표출되기 어려운 정황이었을 것이다.

요컨대 지증왕의 집권을 오랜 기간 동안의 준비에 의한 군사쿠데타로까지 이해하는 것은 무리이다. 소지왕이 왕위를 계승시킬 아들을 일찍 생산하지 못한 데서 초래된 날이군 벽화와의 혼인이 신라 중앙정계에 '친고구려세력'과의 제휴라는 실정失政으로 비추어졌고, 지증왕이 그러한 명분을 이용한 측면이 강하다. 어떻게 보면 지증왕의 집권은 자신에게 주어진 적절한 기회를 포착한 결과라고 할 수 있다.

사료 1에서는 소지왕이 500년 겨울 11월에 죽었다고 되어 있다. 그런데 소지왕이 처음 날이군에 간 시점은 500년 9월이었다. 따라서 소지왕이 벽화와의 사이에서 아들을 낳았다는 기록을 존중한다면, 최소한의 임신기간을 감안하더라도 소지왕의 사망시기를 501년 6월 이후로 늦추어 보아야 한다. 지증이 500년에 왕위에 오른 것 역시 현재로서 부인할 수 없는 사실이다. 그렇다면 지증과 그 지지세력이 500년 11월 소지왕을 폐위했는데,[41] 그러한 것이 후대에 지증왕 즉위년을 존중해 500년 11월에 소지왕이 죽은 것으로 기록했을 가능성이 크다. 흥미로운 사실은 지증왕이 500년에 즉위했음에도 불구하고 503년까지 여전히 왕호를 칭하지 않은 채 갈문왕으로서

---

41) 정구복도 500년 11월 지증이 소지왕을 권좌에서 밀어내고 실권을 장악한 뒤 유폐시킨 것으로 생각했다(정구복, 앞의 논문, 1990, 42~43쪽).

통치했다는 점이다.42) 여기에는 어떠한 사정이 있었던 것 같은데, 다음의 기록은 이와 관련한 단서를 제공해 준다.

4-① 봄 2월에 令을 내려 殉葬을 금지시켰다. 전에는 국왕이 죽으면 곧 남녀 각 5명을 순장했는데, 이때 이르러 금지한 것이다. [왕이] 몸소 神宮에 제사지냈다.43)
② 여름 4월에 喪服法을 제정하여 반포하고 시행하였다.44)

4-①의 기록을 통해 지증왕 3년(502)에 왕명으로 순장이 금지되었음을 알 수 있다. 그런데 이때의 순장금지령은 돌발적으로 취해진 것이라기보다는, 어떠한 계기로 인해 단행되었던 것 같다. 기록에는 이전에 국왕이 죽었을 경우 5명을 순장했었는데, 이때 이르러 금지했다고 한다. 그렇다면 순장금지령의 계기를 소지왕의 죽음과 관련지어 해석해 볼 필요가 있겠다. 곧 소지왕이 폐위된 뒤 502년 2월45)에 죽었기 때문에, 이전 국왕이 죽었을 때 행한 관례로서의 순장을 금지한 것으로 이해할 수 있지 않을까? 이때 가매장했다가 정식 장례는 3년 후에 치루었는데 그것이 곧 504년 4월의 상복법 제정·반포와 연결되는 것으로 생각된다.46) 502년 2월에서 502년 4월까지

---

42) 「냉수리비」에 '至都盧葛文王'으로 표기되어 있는데, 癸未年 9월 25일이 비문내용의 시점이다. 계미년을 443년으로 보는 연구자도 있지만, 저자는 503년설을 따른다.
43) 『三國史記』卷4, 新羅本紀4, 智證麻立干 3년(502)조.
44) 『三國史記』卷4, 新羅本紀4, 智證麻立干 5년(504)조.
45) 『三國史記』正德本과 鑄字本에는 3월로 되어 있는데, 『三國史節要』에 의거해 수정한 한국정신문화연구원 교감본을 따랐다(鄭求福·盧重國·申東河·金泰植·權悳永, 『譯註三國史記』1, 勘校原文篇, 韓國精神文化研究院, 1997, 48쪽).
46) 정구복, 앞의 논문, 1990, 42~43쪽 및 종합토론 231쪽. 김기흥도 순장금지를 소지

가 중국 유교식 상장제의 전형인 27개월[47]이라는 점은 이러한 추정이 무리가 아님을 시사해 준다.[48]

순장을 금지한 의미에 대해서는 일찍이 농업이 발달하면서 더욱 중요해진 노동력의 확보 차원에서 이해되었다.[49] 또한 유교적 덕치이념德治理念의 유입에 따른 고대적 인간관의 변화 내지, 전쟁을 통해 획득한 노예라는 관점에서 차별적 종족주의가 소멸된 결과로 조명되기도 했다.[50] 저자 역시 이를 수용하는 입장이다. 하지만 더 나아가 지증왕이 재위 3년(502)에 소지왕의 장례의식 절차에서 반포한 순장금지령에는 그의 정치적 의도가 포함되어 있었던 것으로 판단한다.

지증왕은 소지왕을 폐위시키고 왕위에 올랐지만 즉위과정이 정상적이지 못했다. 그 결과 즉위 초반 왕권의 정통성이 결여되어 있었을 것이다. 그가 즉위 후 3년 동안 갈문왕호를 칭한 채 통치행위를 자제했던 것도 다름 아닌 이러한 이유에서 비롯되었을 가능성이 크

왕의 장례식과 연결해서 해석했다(김기흥, 『천년의 왕국 신라』, 창작과 비평사, 2000, 67쪽).
[47] 權五榮, 「고대 한국의 喪葬儀禮」, 『韓國古代史硏究』 20, 2000, 14~15쪽.
[48] 「백제 무령왕릉 묘지석」에서 무령왕(501~523)과 왕비의 빈장기간이 27개월이었다. 이를 통해 백제가 南朝로부터 영향을 받았고, 그것이 나제동맹 기간에 신라에까지 파급되었던 것으로 생각된다. 다만 『隋書』 卷81, 列傳46, 東夷 新羅傳(1821쪽)에 "王及父母妻子喪 持服一年"이라 하여 1년상을 치루는 것으로 되어 있기 때문에 3년상제를 신라사 전체에 적용하기는 힘들다.
[49] 李基白·李基東 共著, 『韓國史講座』Ⅰ, 古代篇, 一潮閣, 1982, 152쪽.
[50] 金基興, 「한국 殉葬制의 역사적 성격」, 『建大史學』 8, 建國大學校 史學會, 1993, 9~19쪽. 정운용은 지증왕의 순장금지에 대해 "단순한 葬制와 예법의 변화라기보다는 소지왕 때 토착신앙에서 至高의 天地神을 섬기는 제의를 신궁제사로 歸一시킨 후, 親祀의 제도화를 계기로 정신세계의 최고 권위도 역시 국왕 자신에게만 있음을 과시하면서 사후세계에 대한 개인적 순장의례에까지 국가적 통제를 가한 것"으로 이해했다(鄭雲龍, 「5~6世紀 新羅社會의 變動-政治·經濟的 側面을 中心으로-」, 『史叢』 45, 1996, 5쪽).

다. 그런데 지증왕은 소지왕을 폐위시켰으면서도 소지왕의 죽음에 직접 개입했던 것 같지는 않다. 어떻게 보면 소지왕의 죽음을 방조했거나 기다린 듯한 인상을 받는다. 곧 지증왕이 소지왕의 3년상을 치루어 준 것은 절차적인 의식을 통해 집권의 정당성을 축적해나가고 통치기반을 다지는 기간으로 삼기 위해서였던 것으로 생각된다.51) 그렇다면 소지왕이 죽은 직후 지증왕이 내린 순장금지령은 소지왕에 대한 장례의식으로써 최소한의 예우를 갖춤과 동시에, 소지왕대의 구습舊習을 일소함으로써 자신의 새로운 통치체제를 다져나가는 계기로 삼고자 내린 조치였을 것이다. 실질적인 즉위의례의 차원에서 몸소 신궁神宮에 제사지낸 것도 역시 같은 맥락에서 추진된 것으로 볼 수 있다.

지증왕의 즉위를 도왔을 것으로 추정되는 지지세력으로는 먼저 왕비족의 반열에 오른 박씨세력을 꼽을 수 있다. 사료 3-①~③에서는 지증왕의 왕비로 각각 연제부인延帝夫人·영제부인迎帝夫人·모량부牟梁部 상공相公의 딸이 나온다. 우선 연제부인과 영제부인은 음운상 같은 인물로 보아도 무리가 없다.52) 그런데 연제부인53)과 모량부 상공의 딸이 같은 인물인지는 단정할 수 없다. 기존에는 특별한 논증

---

51) 주보돈도 소지왕이 죽은 후 지증왕이 곧바로 즉위하지 않았던 이유에 대해, 그의 즉위 자체가 정상적인 것이 아니었기 때문에 과도기적인 과정으로서 귀족의 전반적인 합의를 받아내는 절차가 필요했을 것으로 추측했다(주보돈, 앞의 논문, 1989 ; 앞의 책, 2002, 74쪽).

52) 부인의 아버지도 각각 登欣과 登許로 음운이 비슷하다. 이에 노중국은 두 사람을 같은 인물로 보았다(盧重國, 「新羅時代 姓氏의 分枝化와 食邑制의 實施」, 『韓國古代史研究』 15, 1999, 200~201쪽).

53) 이하는 『삼국사기』에 따라 延帝夫人으로 표기한다.

이 없이 두 사람을 같은 인물로 보기도 했지만,54) 기록에 충실한다면 이를 수용하기 어렵다. 왜냐하면 3-②의 기록에서 연제부인의 출신부가 한지漢只 곧 한기부漢祇〔岐〕部인데55) 반해서, 3-③ 기록의 상공相公의 딸은 모량부牟梁部 출신이기 때문이다. 모량부 상공 딸의 이름이 전해지지 않는다고 해서 출신지역이 다름에도 불구하고 연제부인과 동일인으로 이해하는 데에는 신중할 필요가 있다. 3-③의 기록에서 지증왕이 모량부 상공의 딸과 혼인하는 시기를 그가 64세에 즉위했다는 이유 때문에 막연히 즉위 전의 일이라고 보는 것이 일반적이다. 하지만 기록에는 상공의 딸을 궁중으로 맞아들였고 황후皇后로 봉했다고 한다. 그렇다면 모량부 상공 딸과의 혼인은 지증왕이 즉위한 이후의 일로 보는 것이 옳다.

요컨대 연제부인은 지증왕이 왕위에 오르기 전 혼인했던 정비正妃였고, 모량부 상공의 딸은 즉위 후 맞이한 후비后妃였던 것이다.56) 그런데 이들은 모두 박씨족이었다.57) 결국 지증왕은 즉위 전부터 박씨세력과의 유대를 도모했고, 그것을 토대로 즉위했으며 이후에

---

54) 이희관, 앞의 논문, 1990a, 75~76쪽. 이를 따르는 연구자들이 적지 않다.
55) 漢只를 한기부의 의미로 사용한 용례는 다음과 같다.
  ① "王薨 諡曰眞平 葬于漢只"(『三國史記』卷4, 新羅本紀4, 眞平王 54년(632)).
  ② "…□□□□者漢只□□屈珎智大一伐干…"(「昌寧眞興王拓境碑」, 『譯註韓國古代金石文』 제2권, 신라1·가야 편, 韓國古代社會硏究所 編, 駕洛國史蹟開發硏究院, 1992, 55쪽).
  ③ "調露二年(680) 漢只伐部君若小舍…"(「雁鴨池出土 調露二年銘塼」, 위의 책, 1992, 209쪽). 안압지에서는 이밖에도 '漢只'명 기와조각이 더 출토되었다(國立慶州博物館, 『文字로 본 新羅』특별전 도록, 2002, 89쪽).
56) 노중국, 앞의 논문, 1999, 200~202쪽 ; 김희만, 앞의 논문, 2000, 169쪽.
57) 모량부가 박씨세력과 연결됨은 진흥왕의 부인을 모량리 박씨 英失 角干의 딸로 기록한 『삼국유사』 왕력에서 추론할 수 있다. 이 기록에 근거해 노중국은 모량부 相公의 성도 박씨로 보았다(노중국, 앞의 논문, 1999, 201쪽의 각주 45).

도 지속적으로 박씨세력을 지지세력으로 삼았음을 알 수 있다.

한편 '친신라세력'으로 규정한 고타군 노구와 지증왕 즉위의 관련성 여부가 분명하지는 않지만, 고타군 노구의 소지왕에 대한 직설적인 충간과 그에 따르지 않았던 소지왕의 실정失政은 결과적으로 지증왕의 즉위를 도운 셈이 되었다. 모르긴 해도 지증왕은 고타군 노구로 대표되는 지방세력 역시 지지기반으로 활용했을 가능성이 있다. 다만 이것이 지방세력 전반을 의미하는 것은 아니므로, 고타군과 같은 신라 중앙과 밀접한 친연관계를 가진 지역으로 한정해 이해해야 할 것이다.

이와 관련해서 3-①~③의 기록에 나오는 지증의 이름이 '지대로智大路'·'지도로智度路'·'지철로智哲老'라는 것은 주목할 만하다. 물론 당시 한자의 표기가 음가에서 빌려 쓴 것이어서 의미를 부여하는 것이 무리일 수도 있다. 그러나 지혜롭고 노련하다는 의미의 '지철로智哲老'가 64세라는 만년에 즉위한 지증왕의 면모와 어울린다는 점 역시 넘겨버릴 일이 아니다. 이는 비록 한자표기에 있어 음차라 하더라도 나름대로의 의미를 고려해 사용했을 가능성을 시사해 준다.

따라서 '지대로智大路'와 '지도로智度路'에 담겨진 '큰길'과 '도로'에 밝다는 의미는 예사롭게 넘겨버릴 일이 아니다. 이는 지증왕이 신라 중앙에서 지방의 각지로 통하는 교통로에 대한 지리적 감각이 뛰어나다는 것을 암시해 준다고 볼 수 있다. 지증왕은 즉위 전 별다른 정치활동의 흔적이 없다. 이는 물론 기록의 불충분함에 따른 결과라고 보여진다. 다만 그는 64세라는 노년에 즉위했으므로 청장년에 왕위에 올라 왕궁에만 머물렀던 다른 왕들과 달리 경주를 벗어나 지방을 유람할 기회가 많았을 것이다. 이를 통해 익힌 군사지리적 지식을 즉위 후 통치에 활용했을 가능성은 충분하다고 생각한다. 지증왕이 모량부 상공의 딸을 얻는 과정이 삼도三道에 사신을 파견함으로써 이루어진 사실도 이러한 추측을 뒷받침해 준다. 또한 지증왕이 즉위 후 지방통치제도의 정비에 박차를 가할 수 있었던 것도 지방으로 통하는 교통로의 정비가 수반되었기 때문에 가능할 수 있었을 것이다.58) 결국 고타군 노구의 사례를 통해 우리는 지증왕이 지방세력을 즉위기반과 지지세력으로 활용했음을 엿볼 수 있다.59)

3. 대고구려 방위체계 확립과 삼국관계의 변화

1) 대고구려 축성사업과 동해안 방어망의 구축

지증왕은 재위 5년(504) 4월에 상복법을 제정하고 반포함으로써 소지왕의 장례절차를 마무리했다. 그리고 그해 9월 파리성波里城·미실성彌實城·진덕성珍德城·골화성骨火城 등 12성을 쌓았다.60) 이는 물론

---

58) 자비왕~소지왕대의 축성사업, 京都의 坊里名 설정, 四方의 郵驛설치와 官道정비사업의 계기적 효과인 것은 물론이다. 자비왕~지증왕대 통치체제의 정비는 이 책의 7장 2절을 참고하기 바란다.
59) 異斯夫로 대표되는 김씨세력도 지증왕의 든든한 지지세력이었다. 이사부는 지증왕 6년(505) 신라 최초로 실직주 군주로 파견되었고, 동왕 13년(512)에는 하슬라주 군주로서 于山國을 복속함으로써 동해의 제해권까지 장악했다.

자비왕~소지왕대에 행해졌던 대고구려 축성사업 연장의 일환으로 추진된 것이다. 지증왕 5년 축성사업의 의미를 살피기 위해서는 우선 12성 중 이름이 남아 있는 성들의 위치를 추적하는 것이 중요하다.

파리성波里城의 위치는 강원도 삼척61)과 경북 칠곡62)의 두 가지로 추정되었다. 음운상의 유사성과 당시 신라와 고구려의 각축장이 동해안로에 집중되었음을 감안하고, 동해안 일대의 지명에서 '파波'가 '해海'와 통하는 사례를 주목할 때63) 삼척설이 더 설득력 있게 생각된다. 미실성彌實城은 경북 흥해의 남미질부성南彌秩夫城이 유력하다.64) 진덕성珍德城의 위치는 경주 남쪽으로 비정한 견해가 있지

---

60) 『三國史記』卷4, 新羅本紀4, 智證麻立干 5년(504)조.
61) 『三國史記』卷35, 雜志4, 地理2, 溟州조에 "三陟郡…海利縣 本高句麗波利縣 景德王改名 今未詳"이라 했는데, '波里'를 '波利'와 같은 곳으로 생각했다(이병도 역주,『三國史記』상, 신장판, 을유문화사, 1983, 88쪽 ; 浜田耕策, 「新羅の城・村設置と州郡制の施行」『朝鮮學報』84, 朝鮮學會, 1977, 5쪽 ; 金瑛河, 「三國과 南北國時代의 東海岸地方」『韓國古代社會와 蔚珍地方』, 盧重國 外, 蔚珍郡・韓國古代史學會, 1999, 83쪽). 이명식도 이러한 근거를 염두에두고 파리성을 삼척으로 비정한 듯하다(李明植,「新羅 中古期의 將帥 異斯夫考」『『삼국사기』「열전」을 통해 본 신라의 인물』, 新羅文化祭學術論文集 25, 경주시・신라문화선양회・경주문화원, 2004, 77쪽).
62) 酒井改藏은 경북 漆谷郡의 옛 이름이 '八里'임에 주목해 波里城을 칠곡군으로 위치비정했다(酒井改藏,「三國史記の地名考」『朝鮮學報』54, 1970, 40쪽).『新增東國輿地勝覽』卷28, 星州牧 屬縣條에 "八莒縣…本新羅八居縣 一云仁里 景德王改名八里屬壽昌郡 高麗復稱八居後轉而爲莒 顯宗時來屬別號七谷"이라고 했다.
63) 李基文,「韓國語形成史」『韓國文化史大系』9, 言語・文學史(上), 高大 民族文化研究所, 1967, 80쪽. '波珍湌'을 '海干'으로도 표기(『三國史記』卷48, 雜志7, 職官 上, 大輔)한 것으로 보아도 일리가 있다.
64) 『新增東國輿地勝覽』卷22, 興海郡 군명과 고적조에 彌秩夫城이 확인된다. 이를 근거로 이병도(앞의 책, 1983, 88쪽)・李炯佑(「迎日地方의 歷史・地理的 考察」『韓國古代史研究』3, 1990, 25쪽)가 흥해의 미질부를 주목했고, 이명식(앞의 논문, 2004, 77쪽)도 흥해를 미실성의 위치로 보았다. 다만 酒井改藏은 파리성의 위치와 같은 칠곡으로 이해했다(酒井改藏, 앞의 논문, 1970, 40쪽).

만,65) 현재로서는 그 위치를 추적해낼 만한 단서가 찾아지지 않는다. 골화성骨火城의 위치는 분명한 자료가 뒷받침된 까닭에 경북 영천으로 보는 데 의견이 일치한다.66)

나머지 여덟 성의 이름과 위치를 알 수 없는 실정에서 단언할 수 없겠지만, 지증왕 5년의 축성사업도 자비왕~소지왕대와 마찬가지로 대고구려 국방상의 요충지에서 이루어진 것으로 생각된다. 두 나라의 교통로상에서 파리성〔삼척〕과 미실성〔흥해〕이 동해안로에 자리잡았다면, 골화성〔영천〕은 경주에서 서북쪽으로 이동하는 추풍령로·계립령로·죽령로로 나아가는 길목에 위치해 있다. 골화성은 곧 서북쪽에서 침입하는 세력67)에 대한 경주 외곽의 최종 방어성 역할을 했을 것이다. 그렇다면 파리성은 고구려가 동해안로를 통해 쳐들어올 것에 대비한 1차 방어성으로 중요시 되었을 것이며, 미실성은 경주 북부의 외곽을 방어하는 2차 방어성의 기능을 수행했을 것이다.68)

결국 지증왕대 축성지역의 양상에서 두드러진 특징은 동해안로의 군사적 요충지에 대고구려 축성사업이 집중되어 있다는 점이다.

---

65) 酒井改藏, 앞의 논문, 1970, 40쪽. 그는 경주 남방의 砲石을 주목했는데, 음운학적 추적방법에 무리가 있다.
66) 『新增東國輿地勝覽』卷22, 永川郡 古蹟條에 "臨川廢縣 本骨火小國 新羅助賁王時伐取之置縣 景德王改臨川爲臨皐郡…金庾信謀伐高麗出宿於骨火館 此其地見三國遺事"라 했다. 酒井改藏(앞의 논문, 1970, 40쪽)·이병도(앞의 책, 1983, 88쪽)·浜田耕策(앞의 논문, 1977, 5쪽)·이명식(앞의 논문, 2004, 77쪽)이 골화성의 위치를 영천으로 보았다.
67) 이때는 고구려뿐만 아니라 나제관계도 변화의 조짐이 보이므로 백제의 침입까지도 의식한 축성으로 볼 수 있다. 백제가 동성왕 23년(501) 炭峴에 목책을 설치하여 신라의 침입에 대비한 데 대해 신라 역시 비슷한 목적의 수도 방어망을 구축했음을 알 수 있다.
68) 이 책 5장 2절의 〔그림 1〕참조.

이는 동해안 일대가 이전 소지왕대 두 나라 간 일진일퇴의 각축장이 었기 때문이었다. 계립령로와 죽령로가 천연적인 방어망으로 두 나라 간에 실질적인 국경의 역할을 하고 있었으므로, 동해안로만 차단하면 신라의 고구려에 대한 방어망이 안정적으로 구축될 수 있었던 것이다.

다음의 기록은 지증왕이 추구한 동해안로의 방어망 구축과 연관해 주목된다.

> 5-① 봄 2월에 왕이 몸소 나라 안의 州·郡·縣을 정하고, 悉直州를 설치해 異斯夫를 軍主로 삼았다. 군주의 이름은 여기에서 비롯한 것이다. 겨울 11월에…선박의 이로움을 정했다.69)
>
> ② 여름 6월에 于山國이 항복해 와서 해마다 토산물을 공납하였다. 우산국은 溟州의 정동쪽 바다에 있는 섬인데 혹은 鬱陵島라고 부른다. 땅은 사방 1백리인데, 그 험준함을 믿고 항복하지 않았다. 이찬 異斯夫가 何瑟羅州 軍主가 되어 말하기를 "우산사람들은 어리석고 사나워서 위엄으로 [항복해] 오게 하는 것은 어려우니 꾀로써 굴복시킬 수 있다"라고 하였다. 이에 나무사자를 많이 만들어 전함에 나누어 싣고 그 나라의 해안가에 이르러 속이며 말하기를 "너희가 만약 항복하지 않으면 곧바로 이 사나운 짐승들을 풀어 밟아 죽이겠다"고 하였다. [우산]국 사람들이 두려워해 곧 항복하였다.70)

5-①의 기록은 지방통치제도로써 추진된 이른바 주군제(州郡制)71)

---

69) 『三國史記』卷4, 新羅本紀4, 智證麻立干 6년(505)조.
70) 『三國史記』卷4, 新羅本紀4, 智證麻立干 13년(512)조. 같은 내용이 『三國史記』卷44, 列傳4, 異斯夫傳에 실려 있다.

기사이다. 지증왕은 이어 이사부異斯夫[72])를 최초의 군주軍主로 삼아 지방관으로 파견했는데, 그 지역이 바로 실직주[삼척]였다. 이는 파리성 축조와 관련이 깊은 것으로 이해된다. 지증왕은 곧 파리성을 고구려에 대비한 1차 방어선의 거점성으로 쌓은 후 이사부를 군주로 파견해서 고구려 방어의 책임과 지역 민들의 통치를 맡겼던 것이다. 동해안로 지역은 신라와 고구려 사이 각축장이었던 까닭에 영역의 향방이 다른 지역보다 유동적이었다. 실직주에 군사적 성격이 강한 지방관으로서 군주[73])가 처음 파견된 데에는 이와 같은 지역적 특성이 우선적으로 고려되었을 것이다.

5-②의 기록에서 지증왕 13년(512)에 하슬라주[강릉]를 설치한 후 이사부를 다시 군주로 파견한 것도 이러한 연장선상에서 이루어진 것임이 분명하다. 더구나 이때는 우산국于山國[울릉도]까지 복속함으로써 육상교통로뿐만 아니라 동해상의 제해권까지 신라가 장악하는 괄목할 만한 성과를 거두었다.[74]) 지증왕대 신라가 우산국을 복속할

---

71) 기록에 縣까지 설치된 것으로 되어 있지만, 당시는 州와 郡만 설치되었기 때문에 州郡制로 부르는 것이 일반적이다(이우태, 「정치체제의 정비」, 『한국사』 7, 국사편찬위원회, 1997, 94쪽).
72) 이사부의 생애 전반에 대한 활동은 이명식, 앞의 논문, 2004 참조.
73) 주보돈은 軍主를 지방관이자 停을 통솔한 군단장으로서의 성격이 강한 존재로 보았다(朱甫暾, 「6世紀 新羅 地方統治體制의 整備過程」, 『新羅 地方統治體制의 整備過程과 村落』, 신서원, 1998, 97~98쪽). 주군제의 특징으로 군사적 성격이 강하다는 점은 이전부터 공감되었다(이우태, 앞의 논문, 1997, 94쪽).
74) 지증왕대 우산국 복속을 동해안 제해권의 확보라는 측면에서 살핀 연구로 다음이 주목된다.
 金晧東, 「삼국시대 新羅의 東海岸 制海權 확보의 의미」, 『大丘史學』 65, 2001, 73~78쪽 : 김정숙, 「古代 各國의 동해안 運營과 防禦體系」, 『전근대 동해안 지역사회의 운용과 양상』, 영남대 민족문화연구소 편, 景仁文化社, 2005, 30쪽 : 金德原, 「신라의 동해안 진출과 蔚珍鳳坪碑」, 『금석문을 통한 신라사연구』, 동북아역사총서2, 한국학중앙연

수 있었다는 것은 대형 전함戰艦을 건조할 수 있는 조선술造船術과 원양항해가 가능할 정도의 항해술이 뒷받침되어 있었음을 의미한다.75) 실제로 울릉도로 항해하는 일은 황해를 횡단하여 중국에 닿는 것보다 항해기술상 어려움이 크다고 한다. 지형지물을 중간에 확인할 수 없는 큰 바다를 건너야 하기 때문에 항로를 완벽하게 숙지하고 있거나, 천문항법을 이용해야 한다는 것이다.76) 이렇듯 지증왕대 우산국을 복속할 수 있었던 것은 자비왕대(458~479)부터 지속적으로 추진된 전함의 구축과 항해기술을 향상시키기 위한 노력의 결실로 이해된다.77) 이를 통해 신라는 육상과 해상에서 동시에 고구려 군사의 동향을 감시하며, 방어에 만전을 기할 수 있었을 것이다.78)

「냉수리비」 역시 이러한 관점에서 주목할 필요가 있겠다. 잘 알려진 것처럼 「냉수리비」는 진이마촌珍而麻村의 절거리節居利가 소유하여

구원, 2005, 42~44쪽.
75) 權悳永, 「三國時代 新羅의 海洋進出과 國家發展」, 『STRATEGY』21, 제2권 제2호(가을·겨울호), 1999, 210쪽.
76) 윤명철, 「고구려 말기의 해양 활동」, 『고구려 해양사 연구』, 사계절, 2003, 297쪽.
77) 『三國史記』卷3, 新羅本紀3, 慈悲麻立干 10년(467)조에 "春命有司修理戰艦"이라 했고, 같은 책 권4, 新羅本紀4, 智證麻立干 6년(505)조에 "冬十一月…又制舟楫之利"라고 했다. 실성왕 7년(408) 대마도에 있는 왜의 본거지를 선공하자는 논의라든가, 동왕 14년(415) 왜인과 風島에서 싸워 이겼다는 기록(『三國史記』卷3, 新羅本紀3, 實聖尼師今 7년·14년조)은 신라의 해군력이 이미 갖추어져 있음을 시사해 준다.
78) 「광개토왕릉비」에서 알 수 있는 것처럼 수군의 역량은 고구려가 백제나 신라보다 우세했다. 기록에 드러나지는 않지만 고구려가 동해안로를 경유해 신라를 공격할 때에는 육군과 함께 수군의 합동작전이 수반되었을 가능성도 있다. 신라가 자비왕 이후 전함을 확보하고 지증왕대에 이르러 동해안의 제해권 확보에 주력한 까닭은 육상의 방어만으로는 고구려에 대한 방어망을 완벽하게 구축할 수 없다는 위기감에서 비롯되었을 것이다.

온 재물에 대해 같은 촌村에 거주한 말추末鄒와 사신지斯申支란 두 인물이 제소하여 소유권 분쟁을 일으키자, 신라 중앙정부에서 회의를 통해 그 전에 결정된 사례를 근거로 하여 재財를 절거리의 소유로 판정하고 그 내용을 비문에 새겨 놓은 것이다.[79]

금석문金石文은 그것을 읽는 한정된 독자를 상정해야 하는 지역성이 강한 특수자료이다. 특히 왕실에서 조성한 비문에는 그것을 새긴 주체의 정치적인 의도가 반영되어 있게 마련이다. 따라서 비문자료는 내용 못지 않게 왜 그곳에 비문을 세웠는지에 대한 이해, 곧 비문의 입지조건이 중요하게 고려되어야 한다. 그러나 「냉수리비」에 대한 그동안의 연구에서는 이러한 점이 소홀히 다루어진 듯하다.

일개 지방의 재물분쟁 차원이었다면 촌주村主나 도사道使가 자체적으로 해결할 수도 있었을 것이다. 그럼에도 불구하고 지도로갈문왕〔지증왕〕을 비롯한 신라 중앙귀족들이 직접 이에 관여한 까닭은 무엇일까? 그것은 아마도 「냉수리비」가 세워진 영일지역이 신라왕실에게 각별한 곳으로 인식되었기 때문일 것이다. 영일지방은 경주에서 안강을 거쳐 청하로 가는 교통로상에 위치한다. 「냉수리비」 부근에는 대규모 고분군이 곳곳에 있을 뿐 아니라[80] 유명한 「진솔선예백장동인晉率善穢伯長銅印」[81]이 출토되기도 했다. 이는 이 지역이 경주에서 동해안 북쪽으로 진출하는 거점지역으로 신라 중앙정부에 의해

---

79) 비문의 원문과 내용은 盧重國, 「迎日冷水里碑」, 『譯註 韓國古代金石文』 제2권(신라1·가야 편), 韓國古代社會研究所 編, 駕洛國史蹟開發研究院, 1992, 5~7쪽 참조.
80) 慶州文化財研究所, 「迎日郡 冷水里·興谷里 一帶 地表調査」, 『年報』 제2호, 1992 ; 국립경주박물관, 『냉수리 고분』, 1995.
81) 梅原末治, 「晉率善穢伯長銅印」, 『考古美術』 제8권 제1호(통권 78호), 1967.

지속적으로 관리가 되었음을 의미한다. 결국 지증왕이 영일 냉수리 지역의 재물 분쟁사건의 해결을 '교시敎示'로써 주도했던 까닭은 이곳이 고구려로 통하는 동해안로의 요충지였기 때문으로 추정된다. 이를 통해 지역 내 민심의 이반을 사전에 차단하고, 나아가 즉위 초 왕권의 안정을 도모할 수 있었을 것이다.82)

고고학적으로도 동해안로 일대에는 5세기 전반부터 경주로부터 파급된 것으로 추정되는 분묘군이 지속적으로 발굴되고 있다. 강릉 초당동고분군, 동해추암동고분군, 삼척갈야산고분군 등이 그 대표적인 예이다. 분묘군 안에서는 경주산 금동관, 금제 귀걸이류의 금속유물과 경주와 양식이 비슷한 토기가 발굴되었는데, 이것을 신라의 동해안 진출과 관련지어 논의를 진전시킨 주목할 만한 연구83)가 발표되었다. 이와 같이 양양·강릉·동해·삼척·울진·영덕·흥해·영일지역이 경주와 일정한 거리가 있음에도 불구하고, 이곳에서 경주식의 유물이 출토된다는 것은 신라 중앙정부가 이들 지역을 동해안로의 거점 통치지역으로 삼아 관리했다는 유력한 증거라고 생각한다.

요컨대 지증왕에 의해 추진된 축성지역의 분포양상과, 실직주와

---

82) 「울진봉평신라비」(524년 건립) 역시 동해안로의 요충지에 세워진 점이 중요하다. 「봉평비」는 어떠한 일로 인해 화재가 났고, 반란이 일어나자 신라 중앙에서 군대를 파견하여 진압하고 처벌했다는 내용이다. 이로써 보면 「냉수리비」보다 더 신라 중앙정부의 통치력 관철을 엿볼 수 있다. 신라가 진흥왕대 황초령과 마운령 일대까지 영토를 확장할 수 있었던 이유는 바로 지증왕대부터 추진된 동해안로의 방어망 구축과 지방통치제도의 마련이 토대가 되었을 것이다.

83) 李漢祥, 「동해안지역의 5~6세기대 신라분묘 확산양상」, 『嶺南考古學』 32, 嶺南考古學會, 2003, 36~50쪽.

하슬라주의 설치와 군주의 파견, 「냉수리비」와 경주에서 파급된 고고학적 정황 등으로 미루어 볼 때, 지증왕이 동해안로에서 고구려에 대비한 방어망의 구축에 주력했음을 알 수 있다. 이는 물론 자비왕~소지왕대부터 이 지역이 두 나라 간 공방전의 주요 무대였기 때문이었다. 동시에 내륙에 비해 천연적 방어망이 덜 형성되었던 동해안로가 고구려에 함락될 경우 불시에 수도인 경주까지 위협받을 수 있다는 위기의식의 결과물이기도 했다. 실제 소지왕 3년(481)에 고구려가 말갈과 함께 호명성〔영덕?〕 등 7성을 급습해 빼앗고 미질부〔흥해〕까지 남하해 온 적이 있었다. 이 사건이 신라로서는 동해안로의 방어망 구축에 만전을 기하는 계기로 작용했을 것이다.

그런데 지증왕 5년의 축성사업 이후 6세기 중반 신라가 한강유역을 빼앗을 때까지 더 이상 신라에 의해 주도된 축성 관련기록이 남아 있지 않다. 또한 12성 축조 직후인 506년(지증왕 7 : 문자왕 15 : 무령왕 6)부터 고구려의 주 공격대상이 기존의 신라에서 백제로 변했음이 주목된다. 이러한 점을 고려할 때, 지증왕 5년의 12성 축성사업으로 대고구려 방위체계가 완비된 것으로 생각해도 무리가 없겠다.[84] 그렇다면 지증왕 6년에 추진된 주군제와 군주의 파견은 고구려를 물리친 후 여전히 그 영향력이 잔존해 있을 우려가 있는 지역에 대해 신라 중앙정부가 직접적인 지배를 관철시키기 위해 취한 조치로 이해된다. 이로써 하슬라〔강릉〕・실직〔삼척〕과 그 이남지역은 자비왕~소지왕대 신라와 고구려의 각축장에서 지증왕대 신라의 통치권역으로

---

84) 정운용도 이때의 대규모 축성을 고구려세력의 驅逐과 관련된 방어전선의 정비로 이해했다(정운용, 앞의 논문, 1996, 9쪽).

편입 · 경영되기에 이르렀다.

결국 신라는 소지왕대에 나제동맹군의 효과적 방어로써 고구려와의 각축전을 승리로 이끌었고, 지증왕대의 축성사업을 통해 고구려에 대비한 방어망을 완비함으로써 고구려와의 관계에 있어서 안정적인 우위를 점할 수 있었다. 그리고 이것이 곧 신라가 지증왕대부터 내정內政에 집중할 수 있었던 근본적인 원동력이 되었다.

2) 삼국관계의 변화와 그 배경

한편 지증왕 즉위 전후 삼국관계가 이전과 달라짐을 주목할 필요가 있다.[85] 우선 고구려가 475년에 백제의 한성을 공략한 이후 5세기 말까지 신라와 공방전을 전개하던 양상에서, 다시 백제와 고구려가 각축하는 양상으로 분위기가 바뀌었다. 곧 고구려가 497년(문자왕 6 : 소지왕 19)에 신라 우산성을 공격하여 함락한 이후 551년에 신라가 한강유역을 공략할 때까지 두 나라 간 교전 · 교섭기록이 남아 있지 않다. 여기에는 물론 고구려 내부의 사정이라든가 삼국 간 역학관계가 종합적으로 개재되어 있겠지만, 신라사의 입장에서는 눌지왕대부터 지속적으로 추진해 온 고구려 축출기도가 지증왕에 의해 성공적으로 마무리 된 결과로 볼 수 있다.

백제와 고구려가 다시 대립하게 된 것은 무령왕(501~523)에 의해

---

85) 이하의 삼국관계 서술은 5장 1절에서 제시한 〔표 6〕에 의거해 서술했다. 이에 별도의 전거는 생략한다.

서 촉발되었다. 곧 무령왕은 즉위 후 2년(502)과 3년(503)에 고구려를 선제공격했고, 이때부터 두 나라는 550년까지 10여 차례에 걸쳐 교전했다. 전쟁의 양상은 각각 백제가 4차례 고구려가 6차례 선제공격했는데, 결과는 6세기 전반(523년)까지는 백제의 완승으로, 6세기 중반에 이르러서는 고구려의 승세로 반전되었다. 특히 주목되는 것은 6세기 전반 무령왕에 의해 주도된 고구려에 대한 지속적인 공세이다. 이는 이전 동성왕대(479~501) 고구려에 대한 선제공격이 보이지 않는다는 점과 대비된다. 무령왕의 성공적인 외교정책은 남조南朝 양梁나라에 사신을 보내 고구려를 여러 차례 물리쳐 다시 강국이 되었다고 알리는 자신감으로 표출되기에 이르렀다.[86)]

무령왕이 집권 후 이전과 달리 고구려에 대해 강경책을 구사한 까닭에 대해서는 지배세력의 교체에 따른 결과로 이해되어 왔다. 실제로 동성왕은 웅진천도 후 혼란을 수습하고 즉위했지만 왜국倭國에서의 오랜 체류로 인해 국내에 정치적 기반이 미약했다. 이에 동성왕은 금강유역에 기반을 가진 사씨沙氏・연씨燕氏・백씨苩氏 같은 신진세력을 등용했다. 이에 따라 한성의 함락으로 인해 웅진으로 내려온 남래귀족南來貴族은 점차 정치적으로 소외되어 갔다.[87)] 동성왕은 남조 제齊나라와의 외교를 추구해 재위기간 동안 남제와 6차례의 조공・책봉관계를 맺었다.[88)] 또한 신라와의 관계를 좀더 돈독히 했

---

86) 『梁書』 卷54, 列傳48, 諸夷 東夷 百濟傳(804쪽)에 "普通二年[521] 王餘隆[武寧王]始復遣使奉表稱 累破句麗[高句麗] 今始與通好 而百濟更爲强國"라고 했다.
87) 盧重國, 『百濟政治史硏究』, 一潮閣, 1988, 154~161쪽 : 南亨宗, 「百濟 東城王代 支配勢力의 動向과 王權의 安定」, 『北岳史論』 3, 1993, 13~26쪽.
88) 동성왕대 대남제 외교의 양상과 의미는 박진숙, 앞의 논문, 2000, 83~89쪽 참조.

다.89) 나아가 집권 후반기에는 적극적으로 사비泗沘천도 정책을 추진했다.90) 이와 같은 일련의 과정에서 한성에 기반을 두었던 남래 귀족과 웅진 부근 지역에 기반을 가진 백가苩加의 반발을 사면서91) 재위 23년 정변에 휩쓸려 시해당했다. 이때 백가가 동성왕을 시해한 것으로 기록되어 있지만,92) 정변의 주도세력으로 유력하게 거론되는 인물이 바로 무령왕이다.93)

그런데 무령왕은 계보상 곤지昆支의 아들임이 유력한 데도 불구하고94) 개로왕의 아들로도 설정되어 있다. 계보의 진위 여부를 떠나 무령왕을 의제적으로 개로왕과 연결시킨 정치적인 의도95)를 주목

---

89) 481년·484년·494년 고구려가 신라를 침입했을 때 동성왕이 구원군을 파견해주었고, 495년 고구려가 백제 치양성을 포위했을 때는 소지왕이 장군 덕지를 보내 구원해주었다. 그러한 과정에서 493년 두 나라 간에 맺어진 이른바 '혼인동맹'은 나제동맹기 중 소지왕과 동성왕 간의 우호관계가 특별히 돈독했음을 알려준다.
90) 남형종, 앞의 논문, 1993, 26~28쪽. 사비는 웅진에 비해 선박이 드나들기 쉬워 동성왕이 태어난 倭와의 교류에 편리했다. 동성왕으로서는 금강을 통해 교통하는 지리적 이점이 매력적으로 생각되었을 것이다(김기섭, 「百濟 東城王의 즉위와 정국 변화」, 『韓國上古史學報』 50, 韓國上古史學會, 2005, 18쪽).
91) 鄭載潤, 「東城王의 卽位와 政局 運營」『韓國古代史研究』 20, 2000, 523~526쪽.
92) 『三國史記』 卷26, 百濟本紀4, 東城王 23년(501)조.
93) 노중국, 앞의 책, 1988, 163쪽 : 鄭載潤, 「東城王 23년 政變과 武寧王의 執權」, 『韓國史研究』 99·100, 1997, 113~119쪽 : 김기섭, 앞의 논문, 2005, 19쪽.
94) 무령왕의 아버지는 『三國史記』(卷26, 百濟本紀4, 武寧王 즉위년조)에는 동성왕의 둘째 아들로, 『日本書紀』(卷16, 武烈天皇 4년조)에는 곤지의 아들설과 개로왕의 아들설이 동시에 기록되어 있다. 생몰연대상 『삼국사기』의 기록은 부정되며, 곤지설과 개로왕설 중 곤지설이 우세하다(李道學, 「漢城末 熊津時代 百濟王系의 檢討」『韓國史研究』 45, 1984, 11~15쪽 : 노중국, 앞의 책, 1988, 162쪽 : 李基東, 「武寧王陵 出土 誌石과 百濟史研究의 新展開」『百濟文化』 21, 1991 : 『百濟史研究』, 一潮閣, 1996, 263쪽 : 김기섭, 앞의 논문, 2005, 19쪽).
95) 山尾幸久, 「百濟三書と日本書紀」『朝鮮史研究會論文集』 15, 1978 : 『日本古代王權形成史論』, 岩波書店, 1983, 196~197쪽(이기동, 앞의 논문, 1991 : 앞의 책, 1996, 263쪽에서 재인용).

할 필요가 있다. 개로왕이 475년에 아차성阿且城 아래로 끌려가 고구려군에게 무참히 살해된 사건을 당시 백제지배층은 치욕적으로 기억하고 있었을 것이다. 특히 삶의 기반을 송두리째 빼앗긴 채 한성지역에서 내려온 귀족들은 고구려에게 상실한 영토에 대한 수복의지가 누구보다도 강했을 것이다. 이에 무령왕은 개로왕의 혈통을 이어받음으로써 한성시대의 구귀족들을 포용하려 했을 것이다.96) 따라서 무령왕이 즉위 후 고구려를 선공하는 강경책을 구사했던 이유도 이와 같은 대내정치의 연장선상에서 추구된 것으로 판단된다.97) 말하자면 지배세력의 교체에 따른 대외 외교노선의 변화를 단적으로 보여주는 좋은 사례라고 할 수 있다.

신라와 백제의 관계도 6세기를 전후해 변화되었다. 사실 495년에 고구려가 백제를 침입했을 때만 하더라도 신라가 동맹군을 보내 구원해주었고, 이에 대해 동성왕은 사신을 파견해 고마움을 표시했었다. 그런데 496년과 497년에 고구려가 신라 우산성(강릉 부근)을 공격했을 때는 백제가 지원군을 파견하지 않았다. 나아가 501년(지증왕 2 : 동성왕 23)에는 탄현炭峴98)에 목책을 설치하여 신라에 대비함으

---

96) 정재윤, 앞의 논문, 1997, 119쪽.
97) 정재윤, 앞의 논문, 2001, 80~81쪽. 주보돈은 무령왕이 고구려에 빼앗긴 고토회복에 관심이 컸던 이유를 그가 개로왕의 아들이었기 때문으로 보았다. 곧 아버지의 실정에 의해 빼앗긴 땅을 수복함으로써 정통적 계승자로 자처했다는 것이다(朱甫暾, 「熊津都邑期 百濟와 新羅의 關係」, 『古代 東亞細亞와 百濟』, 서경, 2003, 215~216쪽).
98) 『新增東國輿地勝覽』에 나오는 탄현 중 501년 목책을 쌓은 곳으로 비정될 수 있는 후보가 3군데 나온다.
  ① "炭峴 在州南三十里"(卷17, 公州牧 山川).
  ② "炭峴 在縣東十四里公州境"(卷19, 扶餘縣 山川).
  이에 근거해 탄현의 위치는 옥천과 보은 사이(津田左右吉, 「百濟戰役地理考」, 『朝鮮歷史地理』上, 1913 : 亞世亞文化社 刊, 1986, 248쪽), 대전 동쪽 충남북 도계 馬道嶺

써 노골적인 경계의식을 드러내기에 이르렀다.[99]

이와 같이 500년 무렵부터 신라와 백제 간의 우호관계가 변화되는 조짐이 보이는 이유 역시 두 나라의 지배세력이 교체된 것이 그 근본적인 원인으로 작용했을 법하다.[100] 신라의 경우 지증왕이 나물왕의 방계로서 소지왕을 폐위시킨 후 즉위했다. 백제 무령왕도 동성왕 23년(501)의 정치적 정변과정을 통해서 집권했음이 유력하다. 결과론적이지만 지증왕과 무령왕은 즉위 후 직전 왕들이 추구했던 대외정책들과 의도적으로 차별화된 노선을 추구했던 것이 아닌가 싶다. 전쟁과 대외적인 위기상황은 내부의 정치적 혼란과 지배세력의 규합에 유용할 수 있기 때문이다.

(池内宏,「白江及び炭峴について」『滿鮮地理歷史硏究報告』 14, 1932~1933 ; 『滿鮮史硏究』上世 第二冊, 吉川弘文館, 1960, 226~228쪽 : 이병도, 앞의 책 下, 1983, 74쪽), 금산군 진산면 교촌리의 '숯고개'(炭峙)(成周鐸,「百濟 炭峴 小考」『百濟論叢』 2, 百濟文化開發硏究院, 1990 : 『百濟城址硏究』, 서경, 2002, 247~291쪽)로 비정되었다.

99) 496년부터 나제동맹군이 활동하지 않았고, 498년 백제의 沙井城(대전) 축조를 신라에 대한 방어성으로 생각해 496년부터 나제관계가 갈등기에 접어든 것으로 이해하기도 한다(박진숙, 앞의 논문, 2000, 98~100쪽 : 정재윤, 앞의 논문, 2001, 79쪽). 그러나 521년 신라와 백제가 함께 양나라에 사신을 가는가 하면, 525년에는 사신을 교환해 우호를 도모했다. 또한 548년 고구려의 백제침입 때 나제동맹군이 다시 활약하는 점으로 볼 때 554년까지 나제동맹이 유지된 것으로 생각된다. 다만 동맹의 긴밀도가 두 나라 지배세력의 교체와 국제관계의 변화에 따라 이완되었을 뿐이다.

100) 물론 나제동맹을 결성·유지시키는 動因이 되었던 고구려의 기세가 점차 약화되었다는 대외적 조건도 무시할 수 없다. 예컨대『자치통감』·『삼국사기』·『남제서』에 전해지는 488년과 490년의 이른바 '魏虜의 백제침입'에 고구려가 개입되어 있다면(박진숙, 앞의 논문, 2000, 94~98쪽 및「長壽王代 高句麗의 對北魏外交와 百濟」『고구려의 국제관계』, 연구총서5, 고구려연구재단, 2005, 78~82쪽) 백제는 두 차례 전쟁에서의 승리를 통해 대외적인 자신감이 생겼을 것이다. 이는 백제가 신라와의 관계에 이전처럼 연연하지 않았던 배경으로 작용했을 법하다. 신라로서도 자비왕~소지왕대 고구려의 공세를 방어했을 뿐만 아니라, 축성사업을 비롯한 통치체제의 정비를 성공적으로 이룩하면서 백제와의 동맹이 이전처럼 절실하지는 않았을 것이다.

나제관계의 변화와 고구려와 백제 중심의 각축전 양상은, 신라의 입장에서 향후 대내적인 체제정비에 주력할 수 있는 조건을 마련해 주었다는 데 각별한 의미가 있었다. 곧 신라가 법흥왕대 이후 중앙통치제도를 성공적으로 정비할 수 있었던 원동력은 지증왕대 대고구려 관계에서의 우위 확립과 그에 따른 삼국관계의 변화에서 비롯된 것이라 할 수 있다.101)

---

101) 『魏書』 卷8, 世宗紀8, 景明 3년(502 : 195쪽)과 永平 元年(508 : 205쪽)조에 따르면 '斯羅'가 북위에 조공했다. 이때 신라가 고구려의 도움을 받아 북위에 사신을 파견했다는 전제 아래, 지증왕 즉위 후 신라가 친백제 정책을 버리고 고구려와 관계개선을 도모한 것으로 이해하기도 한다(양기석, 앞의 논문, 1994, 86~89쪽). 또한 지증왕대 개혁이 중국문물의 수용을 통해 이루어졌고 고구려의 영향을 받은 것으로 보아, 5세기 말 6세기 초 신라와 고구려의 재결합 가능성이 지적되었다(박진숙, 앞의 논문, 2000, 100~102쪽). 그러나 『위서』의 '斯羅'가 西域의 국가가 유력하다면(李文基, 「6세기 新羅 '大王'의 成立과 그 國際的 契機」 『新羅文化祭學術發表會論文集』 9, 1988, 333쪽의 각주 46 ; 井上直樹, 「5~6世紀の高句麗史の再檢討-韓暨墓誌をのてがかりとして-」, 早稻田大學 修士學位論文, 1999, 43~44쪽) 6세기 초 신라와 고구려의 연화설은 납득하기 어렵다(주보돈, 앞의 논문, 2003, 217쪽). 또한 지증왕대 체제정비가 중국식이라고 해서 그것이 곧 고구려와의 우호를 전제해 주는 것도 아니다. 신라의 제도에 고구려적 흔적이 배어 있는 것은 오히려 '마립간기' 고구려의 간섭을 받았던 데서 초래된 측면이 강하다.

제7장

신라 상고기 대고구려 관계의
역사적 의미

1. 김씨왕실의 집권과 박씨세력의 부상

　신라는 나물왕대(356~402)에서 눌지왕(417~458) 즉위 초까지 고구려에 대한 종속의 정도가 가장 심했다. 그런데 눌지왕은 고구려의 군사적 지원을 받아 집권했지만 즉위 후 점차 고구려의 간섭을 배제해 나갔다. 눌지왕 9년(425) 고구려에 볼모로 가 있던 동생 복호를 귀환시킨 데서 비롯된 눌지왕의 자립화정책은 왕경(王京)에 주둔해 있던 고구려 군사를 축출하는 것으로 마무리되었다. 이로써 4세기 후반부터 유지되어 온 신라와 고구려의 긴밀했던 우호관계는 눌지왕대 후반인 454년을 전후해 대립적으로 변했다. 이 때문에 자비왕(458~479)~소지왕대(479~500) 두 나라는 소백산맥 서북쪽 변경과 동해안 일대에서 일진일퇴의 공방전을 전개했다. 그 결과는 나제동맹군羅濟同盟軍의 활약으로 인해 고구려의 신라에 대한 공세가 저지된 것으로 기울었다. 결국 신라는 지증왕(500~514) 즉위 후 12성을 쌓는 것으로 대고구려 방위체계를 마무리했고, 이에 따라 삼국관계도 고구려와 백제의 각축구도로 재편되었다. 이로써 신라는 향후 통치체제 정비에 주력할 수 있는 토대를 마련할 수 있었다.

이 장에서는 신라 상고기 고구려 관계가 가지는 역사적 의미를 정치사적 측면, 제도사적 측면, 사회·문화사적 측면의 세 가지로 나누어 살펴보고자 한다. 이를 통해 신라가 중고기에 이르러 중앙집권적 귀족국가로 진일보할 수 있었던 배경의 단초를 찾을 수 있을 것으로 기대한다.

신라 상고기 대고구려 관계가 가지는 정치사적 의미를 살피기 위해서는 정치세력으로서 김씨와 박씨세력의 동향을 주목할 필요가 있다. 그런 점에서 김씨세력의 집권과 김씨왕실 세습체제의 구축과정이 고구려와 밀접한 관계를 맺고 있었음은 우선적인 특징으로 주목할 만하다. 신라사에서 김씨세력의 성장배경을 고구려 및 그와 관련한 황금黃金과 연관지어 분석했던 연구[1]도 이러한 문제의식에서 비롯한 것이어서 충분한 공감이 간다.

잘 알려져 있는 대로 신라 역사상 김씨로서 처음 왕위에 오른 인물은 미추왕(262~284)이었다. 미추왕의 집권은 석씨왕실의 가계家系가 골정계와 이매계로 나뉘어 정치적으로 갈등했던 정국구도에서 구도계 미추와 골정계가 제휴함으로써 이루어졌다. 이때 골정계와

---

1) 朱甫暾, 「新羅國家 形成期 金氏族團의 성장배경」 『韓國古代史硏究』 26, 2002, 136~149쪽.

이매계의 고구려에 대한 인식은 차이가 났다. 전자가 고구려와의 화친노선을 추구했다면, 후자는 고구려에 대한 강경책을 견지했다. 이매계의 핵심세력인 우로가 조분왕 16년(245)에 고구려와의 전투를 주도하다 패하면서 정치적으로 몰락했고, 반면에 골정계 첨해왕이 우로 실세 후인 즉위 2년(248)에 사신을 고구려로 보내 화친을 도모한 데에는 이러한 사정이 개재되어 있었다.[2]

골정계가 '친고구려적'이었다면, 그와 연대하고 있었던 구도계 김씨 미추의 고구려에 대한 입장도 골정계와 궤를 같이 했을 것이다. 우로가 고구려군에 패했을 때 구도계 군사력이 온존해 있었으면서도 개입한 흔적이 보이지 않았던 것은 이러한 추측이 무리가 아님을 시사해 준다. 따라서 직접적으로 기록에 드러나지는 않을지라도, 미추왕의 즉위는 고구려와의 우호적인 분위기에서 이루어진 것으로 추정된다. 그렇다면 김씨세력의 집권과정에 고구려가 직·간접적으로 개입했을 가능성도 조심스럽게 상정해 볼 수 있겠다. '신라가 옛날부터 고구려의 속민(屬民)이었다'고 한 「광개토왕릉비」의 기록은[3] 고구려의 신라에 대한 귀속의식의 연원이 기왕의 생각보다도 소급될 수 있는 가능성을 마련해 준다.

나물왕 이후 김씨왕실의 세습과정에서 고구려와의 관련성은 분명하게 드러난다. 나물왕이 고구려의 강성함을 스스로 인정해 볼모를 파견하는가 하면,[4] 고구려왕의 노객(奴客)임을 스스로 칭했다.[5] 경

---

2) 자세한 내용은 이 책의 2장 2절 참조.
3) 「廣開土王陵碑韓」,(國古代社會硏究所 編, 『譯註 韓國古代金石文』 1, 駕洛國史蹟開發硏究院, 1992, 9쪽)에 "百殘新羅舊是屬民由來朝貢…"이라고 했다.
4) 『三國史記』卷3, 新羅本紀3, 奈勿尼師今 37년(392)조.

자년庚子年(400) 광개토왕의 남쪽 원정南征 이후 실성왕은 고구려군의 지원에 대해 보답하는 차원에서 직접 고구려에 가서 조공까지 하였다. 실성왕과 눌지왕의 즉위과정에는 고구려가 개입해 좌지우지하는 지경에 이르렀다. 사실 신라의 입장에서는 내부적으로 나물왕 직계와 방계 간 상호 견제를 도모하고, 대외적으로 백제·왜의 위협에 대비하려는 목적에서 고구려와의 우호를 추구한 것이었다. 그러나 고구려의 신라에 대한 정치·경제적 이해관계가 증폭됨에 따라 신라의 고구려에 대한 종속의 정도도 심화되어 갔다.6) 이와 같은 국면은 눌지왕이 고구려에 대한 자립화정책을 추구함에 이르러서야 변화의 계기가 마련되었다.7) 결국 김씨왕실의 개창과 세습은 고구려의 간섭과 밀접하게 연동되어 있었던 것이다.

김씨세력이 고구려와 관계를 맺고 종속화되어 가는 과정에서 집권하고 세습의 기반을 다져갔다면, 박씨세력은 김씨왕실이 주도한 고구려의 축출에 협조함으로써 정치적으로 다시 부상한 경우라 할 수 있다. 사실 박씨세력은 시조 혁거세부터 8대 아달라왕대까지 왕위를 차지하는 '박씨왕시대'를 구가했었다. 그러나 벌휴왕대부터 석씨에게 왕위를 빼앗긴 뒤로 왕실세력으로서의 명맥을 이어가는데 그친 채8) 정치적 주도권을 행사하지 못하였다. 석씨왕대부터 김씨

---

5) 「廣開土王陵碑」(앞의 책, 1992. 10~12쪽)에 "以六年[396]內申…而殘主困逼 獻出男女 生口一千人 細布千匹跪王自誓 從今以後永爲奴客"…"九年[399]己亥 百殘違誓與倭和通 王 巡下平穰 而新羅遣使白王云 倭人滿其國境 潰破城池 以奴客爲民 歸王請命 太王恩慈 矜其 忠誠□遣使還告以□計"이라고 했다.
6) 자세한 내용은 이 책의 3장 2~3절 참조.
7) 눌지왕 즉위 후 고구려세력의 축출과정에 대해서는 이 책의 4장 2절 참조.
8) 仇道葛文王의 부인이 박씨 伊柒葛文王의 딸 述禮夫人이었고, 조분이사금의 부인 중

가 집권하는 나물왕~눌지왕 전반기까지 왕실의 권력은 석씨와 김씨가 독점했다고 해도 과언이 아니다.

박씨세력이 다시 왕실세력의 한 축으로 자리잡을 수 있었던 계기는 석씨세력의 몰락과 함께 고구려와의 관계 변화가 모색되는 과정에서 마련되었다. 곧 나물왕 직계와 방계 실성왕 간의 정치적 갈등이 증폭되는 와중에, 고구려의 군사적인 지원을 받은 눌지가 실성왕을 살해하면서 실성왕과 연결된 석씨세력이 실세한 것이다. 이때 눌지왕이 석씨세력의 공백을 메우고 지지기반을 넓히고자 주목한 존재가 바로 박씨세력이었다. 특히 박제상의 활약으로 눌지왕의 동생 복호와 미사흔이 고구려와 왜국倭國에서 극적으로 탈출했다. 이것이 계기가 되어 박제상의 딸이 왕자 미사흔의 부인이 되었고, 그 사이에서 나온 딸은 자비왕의 왕비가 되었다.9) 또한 나물왕의 방계였던 지증왕(500~514) 역시 이미 즉위 이전에 박씨 이찬 등흔登欣의 딸 연제부인延帝夫人과 혼인했다. 지증왕은 즉위 후에도 박씨 모량부牟梁部 상공相公의 딸을 후비로 맞아들였다. 이후 법흥왕(514~540)~진흥왕대(540~576)까지 박씨세력은 왕비를 지속적으로 배출했다.10) 이로써 이른바 '박씨왕비족시대'가 도래하게 되었다.

요컨대 박씨세력은 눌지왕 즉위 후 추진된 고구려세력의 축출에 기여함으로써 재기의 발판을 마련한 셈이다. 그것을 계기로 김씨세력 주도의 정치운영에 협조하면서 급부상해 지증왕 집권 후 왕비족

한 명이 奈音葛文王의 딸 □召夫人으로 박씨인 정도이다(이 책 2장의 [표 2] 참조).
9) 이 책 3장 2절의 [표 5] 참조.
10) 법흥왕의 부인은 박씨 保刀夫人이고, 진흥왕의 부인은 思道夫人인데 역시 박씨였다 (『三國史記』卷4, 新羅本紀4, 法興王·眞興王 卽位年條).

의 반열에 올랐다. 그렇다면 중고기 '박씨왕비족시대'는 '마립간기'에서부터 계기적으로 이해해야 할 것이다.

고구려와의 관계 속에서 박씨세력이 왕실세력으로 다시 부상할 수 있었던 데에는, 현실적으로 그들만이 가진 차별화된 능력이 기반으로 작용했다. 곧 박제상이 눌지왕의 동생들을 구출해내는 과정에서 알 수 있었던 것처럼, 박씨세력은 독자적인 조선술造船術과 항해술航海術을 보유하고 있었다. 박씨세력은 자비왕대부터 추진된 전함戰艦 구축사업과, 지증왕대 우산국于山國 복속으로 이루어진 동해안 제해권의 장악을 주도했을 가능성이 크다.11) 결국 신라는 자비왕~지증왕대의 지속적인 축성사업을 통해 육상교통로에 대한 대고구려 방어성을 구축했고, 이에 더하여 박씨세력이 주도적으로 참여해서 동해안의 제해권마저 장악함으로써 육지와 바다에서 고구려에 대비한 방위체계를 마련할 수 있었다.

박씨세력이 정치적으로 다시 부상할 수 있었던 근본적 원인으로 당시 신라사회의 분위기에도 주목할 필요가 있다. 눌지왕이 왕경에 주둔해 있던 고구려 군사를 축출한 뒤, 자비왕~소지왕대 두 나라 간에는 일진일퇴의 공방전이 전개되었다. 자연 이 시기 신라사회 내에 고구려에 대한 대외적 위기의식은 최고조로 고양되어 갔을 것이다. 말하자면 당시 신라국가의 최대 당면과제는 '고구려 침략의 성공적 방어와 고구려 관계에서의 우위 확립'이라 할 만하다. 그런데 '전시

---

11) 자세한 내용은 이 책의 6장 3절 참조.『三國遺事』卷1, 紀異2, 智哲老王에는 異斯夫를 朴伊宗이라 했다. 이사부는 동해안로의 실직주와 하슬라주의 군주를 역임했고, 우산국 복속의 책임자였다. 이사부의 성은『삼국사기』대로 김씨가 유력하다. 그럼에도 불구하고 박씨로 남겨질 수 있었던 까닭은 그가 바다에서 활약했기 때문일 수 있다.

체제戰時體制'라는 특수상황에서 지배세력 내부의 정치적 갈등은 수면 위로 드러나기 힘들게 마련이다. 곧 김씨세력은 왕실의 안정과 왕위를 이어가면서 고구려에 대한 대외항쟁력을 높이기 위해 내부 정치세력 간의 단합을 추구했을 것이다. 김씨세력이 박씨세력을 왕실세력으로 끌어안았던 근본적인 이유는 이러한 데 있었다고 생각한다.

저자는 이와 같은 김씨세력과 박씨세력의 정치적 통합을 이념적으로 뒷받침해 준 것으로 신궁神宮의 설치를 주목하고자 한다. 그런데 신궁이 설치된 시기가 『삼국사기』 본기[12]에는 소지왕대로, 제사지[13]에는 지증왕대로 서로 다르게 기록되어 있다. 그로 인해 신궁의 설치시기뿐만 아니라 주신主神의 실체에 대해서도 논란이 분분한 실정이다. 따라서 다소 장황함이 있기는 하겠지만 기존의 연구를 검토한 뒤 저자의 입장을 제시함으로써 논지를 이어가려 한다.

우선 신궁의 설치시기에 대해서는 본기의 기록을 따르는 소지왕대설,[14] 제사지의 기록을 따르는 지증왕대설,[15] 두 기록을 둘 다 존

---

[12] 『三國史記』 卷3, 新羅本紀3, 炤知麻立干 9년(487)·17년(495)조.
[13] 『三國史記』 卷32, 雜志1, 祭祀.
[14] 邊太燮, 「墓制의 變遷을 通하여 본 新羅社會의 發展過程」『歷史敎育』 8, 1964, 59쪽, 65쪽 ; 李丙燾, 「韓國古代社會의 井泉信仰」『韓國古代史研究』(修訂版), 博英社, 1976, 783쪽 ; 崔在錫, 「新羅의 始祖廟와 神宮 祭祀」『東方學志』 50, 1986 ; 『韓國古代社會史研究』, 一志社, 1987, 262쪽 ; 姜鍾薰, 「神宮의 設置를 통해 본 麻立干時期의 신라」『韓國古代史論叢』 6, 韓國古代社會研究所 編, 1994, 187~192쪽 ; 蔡美夏, 「新羅 宗廟制와 王權의 推移」, 慶熙大學校 博士學位論文, 2001 ; 「新羅의 神宮 祭祀」『한국 문화와 주변문화』(이도학 외 공저), 서경, 2004, 51쪽 ; 나희라, 「神宮의 설치와 그 배경」『신라의 국가제사』, 지식산업사, 2003, 131~139쪽 ; 宣石悅, 「麻立干時期의 王權과 葛文王」『新羅文化』 22, 2003, 108~110쪽.
[15] 申瀅植, 「新羅史의 時代區分-三國史記 內容分析을 중심으로-」『韓國史研究』 18, 1977, 38쪽 ; 李鍾泰, 「新羅 智證王代 神宮設置와 金氏始祖認識의 變化」『擇窩許善道先生停年紀念 韓國史學論叢』, 一潮閣, 1992 ; 「三國時代의 「始祖」認識과 그 變遷」, 國民大

중하는 절충설,16) 그리고 기타설17)로 나눌 수 있다. 이 중 기타설에 대해서는 이미 적절한 비판이 제기되었고,18) 절충설은 편의상 소지왕대설로 분류해도 무방할 듯하다. 그렇다면 신궁의 설치시기는 소지왕대설과 지증왕대설로 대별되는 셈이 된다.

지증왕대설을 주장하는 연구자들은 소지왕대와 지증왕대의 정치구조가 상이한 것으로 이해하는 경향이 강하다. 소지왕대 김씨왕실이 김씨끼리의 폐쇄적인 혼인을 추구했고, 이에 대한 반발로 지증왕이 박씨족과 연합해서 집권했다는 것이다. 또한 이 주장에는 신궁의 주신을 밝힘으로써 설치시기를 역으로 추적해 나가는 방법론상의 특징도 있다. 곧 소지왕대라면 김씨왕실의 권력 독점구조에서 필연적으로 김씨의 시조가 주신이 될 수밖에 없는데, 신궁은 '시조始祖'가 태어난 곳에 설치되었으므로 주신이 박혁거세朴赫居世를 포함해야 하며, 이것이 박씨가 왕비족으로 등장하는 지증왕대 이후와 어울린다

學校 博士學位論文, 1996, 128~147쪽 : 金杜珍, 「新羅 建國神話의 神聖族觀念」『韓國學論叢』11, 國民大學校 韓國學研究所, 1988 및 「新羅 金閼智神話의 形成과 神宮」『李基白先生古稀紀念 韓國史學論叢』上, 一潮閣, 1994 ; 『韓國古代의 建國神話와 祭儀』, 一潮閣, 1999, 338~343쪽.

16) 崔光植, 「新羅의 神宮 設置에 관한 新考察」『韓國史研究』43, 1983 ; 『고대한국의 국가와 제사』, 한길사, 1994, 196쪽 및 198~199쪽 : 辛鍾遠, 「三國史記 祭祀志 研究-新羅 祀典의 沿革·內容·意義를 중심으로-」『史學研究』38, 1984 ; 「新羅初期佛教史研究」, 民族社, 1992, 76쪽 및 94~95쪽 : 金炳坤, 「新羅 初期 王權의 成長과 天神信仰」『韓國思想史學』13, 1999 ; 「신라 왕권 성장사 연구」, 학연문화사, 2003, 266쪽 : 전덕재, 「신라 초기 농경의례와 貢納의 수취」『강좌 한국고대사』2, 가락국사적개발연구원, 2003 ; 『한국고대사회경제사』, 태학사, 2006, 53쪽.

17) 鄭再教, 「新羅의 國家的 成長과 神宮」『釜大史學』11, 1987, 17~24쪽 : 浜田耕策, 「新羅の神宮と百座講會と宗廟」『東アジアにおける儀禮と國家』, 日本古代史講座 9, 1982 ; 『新羅國史の研究』, 吉川弘文館, 2002, 21~23쪽.

18) 적석목곽분에서 출토된 帶金具가 신궁의 致祭에만 이용된 것으로 볼 수 없고, 그 편년도 『삼국사기』를 부정할 정도는 아니다(이종태, 앞의 논문, 1996, 127쪽).

는 논리이다.19)

　그러나 비록 눌지왕~소지왕대까지 김씨가 왕위를 직계 큰 아들로서 계승했다고 해서 권력구조를 폐쇄적으로만 규정하는 데에는 동의할 수 없다. 왜냐하면 이미 살펴본 바와 같이 박씨세력이 눌지왕대 이후 추진된 고구려 군사의 축출과정에서 활약했고, 그에 따라 왕실세력으로 다시 부상했기 때문이다. 지증왕의 즉위와 '박씨왕비족시대'의 개막은 쿠데타적 결과라기보다는 소지왕대와 연속선상에서 이해하는 것이 옳다고 생각한다. 사실 신궁 설치기록을 면밀히 살펴보면 구체적이면서 연속성을 띠고 있음을 알 수 있다. 곧 소지왕이 7년(485)에 시조묘始祖廟에 다시 한번 몸소 제사지내고, 수묘守廟 20가家를 늘려 설치한 것20)은 신궁 설치의 예비적 조치로 해석된다.21) 소지왕은 이를 토대로 하여 2년 후 비로소 신궁을 설치했고, 재위 17년(495)에는 몸소 제사를 주관했다. 그리고 지증왕이 시조묘 친사를 대체하는 즉위의례로써 신궁 친사를 처음 행했다고 보면 얼마든지 계기적인 이해가 가능한 것이다.

　신궁의 주신主神에 대해서는 크게 박씨설[赫居世],22) 김씨설, 절충설[혁거세+알영],23) 천지신설天地神說24)로 나눌 수 있다. 김씨설은 구체

---

19) 신형식, 앞의 논문, 1977, 38쪽 : 이종태, 앞의 논문, 1996, 128~137쪽 : 김두진, 앞의 책, 1999, 332~343쪽.
20) 『三國史記』卷3, 新羅本紀3, 炤知麻立干 7년(485)조.
21) 변태섭, 앞의 논문, 1964, 59쪽 : 나희라, 앞의 책, 2003, 135~139쪽.
22) 今西龍, 「新羅骨品考」『史林』제7권 제1호, 1922 : 『新羅史研究』, 1933 : 李富五 번역, 『新羅骨品考』『忠北史學』15, 2005, 230쪽 : 최재석, 앞의 책, 1987, 251쪽, 275쪽 : 채미하, 앞의 책, 2004, 48~57쪽 : 나희라, 앞의 책, 2003, 140~159쪽.
23) 김두진, 앞의 책, 1999, 275~288쪽, 337~343쪽 : 이종태, 앞의 논문, 1996, 138~141쪽.

적으로 알지설(閼智說)25)·미추설(味鄒說)26)·성한설(星漢〔勢漢〕說)27)·나물설(奈勿說)28)로 세분할 수 있다.29)

김씨시조가 신궁의 주신이라는 주장의 기본적인 문제의식은 박혁거세를 제사지내는 시조묘가 신궁 설치 후에도 존재했기 때문에, 신궁에 또 다시 박씨가 주신으로 자리하는 것은 어색하다는 데서 출발했다. 곧 신궁이 설치된 소지왕대의 권력구조가 김씨세력 중심이므로 신궁의 주신 역시 김씨시조여야 마땅하다는 논리이다. 하지만 기본적으로 시조가 태어난 곳에 신궁을 설치했다는 기록 자체에 충실할 필요가 있다. 신라사에서의 '시조' 용례를 검토한 연구에서 '시조'는 혁거세를 지칭할 때 뿐이라는 결론30)은 이러한 점에서 시사해주는 바가 크다. 제사지의 기록에서 남해왕대에 시조 혁거세 사당의 건립을 이야기했는데, 바로 뒤에 나오는 '시조탄강지지나을(始祖誕降之地奈乙)'의 '시조'를 김씨시조로 이해한다는 것은 문맥상으로도 자연스럽

---

24) 최광식, 앞의 책, 1994, 205~209쪽 : 정재교, 앞의 논문, 1987, 30쪽.
25) 小田省吾, 「半島廟制槪要」『朝鮮』269, 1937, 68~81쪽 : 김병곤, 앞의 책, 2003, 267쪽.
26) 변태섭, 앞의 논문, 1964, 61~63쪽.
27) 李基東, 「新羅 太祖 星漢의 問題와 興德王陵碑의 發見」『新羅骨品制社會와 花郎徒』, 一潮閣, 1984, 370~374쪽 : 강종훈, 앞의 논문, 1994, 204~211쪽.
28) 末松保和, 「新羅上古世系考」『史學論叢』, 1938 :『新羅史の諸問題』, 1954 :『新羅の政治と社會』(末松保和朝鮮史著作集 1), 吉川弘文館, 1995, 111~112쪽 : 木下禮仁, 「新羅始祖系譜の構成-金氏始祖を中心として-」『朝鮮史硏究會論文集』2, 1966 :『日本書紀と古代朝鮮』, 塙書房, 1993, 244~245쪽 : 신종원, 앞의 책, 1992, 84쪽.
29) 김재경은 신궁의 주신은 天神으로 파악하되, 조상신으로서 박혁거세와 김씨 星漢을 포함하고 있다고 보았다(김재경,『신라 토착신앙과 불교의 융합사상사 연구』, 民族社, 2007, 82~93쪽).
30) 이종태, 「新羅의 始祖와 太祖」『白山學報』52, 申瀅植博士 回甲紀念論叢, 1999, 8~12쪽 : 나희라, 앞의 책, 2003, 146쪽.

지 못하다.31)

　박혁거세 주신설은 시조가 태어난 곳인 나을奈乙에 신궁을 설치했으므로 사료에 따르는 한 혁거세일 수밖에 없다는 논리이다. 이 주장은 사실 '정井'의 고훈古訓이 얼(乙)이므로 나을이 곧 나정蘿井이라 한 것32)에서 비롯했다. 그런데 이에 대해 혁거세를 모시는 시조묘가 있는데 굳이 별도로 신궁을 만들 까닭이 있겠느냐는 의문이 제기되었다.33) 이에 박혁거세 주신설의 논자들 중 일부가 시조묘와 신궁의 차별성을 부각하려는 시도를 했다. 곧 시조묘는 혁거세가 죽은 곳이고 신궁은 혁거세가 태어난 곳이어서, 전자에서는 인격신 제사가 후자에서는 제천의례祭天儀禮가 거행되었다는 것이다.34) 그런가 하면 김씨왕실이 국조國祖이자 천신天神인 혁거세왕에 대한 제사까지 독점하기 위해 신궁에 혁거세를 모셨다는 주장도 제기되었다.35) 그럼에도 불구하고 아무래도 시조묘와 신궁은 좀더 본질적인 차이가 있었다고 보는 것이 옳은 것 같다.36)

　혁거세·알영 배향설은 나물왕대 이후 김씨왕실이 왕위세습 과정에서 김씨족 중심의 새로운 신화체계를 모색한 것으로 이해했다. 곧 나물왕 직계인 눌지계는 알지신화閼智神話를 천신계天神系 신앙으로

---

31) 이종태, 앞의 논문, 1999, 10쪽. 그밖에 오묘제와의 중복, 박씨 경애왕의 친사문제가 지적되었다(최광식, 앞의 책, 1994, 204~205쪽).
32) 이병도 역주, 『삼국사기』 상(신장판), 1983, 77쪽의 각주 29.
33) 변태섭, 앞의 논문, 1964, 60쪽.
34) 나희라, 앞의 책, 2003, 149~158쪽.
35) 채미하, 앞의 책, 2004, 52쪽.
36) 천지신설에 대한 비판은 蔡美夏, 「『三國史記』 祭祀志 新羅條의 分析」, 『韓國古代史研究』 13, 1998, 190쪽의 각주 8 참조.

체계화해 김씨 시조신화를 형성했고, 방계 습보계는 지신계地神系 신화로서 신라 건국신화 체계를 유지하면서, 그 속의 알영시조閼英始祖 전승에 신성화 작업을 추구했다는 것이다. 이때 신궁에서 김씨 시조 전승의 의미를 부각하기 위해 알영을 혁거세와 함께 배향했다는 논리이다.37)

    혁거세·알영 배향설을 주장하는 이들이 신궁의 설치를 전후한 정치구조를 나물왕 직계와 방계 간의 대립구도로 보고 이를 각각 알지신화·알영신화와 연결시킨 것은 논란의 여지가 있어 보인다. 그럼에도 불구하고 알영전승의 신성화 작업에 주목한 것은 온당했다고 생각한다. 왜냐하면 알영閼英은 실제 '아리영娥利英'으로 표기되거나,38) 중국 제실帝室의 딸인 신모神母와 연결됨으로써39) 중국적 관념을 빌려와 수식되기도 했고, 미륵의 탄생설화에서 영향을 받아 어머니의 옆구리에서 탄생했다고 부회되어 있기 때문이다.40) 물론 알영전승의 신성화가 이루어진 시기를 단정하기는 쉽지 않다. 신라와 중국 간의 교섭과 불교의 수용·공인시기 등을 감안할 때, 대체로 5세기 중·후반에 이르러서는 알영에 대한 신성화 작업이 추구될 만한 분위기가 마련되었을 것으로 추정할 따름이다.41) 이는 곧 중고기의

---

37) 김두진, 앞의 책, 1999, 276~288쪽 및 327~343쪽.
38) 娥利英은 堯임금의 두 딸이자 舜임금의 부인이었던 娥皇과 女英(『史記』卷1, 五帝本紀1, 正義注)이다(김두진, 앞의 책, 1999, 278쪽).
39) 『三國遺事』卷5, 感通7, 仙桃聖母隨喜佛事.
40) 김두진, 앞의 책, 1999, 278~279쪽.
41) 중국과의 교류는 법흥왕대 양나라에 사신을 파견함으로써 본격화되었고, 미륵신앙은 중고기에 유행했다(李基白, 「新羅 初期 佛敎와 彌勒信仰」, 『震檀學報』40, 1975 ; 『新羅思想史硏究』, 一潮閣, 1986, 80~87쪽 ; 金杜珍, 「新羅 中古時代의 彌勒信仰」, 『韓國學論叢』9, 1987).

신라왕실이 현실적 필요에 의해서 알영시조전승을 집권이념으로써 이용했음을 더불어 시사해 준다. 이런 점에서 혁거세 부인으로서의 국모國母이자 김씨로 관념화된 알영42)이 신궁에 모셔졌을 가능성은 충분하다고 생각한다.

신궁의 주신을 박씨 혁거세와 김씨 알영으로 이해할 때라야 비로소 그동안에 제기되어 왔던 의문이 풀릴 수 있다. 곧 혁거세만을 모셨던 기존 시조묘와의 차별성도 설명이 되고, 김씨 소지왕 주도로 설치했던 까닭도 납득이 간다. 그렇게 보면 소지왕이 신궁 설치를 통해서 건국시조로서의 박혁거세를 존중하면서, 동시에 김씨왕실의 권위 역시 확립할 수 있는 실리를 추구했음을 알 수 있다. 이것은 당시 고구려를 축출하는 데 큰 역할을 함으로써 정치적으로 급부상한 박씨세력에 대한 배려까지 함께 고려된 조치였던 셈이다.43) 결국 신라 소지왕대 신궁 설치의 배경은 고구려와의 전시체제라는 국가적 위기상황에서 왕실세력인 김씨세력과 박씨세력을 이념적으로 통합하기 위해서라고 결론지을 수 있다.

---

42) 金哲埈,「新羅 上代社會의 Dual Organization」『歷史學報』1·2, 1952 : 『韓國古代社會 研究』, 知識産業社, 1975 : 서울大學校 出版部, 1990, 124쪽.
43) 강종훈도 소지왕대 신궁 설치의 배경을 고구려의 침략에 대비한 지배층 내부의 결속 도모로 이해했다(강종훈, 앞의 논문, 1994, 235~236쪽). 다만 지배층을 김씨로 한정했고, 그로 인해 신궁의 주신도 星漢으로 보는 등 저자와 다른 입장이다. 한편 최광식은 천지신을 모시는 신궁 설치는 지방통치기구의 확대과정과 그 맥락을 같이 하며, 사상적 통일을 위한 기반조성에 의미가 있다고 했다(최광식, 앞의 책, 1994, 210쪽). 김두진도 신궁에서의 알영 배향을 지방의 여러 유력한 지신족 신앙을 흡수한 것으로 이해했다(김두진, 앞의 책, 1999, 342~343쪽). 이와 같은 지적은 이후 살펴볼 통치체제의 정비와 관련해 시사해 주는 바가 크다.

[표 8] 神宮의 설치시기와 主神에 대한 연구동향

내용 연구자	설치시기				主神						비고
	소지왕대	지증왕대	절충	기타	박씨 [赫居世]	김씨				박[赫居世] + 김[閼英]	天地神	
						閼智	味鄒	星漢 [勢漢]	奈勿			
今西龍					O							
小田省吾						O						
末松保和									O			
변태섭	O						O					
木下禮仁												
이병도	O											
신형식		O										
井上秀雄			O									주신은 소지왕대 나물, 지증왕대 혁거세
최광식		O									O	
신종원		O							O			
浜田耕策			O									지증왕대 주목, 소지왕대도 무방
이기동								O				
최재석	O				O							
정재교			O								O	설치 나물~눌지 왕대
김두진		O						O				
이종태		O						O				
강종훈	O							O				
채미하	O				O							
나희라	O				O							혁거세 탄생처 강조
김병곤			O		O							
선석렬	O											
전덕재			O									주신 김씨로 추정
김재경	O				O		O				O	
저 자	O								O			

* 기왕의 연구는 발표연대 순으로 정리함. 전거는 본문 참조.

2. 통치체제 정비와 무관직·관부 창설의 촉발

신라는 고구려에 대한 방어망을 구축하기 위해 자비왕~소지왕 대에 빈번한 축성사업을 벌였고, 지증왕 5년(504)에 12성을 쌓음으로써 그 사업을 마무리했다. 그런데 축성사업을 원활히 수행하기 위해서는, 지방의 인력을 동원할 수 있는 통치체제와 교통로·운송수단의 정비가 수반되어야 한다. 이와 관련해 다음의 기록은 신라가 자비왕대 본격적으로 추진한 축성사업을 위한 전 단계의 조치로 주목을 받아왔다.

1. 봄 정월에 京都의 坊里名을 정하였다.44)

위의 기록에 따르면, 자비왕 12년(469)에 경도의 방리명을 정했다고 한다. 그러나 실제로는 부部 아래의 이제里制만을 정비한 것으로 봄이 일반적인 듯하다.45) 경도의 방리명 제정을 통해 기존의 부가 지녔던 독자적인 기능은 약화되었고,46) 왕실로부터 직접 미칠 수

---

44) 『三國史記』卷3, 新羅本紀3, 慈悲麻立干 12년(469)조.
45) 申瀅錫,「新羅 慈悲王代 坊里名의 設定과 그 意味」,『慶北史學』23, 2000, 134~144쪽 : 全德在,「新羅 里坊制의 施行과 그 性格」,『國邑에서 都城으로-新羅王京을 중심으로-』, 신라문화제학술논문집 26, 경주시·신라문화선양회·경주문화원·동국대 국사학과, 2005, 121~127쪽.
46) 朱甫暾,「麻立干時代 新羅의 地方統治」,『嶺南考古學』19, 1996 :『新羅 地方統治體制의 整備過程과 村落』, 신서원, 1998, 65쪽.

있는 행정구역으로 편제되었다고 보인다.47) 자비왕이 고구려의 남진정책에 대응하는 차원에서 6부민을 전쟁이나 성을 쌓는 데 효과적으로 동원하기 위하여 6부의 취락들을 이里로 편제했다는 주장도 제기되었다.48) 이후 전개되는 축성과 지방통치체제 정비 등을 고려할 때, 자비왕 12년 경도의 방리명 설정은 본격적인 지방통치를 강화하기 위한 사전의 포석 차원에서 단행된 것으로 판단된다.49) 실제로 자비왕 20년(477)에 왜인倭人이 '5도五道'를 경유해 경주에 침입했다는 기록50)이 남아 있다. 이를 통해 자비왕대 경도의 방리명 설정을 계기로 관도官道로 부르는 경주와 인근의 교통로가 정비되었음을 알 수 있다.

경도의 방리명 설정 후 신라왕실은 본격적인 축성사업과 지방통치제도를 마련하게 되는데, 그와 밀접하게 맞물려 있는 것이 바로 지방으로 나아가는 교통로의 정비이다. 이미 눌지왕 22년(438)에 백성들에게 우차牛車의 사용법을 가르쳐 주었다고 한다.51) 소가 끄는 수레가 운송수단으로 이용되기 위한 전제조건으로 당연히 교통로가 마련되었어야 할 것이다. 이를 계기로 소지왕 9년(487)에 이르러서는

---

47) 金杜珍,「불교의 수용과 고대사회의 변화」『韓國古代史論』, 한길사, 1988, 190쪽.
48) 전덕재, 앞의 논문, 2005, 83쪽.
49) 방리명 설정의 의미를 지방에 대비되는 王都意識의 형성에서 찾기도 한다(주보돈, 앞의 논문, 1996 : 앞의 책, 1998, 65~67쪽 : 신형석, 앞의 논문, 2000, 148~157쪽). 이때 신라 6부가 3부에서 6부로 개편・성립하였다는 것이다(朱甫暾,「三國時代의 貴族과 身分制-新羅를 中心으로-」『韓國社會發展史論』, 一潮閣, 1992b, 16~19쪽).
50)『三國史記』卷3, 新羅本紀3, 慈悲麻立干 20년(477)조.
51)『三國史記』卷3, 新羅本紀3, 訥祗麻立干 22년(438)조.

사방四方에 우역郵驛을 설치했고, 담당관청의 주도로 관도官道를 수리했다.52) '사방'이란 지방까지 포함하는 개념이므로,53) 이때의 우역 설치와 관도의 정비는 경상도 전역을 아우르는 규모의 사업으로 이해된다. 우역은 관청의 문서운반과 지방에 파견된 관리들에게 말·수레 등의 운송수단과 숙박을 제공하는 시설이었다. 소지왕대 우역 설치는 처음으로 우역을 설치했다기보다는54) 기존에 일부 실시되고 있던 역제驛制를 이때 전국적으로 확대시켰다는 의미로 받아들여진다.55) 곧 소지왕이 9년에 이르러 중앙과 연결하기 위한 우역을 각 지방의 중요한 거점에 설치했고, 왕경과 지방을 연결하는 공식적인 도로인 관도를 수리케 한 것으로 생각된다.56) 결국 우역의 설치와 관도의 정비는 자비왕대부터 추진된 축성사업의 배경이 되었음 직하다. 역으로 자비왕과 소지왕대의 활발한 축성사업은 경주와 거점지역 또는 거점지역 상호 간의 통합을 진전시켜 우역과 관도의 정비

---

52) 『三國史記』卷3, 新羅本紀3, 炤知麻立干 9년(487)조.
53) 주보돈, 앞의 논문, 1996 : 앞의 책, 1998, 63쪽 및 「新羅 國號의 確定과 民意識의 成長」, 『九谷黃鍾東敎授停年紀念 史學論叢』, 1994 : 앞의 책, 1998, 325~326쪽.
54) 『三國遺事』卷1, 紀異2, 奈勿王 金堤上에는 눌지왕이 왜국에서 돌아오는 미사흔을 맞이하는 곳으로 屈歇驛이 나온다.
55) 서영일, 『신라 육상교통로 연구』, 학연문화사, 1999, 61쪽.
박방룡의 연구에 따르면 신라시대 王京의 한켠에는 京都驛(都停驛)이 있었고, 전국에 산재한 역과 연결되었던 王都 진입역으로 『三國史記』卷37, 三國有名未詳地分에 나오는 5門驛이 있었다고 한다. 그는 자비왕 20년(477) 왜인 침입로에서의 '5도'와 소지왕 9년(487)의 우역설치 기사에 주목하여 5세기대 이미 5개소의 간선도로가 5문역과 연결되어 있었고, 이것이 나중에 '北海通'·'鹽池通'·'東海通'·'海南通'·'北傜通'으로 일컬어지는 '五通門'과 관련된다고 했다(朴方龍, 「新羅王都의 交通路-驛·院을 중심으로-」, 『新羅王京硏究』, 신라문화제학술발표회논문집 16, 1995, 104~117쪽).
56) 주보돈, 앞의 논문, 1996 : 앞의 책, 1998, 63쪽. 그는 이때 지방관으로서 道使[官道에 파견된 使者]가 파견된 것으로 이해했다.

를 촉진시키는 원인이 되었을 것이다.57)

중앙과 지방 사이의 교통로가 정비되면 자연 이들 지역 간의 물산유통이 원활해진다. 이에 따라 경제의 중심지인 수도에 상업이 발달하게 마련이다. 그래서인지 소지왕 9년(487) 사방에 우역을 설치하고 관도를 정비한 지 3년이 지나서 경주에 시장이 개설되었다.58) 또한 지증왕 10년(509)에는 그보다 좀더 세분화된 동시東市가 마련되었다.59) 동시전東市典이 그에 1년 앞서 설치된 점60)을 볼 때, 신라 중앙정부는 전국 각지에서 들어오는 물자를 직접 관리·장악해 시장을 통해 유통시켰던 것으로 추정된다. 시장의 개설과 이에 따른 관청의 신설은 상업이 발전해서 국가에서 관리하지 않으면 안 될 정도로 그 규모가 커졌음을 말해준다. 여기에는 물론 4~6세기 철제농기구와 우경牛耕의 보급, 수리시설의 확충 등으로 인해 농업생산력이 증대되면서 촉발된 상업과 수공업의 동반발달도 담보되어 있을 것이다.61)

자비왕대부터 추진된 교통로의 정비와 축성사업은 궁극적으로 지방통치제도의 정비로 귀결되었다. 신라 중앙정부는 기존의 재지세력을 이용한 간접지배에서 지방관을 파견함으로써 직접적인 지배를 관철시키고자 했다. 다음은 소지왕~지증왕대 지방통치체제의 정비과정을 엿볼 수 있는 기록들이다.

---

57) 서영일, 앞의 책, 1999, 307쪽.
58) 『三國史記』卷3, 新羅本紀3, 炤知麻立干 12년(490)조.
59) 『三國史記』卷4, 新羅本紀4, 智證麻立干 10년(509)조.
60) 『三國史記』卷38, 雜志7, 職官 上.
61) 李宇泰, 「정치체제의 정비」, 『한국사』 7, 국사편찬위원회, 1997, 77~82쪽.

2-① 여러 관리들에게 명해서 백성을 다스릴 만한 재주가 있는 사람〔牧民
者〕을 각 1명씩 천거하도록 하였다.62)
② 봄 2월에 왕이 몸소 나라 안의 州·郡·縣을 정하고, 悉直州를 설치해
異斯夫를 軍主로 삼았다. 군주의 이름은 여기에서 비롯된 것이다.63)
③ 봄 정월에 阿尸村에 小京을 설치하였다. 가을 7월에 6部와 남쪽지방
의 사람들을 옮겨 그곳을 채웠다.64)

2-②의 기록에서는 신라사에서 지방제도의 정비와 지방관 파견의 효시를 지증왕 6년(505)으로 삼았다. 하지만 503년 건립된 「영일냉수리신라비」에서 도사道使의 파견이 확인되었으므로65) 지방관 파견의 시점은 좀더 소급할 수 있다. 그랬을 때 주목되는 기록이 바로 사료 2-①이다. 표현은 후대적이지만 그 자체가 지방관을 의미하는 것으로 보아도 무방하다고 판단되기 때문이다.66)

도사로 대표되는 지방관의 파견이 5세기 후반에 이루어졌지만, 보다 넓은 지역을 관할하는 지방관으로서의 군주 파견과 지방제 정비는 역시 지증왕 6년을 주목해야 할 것이다. 지증왕 6년 지방제 정비의 의미에 대해서는 논란이 분분하지만,67) 이때 어떠한 형태로든

---

62) 『三國史記』卷3, 新羅本紀3, 炤知麻立干 19년(497)조.
63) 『三國史記』卷4, 新羅本紀4, 智證麻立干 6년(505)조.
64) 『三國史記』卷4, 新羅本紀4, 智證麻立干 15년(514)조.
65) 원문은 韓國古代社會研究所 編, 『譯註 韓國古代金石文』제2권, 駕洛國史蹟開發研究院, 1992, 6쪽 참조.
66) 주보돈, 앞의 논문, 1996 ; 앞의 책, 1998, 62쪽.
67) 연구자들 간 縣이 설정되지 않았다는 데는 대체로 공감하는데, 州制만 시행되었는지, 郡制까지 실시되었는지, 또한 전면적인지 부분적인지에 대한 논란이 심하다. 자세한 내용은 주보돈, 「6世紀 新羅 地方統治體制의 整備過程」, 앞의 책, 1998, 76~78쪽 참조.

지 지방에 대한 대대적인 체제정비가 행해졌다는 사실 자체를 부인하기는 어렵다.68) 특히 여기에서의 주州가 지방통치 단위로서의 주州가 아니라 군단軍團의 소재지인 정停이라는 주장은 시사해 주는 바가 크다. 그렇다면 군주 역시 지방관이면서도 정을 통솔한 군단장으로서의 성격이 강한 존재라고 할 수 있다.69) 신라 최초의 군주로 임명된 이사부가 주로 군사적으로 활약한 것으로 볼 때, 초기 지방관이 군사지휘관의 성격이 강했음은 분명하다. 이와 같은 현상은 어찌 보면 당연하게 생각된다. 이사부가 파견되었던 실직주와 하슬라주만 보더라도 이전까지 신라와 고구려가 치열하게 다툼을 벌이던 전장戰場이었다. 그 지역 민들은 때로는 신라의 통치권역에, 때로는 고구려의 통치권역에 속해 지배를 받아왔다. 따라서 군사적으로 중요한 요충지에 파견된 지방관은 지방민들의 통제는 물론이고 고구려의 침략을 방어할 수 있는 역량까지 겸비하여야 했을 것이다.

소경小京의 설치도 같은 맥락에서 다룰 필요가 있다. 우선 최초로 소경이 설치된 아시촌阿尸村의 위치가 궁금하다. 종래 이에 대해서는 경북 안강,70) 경남 함안,71) 경북 의성72)으로 비정되었는데,

---

68) 이한상은 고고학적으로 경주와 지방의 장신구 부장이 6세기에 접어들면서 줄어들다가 6세기 중엽 소멸되는 현상을 지증왕대 주군제의 실시와 연관지어 해석했다. 곧 지방에 장신구류가 부장되고 있음은 지방세력이 완전히 해체되지 않았음을 의미하는데, 6세기초 주군제의 실시로 지방세력이 해체되었고, 이에 따라 지방세력 위세품으로서의 장신구류의 부장도 소멸되었다는 것이다(李漢祥,「5~6世紀 新羅의 邊境支配方式-裝身具 分析을 중심으로-」『韓國史論』33, 서울대학교 국사학과, 1995, 61~62쪽).
69) 朱甫暾,「6世紀 新羅 地方統治體制의 整備過程」, 앞의 책, 1998, 97~98쪽. 이우태도 주군제가 군사적 성격이 매우 강하다고 했다. 곧 중고기의 州는 좁은 의미로는 停이 설치된 장소나 정 그 자체를 가리키는 말이고, 넓은 의미로는 주의 장관인 軍主의 활동영역인 軍管區를 의미한다고 했다(이우태, 앞의 논문, 1997, 94쪽).
70) 李丙燾,『韓國史』(古代篇), 震檀學會, 乙酉文化社, 1959, 442~443쪽 및 앞의 책,

그중에서 경북 의성군 안계면 일대가 타당하게 생각된다. 의성군 안계면 일대는 죽령로와 계립령로의 도상에 위치할 뿐만 아니라 서쪽으로 화령을 넘으면 삼년산성에 닿을 수 있어 추풍령로와도 연결되는 교통의 요지라 할 만하다. 게다가 위천渭川을 따라 서쪽으로 이동하면 낙동강 본류와도 만나 수운水運을 활용할 수도 있다.

2-③의 기록에 따르면 지증왕은 소경을 설치한 후 6부민과 남쪽 지방 사람들을 사민徙民시켰다. 이 때문에 소경설치의 목적을 피복속

1983, 89쪽의 각주 8. 그는 阿尸의 발음이 '알' 혹은 '아라'라며, 『三國史記』 卷34, 雜志3, 地理1, 良州조 "商城郡 本西兄山郡 景德王改名 今合屬慶州…莫耶停 本官阿良支停(一云北阿良) 景德王 改名 今合屬慶州"의 '아량'과 「남산신성비」에 나오는 阿良村을 동일하게 파악해 안강 부근으로 비정했다.

71) 林炳泰, 「新羅小京考」, 『歷史學報』 35·36, 1967, 95~96쪽. 임병태는 『三國史記』 卷34, 雜志3, 地理1, 康州조에 "咸安郡 法興王以大兵 滅阿尸良國(一云阿那加耶) 以其地爲郡 景德王改名 今因之 領縣二"를 주목했다. 그는 대가야와 금관가야 사이에 낀 阿那加耶가 신라와 연결해 自存을 도모했고, 그러한 과정에서 소경이 설치된 것으로 설명했다(임병태, 위의 논문, 1967, 97쪽). 그러나 법흥왕대 이르러서야 복속된 아라가야에 그 이전인 지증왕대 소경을 설치했다는 것은 납득하기 힘들다.

72) 『三國史記』 卷34, 雜志3, 地理1, 尙州조에 "聞韶郡 本召文國 景德王改名 今義城府 領縣四…安賢縣 本阿尸兮縣(一云阿乙兮) 景德王改名 今安定縣"이라고 했다. 천관우가 이를 근거로 의성에 비정한 뒤(千寬宇, 「三韓의 國家形成」, 『韓國學報』 2·3, 一志社, 1976 ; 『古朝鮮史·三韓史硏究』, 一潮閣, 1989, 338쪽), 여러 연구자가 이를 지지했다. 梁起錫, 「新羅 五小京의 設置와 西原京」, 『湖西文化硏究』 11, 1993 ; 『新羅 西原小京 硏究』, 양기석 외 공저, 서경, 2001, 64~66쪽 ; 鄭雲龍, 「5~6世紀 新羅 高句麗 關係의 推移-遺蹟 遺物의 解釋과 關聯하여-」, 『新羅의 對外關係史 硏究』, 新羅文化祭學術發表會 論文集 15, 1994, 61쪽 및 「5~6世紀 新羅社會의 變動-政治·經濟的 側面을 中心으로-」, 『史叢』 45, 1996, 10쪽 ; 張俊植, 『新羅中原京硏究』, 學硏文化社, 1998, 122쪽 ; 서영일, 앞의 책, 1999, 202쪽의 각주 40 및 312쪽 ; 여호규, 「한국 고대의 지방도시-신라 5小京을 중심으로-」, 『강좌 한국고대사』 7, 2002, 132~133쪽 ; 주보돈, 「문헌상에서 본 古代의 義城」, 『召文國에서 義城으로』, 국립대구박물관, 2002, 156~ 157쪽 및 「初期國家 召文國과 그 向方」, 『仁荷史學』 10, 韓榮國敎授停年記念號, 仁荷歷史學會, 2003, 41~42쪽 ; 전덕재, 「新羅 소경의 설치와 기능」, 『韓國古代中世 地方制度의 諸問題』, 노명호 외 공저, 집문당, 2004, 36쪽.

지역민의 사민정책으로 이해하기도 했다.[73] 하지만 아시촌소경에 한정한다면, 소경의 설치목적을 중앙권력의 지방에 대한 통제력을 강화하기 위한 조치로 이해하는 것이 옳을 것이다.[74] 그랬을 때 아시촌소경의 위치가 의성군에서 정치·군사적 중심지인 금성면金城面[75]이 아닌 낙후되고 후미진 안계면安溪面인 점은 일면 의아하게 생각될 수 있다. 그런데 그것이 곧 나름대로의 정치적 의도가 담긴 계획적 설계라는 흥미로운 주장이 있다. 즉 금성면 소문리 일대 기존 토착세력과의 마찰을 피하면서 일단 왕경 6부인들과 '남지인호南之人戶'를 사민시킨 후, 궁극적으로 그들을 제압하고 나아가 중앙에서 직접 관장할 필요성 때문이라는 것이다.[76]

지증왕은 소경의 설치에 앞서 실직주와 하슬라주에 지방관을 파견했다. 이로써 대고구려 각축지였던 동해안로의 방어에 지방통제

---

73) 임병태, 앞의 논문, 1964, 94~97쪽. 아시촌을 아라가야로 비정한 데서 나온 결론이다.
74) 양기석, 앞의 논문, 1993 ; 앞의 책, 2001, 60~61쪽 ; 전덕재, 앞의 논문, 2006, 42~44쪽. 다만 전덕재는 '小京'이라는 표현은 후대에 부회된 것으로 이해했다.
75) 금성면은 고총고분 밀집지역으로서 召文國의 중심치소로 추정되는 곳이다(주보돈, 앞의 논문, 2002, 148~150쪽).
76) 양기석, 앞의 논문, 1993 ; 앞의 책, 2001, 65~67쪽 ; 주보돈, 앞의 논문, 2002, 157~158쪽 및 앞의 논문, 2003, 43~44쪽. 주보돈은 의성에서 산출되는 금은을 기존의 공납을 통해 공급받던 것에서 나아가 중앙정부가 특별 관리하고자 소경을 설치한 것으로 이해했다.
　이희준은 4~5세기 고총군이 두세개 군으로 분화되는 현상을 지방 지배집단의 분화로 해석했다. 신라는 이 소집단들 중 후발 집단을 집중 지원함으로써 기존집단을 약화시키고 나아가 전체세력 또한 약화시키는 방책을 썼다고 했다(李熙濬,「4~5세기 新羅의 考古學的 硏究」, 서울大學校 博士學位論文, 1998 ;『신라고고학연구』, 사회평론, 2007, 379~383쪽). 분석지역의 사례와 시기가 의성지역의 소경설치와 꼭 맞는 것은 아니지만, 의성지역에서 개발이 덜 된 안계면에 소경을 설치한 이유와 관련해 참고가 된다.

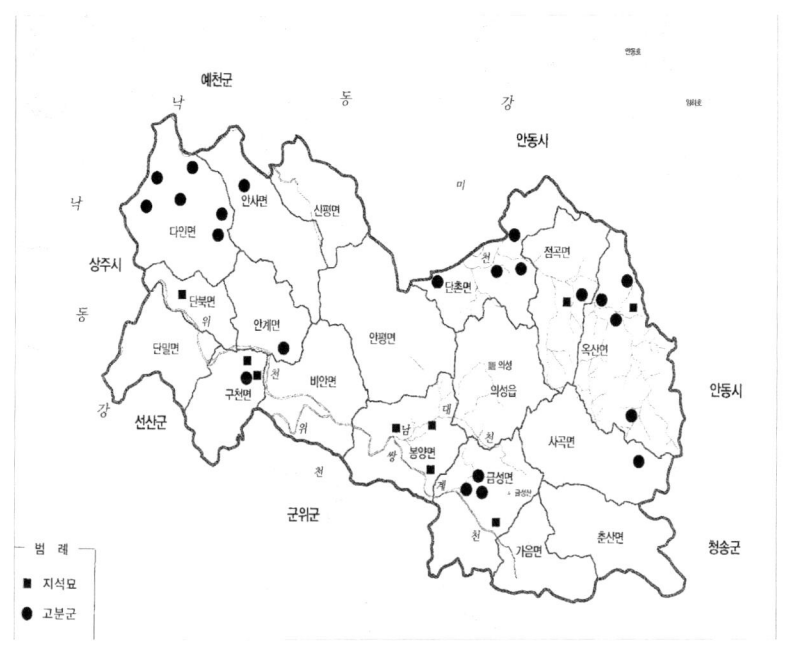

[그림 2] 의성군 관내도
[주보돈, 「문헌상에서 본 古代의 義城」『召文國에서 義城으로』,
국립대구박물관 특별전 도록, 2002, 161쪽]

책을 마련했다. 그렇다면 지증왕이 아시촌[의성]에 소경을 설치한 까닭도 내륙지역의 군사적 요충지에 대한 통제책으로 이해된다. 아시촌은 경주의 신라문화가 일찍부터 보급되어 있었던 까닭에[77] 수도와의 문화적 친연성이 높은 지역이었다. 말하자면 소경과 같은 거점도시의 경영에는 더할 나위가 없는 여건을 갖춘 셈이다.[78] 따라서 지증왕은 아시촌에 소경을 설치해 내륙교통로와 거점지역을 안정적

---

77) 의성의 소문국은 벌휴왕 2년(185)에 신라에게 복속되었다(『三國史記』 卷2, 新羅本紀2, 伐休尼師今 2년조).
78) 양기석, 앞의 논문, 1993 ; 앞의 책, 2001, 67~68쪽.

으로 경영함으로써, 고구려의 침투를 막기 위한 근본적인 방편을 마련했던 것이다.

결국 자비왕~지증왕대 축성사업과 그와 맞물려 추진된 경도의 방리명 설정, 우역의 설치와 관도의 수리, 시장의 개설, 군주의 파견과 소경의 설치는 모두 신라가 고구려를 축출하고 각축하는 과정에서 이루어졌다. 물론 신라국가의 내재적 발전과 역량이 근본적인 원동력이었음은 두말할 나위가 없다. 더불어 '고구려와의 전시체제'라는 특수한 상황이 '마립간기' 통치체제의 정비를 촉발시킨 측면도 다분하다.[79] 곧 고구려세력을 축출해야 한다는 현실적 동기 부여가 통치체제 정비의 배경이 된 셈이다.

이러한 면은 관직과 관부에 있어서도 예외가 아니었다. 다음의 기록을 주목해 보자.

3-① 봄 정월에 아찬 伐智와 급찬 德智를 <u>左右將軍</u>으로 삼았다.[80]

② 봄 정월에 이찬 實竹을 將軍으로 삼았다. 일선계 丁夫 3천을 징발해서 三年·屈山의 두 성을 고쳐 쌓았다.[81]

③ 가을 7월에 <u>將軍</u> 實竹 등이 고구려와 薩水의 들판에서 싸웠으나 이기지 못하고 물러나 犬牙城을 지켰다. 고구려 군사가 포위하였으나, 백제왕 牟大(동성왕)가 군사 3천을 보내 구해주어 포위를 풀었다.[82]

---

79) 이와 관련해 小京制가 고구려의 3京制에서 그 연원을 찾을 수 있다는 주장(양기석, 앞의 논문, 1993 : 앞의 책, 2001, 81~82쪽 : 주보돈, 앞의 논문, 2002, 157쪽)이라든지, 지방관인 道使·軍主도 고구려의 영향을 받았다는 주장(盧泰敦, 「『삼국사기』 신라본기의 고구려관계 기사 검토」, 『慶州史學』 16, 1997, 82쪽 : 朱甫暾, 「6世紀 新羅 地方統治體制의 整備過程」, 앞의 책, 1998, 93~96쪽)은 매우 흥미롭다.

80) 『三國史記』 卷3, 新羅本紀3, 慈悲麻立干 16년(473)조.

81) 『三國史記』 卷3, 新羅本紀3, 炤知麻立干 8년(486)조.

④ 가을 8월에 고구려가 백제 雉壤城을 포위하자 백제가 구원을 요청하였다. 왕이 將軍 德智에게 명하여 군사를 이끌고 구해주니, 고구려 무리들이 패해 도망갔다.83)

⑤ 가을 7월에 고구려가 牛山城을 공격해왔다. 將軍 實竹이 나가 싸워 泥河 상류에서 그들을 물리쳤다.84)

사료 3-①에 따르면, 자비왕 16년(473)에 벌지와 덕지를 각각 좌우장군左右將軍으로 삼았다고 한다. 이후 3-②~⑤의 기록을 참고하면, 소지왕 8년(486)에 실죽이 벌지에 이어 장군직을 받았고, 장군으로서 고구려와의 전투를 주도했다. 이를 통해 자비왕~소지왕대에 군사지휘관으로서 장군이라는 관직이 제도적으로 설치되었음을 알 수 있다.85) 실제로 5세기 이후 국왕이 직접 지휘하는 이른바 '친솔형親率型'의 전쟁이 늘어가면서 6부병의 운용에 국왕의 영향력이 강화되어 가는 분위기였다.86) 따라서 자비왕대의 장군직 설치는 6부병에 대한 국왕통제책이자 국왕의 군사력에 대한 직접적인 지배의지가 반영된 결과로 해석할 수 있다. 동시에 군을 지휘·통솔하는 군령체계가 제도적으로 정착되기 시작했음을 의미하는 것이라 하겠다.87) 근본적으로는 이와 같은 군관직軍官職의 정비가 자비왕~소지왕대에

---

82) 『三國史記』卷3, 新羅本紀3, 炤知麻立干 16년(494)조.
83) 『三國史記』卷3, 新羅本紀3, 炤知麻立干 17년(495)조.
84) 『三國史記』卷3, 新羅本紀3, 炤知麻立干 18년(496)조.
85) 李文基, 『新羅兵制史研究』, 一潮閣, 1997, 86~87쪽.
86) 李文基, 「新羅의 六部兵과 그 性格」, 『歷史敎育論集』27, 歷史敎育學會, 2001, 100~104쪽.
87) 이문기, 앞의 책, 1997, 87쪽.

고구려와의 전쟁을 수행하는 과정에서 이루어졌다는 데 각별한 의미가 있다.

지증왕대 지방관으로 파견된 군주는 군사지휘관으로서의 성격이 강했다. 신라 최초로 법흥왕 4년(517)에 설치된 관부도 다름 아닌 병부兵部였다.88) 병부의 설치는 병권의 분산성을 극복하여 이를 왕권 아래 확고히 통속시키려는 제도적 장치가 1차적으로 마무리되었음을 의미한다.89) 곧 곧 자비왕~지증왕대 고구려와 맞서 전쟁을 수행하는 과정에서 무관직武官職의 창설이 촉발되었고, 좀더 조직적이고 체계적인 병부의 설치로 이어졌다고 볼 수 있다.

요컨대 신라는 눌지왕대 고구려 군사를 중앙정계에서 축출하고, 자비왕대 이후 고구려와 지속적인 전쟁을 수행하는 과정에서 지방통치제도의 정비에 박차를 가할 수 있었던 것이다. '마립간기' 지방통치제도의 마련은 고구려세력을 축출하고 대고구려 방위체계를 확립하는 근본적인 원동력이 되었다. 나아가 신라가 중고기를 개창하는 법흥왕(514~540) 즉위 후 본격적으로 중앙통치제도를 정비할 수 있는 토대를 마련했다는 데 또 다른 의미가 있다고 할 수 있다.

---

88) 『三國史記』卷4, 新羅本紀4, 法興王 4년(517)조.
89) 盧重國, 「法興王代 國家體制의 強化」『統一期의 新羅社會 研究』, 慶尙北道·東國大 新羅文化研究所, 1987 ; 김두진, 앞의 논문, 1988, 192쪽.

3. 고구려 문물의 수용과 영향

신라와 고구려는 3세기 중반에서 6세기 초까지 우호적이든 대립적이든 이른바 '관계'를 지속해 나갔다. 그와 같은 일련의 과정에서 자연 두 나라 사이의 정치·사회·문화적인 교류는 증대되어 갔을 것이다. 이에 따라 고구려의 선진문물이 신라에 자연스럽게 이입(移入)되었을 것임을 어렵지 않게 예상할 수 있다. 이에 3세기 중반~6세기 초까지 고구려 문물의 수용양상과 그것이 신라사회에 어떠한 영향을 미쳤는지를 살펴보고자 한다. 이는 신라가 중고기에 중앙집권적 귀족국가로 발전할 수 있었던 원동력을 정치적인 측면뿐만 아니라 사회·문화적인 측면에서 구체적으로 분석하려는 일환이다.

『삼국사기』와 『삼국유사』를 통해 보면, 신라와 고구려는 3세기 중반 한 차례의 전쟁과 사신파견을 통해 관계를 맺었음을 알 수 있다.[90] 또한 『북사』와 『수서』 신라전에는 관구검의 침략으로 인해 고구려 유민이 남하해서 신라를 세운 것으로 기록되어 있다.[91] 『북사』와 『수서』의 기록을 문면 그대로 믿을 수 없다고 하더라도, 3세기 중반 신라와 고구려의 교전·교섭기록을 고려할 때 이 시기 신라가 고구려로부터 어떠한 형태로든지 간에 일정한 영향을 받았음은 분명하다. 다만 문헌상의 이와 같은 정황이 현재까지 구체적인 고고학적

---

90) 관련사료는 이 책 2장의 사료 1-①~② 참조.
91) 관련사료는 이 책 2장의 각주 12 참조.

유물로 발견되지 않고 있다. 어찌 보면 이러한 양상이 3세기 중반 신라와 고구려의 관계가 단속적이었고, 이후 느슨하게 유지되었음을 반증해 주는 것일 수도 있다.

4세기 초 낙랑군과 대방군의 멸망은 신라와 고구려의 관계에도 주요한 변수로 작용한 듯하다. 사실 신라와 고구려가 3세기 중반에 교섭을 했더라도, 4세기 초까지 신라에게 중국의 선진문물을 공급해 주는 역할을 한 곳은 낙랑군이었다. 『삼국지』한·진한·변진전에 따르면, 한군현漢郡縣의 약세로 인해 많은 백성들이 한국韓國에 유입되었고, 그에 따라 진한 사람들은 낙랑의 유이민을 자처했다. 또한 변진의 철을 매개로 낙랑·대방군과 교역했던 사실이 생생하게 남겨져 있다.[92] 고고학적으로도 삼한은 목곽묘木槨墓와 같은 새로운 묘제와 더불어 한식漢式 토기·한경漢鏡·대구帶鉤·동탁銅鐸·화폐·유리 및 수정옥 같은 문물을 낙랑으로부터 받아들였다.[93] 경주만 하더라도 입실리·죽동리·구정동·조양동5호분 등지에서 이와 같은 낙랑계 유물이 발굴·보고되었다.[94]

그런데 낙랑군과 대방군은 각각 313년과 314년 한반도에서 축출되었다. 자연 신라의 입장에서는 이들 군현을 대체할 만한 선진문

---

92) 『三國志』卷30, 魏書30, 烏丸鮮卑東夷傳30, 韓傳(851쪽)에 "桓靈之末 韓濊强盛 郡縣不能制 民多流入韓國"이라고 했고, 辰韓傳(852쪽)과 弁辰傳(853쪽)에 각각 "辰韓…名樂浪人爲阿殘 東方人名我爲阿 謂樂浪人本其殘餘人", "弁辰…國出鐵 韓濊倭皆從取之 諸市買皆用鐵 如中國用錢 又以供給二郡"이라고 되어 있다.

93) 김길식, 「삼한지역 출토 낙랑계 문물」, 『낙랑』, 국립중앙박물관 편, 솔, 2001, 247쪽. 김길식은 이후 진·변한지역 낙랑유물의 유입양상을 유물별·시기별로 정리했다(김길식, 「진·변한지역 낙랑문물의 유입양상과 그 배경」, 『낙랑문화연구』 연구총서 20, 동북아역사재단, 2006).

94) 김길식, 위의 논문, 2001, 259~260쪽. 신라와 낙랑의 관계는 文昌魯, 「新羅와 樂浪의 關係-新羅史에 보이는 '樂浪'의 實體와 그 歷史的 意味를 중심으로-」, 『韓國古代史硏究』 34, 2004 참조.

물의 공급처 확보가 중요하게 부각되었을 것이다. 이에 주목한 존재가 바로 고구려가 아닌가 싶다.[95] 4세기대의 무덤으로 추정되는 경주월성로고분군 중 가-5호·가-12호·가-29호분에서 각각 고구려계통의 녹유소호綠釉小壺·찰갑札甲·단갑短甲이 발굴되었던 것[96]은 이러한 관점에서 접근할 때라야 온전한 이해가 가능하다.

신라의 선진문물 공급처가 중국 군현에서 고구려로 바뀐 것은 단순한 교역루트의 변화 차원에 국한된 것이 아니었다. 교역품목의 변화가 수반되었을 것이기 때문이다. 이와 관련해 주요 교역품목이었던 철이 퇴조하고, 금과 은의 비중이 높아지는 현상에 주목한 연구[97]가 있다. 곧 낙랑과의 교역품목이었던 철의 운송루트로 해상교통로가 중시되었고, 고구려와의 교역품목인 금과 은이 유통됨에 따라 육상교통로가 발달했다는 것이다. 또한 이를 철의 교역을 주도한 금관국의 퇴조와 금·은의 교역을 주도한 사로국[신라]의 부상과 관련지었다. 여러 면에서 시사해 주는 바가 크다.

'황금문화'라고 하면 5세기대 신라의 적석목곽분積石木槨墳에서 출토된 다량의 금공품金工品이 연상된다. 하지만 『삼국지』한전에 따르

---

95) 이현혜는 중국을 통해 수입된 것으로 알려진 유리제 장신구를 예로 들어 1~3세기 경남 일대에서 풍부하게 발견되는 이러한 유물들이 4세기대 들어 사라지거나 감소하는 현상에 주목했다. 곧 낙랑·대방군의 소멸에 따른 중국계 물자의 공급단절과 고구려로 대표되는 북방계 문물의 등장을 신라의 교역루트가 변화되었다는 관점에서 접근했는데, 시사해 주는 바 크다(李賢惠, 「4세기 加耶地域社會의 交易體系의 변천」, 『韓國古代史硏究』 1, 韓國古代社會硏究所 編, 1988 ; 『韓國 古代의 생산과 교역』, 一潮閣, 1998, 302~304쪽).
96) 『慶州市月城路古墳群』, 國立慶州博物館·慶北大學校博物館·慶州市, 1990, 69쪽, 139~142쪽, 230쪽, 439쪽 ; 이현혜, 위의 책, 1998, 303~304쪽.
97) 朱甫暾, 「麻立干時代 新羅의 地方統治」, 『嶺南考古學』 19, 1996 ; 『新羅 地方統治體制의 整備過程과 村落』, 신서원, 1998, 32~36쪽.

면, 구슬은 귀하게 여겨 옷에 꿰매어 장식하고 목이나 귀에 달았지만 금·은은 보배로 여기지 않았다고 한다.98) 실제로 이 시기의 무덤을 발굴해 보면 금·은으로 만든 제품보다는 수정水晶이나 마노瑪瑙·유리로 만든 구슬이 다량 출토되는 양상을 보인다. 따라서 3세기대의 사로국을 중심으로 한 진한지역에서는 금의 사용이 제한적이었을 가능성이 크다.99) 그런데『삼국지』고구려전에는 공식적인 모임에서 금·은으로 장식한 비단에 수놓은 의복을 입는다고 되어 있다.100) 이는 금·은의 보급과 사용에 있어 신라보다 오히려 고구려가 선진적이었음을 암시해 준다. 그렇다면 경주월성로고분군 중 가-13호분에서 완숙한 경지에 도달한 북방계 금공품과 유리제품이 출토된 것은 4세기대 신라와 고구려의 관계가 본격화된 데 따른 결과로 이해할 수 있다.101)

고구려 문물이 신라에 한층 다량으로 도입되는 시기는 5세기대에 들어서였다. 특히 경자년(400)에 광개토왕이 대규모의 남쪽 원정을 단행한 것이 그 주요한 계기가 되었던 것 같다. 다만 그렇더라도 신라 적석목곽분 등지에서 출토되는 고구려로 대표되는 북방계 유물의 상한선을 400년 광개토왕의 남정으로 삼는 이른바 '남정론南征論'에 얽

---

98) 『三國志』卷30, 魏書30, 烏丸鮮卑東夷傳30, 韓傳(851쪽)에 "以瓔珠爲財寶 或以綴衣爲飾 或以縣頸垂耳 不以金銀錦繡爲珍"이라고 했다.
99) 이한상, 「황금장신구를 통해 본 신라와 신라인」, 『新羅黃金』, 국립경주박물관, 2001, 312쪽.
100) 『三國志』卷30, 魏書30, 烏丸鮮卑東夷傳30, 高句麗傳(844쪽)에 "其公會 衣服皆錦繡 金銀以自飾"이라고 했다.
101) 李熙濬, 「경주 皇南大塚의 연대」, 『嶺南考古學』17, 1995, 64~65쪽 및 「경주 月城路 가-13호 積石木槨墓의 연대와 의의」, 『碩晤尹容鎭教授停年退任紀念論叢』, 1996, 308~309쪽.

매일 필요는 없다.102) 왜냐하면 이미 살펴본 바와 같이 3~4세기대에 신라와 고구려는 관계를 맺고 있었고, 미약하지만 고고학적 유물이 출토된 사례가 있기 때문이다. 나물왕~눌지왕대에 해당하는 이 시기는 신라에 대한 고구려의 정치적 간섭의 정도가 증대되어 가고 있었다. 신라의 왕경은 물론 경상도 일대 군사적 요충지에 당주幢主를 대표로 하는 고구려 군사단이 주둔해 있었다. 자연 이와 연관된 고구려계 문물의 신라로의 이입은 한층 가속화되어 갔을 것이다.

5세기대 고구려계 문물이 신라에 미친 영향을 단적으로 살필 수 있는 것은 다름 아닌 적석목곽분과 그 부장품이다. 먼저 적석목곽분 자체를 살피자면, 잘 알려진 대로 그 계통에 대해서는 시베리아 기원설, 고구려 기원설, 신라 자체 발전설 등 논란이 분분하다. 하지만 신라 재래의 목곽묘에 돌을 쌓아 분구를 튼튼히 하는 '적석목곽분의 고대화高大化' 경향에 고구려의 영향이 있다는 점을 부인하기는 어려울 듯하다.103) 적석목곽분에서 출토된 다양한 고구려계 유물이 이를 방증해 준다. 곧 적석목곽분에서 출토되는 부장품 중 무기류〔挂甲・蒙古鉢形胄・矢箙・鐵鏃 등〕와 마구류〔鐙子・馬面・馬甲 등〕의 상당수는 그 계보를 고구려에서 구할 수 있다.104) 또한 적석목곽분에

---

102) 남정론에 대한 비판은 이희준, 위의 논문, 1995, 63~65쪽과 朱甫暾, 「高句麗 南進의 性格과 그 影響-廣開土王 南征의 實相과 그 意義」『大丘史學』82, 2006, 3~24쪽 참조.
103) 김용성, 「호우총・은령총의 구조와 성격」『호우총 은령총』, 발굴60주년기념 심포지엄 발표논문집, 국립중앙박물관, 2006 ; 「호우총의 구조 복원과 피장자 검토」『先史와 古代』24, 2006, 457쪽 : 주보돈, 앞의 논문, 2006, 59~60쪽.
104) 崔鍾圭, 「中期古墳의 性格에 대한 약간의 考察」『釜大史學』7, 釜山大學校 史學會, 1983, 4~15쪽 ; 申敬澈, 「古式鐙子考」『釜大史學』9, 1985, 69~97쪽.

서 출토되는 금공품 중에서 금동신발, 장신구〔귀걸이·띠꾸미개〕의 제작기법 및 도안은 고구려의 것과 유사한 점이 많은 것으로 분석되었다.105)

요컨대 신라에서는 3세기대까지만 하더라도 금·은의 가치가 옥제품에 미치지 못하다가, 고구려와의 관계가 본격화된 4세기 후반~5세기대 지배층의 무덤에서 금공품의 부장이 괄목할 정도로 증대되었다고 할 수 있다. 그렇다면 고구려의 금속제 장신구 문화가 정치적으로 밀접한 관계에 있었던 신라로 전해져 '신라 황금문화'의 전개를 촉발시켰다는 지적106)은 경청해 볼 만하다.

적석목곽분에서 출토된 고구려계 유물 중 호우총에서 출토된 청동합은 415년이라는 제작연대를 알 수 있다는 점에서 각별하다. 청동합의 용도는 단순한 생활용기나 매장용기가 아니라 광개토왕의 장례의식과 연관되어 제작된 의례용기였던 것으로 추정된다.107) 삼국과 가야지역에서 출토된 청동합의 형식분류와 유물의 속성을 분석한 연구에 따르면, 호우총에서 출토된 청동합이 모든 부분에서 선행하는 속성을 지니고 있다고 한다.108) 더구나 청동합이 무덤에 부

---

105) 최종규, 위의 논문, 1983, 8~9쪽 : 이한상, 『황금의 나라 신라』, 김영사, 2004, 57~58쪽, 129~138쪽, 193~226쪽 : 이한상, 「고구려 금속제 장신구문화의 흐름과 특색」, 『고구려의 사상과 문화』(연구총서 4), 고구려연구재단, 2005, 124~126쪽, 132~136쪽, 139~141쪽.
106) 이한상, 위의 논문, 2005, 142쪽.
107) 노태돈, 「廣開土王壺杅銘文」, 『譯註 韓國古代金石文』 제1권, 駕洛國史蹟開發研究院, 1992, 135쪽 : 이주헌·이용현·유혜선, 「壺杅塚·銀鈴塚 出土遺物-土器와 청동용기를 중심으로-」, 『호우총 은령총』(발굴60주년기념 심포지엄 발표논문집), 국립중앙박물관, 2006, 69쪽.
108) 朴光烈, 「新羅 瑞鳳塚과 壺杅塚의 絶對年代考」, 『韓國考古學報』 41, 1999, 87~95쪽.

장되기까지의 전세傳世기간을 1백여 년 이상 상정하는 것이 통설로 자리잡은 듯한 인상까지 받는다.109) 이러한 점을 감안할 때 고구려산 호우총출토 청동합은 신라로 반입된 뒤 신라왕실의 제사의례 용구 제작기술에 영향을 미쳤을 가능성이 크다.

적석목곽분에서 출토된 고구려계 무구류·마구류·금공품도 같은 맥락에서 그 의의를 찾을 수 있다. 고구려계 유물 중에는 고구려에서 제작된 것들도 있겠지만, 두 나라의 우호기간에 고구려의 기술 전수 내지 모방을 통해 신라에서 제작된 것들이 대다수일 것이다. 따라서 4세기 후반~5세기 중반까지 신라가 고구려의 정치적 간섭을 받거나 경제적 수탈을 당했다는 부정적인 측면의 이면에는 고구려의 선진문물과 기술의 수용이라는 긍정적인 측면도 있었다는 점을 간과해서는 안 된다. 신라의 고구려 관계가 가지는 이와 같은 긍정적인 측면의 증대는 곧 고구려세력 축출의 원동력으로 작용했을 소지가 크다는 데 의미가 있다. 예컨대 고구려계 무구류와 마구류의 신라 이입과 기술의 전수로 인해 신라는 고구려의 선진무기 제작기술을 습득했을 것이고, 이는 신라의 군사력 증강에 기여한 측면이 있을 것이다. 이 점에서 5세기 후반에 이르러 신라군이 고구려군과 마찬가지로 중장기병重裝騎兵을 보유하게 되어 두 나라 간의 전쟁에서 고구려군의 우위가 더 이상 확보되지 않았다고 한 주장110)은 일리가 있다고 생각한다.

450년에 세워진 「중원고구려비中原高句麗碑」[이하 중원비로 줄임]의 내

---

109) 전세기간을 설정하는 논자와 그 기간에 대해서는 박광렬, 위의 논문, 1999, 96쪽 참조.
110) 이인철, 「4~5세기 高句麗의 南進과 重裝騎兵」, 『軍史』 33, 1996 ; 「고구려의 대외정복 연구」, 백산, 2000, 282쪽.

용111)을 살피면, 신라의 고구려계 문물의 수용양상을 좀더 살필 수 있다. 「중원비」는 고구려 장수왕이 자국의 세력권에서 이탈해가는 신라를 회유하고 우호관계를 재정립하고자 눌지왕과 국원國原[충주] 에서 회맹의식會盟儀式을 치룬 뒤 세운 것이다.112) 그런데 이때 고구려와 신라가 '형제관계'임을 천명하는 의식을 치루면서 고구려왕이 신라왕과 신하들에게 의복衣服과 태곽추太霍鄒를 내려주었다. 여기에서의 의복은 일상복이 아니라 고구려 관복으로 여겨진다. 비의 건립의도를 감안할 때 두 나라 간 동질감 내지 신속臣屬의 표시였을 것이다. 또한 이 복식의 구성품 중에는 무덤에 매장되는 모습에서 볼 수 있듯이 금동관을 포함한 장신구 일체가 포함되어 있을 가능성이 크다.113) 태곽추太霍鄒는 '꿩 깃털 장식의 관모冠帽'로 이해하는가 하면,114) '콩잎 모양의 촉을 갖는 화살'로 보기도 한다.115) 어느 것이 옳은 지 단정하기 힘들지만, 관모는 의복에 포함될 가능성이 있으므로 후자의 견해대로 고구려 무기의 상징과 대표성을 가진 화살116)

---

111) 비문판독 및 내용은 張彰恩, 「中原高句麗碑의 판독과 해석」, 『新羅史學報』5, 2005 참조.
112) 「중원비」의 건립목적과 비의 성격에 대해서는 張彰恩, 「中原高句麗碑의 연구동향과 주요 쟁점」, 『歷史學報』189, 2006, 314~316쪽 참조.
113) 이한상, 앞의 논문, 2001, 329쪽.
114) 篠原啓方, 「「中原高句麗碑」의 釋讀과 內容의 意義」, 『史叢』51, 2000, 17쪽의 각주 36. 다만 '□翟鄒'로 판독한 데서 도출했다.
115) 林起煥, 「中原高句麗碑를 통해 본 高句麗와 新羅의 關係」, 『中原高句麗碑 硏究』, 高句麗硏究10, 高句麗硏究會, 學硏文化社, 2000, 421쪽. '霍'이 '藿'과 통하여 '콩잎'이란 뜻이 있고, '鄒'도 좋은 화살이라는 뜻의 '騶'와 통한다고 보았다.
116) 고구려 시조 朱蒙의 이름은 활을 잘 쏜다는 부여의 속어에서 비롯했다. 그런데 주몽을 鄒牟라고도 불렀다(『三國史記』卷13, 高句麗本紀1, 始祖 東明聖王 즉위년). 상식적으로도 고구려에서 활을 잘 쏘는 능력은 지도자의 우선적 조건으로 꼽혔다. 그렇

로 보는 것이 나을 듯하다. 따라서 장수왕에 의해 사여된 고구려 관복 일체와 무기는 신라의 왕실과 귀족에게 일종의 위세품적인 각별한 의미가 있었을 것이다. 비록 중고기부터 제도화된 것이라 해도 신라사회가 골품(骨品)에 따라 색복(色服)에 철저한 차별이 있었다는 점117)은 이러한 이해에 도움을 준다. 나아가 신라의 관복과 장신구·무기류의 제작기술에도 영향을 주었을 가능성이 적지 않다.

눌지왕 재위 후반기에 해당하는 5세기 중반 신라는 왕경에 주둔해있던 고구려 군사를 몰살했다. 자비왕과 소지왕대에는 경북 일대에 잔존했던 고구려세력을 소백산맥 이북으로 축출했다. 그럼에도 불구하고 한동안 고구려의 지배를 받았던 신라의 영토 곳곳에서 고구려의 잔영은 쉽게 사라지지 않았다. 『삼국사기』 지리지에 '고구려 고지'로 기록된 경북 북부지역이 특히 그러했다. 이 지역에 남아 있는 고구려계 유물·유적 중 순흥읍내리벽화고분[이하 읍내리고분으로 줄임]은 그 대표적인 예에 해당한다.

읍내리고분은 연구자들 사이에 세부적인 차이가 있기는 하지만, 석실봉토분(石室封土墳)이라는 묘제와 현실 내 벽화의 내용 및 제재, 묘지명, 현실 내 시설[석상(石床)·장막(帳幕) 등]에서 고구려와 연관성이 짙다는 점에 대해서는 별다른 이견이 없다. 그런데 문제는 현실 안에 남겨진 무덤의 절대연대를 알려주는 연간지 '기미(己未)'를 언제로 볼 것인지에 대해 논란이 분분하다는 데 있다. 결과에 따라 고분 자체의 축조연대는 물론이거니와 피장자의 성격이 바뀔 수 있다는 점에서 '기

다면 활과 화살이 고구려 무기의 대표성을 가진다고 보여진다.
117) 『三國史記』 卷33, 雜志2, 色服 참조.

순흥읍내리벽화고분
[경북 영주시 순흥면 읍내리 소재]

미년'의 연대를 추적하는 작업은 대단히 중요하게 생각된다.

지금까지 제기된 기미년의 연대비정은 479년설과 539년설로 대별된다. 479년설은 발굴 당시에는 그다지 주목받지 못했다. 문명대가 545년 신라가 단양에 적성비를 세웠으므로 539년 순흥을 고구려 영토로 보기는 무리라면서 언급하는 정도였다.118) 이후 이은창은 벽화에 사신도四神圖가 보이지 않는 점 등에 주목해, 사상사적으로 보아 기미년 및 읍내리고분의 축조연대를 479년으로 파악했다.119) 정운용은 539년설이 「중원비」의 건립연대를 480년으로 보고 고구려의 중원 진출을 백제 한성 공략의 시점인 475년 이후로 본 데서 도출된 점을 비판했다. 나아가 「중원비」의 내용연대를 449년으로 본 후, 읍내리고분의 벽화는 신라영토지만 고구려 문화의 영향력이 강하게 미쳤던 479년에 제작된 것으로 보았다.120)

539년설은 발굴 당시부터 지지를 많이 받았다. 이명식은 신라가

---

118) 『順興邑內里壁畵古墳』, 文化財管理局 文化財硏究所, 1986, 158~159쪽 종합토론문.
119) 李殷昌, 「順興 己未中墓의 思想史的 硏究」, 『嶺南考古學』 4, 1987, 79쪽.
120) 鄭雲龍, 「順興 邑內里壁畵古墳의 新羅史的 意義」, 『白山學報』 52, 1999, 168~174쪽. 고분의 축조연대는 470년 전후로 이해했다.

제7장 신라 상고기 대고구려 관계의 역사적 의미 279

고구려세력을 축출하고 죽령을 넘은 시기를 진흥왕 12년(551)으로 보아, 읍내리고분이 고구려 영역에 축조된 것으로 이해했다. 자연 고분의 축조연대는 539년설을 지지했다.121) 진흥섭은 읍내리고분과 어숙묘於宿墓의 비교를 통

고분 현실 남벽의 명문 모사도

해 539년설을 제기했고,122) 안휘준은 산악도山岳圖를 비롯한 벽화의 내용과 화풍이 고구려 초·중기의 영향을 강하게 받은 것으로 보아 539년 또는 479년을 제작시기로 설정했다.123) 이후 강현숙은 읍내리고분의 구조와 벽화분의 내용을 고구려 벽화분과 비교했다. 그 결과 이 지역의 벽화분이 고구려 벽화분의 정형성에서 벗어나 있음에 주목 539년설의 논리를 보강했다.124)

---

121) 李明植,「順興 邑內里壁畵古墳의 歷史的 環境」, 앞의 보고서, 1986, 23쪽, 26~27쪽.
122) 秦弘燮,「於宿述干墓와 新發見 己未銘壁畵古墳」, 앞의 보고서, 1986, 44쪽.
123) 安輝濬,「己未年銘 順興 邑內里壁畵古墳의 內容과 意義」, 앞의 보고서, 1986, 80~81쪽.
124) 姜賢淑,「高句麗 壁畵墳과 新羅 榮州地域 壁畵墳 比較 考察」,『白山學報』67, 申瀅植博士 停年紀念論叢, 2003, 239~243쪽. 기타 의견으로 임창순은 서체로 볼 때 419년으로 보는 데에 무리가 없다고 했고(任昌淳,「順興 古墳壁畵에 있는 文字」, 앞의 보고서, 1986, 110쪽). 김창호는 읍내리고분의 구조와 벽화의 형태가 어숙묘(595)와 유사하다며 己未를 599년으로 보았다(金昌鎬,「順興 己未銘 壁畵古墳의 築造」,『年譜』11, 부산직할시립박물관, 1988, 42~43쪽). 이한상은 읍내리분묘군의 경주산 금공품의 연대

이와 같이 읍내리고분 묵서명 '기미년'에 대해서는 연구자들 간에 견해가 엇갈려 입장을 세우기가 쉽지 않다. 그런데 다수의 논자들이 고분의 '고구려적 성격'을 강조하면서 순흥지방이 고구려에 속했을 때 고분이 조성된 것으로 이해하고 있음을 알 수 있다. 그 이면에는 5세기 말, 심지어는 6세기 중반까지도 신라가 고구려세력을 축출하지 못한 채, 경북 일대에 고구려 군사가 주둔해 있었다는 전제가 깔려있는 듯하다. 하지만 5세기 중·후반 신라는 고구려세력을 소백산맥 이북으로 축출했다. 따라서 479년이든지 539년이든지 읍내리고분은 신라의 영토 안에서 조성된 것으로 보아야 한다. 그렇다면 읍내리고분의 '고구려적 요소'는 고구려세력의 부식扶植이라는 관점보다는, 신라가 고구려 문화를 받아들여 토착화하는 과정에서 나타난 사례로 이해하는 것이 옳다고 생각한다. 곧 '고구려의 신라간섭이 낳은 잔영' 정도의 제한적 의미로 받아들여야 할 것이다. 6세기대로 추정되는 경북 북부지역의 고구려계 불교유적[125]도 같은 맥락에서 접근해야 한다.

한편 읍내리고분의 벽화내용 중 현실의 북벽에 그려진 연꽃[126]은 다른 관점에서 주목할 필요가 있다. 곧 불교과의 관련성 차원이

를 분석하여 고분의 축조연대를 6세기 초로 추정했다(이한상, 「읍내리분묘군의 편년을 통해 본 5세기대 순흥지역의 위상」, 『역사문화연구』 19, 2003, 22~23쪽). 한편 東潮는 '己未'를 '己亥'로 판독해 읍내리고분의 축조가 579년에 이루어진 것으로 파악했다(東潮, 「新羅·於宿知述干壁畵墳に關する一考察」 『東アジアの考古と歷史』 上, 岡崎敬先生 退官記念論集, 1987, 516쪽 및 525쪽).

125) 秦弘燮, 「新羅 北境地域 佛像의 考察」 『大丘史學』 7·8, 1973.
126) 『順興邑內里壁畵古墳』, 文化財管理局 文化財硏究所, 1986, 85쪽의 그림 6. 인근의 於宿墓 연도 천정에도 연꽃문양이 있다.

다. 이미 살펴본 대로 신라의 초전불교初傳佛敎 관련기록은 전래시기와 인물에 대한 사서 간 착종이 심하다. 그럼에도 불구하고 고구려로부터 전래되었다는 사실과 일선군〔선산〕 모례毛禮(毛祿)의 집이 불교전파의 온상이었다는 점은 공통적이었다. 일선군은 신라와 고구려 간 주요 교통로였던 계립령로와 추풍령로가 만나는 상주로 나아가는 길목에 자리잡은 요충지였다. 순흥 역시 신라와 고구려의 국경지대이자 죽령로의 도상에 위치한다. 결국 신라 초전불교는 왕실에 수용·공인되기 이전에 이미 고구려와의 교류가 빈번했던 지방에 폭넓게 퍼져 있었던 것으로 이해된다.

그런데 신라가 고구려로부터 수용한 초전불교의 특징은 한마디로 '왕즉불王卽佛' 사상이었다. 이는 왕자王者를 여래如來로 인식하여 절대군주에 의한 중앙집권적中央集權的 일통정치一統政治를 추구하려는 북중국 불교의 영향에서 비롯한 것이라고 한다.[127] 눌지왕과 소지왕이 귀족들의 반대를 무릅쓰고 고구려로부터 초전불교 도입을 주도한 까닭은 이와 같이 왕권강화를 사상적으로 뒷받침해 주는 역할을 기대했기 때문이었을 것이다.[128]

요컨대 신라는 고구려와 관계를 맺으면서 선진문물의 수용은 물론이거니와 사상적인 측면에서도 상당한 영향을 받았음을 알 수 있다.[129] 여기서 간과하지 말아야 할 사안은 이러한 것들이 고구려 측

---

[127] 金杜珍, 「新羅 上古代末 初傳佛敎의 受容」, 『千寬宇先生還曆紀念 韓國史學論叢』, 正音文化社, 1985, 276~277쪽 및 「新羅 公認佛敎의 思想과 그 政治史的 意味」 『斗溪李丙燾博士 九旬紀念韓國史學論叢』, 知識産業社, 1987, 85쪽.
[128] 신라 초전불교의 성격과 왕실의 불교수용 배경은 김두진, 위의 논문, 1985, 276~286쪽 참조.
[129] 물론 '마립간기' 선진문물의 공급처가 고구려에 국한된 것은 아니었다. 나제동맹이

의 이해가 강요된 일방적 전파라기보다는 신라의 필요에 따라 선택적으로 수용한 뒤 이를 발전적으로 계승했다는 점이다. 왕실 주도로 이루어진 초전불교의 전래가 '고구려의 소지왕 암살기도'라는 사금갑 사건으로 변질되자 곧바로 중단되는 모습이라든가,[130] 금공품과 무구류 제작기술의 향상은 그러한 단적인 예에 해당한다. 신라가 고구려의 간섭을 받았던 시기에 이러한 현상은 수면 위로 덜 드러났을 것이다. 하지만 고구려와 대립하면서부터는 고구려를 물리치는 데 있어 중요한 원동력이 되었음이 분명하다. 나아가 '마립간기'는 물론 중고기에 이르러 신라가 비약적으로 발전할 수 있는 자양분으로 기능했다는 데 그 진정한 의미를 부여할 수 있다.

공고했음을 감안할 때 南朝 계통의 선진문물이 백제를 경유해 들어왔을 가능성도 크다. 불교만 하더라도 초전불교에 북방불교의 색채가 강했다면, 공인불교에서는 남방불교의 성격이 가미되어 있다. 이 책에서는 논지 전개의 흐름상 고구려와의 관련성을 강조했다는 점을 양해바란다.

130) 이 책의 5장 3절 참조.

제8장

결 론

　지금까지 3세기 중반부터 6세기 초반까지 신라 상고기 정치변동과 고구려 관계의 추이를 연관지어 살펴보았다. 이상의 내용을 정리하는 것으로 결론을 삼고자 한다.
　신라가 고구려와 처음 관계를 맺은 것은 『삼국사기』에 따르면 3세기 중반이었다. 곧 조분이사금 16년(245)에 고구려가 신라 북쪽 변경으로 쳐들어왔다. 이에 당시 신라 최고의 정치가이자 장군이었던 석우로昔于老가 나가 싸웠지만 고구려군에 패했다. 이로부터 3년 후인 첨해이사금 2년(248)에 신라는 고구려에 사신을 보내 화친을 도모했다. 그런데 이와 같은 교전交戰・교섭交涉 기록에 대해 그동안에는 부정적인 경향이 강했다. 그 이유는 당시 낙랑樂浪・대방군帶方郡과 옥저沃沮・동예東濊가 두 나라를 가로막고 있는 지리적 형국과, 위나라 장수 관구검毌丘儉이 244~245년에 고구려를 침략했으므로 고구려가 신라를 공격할 여력이 없었을 것이라는 정황 때문이었다. 그리하여 신라・고구려 교섭의 개시연대는 두 나라가 함께 전진前秦에 사신을 가는 4세기 후반으로 이해하는 것이 통설로 자리잡았다.

하지만 4세기 전반으로 추정되는 경주월성로고분군에서 고구려 계통의 유물이 발굴되는 등의 고고학적 성과는 신라와 고구려 관계의 개시연대를 소급할 수 있는 가능성을 열어주었다. 실제로 기존 연구자들이 문제삼았던 논거의 타당성을 검토해 본 결과, 논증과정에서의 문제와 함께 정황론적 선입관에서 초래된 오해로 밝혀졌다.

우선 245년 교전기록 신빙성 논의의 핵심은 이 시기에 고구려가 옥저와 동예를 지배했었는지의 여부와, 과연 위나라의 관구검이 고구려를 244~245년에 침략했는가하는 문제였다. 검증한 결과 옥저와 동예는 245년 전후 고구려의 세력권 내에 있었고, 관구검의 고구려 침입연대는 244~245년이 아니라『삼국사기』의 기록대로 246년임을 알 수 있었다. 이로써 신라와 고구려가 245년에 충돌할 수 있는 정황적 근거가 확보되었다. 곧 관구검의 침입 이전이었기 때문에 별다른 영향을 받지 않은 상태에서, 고구려가 옥저와 동예를 발판으로 삼아 신라의 북쪽 변경을 공격했던 것이다. 248년 두 나라의 교섭 역시 비록 옥저와 동예가 고구려의 세력권에서 이탈되어 있어 이전처럼 여의치는 않았지만, 다른 교통로를 통해 가능했을 것임을 추정했다. 이때는 고구려의 입장에서도 246년 관구검의 침입을 받은지 얼마 안되는 시기였다. 곧 대외적인 안정이 절실했던 동천왕(227~248)으로서도 신라의 화친제의를 거절할 이유가 없었다.

그런데 3세기 중반 신라와 고구려의 관계가 왜 3년이라는 차이를 두고 대립에서 우호적으로 바뀌었는지 의문이 아닐 수 없다. 이에 대해 외교를 주도하는 지배세력의 변화와 관련이 깊을 것으로 판단해, 신라 석씨왕실의 정치과정을 분석했다.

　3세기 중반 신라는 '석씨왕시대'를 구가하고 있었다. 그런데 벌휴이사금(184~196)부터 집권한 석씨왕실은 벌휴왕이 죽은 후 가계家系가 직계 골정계骨正系와 방계 이매계伊買系로 나뉘었다. 골정계와 이매계는 나해왕(196~230)의 즉위과정에서부터 조분왕(230~247)~첨해왕(247~261)대까지 정치적으로 갈등했다. 특히 첨해왕 3년(249)에 발생한 이매계 핵심세력 우로于老의 죽음은 두 가계 간 갈등이 빚어낸 절정의 산물이었다. 우로가 죽은 후 석씨왕실의 권력구도는 급격히 골정계 중심으로 재편되어 갔다.

　주목할 만한 사실은 조분왕 16년(245)에 고구려와의 전투를 주도한 인물이 다름 아닌 우로였으며, 우로의 정치적 몰락이 이때 대고구려 전투의 패전에서 비롯되었다는 점이다. 첨해왕은 우로가 248년 정월에 서불한舒弗邯에서 물러나자, 기다리기라도 했다는 듯이 바로 다음달 고구려에 사신을 보내 화친을 청했다.

　결국 골정계는 대고구려 온건책을, 이매계는 대고구려 강경책을 추구했음을 알 수 있다. 그런데 골정계와 이매계의 대립구도에서 골정계와 연대하면서 후원자 역할을 한 세력이 구도계仇道系 김씨였다. 구도의 아들 미추가 김씨로서 처음으로 왕위에 오를 수 있었던 것은, 석씨왕실이 골정계와 이매계로 나뉘어 있는 조건에서 골정계와 제휴함으로써 꾸준히 정치적 성장을 이룬 결과였다. 여기에는 고구려의 은근한 지원이 뒷받침되었다.

　신라와 고구려 관계는 3세기 중반 한 차례 교전·교섭한 뒤 한동안 소강상태에 빠졌다. 그것은 고구려가 3세기 후반~4세기 후반까지 전연前燕·백제와 공방전을 전개했고, 그에 따른 긴장국면으로 인해 신라와의 관계에 소홀했기 때문이었다. 신라는 나물왕 22년(377)과 26년(381) 전진前秦에 조공했다. 이때 고구려의 도움을 받으면서 두 나라의 관계가 공식적으로 재개되었다. 이는 전진과 고구려가 우호관계를 지속했고, 나제관계羅濟關係가 백제 독산성주禿山城主의 신라 투항사건이 벌어진 373년 이후 대립적으로 변하는 등 신라와 고구려 사이에 이해가 맞아떨어지면서 이루어진 것이었다. 다만 그 주도권을 고구려가 행사함으로써 신라는 이후 고구려에 종속되어 갔다.

나물왕은 재위 37년(392)에 실성을 고구려에 볼모로 보냈다. 나물왕의 입장에서는 석씨와 연결된 실성을 견제하기 위한 정치적인 수단이자, 고구려의 강성함을 인정한 데 따른 불가피한 조치였다. 이후 경자년(400)에 왜倭가 신라를 침입하자 광개토왕(391~412)이 5만의 군사를 보내 신라를 구원해 주었다. 이를 계기로 신라의 영토 안에 고구려 군사가 주둔하면서 고구려에 대한 신라의 종속화가 심화되었다. 그 단적인 예가 실성왕(402~417)과 눌지왕(417~458)의 즉위에 고구려가 직접 개입해 좌지우지했던 것이었다. 고구려는 나물왕 직계와 방계가 서로 대립·갈등하는 점을 이용했다. 고구려는 우선 실성왕의 즉위를 도와주었다. 그런데 실성왕이 독자적으로 왜국倭國과 우호를 통하고 열병閱兵을 하는 등 자립화를 모색하자, 눌지로 지지노선을 급선회했다. 이로써 눌지왕이 고구려 군사의 지원을 받아 김씨 세습왕실을 개창할 수 있었다.

그러나 눌지왕은 즉위 후 왕권의 행사에 고구려세력이 걸림돌로 작용하자 고구려의 간섭에서 벗어나고자 했다. 눌지왕은 우선 실성왕 11년(412) 고구려에 볼모로 간 동생 복호卜好를 재위 9년(425)에 귀환시켰다. 이때 박제상朴堤上의 활약이 각별했다. 박제상은 곧이어 왜국에 볼모로 잡혀간 미사흔未斯欣까지 구출해내고 장렬히 전사했다. 박제상의 충절은 신라인들 사이에 두고두고 회자되었으며, 그의 딸은 미사흔의 부인이 되었다. 이로써 박씨세력은 왕족의 반열에 다시 진입하는 계기를 맞았다.

눌지왕은 재위 17년(433)과 18년(434)에 백제 비유왕(427~455)과 이른바 '나제동맹羅濟同盟'을 체결했다. 나제동맹은 백제 측의 주도로 이루어진 것이어서, 그로 인해 신라와 고구려의 관계가 곧바로 틀어진 것은 아니었다. 하지만 고구려로서는 숙적인 백제와 우호를 모색하는 신라가 못마땅했다. 이에 고구려는 자국의 세력권 내에서 이탈해가는 신라를 회유·포섭하고자 국원國原[中原:충주]지방에서의 회맹會盟을 추진했다. 449년에 장수왕은 눌지왕을 국원으로 불러 두 나라가 형제관계임을 천명하는 의식을 치루었다. 그 징표로 의복 등을 내려주었다. 그러한 내용을 고스란히 담아 세운 비가 「중원고구려비中原高句麗碑」였다. 「중원비」의 내용과 건립연대에 대해서는 기왕에 5세기 초반설, 5세기 중반설, 5세기 후반설로 나뉘어 논란이 분분했다. 이 책에서는 이에 대한 연구사 검토를 시도해서 내용연대의 추적에 집중했다. 그 결과 확실한 일간지日干支인 '12월 23일 갑인甲寅'과『삼국사기』와의 비교·검토를 통해 5세기 중반설을 지지했다.

신라와 고구려 관계는 장수왕의 이와 같은 노력에도 불구하고 급속히 경색되어 갔다. 눌지왕 34년(450)에 고구려 변방장수가 실직悉直[삼척]의 들에서 사냥하다가 하슬라何瑟羅[강릉] 성주城主에게 살해되는 사건이 발생했다. 이 때문에 신라는 고구려의 침입을 받았고, 눌지왕이 사과를 하고 나서야 고구려 군사가 물러갔다. 그러나 얼마 뒤 눌지왕은 왕경王京(경주)에 주둔해 있던 고구려 군사 100여 명을 몰살해버렸다. 『일본서기』웅략천황 8년(464)조에 전해지는 설화성 짙은 이 기록을 이 책에서는 454년 이전의 사실로 수정해 이해했다. 이 사건으로 인해 신라와 고구려의 관계는 대립적으로 바뀌었다. 곧 눌지왕 38년(454)에 고구려가 신라의 북쪽 변경을 쳐들어갔다. 또한 눌지왕 39년에 고구려가 백제를 침입하자 눌지왕이 백제에 구원군을 파견해 주었다. 결국 70~80년 동안 유지되었던 신라와 고구려의 우호관계는 5세기 중반에 이르러 대립적으로 변했다.

그렇다면 눌지왕이 신라 중앙정계에서 고구려 군사를 축출할 수 있었던 배경은 무엇일까? 저자는 이를 두 가지 관점에서 분석했다. 우선 신라의 내부적 역량강화를 고구려세력 축출의 근본적 원동력으로 주목해, 눌지왕이 즉위한 후 추진한 세습체제 구축과 통치체제 정비를 추적했다. 눌지왕은 재위 17년(433)에 왜倭에서 탈출시킨 미사흔이 죽자 서불한舒弗邯을 추증했다. 이는 죽은 동생에 대한 추모의 의미와 함께 김씨왕족의 위상을 높이려는 의도였다. 눌지왕이 재위 19년(435)에 김씨왕족들의 무덤을 대대적으로 보수·정화한 것도 연속선상에서 취해진 조치였다. 눌지왕은 이와 같은 일련의 정책을 통해 김씨세력을 결집시키는 기반을 마련했던 것이다. 그런데 눌지왕은 김씨세력 위주의 정책을 지향하면서도, 김씨세력만의 폐쇄적인 권력구조를 만들지는 않았다. 곧 눌지왕은 왕위계승과정에서 경쟁자였던 석씨세력은 배제·도태시킨 반면, 박씨세력과 지방세력은 회유·포섭했다. 특히 복호의 귀환과정에서 박제상의 결정적 도움을 받게 되면서 박씨세력과 정치적으로 제휴했다.

고구려세력 축출의 대외적 배경으로는 장수왕대(413~491)의 정치동향과 대외관계를 주목했다. 신라가 고구려로부터 복호를 귀환시키는 눌지왕 9년(425)부터 나제동맹이 이루어지는 433~434년을 전후한 시기의 고구려 국내 정치동향은, 장수왕의 평양천도(427년) 과정에서 국내성계 귀족세력의 반발과 그에 따른 숙청이 이루어지는 등 긴박했다. 자연 고구려는 내정에 주력한 나머지 신라와의 우호관계 유지에 소홀할 수밖에 없었다. 이것이 곧 눌지왕이 즉위한 후 고구려세력을 배제하는 분위기로 나아갈 수 있었던 배경 중 하나로 작용했다. 고구려의 대중국 관계 역시 안정적이지 못했다. 5세기 초 북위北魏가 흥기했고, 특히 436~462년에 고구려가 북위와 긴장 국면을 유지했기 때문에 신라와의 관계에 신경쓸 여력이 없었다. 고구려는 462년에 북위와 화친을 도모한 뒤 475년(자비왕 18 : 개로왕 21)까지는 백제와의 전쟁에 주력했다. 이와 같은 대외적 상황은 신라가 고구려를 물리칠 수 있는 중요한 배경이 되었다.

자비왕은 재위 11년(468)에 고구려로부터 실직성悉直城〔삼척〕을 습격당한 뒤 동해안로의 군사적 거점인 강릉의 이하泥河에 성을 쌓았다. 이어 재위 13년(470)에 삼년산성三年山城〔보은〕을 시작으로 17년(474)까지 집중적으로 축성하여 고구려에 대비한 방어성을 구축해 나갔다. 이때 쌓은 성들의 위치는 충북 보은〔삼년산성〕·문의〔一牟城〕·경북 상주〔沓達城〕로 확정할 수 있는 것과 미상인 것들이 혼재되어 있다. 그러나 자비왕대의 축성지역은 대체적으로 추풍령로와 동해안로 방면에 집중되어 있었다. 이는 자비왕대 이미 서북쪽 변경의 소백산맥 너머에 축성사업을 통해 1차 방어망을, 소백산맥 이남의 내륙교통로의 요지에는 2차 방어망을 구축하기 시작했음을 알려준다. 또한 신라의 영토 안에 주둔해 있던 고구려 군사가 눌지왕 38년(454) 이후 소백산맥 이북으로 물러갔음을 시사해 준다.

　소지왕은 즉위 후 자비왕대 이후 벌여온 축성사업을 연장해 추진했다. 그 결과 소백산맥 너머의 보은 일대〔三年山城·屈山城〕에 1차 방어망을, 상주〔刀那城·犬牙城〕·의성〔仇伐城〕 등의 내륙교통로를 따라서 2차 방어망을 구축했다. 그러나 자비왕대와 달리 축성과 동시에 고구려의 파상적인 공격을 받았다. 그리하여 두 나라는 계립령과 죽령을 국경으로 삼아 대치한 채, 동해안로〔比列城·狐鳴城·彌秩夫〕와 소백산맥 너머 서북쪽 변경의 진천〔母山城〕·청천〔薩水〕 등지에서 지속적으로 공방전을 전개했다. 고구려의 공세에도 불구하고 나제동맹군의 활약으로 인해 전쟁의 승리는 신라에게 돌아갔다. 결국 장수왕~문자명왕대에 추진된 고구려의 남진정책은 백제 '한성시대'를 종식시키는 소기의 성과를 거두었지만, 신라와의 전쟁에 있어서는 나제동맹군의 방어에 고전해 저지되고 말았다.

　그런데 475년 이후 고구려가 신라에 대한 공세의 기치를 올리고 있었던 488년(소지왕 10 : 장수왕 76), 신라의 왕궁 안에서 궁주宮主가 분수승焚修僧과 간통하다가 살해되는 이른바 '사금갑射琴匣 사건'이 발생했다. 이에 대해 그동안에는 사상적으로 신라 토착신앙과 불교, 정치적으로 그 주도집단인 왕실과 귀족세력 간의 갈등으로 이해해왔다. 그러나 여기에서는 사금갑 설화를 '소지왕 암살 미수사건'으로 재조명했다. 그리고 분수승을 고구려에서 파견한 첩자 내지 자객으로 이해했다. 백제 개로왕대(455~475)에 국력을 고갈시켜 '한성시대' 종식에 결정적으로 기여한 도림道琳의 사례에서 알 수 있는 것처럼, 고구려는 종종 승려를 첩자로 활용했다. 고구려는 475년 이후 지속적으로 신라를 공격했음에도 불구하고 나제동맹군의 반격에 번번이 고전했다. 고구려는 반전의 계기를 찾던 중 소지왕이 당시 초전불교初傳佛敎에 심취해 있음에 주목했다. 또한 소지왕비 선혜부인善兮夫人이 소지왕의 뒤를 이을 아들을 낳지 못함으로써 정국운영의 주도권을 상실할 지 모른다는 위기감을 간파했다. 그래서 자객을 승려로 위장시켜 신라의 왕실에 잠입시킨 후 선혜부인과 공모하여 소지왕의 암살을 기도했던 것이다. 그러나 고구려의 소지왕 암살기도는 노옹老翁과 일관日官세력의 도움을 받은 소지왕의 긴밀한 대응으로 실패로 기울고 말았다.

이와 같이 고구려에 대한 위기상황을 잘 대처해나가던 소지왕이었지만, 문제는 왕위를 물려줄 아들이 태어나지 않은 데 있었다. 이는 소지왕 집권 후반기로 갈수록 정국운영의 주요한 변수로 작용했다. 소지왕이 재위 22년(500)에 날이군捺已郡〔영주〕으로 행차갔다가 재지세력 파로波路의 딸 벽화碧花와 사랑에 빠진 것도 근본적으로는 소지왕의 왕자 생산의지에서 초래된 것이었다. 날이군은 신라의 영토이면서도 여전히 고구려의 영향력이 남아 있는 최북단 변방이었다. 소지왕의 이 지역에 대한 행차도 애초에는 순수巡狩 차원에서 추진된 것이었다. 곧 날이군의 '친고구려세력'을 회유·포섭하고 나아가 고구려의 지배를 받았던 백성들을 위무함으로써 그들이 신라의 통치 범위 내에 있음을 환기시켜 주는 것이 원래의 목적이었다. 그러나 본래의 의도와 달리 도리어 날이군의 '친고구려세력'인 파로에게 포섭이 되고 말았다. 이것이 빌미가 되어 고타군古陁郡[안동] 노구老嫗로 대표되는 '친신라세력'의 비판을 받았다. 그럼에도 불구하고 소지왕은 벽화를 왕궁의 별실로 데려와 아들까지 낳게 했다. 결국 소지왕은 '친고구려세력'과 제휴를 도모했다는 실책을 떠안은 채 폐위되고 말았다. 그것을 주도한 세력은 다름 아닌 지증이었다.

지증왕(500~514)이 소지왕을 폐위시키고 집권했다고는 해도 쿠데타적 반동행위를 수반한 극단적 방법을 선택한 것은 아니었다. 지증왕은 소지왕이 왕위를 계승시킬 아들을 생산하지 못했던 왕실의 현실과, 그로 인해 발생했던 '친고구려세력'과의 연대로 상징되는 소지왕의 실정失政을 즉위의 명분으로 삼았다. 그래서인지 지증왕은 집권했음에도 재위 4년(503)까지 갈문왕호葛文王號를 칭한 채 즉위의례를 거행하지 않았다. 이는 소지왕의 죽음과 장례기간 3년을 고려한 결과였다. 지증왕은 비정상적으로 즉위한 데 따른 왕권의 정통성 결여를 의식했다. 때문에 절차적 의식을 통해 집권의 정당성을 축적해나가고 통치기반을 다지는 기간을 설정했던 것이다.

지증왕의 즉위를 도운 세력으로는 우선 왕비족의 반열에 오른 박씨세력을 꼽을 수 있다. 지증왕은 즉위 전 이미 박씨 연제부인延帝夫人과 혼인했고, 즉위 후에도 모량부牟梁部 상공相公의 딸을 후비로 맞아들였는데, 역시 박씨였다. 이사부異斯夫로 대표되는 김씨세력도 지증왕의 든든한 후원자가 되었다. 또한 고타군 노구로 대표되는 지방세력도 지증왕 지지세력의 한 축을 담당했다. 지증왕의 이름 '지대로智大路'·'지도로智度路'에서 알 수 있는 것처럼, 지증왕은 지방으로 통하는 교통로에 밝았고, 이를 통해 지방세력을 즉위과정에 활용했다. 지증왕대 지방통치제도가 본격적으로 정비되고 그에 따라 지방관이 파견될 수 있었던 것은 이러한 데서 배태된 것이었다.

지증왕은 재위 5년(504)에 파리성波里城[삼척]·미실성彌實城[흥해]·진덕성珍德城[위치 미상]·골화성骨火城[영천] 등 12성을 쌓음으로써 대고구려 축성사업을 마무리했다. 지증왕은 특히 소지왕대 고구려와의 각축장이었던 동해안 일대의 방어망 구축에 주력했다. 또한 재위 13년(512)에는 이사부로 하여금 우산국于山國[울릉도]을 복속케 하여 동해안의 제해권까지 장악했다. 이로써 신라는 육상과 해상에서 동시에 고구려의 동향을 주시·방어할 수 있게 되었다.

신라는 고구려에 대한 방위체계를 마련함으로써 고구려와의 관계에서 안정적인 우위를 점하게 되었다. 이 때문에 고구려는 공격의 대상을 백제로 바꿀 수밖에 없었다. 6세기 초반~중반까지 삼국관계는 고구려와 백제가 각축하는 양상으로 변화되었다. 그런데 나제동맹 기간임에도 불구하고 신라의 백제에 대한 군사지원이 보이지 않았다. 이를 통해 나제관계도 이전과 달라짐을 알 수 있다. 5세기 말~6세기 초 삼국의 관계가 변화된 것은 각국 지배세력이 교체되면서 대외인식 역시 변화되었기 때문이었다. 지증왕의 등장으로 야기된 신라왕실은 물론, 백제 역시 무령왕(501~523)의 집권으로 지배세력이 바뀌었다. 동성왕(479~501)이 고구려를 자극하지 않으면서 남조南朝·신라와의 외교에 주력했다면, 무령왕은 고구려에 대한 강경책을 구사했고, 신라와의 관계도 일정한 거리를 유지했다. 곧 지증왕과 무령왕은 즉위 후 직전 왕들이 추구했던 대외정책들과 차별되는 노선을 추구했다. 나제관계의 변화와 고구려와 백제 중심의 각축전 양상은 신라의 입장에서 향후 대내적인 체제정비에만 주력할 수 있는 조건으로 작용했다.

신라 상고기 고구려 관계의 역사적 의미는 정치사적·제도사적·사회·문화사적 측면으로 나누어 살펴보았다. 우선 정치사적 측면에서 김씨세력의 집권과 박씨세력의 재부상을 주목할 만한 특징으로 꼽았다. 박씨세력은 시조 혁거세부터 8대 아달라왕(154~184)까지 '박씨왕시대'를 구가했었다. 그러나 9대 벌휴왕대부터 석씨에게 왕위를 빼앗긴 뒤로는 왕실세력으로서의 명백만을 이어갈 뿐, 정치적 주도권을 행사하지 못했다. 박씨가 다시 왕실세력의 한 축으로 자리잡을 수 있었던 계기는 석씨세력의 몰락과 함께 대립국면으로 치닫던 고구려와의 관계가 변화되면서 마련되었다. 이때 박제상의 활약이 결정적 원동력이 되었다. 여기에는 현실적으로 박씨세력이 가진 독자적인 해상능력이 바탕이 되었다. 박씨세력이 다시 부상할 수 있었던 근본적인 배경은 당시 신라사회의 분위기 때문이었다. 고구려와의 전시체제 상황에서 지배세력 내부의 정치적 갈등이 수면 위로 드러날 수 없었다. 곧 김씨왕실 입장에서는 왕위를 이어가면서도 대고구려 항쟁력이 분산되지 않도록 내부 정치세력의 통합을 추구했던 것이다. 소지왕이 신궁神宮을 설치해 혁거세赫居世[박씨]와 알영閼英[김씨]을 동시에 배향한 까닭도 김씨세력과 박씨세력을 이념적으로 통합하기 위함이었다.

제도사적 측면으로는 고구려와의 전쟁을 수행해 나가는 과정에서 통치체제의 정비와 무관직武官職·관부官府의 창설이 촉발되었다는 점을 지적했다. 자비왕~지증왕대의 축성사업과 그와 맞물려 추진된 경도京都의 방리명坊里名 설정, 우역郵驛의 설치와 관도官道의 수리, 시장의 개설, 군주軍主의 파견과 소경小京의 설치는 모두 신라가 고구려를 축출하고 각축하는 과정에서 이루어졌다. 또한 국왕이 군을 지휘·통솔하는 군령체계가 제도화되었음을 의미하는 장군직의 설치와 운영도 자비왕~소지왕대 고구려와의 전쟁과정에서 이루어졌다는 데 각별한 의미가 있다. 지증왕대 지방관으로서 파견된 군주는 군사지휘관의 성격이 강했다. 법흥왕 4년(517)에 설치된 신라 최초의 관부도 다름 아닌 병부兵部였다. 곧 자비왕~지증왕대에 고구려와 항쟁하는 과정에서 무관직의 창설이 촉발되었고, 좀더 조직적이고 체계적인 병부의 설치로 이어졌다. 결국 신라는 눌지왕대 고구려 군사를 축출하고, 자비왕대 이후 고구려와 각축하면서 지방통치체제 정비에 박차를 가할 수 있었던 것이다. '마립간기'에 이루어진 지방통치제도의 정비는 고구려세력의 축출과 대고구려 방위체계의 확립에 근본적인 원동력이 되었다. 나아가 법흥왕(514~540) 즉위 후 본격적으로 중앙통치제도를 정비할 수 있는 토대를 마련했다.

신라가 고구려와 관계를 맺는 과정에서 두 나라 간의 문화적인 교류 역시 증대되어 갔다. 특히 고구려의 선진문물이 신라로 들어와 신라사회 전반에 많은 영향을 끼쳤다. 3세기 중반에는 두 나라의 관계가 단속적이었고 이후 느슨하게 유지된 까닭에 고고학적 물증이 찾아지지 않는다. 하지만 4세기 초 낙랑군과 대방군이 한반도에서 축출되면서. 선진문물의 공급처가 고구려로 변화된 이후 신라 적석 적석분積石木槨墳에서는 고구려 계통의 무구류·마구류·금공품이 다량으로 출토되었다. 호우총에서 출토된 고구려산 청동합(415)과 「중원비」(449)에서 장수왕이 눌지왕과 그 신하들에게 의복을 나누어 준 행위는 고구려계 문물이 신라에 수용된 구체적인 사례였다. 이러한 양상은 4세기 후반부터 밀접해진 신라와 고구려의 우호관계와 부합한다.

　신라의 영토에 주둔해 있던 고구려 군사는 5세기 중반 소백산맥 이북으로 축출되었다. 하지만 고구려의 지배를 받았던 '고구려고지'에서 고구려의 잔영은 쉽게 사라지지 않았다. 경북 북부지역에 남아 있는 순흥읍내리벽화고분과 불교유적들에 이러한 흔적이 남아 있다. 다만 그것은 고구려세력의 부식이 아닌, 신라가 고구려 문화를 받아들여 토착화하는 과정에서 나타난 부산물이었다. 신라왕실의 주도로 고구려로부터 들여온 초전불교의 전래와 '사금갑 사건'으로 인한 불교의 탄압. 금공품과 무구류 제작기술의 향상은 신라가 고구려 문물을 주체적이면서 선택적으로 받아들여 발전시켰음을 알려준다. 곧 신라가 고구려의 정치·경제적 간섭을 받았던 이면에는 선진문물과 기술의 수용이라는 긍정적인 측면이 공존했다. 그리고 그것이 고구려와의 관계가 대립적으로 변하였을 때 고구려를 물리치는 원동력으로 작용했다는 데에 진정한 역사적 의미가 있다.

　부족한 자료를 가지고 추론을 거듭하다 보니 곳곳의 논증과정에 무리가 많았을 줄로 안다. 대외관계의 객관적인 변화요인을 이끌어 내기 위해서는 신라와 고구려뿐만 아니라 주변국과의 관계를 종합적으로 살펴야 한다. 고구려와 북중국의 관계, 백제사의 동향에 주목한 것은 이러한 이유 때문이었다. 다만 애초의 의도와 부합할 정도의 분석으로까지 나아가지 못하고 말았다. 또한 신라와 가야·왜와의 관계를 동시에 고려하지 못한 것은 이 책의 한계이다. 한편 부족한 문헌사료를 보충해 주는 고고학적 연구성과를 적극적으로 활용하지 못한 것은 이를 객관적인 자료로 취급할 만한 저자의 역량이 부족한 데서 초래된 것이다. 이러한 점에 대해서 독자 여러분의 너그러운 이해를 구하고자 하며, 향후 지속적으로 수정·보완하여 완성도를 높여나갈 것을 약속드린다.

참고문헌

1. 사료

□ 국내

『三國史記』(이병도 역주, 『삼국사기』 상·하, 을유문화사, 1983 : 鄭求福·盧重國·申東河·金泰植·權悳永, 『譯註 三國史記』 1~5, 韓國精神文化研究院, 1997)

『三國遺事』(姜仁求·金杜珍·金相鉉·張忠植·黃浿江, 『譯註 三國遺事』 I~V, 韓國精神文化研究院, 以會文化社, 2002)

『海東高僧傳』(章輝玉, 『海東高僧傳-현대적 풀이와 주석』, 民族社, 1991)

『三國史節要』(세종대왕기념사업회 국역·영인, 1996)

『東國通鑑』(세종대왕기념사업회 국역·영인, 1996)

『新增東國輿地勝覽』(민족문화추진회 국역·영인, 1969)

『佔畢齋集』(민족문화추진회 국역·영인, 1996)

『東國地理誌』(久菴 韓百謙 著, 『久菴遺稿·東國地理誌』, 一潮閣 影印, 1987)

『京都雜志』(柳得恭 著·李錫浩 譯註, 東文選, 1991)

『東京雜記』(朝鮮光文會 編, 1913 : 民俗苑 影印, 1995)

『擇里志』(李重煥 著·李翼成 譯, 을유문화사, 1993)

『輿地圖書』(국사편찬위원회 영인, 1973)

『東史綱目』(민족문화추진회 국역·영인, 1982)

『渤海考』(유득공 지음·송기호 옮김, 홍익출판사, 2000)

『與猶堂全書』(경인문화사 영인, 1969)

『大東輿地圖』(原圖, 慶熙大學校附設 傳統文化研究所, 백산자료원 영인, 1980)

『大東地志』(金正浩 著, 아세아문화사 영인, 1976)

『韓國金石遺文』(第五版, 黃壽永 編著, 一志社, 1994)

『譯註 韓國古代金石文』(I~Ⅲ, 駕洛國史蹟開發研究院, 韓國古代社會研究所 編, 1992)

□ 국외

『史記』(中華書局 點校本, 1997 : 이하의 25史 같음)

『後漢書』

『三國志』
『晉書』
『宋書』
『南齊書』
『北齊書』
『梁書』
『魏書』
『北史』
『隋書』
『新唐書』
『翰苑』(竹內理三 校訂·解說, 太宰府天滿宮文化硏究所, 1977)
『通典』(中華書局 校點本, 1988)
『資治通鑑』(中華書局 點校本, 1997)
『太平御覽』(中華書局 影印本, 1960)
『文獻通考』(馬端臨 撰, 中華書局 影印本, 1986)
『觀堂集林』(王國維 著, 中華書局 影印本, 1959)
『二十史朔閏表』(陳坦 著, 中華書局 影印本, 1962)
『日本書紀』(崔根泳·崔源植·金英美·朴南守·權悳永·田美姬 편, 『日本 六國史 韓國關係記事』原文·譯註, 駕洛國史蹟開發硏究院, 1994)

2. 저서

□ 국내

姜文晧, 『中國中世政治史硏究』, 국학자료원, 1999.
姜仁求, 『古墳硏究』, 學硏文化社, 2000.
강종원, 『4세기 백제사 연구』, 서경, 2002.
강종훈, 『신라상고사연구』, 서울대학교 출판부, 2000.
高翊晋, 『韓國古代佛敎思想史』, 동국대학교 출판부, 1989.
孔錫龜, 『高句麗 領域擴張史 硏究』, 書景文化社, 1998.
權五重, 『樂浪郡硏究-中國 古代邊郡에 대한 事例的 檢討-』, 一潮閣, 1992

금경숙·임기환·공석구 편저, 『강원도와 고구려』, 집문당, 2006.
김기흥, 『천년의 왕국 신라』, 창작과 비평사, 2000.
金杜珍, 『韓國古代의 建國神話와 祭儀』, 一潮閣, 1999.
김병곤, 『신라 왕권 성장사 연구』, 학연문화사, 2003.
金福順, 『한국 고대불교사 연구』, 民族社, 2002.
김상현, 『신라의 사상과 문화』, 一志社, 1999.
김영수, 『역사를 훔친 첩자』, 김영사, 2006.
金瑛河, 『韓國古代社會의 軍事와 政治』, 高麗大學校 民族文化研究院, 2002.
金元龍, 『韓國考古學槪說』(第三版), 一志社, 1986.
金元龍, 『韓國考古學研究』, 一志社, 1987.
김재경, 『신라 토착신앙과 불교의 융합사상사 연구』, 民族社, 2007.
金貞培, 『韓國古代史와 考古學』, 신서원, 2000.
金鍾完, 『中國南北朝史研究-朝貢·交聘關係를 중심으로-』, 一潮閣, 1995.
金哲埈, 『韓國古代社會研究』, 서울大學校 出版部, 1990.
金泰植, 『加耶聯盟史』, 一潮閣, 1993.
김한규, 『한중관계사』Ⅰ, 아르케, 1999.
김현구·박현숙·우재병·이재석 공저, 『일본서기 한국관계기사 연구(Ⅰ~Ⅲ)』, 일지사, 2002~2004.
김현숙, 『고구려의 영역지배방식 연구』, 도서출판 모시는사람들, 2005.
나희라, 『신라의 국가제사』, 지식산업사, 2003.
盧重國, 『百濟政治史研究』, 一潮閣, 1988.
盧重國 외, 『韓國古代社會와 蔚珍地方』, 蔚珍郡·韓國古代史學會, 1999.
노태돈, 『고구려사 연구』, 사계절, 1999.
노태돈, 『한국사를 통해 본 우리와 세계에 대한 인식』, 풀빛, 1998.
리지린·강인숙, 『고구려사연구』, 사회과학출판사, 1976.
문경새재박물관 엮음, 『문경의 길과 고개-길 위의 역사, 고개의 문화』, 실천문학사, 2002.
문안식, 『백제의 영역확장과 지방통치』, 신서원, 2002.
문안식, 『한국 고대사와 말갈』, 혜안, 2003.
文昌魯, 『三韓時代의 邑落과 社會』, 신서원, 2000.
박대재, 『고대한국 초기국가의 왕과 전쟁』, 景仁文化社, 2006.
朴性鳳 編, 『高句麗 南進 經營史의 研究』, 白山資料院, 1995.

박인호, 『조선시기 역사가와 역사지리인식』, 이회, 2003.
朴漢濟, 『中國中世胡漢體制研究』, 一潮閣, 1988.
서영일, 『신라 육상교통로 연구』, 학연문화사, 1999.
宣石悅, 『新羅國家成立過程研究』, 혜안, 2001.
成周鐸, 『百濟城址研究』, 서경, 2002.
손영종, 『고구려사』1, 과학백과사전종합출판사, 1990.
辛鍾遠, 『삼국유사 새로 읽기』(1) -紀異篇-, 일지사, 2004.
辛鍾遠, 『新羅初期佛教史研究』, 民族社, 1992.
申瀅植, 『三國史記 研究』, 一潮閣, 1981.
申瀅植, 『韓國古代史의 新研究』, 一潮閣, 1984.
申瀅植, 『新羅通史』, 주류성, 2004.
양기석·강민식·차용걸·이우태·신호철 공저, 『新羅 西原小京 研究』, 서경, 2001.
梁柱東, 『增訂 古歌研究』, 一潮閣, 1965.
延敏洙, 『고대한일관계사』, 혜안, 1998.
연민수, 『古代韓日交流史』, 혜안, 2003.
영남대 민족문화연구소 편, 『전근대 동해안 지역사회의 운용과 양상』, 景仁文化社, 2005.
오영찬, 『낙랑군 연구』, 사계절, 2006.
윤명철, 『고구려 해양사 연구』, 사계절, 2003.
李基東, 『新羅 骨品制社會와 花郎徒』, 一潮閣, 1984.
李基東, 『百濟史研究』, 一潮閣, 1996.
李基東, 『新羅社會史研究』, 一潮閣, 1997.
李基白, 『新羅政治社會史研究』, 一潮閣, 1974.
李基白, 『新羅思想史研究』, 一潮閣, 1986.
李基白, 『韓國古代政治社會史研究』, 一潮閣, 1996.
李基白, 『韓國傳統文化論』, 一潮閣, 2002.
李基白·李基東 共著, 『韓國史講座』1(古代篇), 一潮閣, 1982.
李基白·金英美·李泰鎭·金泰永 공저, 『韓國思想史方法論』, 小花, 1997.
李道學, 『고구려 광개토왕릉비문 연구 광개토왕릉비문을 통한 고구려사』, 서경, 2006.
이도학 외 공저, 『한국문화와 주변문화-그 만남에 대한 역사적 추리-』, 서경, 2004.
李萬烈, 『講座 三國時代史』, 知識産業社, 1976.
李文基, 『新羅兵制史研究』, 一潮閣, 1997.

李丙燾, 『韓國史』(古代篇), 震檀學會, 乙酉文化社, 1959.
李丙燾, 『韓國古代史硏究』(修訂版), 博英社, 1976.
이부오, 『신라 군·성〔촌〕제의 기원과 소국집단』, 서경, 2003.
이성제, 『高句麗의 西方政策 硏究-北朝와의 對立과 共存의 관계를 중심으로-』, 국학자료원, 2005.
이용현, 『韓國木簡基礎硏究』, 신서원, 2006.
李仁哲, 『新羅村落社會史硏究』, 一志社, 1996.
이인철, 『고구려의 대외정복연구』, 백산자료원, 2000.
李鍾旭, 『新羅上代王位繼承硏究』, 嶺南大學校 出版部, 1980.
李鍾旭, 『新羅國家形成史硏究』, 一潮閣, 1982.
李鍾旭, 『한국 고대사의 새로운 체계-100년 통설에 빼앗긴 역사를 찾아서-』, 소나무, 1999.
이한상, 『황금의 나라 신라』, 김영사, 2004.
李賢惠, 『韓國 古代의 생산과 교역』, 一潮閣, 1998.
李炯佑, 『新羅初期國家成長史硏究』, 영남대학교 출판부, 2000.
李昊榮, 『月山 李昊榮의 韓國史學 遍歷』, 서경문화사, 2007.
李弘稙, 『韓國古代史의 硏究』, 新丘文化社, 1971.
이희준, 『신라고고학연구』, 사회평론, 2007.
이희진, 『加耶政治史硏究』, 學硏文化社, 1998.
임기환, 『고구려 정치사 연구』, 한나래, 2004.
張俊植, 『新羅中原京硏究』, 學硏文化社, 1998.
全德在, 『新羅六部體制硏究』, 一潮閣, 1996.
전덕재, 『한국고대사회의 왕경인과 지방민』, 태학사, 2002.
전덕재, 『한국고대사회경제사』, 태학사, 2006.
朱甫暾, 『新羅 地方統治體制의 整備過程과 村落』, 신서원, 1998.
주보돈, 『금석문과 신라사』, 지식산업사, 2002.
池培善, 『中世東北亞史硏究-慕容王國史-』, 一潮閣, 1986.
池培善, 『中世中國史硏究-慕容燕과 北燕史』, 연세대학교 출판부, 1998.
채미하, 『신라 국가제사와 왕권』, 혜안, 2008.
千寬宇, 『加耶史硏究』, 一潮閣, 1991.
千寬宇, 『古朝鮮史·三韓史硏究』, 一潮閣, 1989.
최광식, 『고대한국의 국가와 제사』, 한길사, 1994.

최광식, 『한국고대의 토착신앙과 불교』, 고려대학교 출판부, 2007.
崔秉鉉, 『新羅古墳研究』, 一志社, 1992.
崔永俊, 『嶺南大路-韓國古道路의 歷史地理的 研究-』, 高麗大學校 民族文化研究所, 1990 ;
　　　『한국의 옛길 嶺南大路』(개정판), 고려대학교 민족문화연구원, 2004.
崔在錫, 『韓國古代社會史研究』, 一志社, 1987.
충남대학교 백제연구소 편, 『古代 東亞細亞와 百濟』, 서경, 2003.
한국고대사연구회, 『한국고대국가의 형성』(대우학술총서 공동연구), 民音社, 1990.
한신대학교 학술원, 『漢城期 百濟의 물류시스템과 對外交涉』, 학연문화사, 2004.

□ 국외

今西龍, 『新羅史研究』, 近澤書店, 1933 ; 이부오·하시모토 시게루 옮김, 서경문화사,
　　　2008.
東潮·田中俊明, 『韓國の古代遺蹟1-新羅編』, 中央公論社, 1988.
末松保和, 『新羅史の諸問題』, 1954 ; 『新羅の政治と社會』 上(末松保和朝鮮史著作集1), 吉川
　　　弘文館, 1995.
木村誠, 『古代朝鮮の國家と社會』, 吉川弘文館, 2004.
木下禮仁, 『日本書紀と古代朝鮮』, 塙書房, 1993.
武田幸男 編, 『朝鮮社會の史的展開と東アジア』, 山川出版社, 1997.
武田幸男, 『高句麗史と東アジア』, 岩波書店, 1989.
三崎良章, 『五胡十六國-中國史上の民族大移動-』, 東方書店, 2002 ; 김영환 옮김, 景仁文化
　　　社, 2007.
王健群 著·林東錫 譯, 『廣開土王碑 研究』, 한국학술정보(주), 2004.
井上秀雄, 『古代東アジアの文化交流』, 溪水社, 1993.
津田左右吉, 『朝鮮歷史地理』 上, 1913 ; 亞世亞文化社, 1986.

3. 발굴보고서 및 도록

京畿道博物館, 『高句麗 遺蹟의 寶庫 京畿道』, 2005.
慶州文化財研究所, 『南彌秩夫城 地表調査報告書』, 1993.
고려대학교 박물관·서울특별시, 『한국고대의 Global Pride 고구려』, 고려대학교 100주
　　　년기념 박물관 특별전, 2005.

國立慶州博物館·慶北大學校博物館·慶州市,『慶州市月城路古墳群』, 1990.
국립경주박물관,『냉수리고분』, 1995.
국립경주박물관,『新羅黃金』, 2001.
國立慶州博物館,『文字로 본 新羅』, 2002.
국립대구박물관,『압독 사람들의 삶과 죽음』, 2000.
국립대구박물관,『召文國에서 義城으로』, 2002.
국립대구박물관,『尙州 嶺南文物의 결절지』, 2003.
國立文化財硏究所,『順興 飛鳳山城 發掘調査報告書』, 1998.
國立博物館,『壺杅塚과 銀鈴塚』, 1946.
국립중앙박물관 편,『낙랑』, 솔, 2001.
국립중앙박물관,『호우총 은령총』, 발굴60주년기념 심포지엄 발표논문집, 2006.
文化財管理局 文化財硏究所,『順興邑內里壁畵古墳』, 1986.
文化財管理局 文化財硏究所,『順興 邑內里 古墳群 發掘調査 報告書』, 1994.
報恩郡·忠北大學校 中原文化硏究所,『三年山城-기본자료 및 종합보존·정비계획안-』, 2001.
嶺南文化財硏究院,「尙州 伏龍洞遺蹟 發掘調査 현장설명회 자료」, 2004.
尹根一 外 3인,『淸原 米川里 古墳群』, 國立文化財硏究所, 1995.
鄭永鎬,『善山地區古蹟調査報告書』, 檀國大出版部, 1968.
忠北大學校 湖西文化硏究所,『鎭川 大母山城 地表調査 報告書』, 1996.
충청북도·충북학연구소,『삼국통일의 격전지 충북의 성곽을 찾아서』, 2000.

4. 논문

□ 국내

姜文皓,「前秦 宗室과 苻堅의 德政論」,『中國中世政治史硏究』, 국학자료원, 1999.
姜鳳龍,「新羅 地方統治體制 硏究」, 서울大學校 博士學位論文, 1994.
姜仙,「高句麗와 北方民族의 관계 연구-鮮卑·契丹·柔然·突厥과의 관계를 중심으로-」, 淑明女子大學校 博士學位論文, 2003.
강종훈,「삼국 초기의 정치구조와 '部體制'」,『韓國古代史硏究』17, 한국고대사학회 편, 2000.
姜鍾薰,「神宮의 設置를 통해 본 麻立干時期의 신라」,『韓國古代史論叢』6, 韓國古代社會硏究所 編, 1994.
姜賢淑,「高句麗 壁畵墳과 新羅 榮州地域 壁畵墳 比較 考察」,『白山學報』67, 申瀅植博士 停年

紀念論叢, 白山學會, 2003.
高柄翊, 「三國史記에 있어서의 역사서술」, 『金載元博士華甲紀念論叢』, 1969 ; 『韓國의 歷史認識』上, 창작과 비평사, 1976.
孔錫龜, 「5~6세기의 대외관계」, 『한국사』 5, 국사편찬위원회, 1996.
공석구, 「高句麗와 慕容燕의 갈등 그리고 교류」, 『강좌 한국고대사』 4, 가락국사적개발연구원, 2003.
權悳永, 「三國時代 新羅의 海洋進出과 國家發展」, 『STRATEGY』 21, 제2권 제2호(가을·겨울호), 1999.
權五榮, 「고대 한국의 喪葬儀禮」, 『韓國古代史硏究』 20, 2000.
권오중, 「중국사에서의 낙랑군」, 『韓國古代史硏究』 34, 2004.
금경숙, 「교통로를 통해서 본 강원도의 고구려」, 『강원도와 고구려』(금경숙·임기환·공석구 편저), 집문당, 2006.
金光洙, 「新羅 上古世系의 再構成 試圖」, 『東洋學』 3, 檀國大 東洋學硏究所, 1973.
김기섭, 「百濟 東城王의 즉위와 정국 변화」, 『韓國上古史學報』 50, 韓國上古史學會, 2005.
金基興, 「한국 殉葬制의 역사적 성격」, 『建大史學』 8, 建國大學校 史學會, 1993.
김길식, 「삼한지역 출토 낙랑계 문물」, 『낙랑』, 국립중앙박물관 편, 솔, 2001.
김길식, 「진·변한 지역 낙랑 문물의 유입 양상과 그 배경」, 『낙랑문화연구』(연구총서 20), 동북아역사재단, 2006.
金德原, 「新羅 佛敎의 民間 受容에 대한 一考察―善郡 毛禮를 中心으로―」, 『新羅史學報』 창간호, 新羅史學會, 2004.
金德原, 「신라의 동해안 진출과 蔚珍鳳坪碑」, 『금석문을 통한 신라사연구』(동북아역사총서 2), 한국학중앙연구원, 2005.
金杜珍, 「新羅 上古代末 初傳佛敎의 受容」, 『千寬宇先生還曆紀念 韓國史學論叢』, 正音文化社, 1985.
金杜珍, 「新羅 昔脫解神話의 形成基盤-英雄傳說의 性格을 중심으로-」, 『韓國學論叢』 8, 國民大學校 韓國學硏究所, 1986 ; 『韓國古代의 建國神話와 祭儀』, 一潮閣, 1999.
金杜珍, 「新羅 公認佛敎의 思想과 그 政治史的 意味」, 『斗溪李丙燾博士 九旬紀念韓國史學論叢』, 知識産業社, 1987.
金杜珍, 「新羅 中古時代의 彌勒信仰」, 『韓國學論叢』 9, 1987.
金杜珍, 「불교의 수용과 고대사회의 변화」, 『韓國古代史論』, 한길사, 1988.
金杜珍, 「新羅 建國神話의 神聖族觀念」, 『韓國學論叢』 11, 1988 ; 위의 책, 1999.
金杜珍, 「新羅 金閼智神話의 形成과 神宮」, 『李基白先生古稀紀念 韓國史學論叢』 上, 一潮閣,

1994 ; 위의 책, 1999.
金美貞, 「高句麗의 沃沮服屬과 그 性格」 『河炫綱敎授停年紀念論叢』, 혜안, 2000.
金炳坤, 「新羅 王號 '寐錦'의 非新羅系 使用例 分析」 『東國史學』 39, 東國史學會, 2003.
金炳坤, 「新羅 王號 '寐錦'의 新羅系 使用例 分析」 『慶州史學』 22, 慶州史學會, 2003.
金炳坤, 「新羅 初期 王權의 成長과 天神 信仰」 『韓國思想史學』 13, 韓國思想史學會, 1999 ; 『신라 왕권 성장사 연구』, 학연문화사, 2003.
金炳坤, 「新羅 王號 '寐錦'의 由來와 性格」 『史學研究』 84, 韓國史學會, 2006.
김병남, 「高句麗 平壤 遷都의 原因에 대하여」 『全北史學』 19·20, 全北大學校 史學會, 1997.
金秉柱, 「羅濟同盟에 관한 研究」 『韓國史研究』 46, 韓國史研究會, 1984.
金福順, 「三國의 諜報戰과 僧侶」 『韓國佛敎文化思想史』 卷上, 伽山李智冠스님 華甲紀念論叢, 1992 ; 『한국 고대불교사 연구』, 民族社, 2002.
김상현, 「신라 初傳佛敎의 여러 문제」 『신라의 사상과 문화』, 一志社, 1999.
김선숙, 「4세기 신라 정치외교관계의 형성과 그 배경-고구려·왜와의 관계를 중심으로-」 『慶州文化硏究』 5, 慶州大學校 文化財研究所, 2003.
金壽泰, 「專制王權의 확립과 金欽突亂」 『新羅中代政治史研究』, 一潮閣, 1996.
金壽泰, 「百濟 蓋鹵王代의 對高句麗戰」 『百濟史上의 戰爭』, 忠南大學校 百濟研究所 編, 書景文化社, 2000.
金壽泰, 「新羅의 國家形成」 『新羅文化』 21, 東國大學校 新羅文化研究所, 2003.
金瑛洙, 「古代 諜者考」 『軍史』 27, 國防軍史研究所, 1993.
金英珠, 「高句麗 故國原王代의 對前燕關係」 『北岳史論』 4, 國民大學校 國史學科, 1997.
金瑛河, 「百濟·新羅王의 軍事訓鍊과 統帥」 『泰東古典研究』 6, 泰東古典研究所, 1990 ; 『韓國古代社會의 軍事와 政治』, 高麗大學校 民族文化研究院, 2002.
金瑛河, 「新羅 上古期의 官等과 政治體制」 『韓國史研究』 99·100, 1997 ; 위의 책, 2002.
金瑛河, 「高句麗의 發展과 戰爭」 『大東文化研究』 32, 成均館大學校 大東文化研究院, 1997.
金瑛河, 「三國과 南北國時代의 東海岸地方」 『韓國古代社會와 蔚珍地方』, 盧重國 外, 蔚珍郡·韓國古代史學會, 1999.
金英夏·韓相俊, 「中原高句麗碑의 建碑 年代」 『敎育研究誌』 25, 慶北大學校 師範大學, 1983.
김용성, 「호우총·은령총의 구조와 성격」 『호우총 은령총』(발굴60주년기념 심포지엄 발표논문집), 국립중앙박물관, 2006.
김용성, 「호우총의 구조 복원과 피장자 검토」 『先史와 古代』 24, 韓國古代學會, 2006.
金在弘, 「新羅 中古期의 村制와 지방사회 구조」 『韓國史研究』 72, 1991.
金貞培, 「中原高句麗碑의 몇 가지 문제점」 『史學志』 13(中原高句麗碑 特輯號), 檀國大學校

史學會, 1979 ; 『韓國古代史論의 新潮流』, 高麗大 出版部, 1980.
金貞培, 「고구려와 신라의 영역문제」『韓國史研究』61·62, 1988 ; 『韓國古代史와 考古學』, 신서원, 2000.
김정숙, 「古代 各國의 동해안 運營과 防禦體系」『전근대 동해안 지역사회의 운용과 양상』, 영남대 민족문화연구소 편, 景仁文化社, 2005.
김진한, 「5世紀 末 高句麗의 對北魏外交와 漢城 攻略」『北方史論叢』12, 고구려연구재단, 2006.
金鎭漢, 「6世紀 前半 高句麗의 政局動向과 對外關係」『軍史』64, 국방부 군사편찬연구소, 2007.
金昌鎬, 「中原高句麗碑의 재검토」『韓國學報』47, 一志社, 1987.
金昌鎬, 「順興 己未銘 壁畵 古墳의 築造」『年報』11, 釜山直轄市立博物館, 1988.
金昌鎬, 「中原高句麗碑의 建立 年代」『中原高句麗碑 研究』, 高句麗研究 10, 高句麗研究會, 학연문화사, 2000.
金哲埈, 「新羅 上代社會의 Dual Organization」『歷史學報』1·2, 歷史學會, 1952 ; 『韓國古代社會研究』, 知識産業社, 1975 ; 서울大學校 出版部 ; 1990.
金哲埈, 「新羅 上古世系와 그 紀年」『歷史學報』17·18, 1962 ; 위의 책, 1990.
金哲埈, 「新羅時代의 親族集團」『韓國史研究』1, 1968 ; 위의 책, 1990.
金台植, 「射琴匣 설화의 역사적 이해」『민속학연구』12, 국립민속박물관, 2003.
金澤均, 「東濊考-江陵 濊國說과 관련하여-」『江原文化研究』16, 江原大學校 江原文化研究所, 1997.
金賢淑, 「4~6세기경 小白山脈 以東地域의 領域向方-『三國史記』地理志의 慶北地域 '高句麗 郡縣'을 중심으로-」『韓國古代史研究』26, 2002 ; 「고구려의 영역지배 방식 연구』, 도서출판 모시는사람들, 2005.
김현숙, 「熊津時期 百濟와 高句麗의 관계」『古代 東亞細亞와 百濟』, 충남대학교 백제연구소 편, 서경, 2003.
金晧東, 「삼국시대 新羅의 東海岸 制海權 확보의 의미」『大丘史學』65, 大丘史學會, 2001.
金羲滿, 「迎日 冷水碑와 新羅의 官等制」『慶州史學』9, 1990.
金羲滿, 「新羅 智證·法興王代의 政治改革과 그 性格」『慶北史學』23, 慶北史學會, 2000.
南亨宗, 「百濟 東城王代 支配勢力의 動向과 王權의 安定」『北岳史論』3, 1993.
南希叔, 「新羅 法興王代 佛敎受容과 그 主導勢力」『韓國史論』25, 서울大學校 國史學科, 1991.
盧重國, 「高句麗·百濟·新羅 사이의 力關係變化에 대한 一考察」『東方學志』28, 延世大學校

國學研究院, 1981.

盧重國, 「法興王代 國家體制의 强化」『統一期의 新羅社會 硏究』, 慶尙北道·東國大 新羅文化硏究所, 1987.

盧重國, 「鷄林國考」『歷史敎育論集』 13·14, 歷史敎育學會, 1990.

盧重國, 「4~5世紀 百濟의 政治運營」『韓國古代史論叢』 6, 1994.

盧重國, 「고대 울진의 역사 개관」『韓國古代社會와 蔚珍地方』, 盧重國 外, 蔚珍郡·韓國古代史學會, 1999.

盧重國, 「新羅時代 姓氏의 分枝化와 食邑制의 實施」『韓國古代史硏究』 15, 1999.

盧泰敦, 「三國時代의 '部'에 關한 硏究-成立과 構造를 中心으로-」『韓國史論』 2, 서울大學校 國史學科, 1975.

盧泰敦, 「5~6世紀 東아시아의 國際秩序와 高句麗의 對外關係」『東方學志』 44, 1984 ; 『고구려사 연구』, 사계절, 1999.

盧泰敦, 「『三國史記』上代記事의 신빙성문제」『아시아문화』 2, 翰林大 아시아文化硏究所, 1987 ; 『한국사를 통해 본 우리와 세계에 대한 인식』, 풀빛, 1998.

盧泰敦, 「5세기 高句麗人의 天下觀」『韓國史 市民講座』 3, 一潮閣, 1988 ; 『고구려사 연구』, 사계절, 1999.

盧泰敦, 「『삼국사기』 신라본기의 고구려관계 기사 검토」『慶州史學』 16, 1997.

盧泰敦, 「삼국시대의 部와 부체제-부체제론 비판에 대한 재검토-」『韓國古代史論叢』 10, 2000.

盧泰敦, 「초기 고대국가의 국가구조와 정치운영-부체제론을 중심으로-」『韓國古代史硏究』 17, 2000.

노태돈, 「『삼국사기』에 등장하는 말갈의 실체」『한반도와 만주의 역사 문화』, 이병근 외, 서울대학교 출판부, 2003.

노태돈, 「고구려와 북위 간의 조공·책봉관계에 대한 연구」『한국 고대국가와 중국왕조의 조공·책봉관계』(연구총서15), 고구려연구재단, 2006.

文暻鉉, 「迎日冷水里新羅碑에 보이는 部의 性格과 政治運營問題」『韓國古代史硏究』 3, 1990.

文安植, 「『三國史記』 新羅本紀에 보이는 樂浪·靺鞨史料에 관한 檢討-東海岸路를 통한 新羅의 東北方 進出과 土着勢力의 在地基盤의 運動力을 中心으로-」『傳統文化硏究』 5, 朝鮮大 傳統文化硏究所, 1997 ; 『한국 고대사와 말갈』, 혜안, 2003.

문안식, 「삼국시대 嶺西地域 토착세력의 추이」『忠北學』 2, 忠北學硏究所, 2000 ; 『한국 고대사와 말갈』, 혜안, 2003.

文安植, 「개로왕의 왕권강화와 국정운영의 변화에 대하여-개로왕의 전제왕권 지향과 좌절을 중심으로-」『史學研究』78, 2005.
文昌魯, 「新羅와 樂浪의 關係-新羅史에 보이는 '樂浪'의 實體와 그 歷史的 意味를 중심으로-」『韓國古代史研究』34, 2004.
閔德植, 「鎭川 大母山城의 分析的 研究」『韓國史研究』29, 1980.
閔德植, 「新羅의 慶州 明活城碑에 관한 고찰-新羅王京研究를 위한 일환으로-」『東方學志』74, 1992.
朴光烈, 「新羅 瑞鳳塚과 壺杅塚의 絶對年代考」『韓國考古學報』41, 韓國考古學會, 1999.
朴光烈, 「新羅 積石木槨墓의 開始에 對한 檢討」『慶州史學』20, 2000.
박노석, 「서기 3세기의 고구려의 동해안 지역 진출」『全北史學』23, 2000.
박노석, 「고구려 동천왕대 관구검의 침입」『韓國思想과 文化』20, 韓國思想文化學會, 2003.
朴方龍, 「新羅王都의 交通路-驛·院을 중심으로-」『新羅王京研究』(新羅文化制學術發表會論文集 16), 新羅文化宣揚會, 1995.
朴性鳳, 「高句麗의 漢江流域進出과 意義」『鄕土서울』42, 1984 ; 『高句麗 南進 經營史의 研究』(朴性鳳 編), 白山資料院, 1995.
박성천, 「新羅 智證王의 卽位過程에 대한 研究」『慶州文化研究』6, 慶州大學校 文化財研究所, 2003.
박순교, 「신라 미추왕대 정치세력과 남당정치」『大丘史學』46, 1993.
박윤선, 「5세기 중후반 백제의 대외관계」『역사와 현실』63, 한국역사연구회, 2007.
박인호, 「발해고에 나타난 유득공의 역사지리인식」『韓國史學史學報』6, 韓國史學史學會, 2002 ; 『조선시기 역사가와 역사지리인식』, 이회, 2003.
朴宗基, 「韓國 古代의 奴人과 部曲」『韓國古代史研究』43, 2006.
朴眞淑, 「百濟 東城王代 對外政策의 變化」『百濟研究』32, 忠南大學校 百濟研究所, 2000.
朴眞淑, 「長壽王代 高句麗의 對北魏外交와 百濟」『고구려의 국제관계』(연구총서 5), 고구려연구재단, 2005.
朴漢濟, 「苻堅政權의 性格-胡漢體制와 統一體制와의 聯關性-」『中國中世胡漢體制研究』, 一潮閣, 1988.
邊太燮, 「墓制의 變遷을 通하여 본 新羅社會의 發展過程」『歷史敎育』8, 1964.
邊太燮, 「中原高句麗碑의 內容과 年代에 대한 검토」『史學志』13(中原高句麗碑 特輯號), 檀國大學校 史學會, 1979.
徐炳國, 「新唐書渤海傳所載 泥河의 再檢討」『東國史學』15·16, 1981.

徐永大, 「高句麗 平壤遷都의 動機-王權 및 中央集權的 支配體制의 强化과정과 관련하여-」 『韓國文化』 2, 서울大學校 韓國文化研究所, 1981 ; 『高句麗 南進 經營史의 研究』 (朴性鳳 編), 白山資料院, 1995.
徐榮一, 「5~6世紀 高句麗 東南境 考察」 『史學志』 24, 1991.
徐榮一, 「廣開土太王代 高句麗와 新羅의 關係」 『廣開土太王과 高句麗 南進政策』, 高句麗研究會 編, 學研文化社, 2002.
서영일, 「신라 육상교통로 계립령」 『문경의 길과 고개-길 위의 역사, 고개의 문화-』, 문경새재박물관 엮음, 실천문학사, 2002.
서영일, 「5~6世紀 新羅의 漢江流域 進出과 經營」 『博物館紀要』, 檀國大學校 石宙善紀念博物館, 2005.
宣石悅, 「迎日冷水里新羅碑에 보이는 官等・官職 문제」 『韓國古代史研究』 3, 1990.
宣石悅, 「朴堤上의 出自와 관등 奈麻」 『慶大史論』 10, 慶南大學校 史學會, 1997 ; 『新羅國家 成立過程研究』, 혜안, 2001.
宣石悅, 「麻立干時期의 王權과 葛文王」 『新羅文化』 22, 2003.
成周鐸, 「新羅 三年山城 研究」 『百濟研究』 7, 1976 ; 『百濟城址研究』, 서경, 2002.
成周鐸, 「百濟 炭峴 小考」 『百濟論叢』 2, 百濟文化開發研究院, 1990 ; 위의 책, 2002.
손영종, 「중원고구려비에 대하여」 『력사과학』 85-2, 과학백과사전출판사, 1985.
송지연, 「帶方郡의 盛衰에 대한 研究」 『史學研究』 74, 2004.
申敬澈, 「古式鐙子考」 『釜大史學』 9, 釜山大學校 史學會, 1985.
辛鍾遠, 「古代 日官의 性格」 『韓國民俗學』 12, 1980 ; 「古代의 日官과 巫」 『新羅初期佛敎史研究』, 民族社, 1992.
辛鍾遠, 「三國史記 祭祀志 研究-新羅 祀典의 沿革・內容・意義를 중심으로-」 『史學研究』 38, 1984 ; 『新羅初期佛敎史研究』, 民族社, 1992.
辛鍾遠, 「新羅 五臺山事蹟과 聖德王의 卽位背景」 『崔永禧先生華甲紀念 韓國史學論叢』, 探求堂, 1987.
辛鍾遠, 「新羅 佛敎傳來의 諸樣相」 『新羅初期佛敎史研究』, 民族社, 1992.
申鉉雄, 「朴堤上의 出自와 身分 問題」 『新羅文化』 27, 2006.
申衡錫, 「新羅 慈悲王代 坊里名의 設定과 그 意味」 『慶北史學』 23, 2000.
申瀅植, 「新羅王位 繼承考」 『柳洪烈博士 華甲紀念論叢』, 探求堂, 1971.
申瀅植, 「新羅軍主考」 『白山學報』 19, 1975 ; 『韓國古代史의 新研究』, 一潮閣, 1984.
申瀅植, 「新羅史의 時代區分-三國史記 內容分析을 중심으로-」 『韓國史研究』 18, 1977.
申瀅植, 「中原高句麗碑에 대한 考察」 『史學志』 13(中原高句麗碑 特輯號), 檀國大學校 史學

會, 1979 ; 위의 책, 1984.
申瀅植, 「三國時代 王의 性格과 地位」, 위의 책, 1984.
申瀅植, 「三國時代 戰爭의 政治的 性格」, 위의 책, 1984.
申瀅植, 「新羅의 國家的 成長과 兵部令」, 위의 책, 1984.
梁起錫, 「三國時代 人質의 性格에 對하여」, 『史學志』 15, 1981.
梁起錫, 「新羅 五小京의 設置와 西原京」, 『湖西文化研究』 11, 1993 ; 『新羅 西原小京 研究』(양기석 외 공저), 서경, 2001
梁起錫, 「5~6世紀 前半 新羅와 百濟의 關係」, 『新羅의 對外關係史 研究』(新羅文化祭學術發表會論文集 15), 1994.
梁起錫, 「高句麗의 忠州地域 進出과 經營」, 『中原文化論叢』 6, 忠北大 中原文化研究所, 2002.
梁正錫, 「신라 麻立干期 왕권강화과정과 지방정책」, 『韓國史學報』 창간호, 고려사학회, 1996.
梁正錫, 「新羅 麻立干期 王의 통치형태-訥祗麻立干代를 중심으로-」, 『新羅文化』 15, 1998.
梁泰鎭, 「高句麗 領土 연구-三國史記를 중심으로-」, 『軍史』 18, 국방부 전사편찬위원회, 1989.
余昊奎, 「1~4世紀 高句麗 政治體制研究」, 서울大學校 博士學位論文, 1997.
여호규, 「4세기 동아시아 국제질서와 고구려 대외정책의 변화-對前燕關係를 중심으로-」, 『역사와 현실』 36, 한국역사연구회, 2000.
여호규, 「한국 고대의 지방도시-신라 5小京을 중심으로-」, 『강좌 한국고대사』 7, 2002.
여호규, 「高句麗와 慕容燕의 朝貢·冊封關係 연구」, 『한국 고대국가와 중국왕조의 조공·책봉관계』(연구총서 15), 고구려연구재단, 2006.
延敏洙, 「5세기 이전의 新羅의 對外關係-『三國史記』 倭關係기사를 중심으로-」, 『日本學』 8·9, 東國大學校 日本學研究所, 1989 ; 『고대한일관계사』, 혜안, 1998.
延敏洙, 「古代 韓日關係와 蔚珍地方」, 『韓國古代社會와 蔚珍地方』, 盧重國 外, 蔚珍郡·韓國古代史學會, 1999 ; 『古代韓日交流史』, 혜안, 2003.
오영찬, 「帶方郡의 郡縣支配」, 『강좌 한국고대사』 10, 가락국사적개발연구원, 2003.
吳永贊, 「樂浪·帶方郡 支配勢力 硏究」, 서울大學校 博士學位論文, 2005 ; 『낙랑군 연구』, 사계절, 2006.
우선정, 「麻立干 時期 新羅의 對高句麗 關係」, 『慶北史學』 23, 2000.
우선정, 「麻立干의 位相과 性格」, 『慶北史學』 25, 2002.
魏英, 「新羅 初傳佛敎의 展開過程 檢討」, 『新羅文化』 20, 2002.
윤명철, 「고구려 발전기의 해양 활동(Ⅰ)-광개토대왕의 대외 정책과 해양 활동」, 『고구려

해양사 연구』, 사계절, 2003.
윤성용, 「4~5세기 고구려와 신라의 관계」『호우총 은령총』(발굴60주년 기념심포지엄 발표논문집), 국립중앙박물관, 2006.
尹龍九, 「三韓의 對中交涉과 그 性格-曹魏의 東夷經略과 관련하여-」『國史館論叢』85, 國史編纂委員會, 1999.
李康來, 「三國史記에 보이는 靺鞨의 軍事活動」『領土問題研究』2, 高麗大 民族文化研究所, 1985.
李康來, 「新羅 奈己郡考」『新羅文化』13, 1996.
李基東, 「新羅 奈勿王系의 血緣意識」『新羅骨品制社會와 花郞徒』, 一潮閣, 1984.
李基東, 「新羅 中古時代 血緣集團의 特質에 관한 諸問題」, 위의 책, 1984.
李基東, 「新羅 太祖 星漢의 問題와 興德王陵碑의 發見」, 위의 책, 1984.
李基東, 「于老傳說의 世界」『韓國古代의 國家와 社會』, 歷史學會 編, 1985;『新羅社會史研究』, 一潮閣, 1997.
李基東, 「武寧王陵 出土 誌石과 百濟史研究의 新展開」『百濟文化』21, 1991;『百濟史研究』, 一潮閣, 1996.
李基東, 「高句麗史 발전의 劃期로서의 4세기-慕容 '燕'과의 항쟁을 통해서-」『東國史學』30, 1996.
李基文, 「韓國語形成史」『韓國文化史大系』9, 言語·文學史(上), 高大 民族文化研究所, 1967.
李基白, 「稟主考」『李相佰博士回甲紀念論叢』, 1964;『新羅政治社會史研究』, 一潮閣, 1974.
李基白, 「古代 韓日關係의 檢討」『新東亞』, 1970.8;『韓國古代史論』(增補版), 一潮閣, 1995.
李基白, 「新羅 五岳의 成立과 그 意義」『震檀學報』33, 1972 ; 위의 책, 1974.
李基白, 「新羅時代의 葛文王」『歷史學報』58, 1973 ; 위의 책, 1974.
李基白, 「新羅 初期佛教와 貴族勢力」『震檀學報』40, 1975 ;『新羅思想史研究』, 一潮閣, 1986.
李基白, 「中原高句麗碑의 몇 가지 문제」『史學志』13, 1979;『韓國古代政治社會史研究』, 一潮閣, 1996.
李基白, 「한국의 原始思想과 傳統文化」『韓國思想史方法論』(李基白·金英美·李泰鎭·金泰永 공저), 小花, 1997 ;『韓國傳統文化論』, 一潮閣, 2002.
李道學, 「漢城末 熊津時代 百濟王位繼承과 王權의 性格」『韓國史研究』50·51, 1985.
李道學, 「新羅의 北進經略에 관한 新考察」『慶州史學』6, 1987.
李道學, 「高句麗의 洛東江流域進出과 新羅·伽倻 經營」『國學研究』2, 國學研究所, 1988 ;『고구려 광개토왕릉비문 연구-광개토왕릉비문을 통한 고구려사』, 서경,

2006.
李道學, 「永樂 6年 廣開土王의 南征과 國原城」, 『孫寶基博士停年紀念 韓國史學論叢』, 知識産業社, 1988 ; 위의 책, 2006.
李道學, 「醴泉의 上乙谷城考-신라의 소백산맥 以北 進出據點과 관련하여-」, 『慶州史學』 8, 1989.
李道學, 「中原高句麗碑의 建立 目的」, 『中原高句麗碑 研究』, 高句麗研究 10, 2000 ; 위의 책, 2006.
李道學, 「高句麗와 百濟의 對立과 東아시아 世界」, 『高句麗研究』 21, 2005 ; 위의 책, 2006.
李明植, 「5세기 新羅의 對高句麗關係」, 『大丘史學』 69, 2002.
李明植, 「新羅 中古期의 將帥 異斯夫考」, 『'삼국사기' '열전'을 통해 본 신라의 인물』(新羅文化祭學術論文集 25), 경주시·신라문화선양회·경주문화원, 2004.
李文基, 「6세기 新羅 '大王'의 成立과 그 國際的 契機」, 『新羅文化祭學術發表會論文集』 9, 1988.
李文基, 「新羅 上古期의 統治組織과 國家形成 問題」, 『한국 고대국가의 형성』, 한국고대사연구회, 民音社, 1990.
李文基, 「新羅의 六部兵과 그 性格」, 『歷史敎育論集』 27, 2001.
李丙燾, 「古代南堂考」, 서울大論文集 『人文社會科學』 1, 1954 ; 『韓國古代史研究』(修訂版), 博英社, 1976.
李丙燾, 「近肖古王拓境考」, 위의 책, 1976.
李丙燾, 「沃沮와 東濊」, 위의 책, 1976.
李丙燾, 「臨屯郡考」, 위의 책, 1976.
李丙燾, 「中原高句麗碑에 대하여」, 『史學志』 13(中原高句麗碑 特輯號), 1979.
李丙燾, 「韓國古代社會의 井泉信仰」, 위의 책, 1976.
李富五, 「新羅初期 紀年問題에 대한 재고찰」, 『先史와 古代』 13, 1999.
李富五, 「4세기 초·중엽 고구려·백제·신라의 관계 변화」, 『新羅史學報』 5, 2005.
李成制, 「高句麗 長壽王代의 對宋外交와 그 意義」, 『白山學報』 67, 2003 ; 『高句麗의 西方政策 研究-北朝와의 對立과 共存의 관계를 중심으로-』, 국학자료원, 2005.
李成制, 「長壽王의 對北魏外交와 그 政治的 의미-北燕을 둘러싸고 이루어진 對北魏關係의 전개-」, 『歷史學報』 181, 2004 ; 위의 책, 2005.
李宇泰, 「迎日冷水里碑의 再檢討-財의 성격을 중심으로」, 『新羅文化』 9, 1992.
이우태, 「정치체제의 정비」, 『한국사』 7, 국사편찬위원회, 1997.
李殷昌, 「順興 己未年墓의 思想史的 研究」, 『嶺南考古學』 4, 嶺南考古學會, 1987.

李仁哲,「新羅 上古世系의 新解釋」『淸溪史學』4, 淸溪史學會, 1986 ;『新羅村落社會史研究』, 一志社, 1996.
이인철,「高句麗의 南進經營과 靺鞨」『春州文化』11, 1996 ;『고구려의 대외정복 연구』, 백산, 2000.
이인철,「4~5세기 高句麗의 南進과 重裝騎兵」『軍史』33, 1996 ; 위의 책, 2000.
李鍾宣,「積石木槨墳의 編年에 대한 諸論議」『韓國古代史論叢』3, 1992 ;『古新羅王陵研究』, 學硏文化社, 2000.
李鍾旭,「廣開土王陵碑와『三國史記』에 보이는 '倭兵'의 正體」『韓國史 市民講座』11, 一潮閣, 1992.
李鍾旭,「迎日冷水里碑를 통하여 본 新羅의 政治體制」『李基白先生古稀紀念 韓國史學論叢』上, 一潮閣, 1994 ;『한국 고대사의 새로운 체계-100년 통설에 빼앗긴 역사를 찾아서-』, 조합공동체 소나무, 1999.
李鍾旭,「新羅 '部體制說'에 대한 비판-하나의 새로운 新羅史體系를 위하여-」『韓國史硏究』101, 1998 ; 위의 책, 1999.
李鍾旭,「한국고대의 부와 그 성격-소위 부체제설 비판을 중심으로-」『韓國古代史研究』17, 2000.
李鍾泰,「新羅 智證王代 神宮設置와 金氏始祖認識의 變化」『擇窩許善道先生停年紀念 韓國史學論叢』, 一潮閣, 1992.
李鍾泰,「三國時代의 '始祖'認識과 그 變遷」, 國民大學校 博士學位論文, 1996.
李鍾泰,「新羅의 始祖와 太祖」『白山學報』52, 申瀅植博士 回甲紀念論叢, 1999.
이주헌·이용현·유혜선,「壺杅塚·銀鈴塚 出土遺物-土器와 청동용기를 중심으로-」『호우총 은령총』(발굴60주년기념 심포지엄 발표논문집), 국립중앙박물관, 2006.
李漢祥,「5~6世紀 新羅의 邊境支配方式-裝身具 分析을 중심으로-」『韓國史論』33, 서울大學校 國史學科, 1995.
이한상,「황금장신구를 통해 본 신라와 신라인」『新羅黃金』, 국립경주박물관, 2001.
李漢祥,「동해안지역의 5~6세기대 신라분묘 확산양상」『嶺南考古學』32, 嶺南考古學會, 2003.
이한상,「읍내리분묘군의 편년을 통해 본 5세기대 순흥지역의 위상」『역사문화연구』19, 한국외국어대학교 역사문화연구소, 2003.
이한상,「고구려 금속제 장신구문화의 흐름과 특색」『고구려의 사상과 문화』(연구총서 4), 고구려연구재단, 2005.

李賢惠,「4세기 加耶지역社會의 交易體系의 변천」『韓國古代史研究』1, 韓國古代社會研究所 編, 1988 ;『韓國 古代의 생산과 교역』, 一潮閣, 1998.
이현혜,「동예와 옥저」『한국사』4, 국사편찬위원회, 1997.
李炯佑,「迎日地方의 歷史·地理的 考察」『韓國古代史研究』3, 1990.
李昊榮,「中原高句麗碑 題額의 新讀」『史學志』13, 1979.
李弘稙,「日本書紀所載 高句麗關係記事考」『東方學志』1·3, 1954·1957 ;『韓國古代史의 研究』, 新丘文化社, 1971.
李弘稙,「新羅의 勃興期」『國史上의 諸問題』3, 國史編纂委員會, 1959 ; 위의 책, 1971.
李喜寬,「新羅上代 智證王系 王位繼承과 朴氏王妃族」『東亞研究』20, 1990.
李熙德,「三國時代의 瑞祥說」『李基白先生古稀紀念 韓國史學論叢』上, 一潮閣, 1994 ;『韓國古代 自然觀과 王道政治』, 혜안, 1999.
李熙德,「삼국의 地變과 정치」, 위의 책, 1999.
李熙敦,「順興 己未年銘 壁畵墳에 대하여」『斗山金宅圭博士華甲紀念 文化人類學論叢』, 1989.
李熙濬,「경주 皇南大塚의 연대」『嶺南考古學』17, 1995.
李熙濬,「경주·月城路 가-13호 積石木槨墓의 연대와 의의」『碩晤尹容鎭教授停年退任紀念論叢』, 1996.
李熙眞,「三國史記 초기기사에 대한 최근 紀年調整案의 문제점」『歷史學報』160, 1998.
임기환,「3세기~4세기초 위·진의 동방정책-낙랑군·대방군을 중심으로-」『역사와 현실』36, 2000.
임기환,「4세기 동아시아 정세 변동과 고구려의 대외전략」『광개토대왕비와 한일관계』(한일관계사연구논집 1), 한일관계사연구논집 편찬위원회 편, 景仁文化社, 2005.
林起煥,「6·7세기 高句麗 政治勢力의 동향」『韓國古代史研究』5, 1992 ;『고구려 정치사 연구』, 한나래, 2004.
임기환,「고구려와 낙랑군의 관계」『韓國古代史研究』34, 2004.
임기환,「고대의 강원도와 삼국의 역관계-문헌자료의 검토를 중심으로-」『강원도와 고구려』(금경숙·임기환·공석구 편저), 집문당, 2006.
林起煥,「中原高句麗碑를 통해 본 高句麗와 新羅의 關係」『中原高句麗碑 研究』, 高句麗研究 10, 學研文化社, 2000.
林起煥,「漢城期 百濟의 對外交涉-3~5세기를 중심으로-」『漢城期 百濟의 물류시스템과 對外交涉』, 한신대학교 학술원, 학연문화사, 2004.

林炳泰, 「新羅小京考」『歷史學報』35·36, 1967.
任昌淳, 「中原高句麗古碑小考」『史學志』13, 1979.
張彰恩, 「新羅 昔氏王室의 分岐와 味鄒王의 卽位」『北岳史論』7, 北岳史學會, 2000.
장창은, 「신라 訥祗王代 고구려세력의 축출과 그 배경」『韓國古代史硏究』33, 2004.
張彰恩, 「新羅 朴氏王室의 分岐와 昔氏族의 집권과정」『新羅史學報』창간호, 2004.
張彰恩, 「新羅 慈悲~炤知王代 築城·交戰地域의 검토와 그 의미-소백산맥 일대 신라·고
        구려의 영역향방과 관련하여-」『新羅史學報』2, 2004.
張彰恩, 「中原高句麗碑의 판독과 해석」『新羅史學報』5, 2005.
張彰恩, 「新羅 炤知王代 對高句麗關係와 政治變動」『史學硏究』78, 2005.
張彰恩, 「中原高句麗碑의 연구동향과 주요 쟁점」『歷史學報』189, 2006.
張彰恩, 「3~5世紀 高句麗·新羅 關係의 戰爭史的 推移」『高句麗硏究』24, 2006.
張彰恩, 「新羅 上古期 高句麗 關係와 政治勢力 硏究」, 國民大學校 博士學位論文, 2006.
張彰恩, 「新羅 智證王의 執權과 對高句麗 防衛體系의 확립」『韓國古代史硏究』45, 2007.
張彰恩, 「新羅 上古期 對高句麗 關係의 史的 意義」『新羅史學報』10, 2007.
全德在, 「新羅 州郡制의 成立背景硏究」『韓國史論』22, 서울大學校 國史學科, 1990.
전덕재, 「4세기 국제관계의 재편과 신라의 대응」『역사와 현실』36, 2000.
전덕재, 「6세기 초반 신라 6부의 성격과 지배구조」『韓國古代史硏究』17, 2000.
전덕재, 「신라 초기 농경의례와 貢納의 수취」『강좌 한국고대사』2, 가락국사적개발연구
        원, 2003 ; 『한국고대사회경제사』, 태학사, 2006.
전덕재, 「新羅 소경의 설치와 기능」『韓國古代中世 地方制度의 諸問題』(노명호 외 공저),
        집문당, 2004.
全德在, 「新羅 里坊制의 施行과 그 性格」『國邑에서 都城으로-新羅王京을 중심으로-』(신라
        문화제학술논문집 26), 2005.
전미희, 「冷水碑·鳳坪碑에 보이는 신라 6부의 성격」『韓國古代史硏究』17, 2000.
鄭求福, 「迎日冷水里新羅碑의 金石學的 考察」『韓國古代史硏究』3, 1990.
鄭永鎬, 「中原高句麗碑의 發見調査와 硏究展望」『史學志』13, 1979.
鄭永鎬, 「高句麗의 錦工流域進出에 대한 小考」『汕耘史學』3, 1989.
정영호, 「尙州방면 및 秋風嶺 北方의 古代交通路 硏究-山城의 調査를 중심으로-」『國史館論
        叢』16, 1990.
鄭永鎬, 「구미·선산지역의 불교」『韓國學論集』24, 계명대 한국학연구소, 1997.
정영호, 「中原高句麗碑의 發見調査와 意義」『中原高句麗碑 硏究』, 高句麗硏究 10, 2000.
鄭雲龍, 「5世紀 高句麗 勢力圈의 南限」『史叢』35, 高大史學會, 1989.

鄭雲龍,「5~6世紀 新羅 高句麗 關係의 推移-遺蹟 遺物의 解釋과 關聯하여-」『新羅의 對外關係史 研究』(新羅文化祭學術發表會論文集 15), 1994.
鄭雲龍,「5~6世紀 新羅社會의 變動-政治·經濟的 側面을 中心으로-」『史叢』45, 1996.
鄭雲龍,「羅濟同盟期 新羅와 百濟 關係」『白山學報』46, 1996.
鄭雲龍,「順興 邑內里壁畵 古墳의 新羅史的 意義」『白山學報』52, 申瀅植博士 回甲紀念論叢, 1999.
鄭雲龍,「三國關係史에서 본 中原高句麗碑의 意味」『고구려의 국제관계』(연구총서 5), 고구려연구재단, 2005.
鄭雲龍,「中原高句麗碑 研究의 몇 가지 문제」『국제고려학회 서울지회 논문집』6, 국제고려학회 서울지회, 2005.
鄭雲龍,「中原高句麗碑의 建立 年代」『白山學報』76, 2006.
鄭雲龍,「『삼국사기』交聘 記事를 통해 본 羅濟同盟 時期의 재검토」『百濟研究』44, 2006.
鄭再敎,「新羅의 國家的 成長과 神宮」『釜大史學』11, 1987.
鄭載潤,「東城王 23년 政變과 武寧王의 執權」『韓國史研究』99·100, 1997.
鄭載潤,「東城王의 卽位와 政局 運營」『韓國古代史研究』20, 2000.
鄭載潤,「熊津時代 百濟와 新羅의 關係에 대한 고찰」『湖西考古學』4·5, 湖西考古學會, 2001.
鄭孝雲,「新羅 中古時代의 王權과 開元에 관한 研究」『考古歷史學志』2, 동아대 박물관, 1986.
曺凡煥,「迎日冷水里碑를 통하여 본 신라 村과 村主」『금석문을 통한 신라사 연구』(동북아역사총서 2), 한국학중앙연구원, 2005.
曺壽鶴,「射琴匣 說話 研究」『人文研究』7집 2호, 영남대 인문과학연구소, 1985.
趙二玉,「통일신라시대의 말갈연구」『梨大史苑』22, 1992 ; 『統一新羅의 北方進出 研究』, 서경문화사, 2001.
朱甫暾,「迎日冷水里新羅碑에 대한 기초적 검토」『新羅文化』6, 1989 ; 『금석문과 신라사』, 지식산업사, 2002.
朱甫暾,「韓國 古代國家 形成에 대한 연구사적 검토」『한국고대국가의 형성』, 民音社, 1990.
朱甫暾,「三國時代의 貴族과 身分制-新羅를 中心으로-」『韓國社會發展史論』, 一潮閣, 1992.
朱甫暾,「新羅 國號의 確定과 民意識의 成長」『九谷黃鍾東敎授停年紀念 史學論叢』, 1994 ; 『新羅 地方統治體制의 整備過程과 村落』, 신서원, 1998.
朱甫暾,「麻立干時代 新羅의 地方統治」『嶺南考古學』19, 1996 ; 위의 책, 1998.

朱甫暾, 「朴堤上과 5세기 초 新羅의 政治 動向」, 『慶北史學』 21, 1998.
주보돈, 「문헌상에서 본 古代의 義城」, 『召文國에서 義城으로』, 국립대구박물관, 2002.
朱甫暾, 「초기국가 형성론」, 『한국 전근대사의 주요 쟁점』, 역사비평사, 2002.
朱甫暾, 「新羅國家 形成期 金氏族團의 成長背景」, 『韓國古代史研究』 26, 2002.
朱甫暾, 「熊津都邑期 百濟와 新羅의 關係」, 『古代 東亞細亞와 百濟』, 서경, 2003.
주보돈, 「初期國家 召文國과 그 向方」, 『仁荷史學』 10, 韓榮國敎授停年記念號, 仁荷歷史學會, 2003.
朱甫暾, 「5세기 高句麗·新羅와 倭의 관계」, 『왜5왕 문제와 한일관계』(한일관계사연구논집 2), 한일관계사연구논집 편찬위원회 편, 景仁文化社, 2005.
朱甫暾, 「5~6세기 중엽 高句麗와 新羅의 관계-신라의 漢江流域 진출과 관련하여-」, 『北方史論叢』 11, 고구려연구재단, 2006.
朱甫暾, 「高句麗 南進의 性格과 그 影響-廣開土王 南征의 實相과 그 意義-」, 『大丘史學』 82, 2006.
池培善, 「北燕에 대하여(Ⅲ)」, 『東洋史學研究』 32, 1990 ; 『中世中國史研究-慕容燕과 北燕史』, 연세대학교 출판부, 1998.
秦弘燮, 「新羅 北境地域 佛像의 考察」, 『大丘史學』 7·8, 1973.
車勇杰, 「竹嶺路와 그 부근 嶺路沿邊의 古城址 調査研究」, 『國史館論叢』 16, 1990.
蔡美夏, 「『三國史記』 祭祀志 新羅條의 分析」, 『韓國古代史研究』 13, 1998.
蔡美夏, 「新羅 宗廟制와 王權의 推移」, 慶熙大學校 博士學位論文, 2001.
채미하, 「新羅의 神宮 祭祀」, 『한국문화와 주변문화』(이도학 외 공저), 서경, 2004.
千寬宇, 「三韓攷 第3部-三韓의 國家形成」, 『韓國學報』 2·3, 1976 ; 『古朝鮮史·三韓史研究』, 一潮閣, 1989.
千寬宇, 「復元 加耶史(中)」, 『文學과 知性』, 1977년 가을호 ; 『加耶史研究』, 一潮閣, 1991.
崔光植, 「『三國史記』 所載 老嫗의 性格」, 『史叢』 25, 1981 ; 『한국고대의 토착신앙과 불교』, 고려대학교출판부, 2007
崔光植, 「新羅의 神宮 設置에 관한 新考察」, 『韓國史研究』 43, 1983 ; 『고대한국의 국가와 제사』, 한길사, 1994.
崔光植, 「新羅의 佛敎 傳來, 受容 및 公認」, 『新羅思想의 再照明』(新羅文化祭學術發表會論文集 12), 1991.
崔光植, 「국가제사의 祭場」, 위의 책, 1994.
崔秉鉉, 「新羅의 成長과 新羅 古墳文化의 展開」, 『韓國古代史研究』 4, 1991 ; 『新羅古墳研究』, 一志社, 1992.

崔在錫,「新羅의 始祖廟와 神宮 祭祀」『東方學志』50, 1986 ; 『韓國古代社會史研究』, 一志社, 1987.
崔鍾圭,「中期古墳의 性格에 대한 약간의 考察」『釜大史學』7, 1983.
하일식,「6세기 新羅의 地方支配외 外位制」『學林』12·13, 1991 ; 『신라 집권 관료제 연구』, 혜안, 2006.
하일식,「고대사 연구의 주요 쟁점과 과제」『한국사 연구 50년』, 이화여자대학교 한국문화연구원 편, 2005.

□ 국외

高寬敏,「永樂10年 高句麗 廣開土王の新羅救援戰について」『朝鮮史研究會論文集』27, 1989.
今西龍,「新羅骨品考」『史林』제7권 제1호, 1922 ; 『新羅史研究』, 近澤書店, 1933 ; 李富五 번역,「新羅骨品考」『忠北史學』15, 2005.
今西龍,「新羅史通說」, 위의 책, 1933.
旗田巍,「『三國史記』新羅本紀にあらわれた'倭'」『日本文化と朝鮮』2, 朝鮮文化社 編, 1975 ; 김기섭 역,「『三國史記』新羅本紀에 보이는 '倭'」『고대 한일관계사의 이해-倭-』, 이론과 실천, 1994.
東潮,「新羅·於宿知述干壁畵墳に關する一考察」『東アジアの考古と歷史』上, 岡崎敬先生退官 記念論集, 1987.
末松保和,「新羅建國攷」『新羅史の諸問題』, 1954 ; 『新羅の政治と社會』(末松保和朝鮮史著作集1), 吉川弘文館, 1995.
末松保和,「新羅上古世系考」『史學論叢』, 1938 ; 위의 책, 1954.
梅原末治,「晋率善穢伯長銅印」『考古美術』제8권 제1호.(통권 78호), 1967.
木村誠,「中原高句麗碑立碑年次の再檢討」『朝鮮社會の史的展開と東アジア』(武田幸男 編), 山川出版社, 1997 ; 『古代朝鮮の国家と社会』, 吉川弘文館, 2004.
木村誠,「中原高句麗碑の立碑年について」『中原高句麗碑 研究』, 高句麗研究會, 학연문화사, 2000.
木下禮仁,「新羅始祖系譜の構成-金氏始祖を中心として-」『朝鮮史研究會論文集』2, 1966 ; 『日本書紀と古代朝鮮』, 塙書房, 1993.
木下禮仁,「中原高句麗碑-その建立年次を中心として-」『村上四男博士 和歌山大學退官記念 朝鮮史論文集』, 開明書店, 1981 ; 「中原高句麗碑-建立年代를 중심으로-」『素軒南都泳博士華甲紀念 史學論叢』, 太學社, 1984 ; 위의 책, 1993.
武田幸男,「序說 5~6世紀東アジア史の一視點-高句麗中原碑から新羅赤城碑へ」『古代東アジア

における日本古代史講座』4, 1980 ; 『高句麗史と東アジア』, 岩波書店, 1989.
浜田耕策, 「新羅の城·村設置と州郡制の施行」『朝鮮學報』84, 朝鮮學會, 1977.
浜田耕策, 「新羅の神宮と百座講會と宗廟」『東アジアにおける儀禮と國家』, 日本古代史講座 9, 1982 ; 『新羅国史の研究』, 吉川弘文館, 2002.
山本孝文, 「考古資料로 본 南漢江 上流地域의 三國 領域變遷」『韓國上古史學報』40, 2003.
篠原啓方, 「「中原高句麗碑」의 釋讀과 內容의 意義」『史叢』51, 2000.
鈴木治, 「慶州壺杅塚とその紀年について」『天理大學學報』29, 1959.
前間恭作, 「新羅王の世次と其の名について」『東洋學報』15-2, 1925.
田中俊明, 「高句麗の金石文」『朝鮮史研究會論文集』18, 1981 ; 『國外 韓國史關係論文選集』(古代 1), 韓國人文科學院, 1987.
田中俊明, 「新羅中原小京의 成立」『中原文化國際學術會議 結果報告書』, 忠淸北道/忠北大學校 湖西文化研究所, 1996.
井上秀雄, 「古代朝鮮の城郭史」『古代東アジアの文化交流』, 溪水社, 1993.
酒井改藏, 「三國史記の地名考」『朝鮮學報』54, 1970.
池內宏, 「白江及び炭峴について」『滿鮮地理歷史研究報告』14, 1932~1933 ; 『滿鮮史研究』上世第二冊, 吉川弘文館, 1960.
池內宏, 「眞興王の戊子巡境と新羅の東北境」, 위의 책, 1960.
津田左右吉, 「好太王征服地域考」『朝鮮歷史地理』上, 1913 ; 亞世亞文化社 刊, 1986.
津田左右吉, 「羅濟境界考」, 위의 책, 1913 ; 1986.
津田左右吉, 「百濟戰役地理考」, 위의 책, 1913 ; 1986.
津田左右吉, 「長壽王征服地域考」, 위의 책, 1913 ; 1986.
津田左右吉, 「三國史記の新羅本紀について」『古事記及び日本書紀の研究』, 1919.

영문요약[Abstract]

A Study on the Political Change and Relation with Goguryo in the Upper-Ancient Period of Silla

Jang, Chang-eun

According to *Samguksagi*, the beginning of the relation between Silla and Goguryeo was in the middle of the 3rd century. In other words, the two countries had a combat and a negotiation in the region of King Jobun's 16th year(245) and the King Cheomhae's 2nd year(248) each. About these records, it was strong not to accept as a true. There were commanderies of Lorang(樂浪郡) and Daifang(帶方郡), Okjeo(沃沮), Dongye(東濊) between the two countries. Also Goguryeo suffered the invasion of Gwan Gu-geom(244~245). Accordingly it has understood that Goguryeo did not have enough power to invade Silla in the past.

However the invasion of Gwan was in 246, Okjeo and Dongye belonged to Goguryeo at that time. So to speak, Goguryeo made Okjeo and Dongye his advance bases and attacked the north edges of Silla by way of the east-coast route. This had nothing to do with the invasion of Gwan. When the two countries had a bargaining in 248, it was directly after the war for Goguryeo. There was no reason to turn down on the proposal of Silla in King Dongcheon(227~248)'s position. Because he felt keenly the necessity of foreign stability.

The reason why the relation of two countries changed from opposition to friendship was related to the politic process of the Park's Age. A royal family of Park clan diverged a direct line and a collateral line named the lineage of Goljeong and Imae after King Beolhyu(184~196) passed away. The two lineages had been in politic discord each other from the enthronement process of King Nahae(196~230) to King Jobun(230~247) and Cheomhae(247~261). In the process, the lineage of Goljeong sticked to a moderate-line policy with Goguryeo, but the lineage of Imae did to a hard-line policy.

After that time, the relation between the two countries fell into a state of lull for quite a time. It was resumed when Silla brought tributes to Junjin(前秦) in 377 and 381. But Goguryeo took the leadership, Silla had been subordinated to the other country. King Namul(356~402) had to send Silseong to Goguryeo as a hostage in 392. Also King Gwangaeto(391~412) rescued Silla with 50,000 troops when Wa(倭) invaded Silla in 400. Furthermore there were interventions of Goguryeo power to the enthronement process of King Silseong(402~417) and Nulji(417~458).

After accession to the throne, King Nulji made an effort to escape from intervention of Goguryeo power. He first made his brother Bokho who was sent to Goguryeo as a hostage in the King Silseong's region return in 425 and entered into the alliance between Silla and Baekje with Baekje King Biyue(427~455) in 433 to 434. Hereupon, Goguryeo King Jangsu(413~491) promoted a covenant of Gugwon to conciliate Silla. As a result, King Jangsu and Nulji performed a ceremony to swear to be brothers there. In spite of it, the relation of the two countries went on tightness rapidly in 450, a Goguryeo commander of the border areas who went hunting in a field of Siljik was killed by the lord of Hasla after all. King Nulji also murdered Goguryeo troops a hundred strong stationed in Gyeongju. Because of the murder case, friendly relations between Silla and Goguryeo changed to antagonistic relationship in the middle of the 5th century.

The background that King Nulji was able to expel Goguryeo power could first point out inside capability intensification of Silla as a motive power. King Nulji could possibly concentrate all the power of Kim's clan throughout a consolidation of the ruling system and joined hands with the power of Park's clan like Park Jesang from the process of Bokho's return. There was a politic change in Goguryeo at that time. In other words, King jangsu propelled the transfer of the capital to Pyeongyang(427), there was a politic opposition centering around the aristocracy power in the Guknae castle and the king made a clean sweep. Also Goguryeo had kept a tense situation with North Wei(北魏), so it was difficult to concentrate on the relations with Silla. Goguryeo focused its efforts on the war against Baekje until 475 after a treaty of amity with North Wei in 462. This got to be an outside background to expel Goguryeo power.

King Jabi(458~479) constructed a castle in Niha, a military bases of the east-coast route after an invasion of Goguryeo to the Siljik castle in 468. And he had built a line of defense against Goguryeo from the fortification of Samnyeon fortress in 470 to 474. King Soji(479~500) constructed the 1st defense line in Boeun area outside of the Sobaek mountains, and did the 2nd defense line in the main inland traffic routes, Sangju and Uiseong etc. In the region of King Soji, Silla stood face to face with Goguryeo centering around Gyeripnyeong and Juknyeong and had offensive and defensive battles around the east-coast route and Jincheon and Cheongcheon areas a few times.

Goguryeo took a offensive position to Silla after 475, but it hard fighting because of a counterattack by the allied forces between Silla and Baekje. King Jangsu made strenuous efforts to look for an opportunity of reversal and paid attention to a fact which King Soji was infatuated with the early days of Buddhism. He also divined another fact that King Soji was in a critical situation to lose a hegemony of the political situation, because of Seonhe, who was a wife of King Soji, could not bear a son. So he sent an assassin disguised a monk to the royal court of Silla and planed to assassinate King Soji and his wife. However this plan also ended in failure by the cleverly countermeasure of King Soji.

King Soji made a tour to Nari-gun in 500. There was a territory of Silla and a border area under influence of Goguryeo as well. He intended to bring the Goguryeo power over to his side and did to pacify the people with a experience under the rule of Goguryeo before theoughout the royal tour. However he was conciliated by Paro who was a man of aboriginal power on the contrary. As a result, he was criticized by the pro-Silla power like the old woman of Gota-gun. The pro-Silla power deposed him a sovereign and made him in confinement with the faulty policy which he intended to plan to join hands with the pro-Goguryeo power in the end. And one of leading power was Jijeung.

King Jijeung(500~514) always considered that he came to the throne without orthodoxy. So he had tried to pile up the orthodoxy throughout the procedural ceremonies like the funeral of the preceding king for 3 years. The base of King Jijeung's support were the power of Park's clan became an empress clan newly and the power of Kim's clan like Isabu. Also there were his other supporters, the local power like the old woman of Gota-gun.

King Jijeung had finally built all 12 castles, Pari·Misil·Jindeok·Golhwa castle etc, for the military policy to Goguryeo in 504. Also he gave orders Isabu to make Usan-guk submit to Silla. Thus, Silla secure the command of the sea in the east-coast areas after all. After the perfection of the defense line to Goguryeo, Silla could possibly hold a dominant position in the relations with the other country. As a result, Goguryeo changed to Baekje as a main offensive target. The competition between Goguryeo and Baekje maintained until the middle of the 6th century gave Silla an opportunity to focus its efforts on constitutional adjustment.

Taking about a historical meaning of the relationship with Goguryeo in the upper-ancient period of Silla, it would be put out a finger on the seizure of political power by Kim's tribe and the political growth of Park's tribe with the side of political history before anything else. Power of Park's tribe could rise to the surface again. And it was possible with their own sea power and the unification of politic powers. Especially, the latter was a result that Kim's tribe royal family tried to raise the struggle power against Goguryeo.

Taking a side view of an institutional history, there are a fer points in that we are interested, a maintenance of a political system, the establishment of military officer positions and the proper authorities. This chain of events had been carried out in wartime against Goguryeo. Local administration system in this time would be a foothold for a maintenance of the state administration system in the reign of King Beopheung(514~540).

In the side of society and culture, Silla underwent various influences by an advanced cultural standard of Goguryeo. But it was not an unilateral handing down by Goguryeo, it was a preferential acceptance on the lines of Silla. That is to say, there was the positive side, a reception of an advanced culture and a technical know-how, even though Silla was influenced by Goguryeo. Which would be a motive force to drive Goguryeo power away when the two countries became an antagonistic relationship.

찾아보기

(ㄱ)

가라加羅 55
가야加耶 58 85 101 152 161 164 274 297
가화嘉禾 214
각간角干 217
갈나고葛那古 60~61
갈문왕葛文王 65~66 71 208 219 221
갈문왕호葛文王號 223 292
갈문왕 이칠伊柒 70
감문국甘文國 59
강릉 153~154
강릉 일대설 149~150 152
강릉초당동고분군 234
강인숙 150
개로蓋盧 123
개로왕蓋鹵王 123~124 132 136 194 238~239 291
개로왕 국서 143
건국신화 30
건흥5년명금동불광배建興五年銘金銅佛光背 123
건흥建興 136
견아성犬牙城 161 166~167 170~171 266 290
견훤산성甄萱山城 166~167 171
경도京都 257 266 295
경북 북부지역의 고구려계 불교유적 280
경북일대 고구려계 유물·유적 16 25 33
경자년庚子年(400) 17 20 89 94~95 125 184 245~246 273 286
경정궁주鏡井宮主 201

경주월성로고분군 26 39 78 271~272 284
경초년간景初年間 41
경초력景初曆 126
계립령鷄立嶺 182~183 185~188 290
계립령로鷄立嶺路 160 168 181 183~184 199 229~230 263 281
계립현鷄立峴 186
고구려 군사단 273
고구려 기원설 273
고구려 당주幢主 125 212
고구려 역법曆法 126~127
고구려계 금공품 275 296
고구려계 마구류 275 296
고구려계 무구류 275 296
고구려계 문물 296
고구려고지高句麗故地 16 20 125 145 163 184 187~188 210 214~215 277 296
고구려연구회 24 124
고구려인의 천하관 102
고국원왕故國原王 77~78 84 88
고노자高奴子 76
고려태왕高麗太王 123
고려태왕조왕高麗太王祖王 123
고성수구高城水口 49
고운高雲 138
고원高原 148
고이왕古尒王 84
고타군古陁郡 207 214
고타군주古陁郡主 214
고타군 노구老嫗 208 213 215~216 226~227 292

곡성군曲城郡 214
곤연鯤淵 95
곤지昆支 238
골정계骨正系 34 52~53 56~60 64~69 244~245 285
골정骨正 54 65
골화성骨火城 227 229 293
공납제적 수취방식〔지배〕 46 108
과현戈峴 161 165 171
관구검毌丘儉 38 42 44~45 47~50 68 270 283~284
관구검기공비毌丘儉紀功碑 44
관군官軍 87
관도官道 258~260 266 295
광개토왕廣開土王 16 87 89 92 94 104~105 127 184 187 246 272~274 286
광개토왕릉비廣開土王陵碑 17 32 88~89 101~102 125 129 245
광명부인光明夫人 67 69
광석성廣石城 147 158
괴곡성槐谷城 70
교역체계의 변화 50
구도仇道 54~55 67 71
구도갈문왕仇道葛文王 52 54
구도계仇道系 김씨金氏 34 51 54~55 67~70 74 285
구례성仇禮城 147 158
구벌성仇伐城 161 165 170 196 290
구정동 271
국가발전단계 논의 28
국강상광개토경호태왕國罡上廣開土境好太王 92
국내성國內城 136
국내성계 136~137

국내성파 99
국대부인國大夫人 115
국모國母 255
국선國仙 201
국원國原 276 287
국읍체제國邑體制 41
국인國人 69 90~91 96 131~132
국조國祖 253
국조묘國祖廟 71
군관직軍官職 267
군단軍團 262
군사동맹관계 171
군사지휘관 262 268 295
군장사회君長社會 29
군주軍主 230~231 235 261~262 266 295
굴산성屈山城 156 161 167 169~170 196 266 290
궁주宮主 188~190 192~194 200~202 290
궁준弓遵 46
귀족국가 28
근구수近仇首 78
근초고왕近肖古王 78
금석문金石文 233
금성金城 61~62 73 100 103
금와왕金蛙王 95
기년紀年 논쟁 26
기리영崎離營 전투 49 50
기림이사금基臨尼師今 52 63 72
기무라 마코토木村誠 126
기미년己未年 278 280
기보갈문왕期寶葛文王 217
김두진金杜珍 190 254~255
김부식金富軾 61
김씨세력 34~35 71 73 204 244 246 249 252

255 288 292 294
김씨왕실 16 34 107 109 112 204 245~246
　250 253 255 294
김씨왕실의 개창 246
김씨왕실의 세습체제 107 112 117 244
김유신金庾信 195
김정배金貞培 20 29
김정호金正浩 148
김철준金哲俊 28
김춘추金春秋 195
꼬리가 긴 흰 꿩長尾白雉 112

(ㄴ)

나물설奈勿說 252
나물왕奈勿王 16~19 26 31 34 74 82 84 87
　89 90~97 99~100 103 187 217 220 240 243
　245 247 253 273 286
나물왕 직계 205 220 246~247 253~254
나을奈乙 253
나음갈문왕奈音葛文王 52
나정蘿井 95 191 253
나제동맹羅濟同盟 85 118~119 137 141~142
　171 183 196 206 287 289 293
나제동맹군 119 131 170~172 182 196 236
　243 290~291
나해왕奈解王 54~55 67 55~58 64 67 285
나해이사금奈解尼師今 52 54~55
낙동강 263
낙동강 상류설 149
낙랑군樂浪郡 38 40~41 47~49 76 270 283 295
낙랑태수樂浪太守 46~47 195
낙랑계 유물 271
낙평왕樂平王 비조 139
날이군捺巳郡 207~213 215~217 221 291~292

남거성男居城 87
남당南堂 66 70~71 111~112
남당정치 111~112
남래귀족南來貴族 237~238
남미질부성南彌秩夫城 229
남송南宋 140 142
남양만 18
남옥저南沃沮 47~48
남정론南征論 272
남진정책南進政策 142 144 172
남한강 상류설 149 154~155
남해왕南解王 252
내구마內廐馬 94
내숙乃宿 202~204
내전內殿 분수승焚修僧 189~190
노객奴客 86 245
노구老嫗 192 207 215
노례왕弩禮王 75
노례이사금弩禮尼師今 76
노옹老翁 189~190 192 200 204 291
노태돈盧泰敦 29
녹유소호綠釉小壺 39 271
눌지계訥祇系 253
눌지마립간訥祇麻立干 127
눌지왕訥祇王 16~17 19~20 25 31 34 89~90
　99 103 105 107~117 119 129~131 134~135
　137 144~146 163~164 184~185 187~188
　197~198 204 211 217 220 243 246~248 251
　258 273 276~277 281 286~288 296

(ㄷ)

단갑短甲 271
단단대령單單大領 46
단위정치체설 29

답달성杳達城 147 158~159 289
당주幢主 273
대고구려 방위체계 235 244 295
대관령大關嶺 150 153~154
대구帶鉤 270
대국代國 82
대동강 148
대동여지도大東輿地圖 150 154
대동지지大東地志 149
대령大嶺 152
대령책大嶺柵 153
대릉大陵 71
대마도 97
대모산성大母山城 165
대방군帶方郡 38 40~41 47~50 76 101 270 283 295
대방태수帶方太守 46~47
대산군大山郡 112
대서지大西知 86 90
대장군大將軍 59
덕원德源 148
덕지德智 171 266~267
덕창德昌 195
도나성刀那城 161 165 170 196 290
도림道琳 194 291
도사道使 233 261
독산성주禿山城主 84~85 286
동경잡기東京雜記 201
동국통감東國通鑑 201
동부여 102
동사강목東史綱目 148 201~202
동성왕東城王 161 171 182 195 203 237~240 266 293
동시東市 260

동시전東市典 260
동예東濊 26 38 40~42 46~49 77 283~284
동옥저東沃沮 47
동이매금東夷寐錦 122
동이매금토東夷寐錦土 129
동천왕東川王 38 47~48 50 284
동탁銅鐸 270
동해곡東海谷 태수 77
동해안로東海岸路 26 40~41 48 114 144 155 159~163 170 177 181~182 185 188 229~231 234~235 264 289 290
동해추암동고분군 234
등흔登欣 217 247

(ㄹ·ㅁ)
리지린 150
마두책馬頭柵 37
마립간麻立干 92~98
마립간기麻立干期 15 18 146 248 266 282 295
마립간호麻立干號 96~97
마목현麻木峴 186
말갈靺鞨 147 152~153
말구末仇 73~74
말추末鄒 233
매금寐錦 23 88 92 121 125
매금寐錦 기흔 127
멸구자滅垢玼 198
명산대천名山大川 210
명원부인命元夫人 52
명주溟州 230
명활성明活城 101 147 159
모대牟大 161 266
모두루묘지牟頭婁墓誌 88

모량부牟梁部 동로수冬老樹 218
모량부牟梁部 상공相公 218 224~225 227 247 292
모례毛禮 168 197~199 281
모로성芼老城 147 156
모록毛祿 197 281
모본왕慕本王 195
모산성母山城 161 164 170 196 290
모산성 전투 171
모용수慕容垂 138
모용외慕容廆 76~77
모용평慕容評 84
모용황慕容皝 138
모인募人활동 125
목곽묘木槨墓 270 274
목민자牧民者 261
무관직武官職·관부官府 36 295
무관직의 창설 295
무령왕武寧王 132 236~240 293
무령왕릉출토 지석武寧王陵出土 誌石 132
묵호자墨胡子 197
문자명왕文咨明王 123 172 290
문주왕文周王 195
물길勿吉 140
미륵 254
미사품未斯品 97~98 109
미사흔未斯欣 97 99~100 110 115 202 247 287~288
미실성彌實城 227~229 293
미질부彌秩夫 23 161~162 170 235 290
미추설味鄒說 252
미추왕味鄒王 34 61 67~74 84 90 197 244 285
미추왕 죽엽군 76

미추왕릉 74
미추이사금味鄒尼師今 67
미추이질금未鄒尼比今 69

(ㅂ)
바닷길 49~50
박씨세력 34~35 70 113 115~117 220 224~226 244 246~249 251 255 287 289 292 294
박씨왕비족시대 35 116 205 247~248 251
박씨왕시대 51 246 294
박씨왕실 51
박씨족 220 225 250
박제상朴堤上 49 114~115 117~118 185 220 247~248 287 289 294
박혁거세朴赫居世 95 250 252 255
박혁거세 주신설 253
발해渤海 148
발해고渤海考 148
방리명坊里名 257~258 266 295
백가苩加 238
백남운 28
백씨苩氏 237
백잔百殘 86
백제기百濟記 133
밴드Band 29
벌지伐智 266~267
벌휴왕伐休王 51 54 66 246 285 294
벌휴이사금伐休尼師今 52~53 285
법흥왕法興王 198~199 206 241 247 268 295
벽화碧花 207~209 212~213 216~217 221 291~292
변태섭邊太燮 124
병부兵部 268 295

보장왕寶臧王 186 195
보해寶海 16 117
복호卜好 16 49 99 114~115 117~118 135 137 163 211 243 247 287 289
봉상왕烽上王 76
부견苻堅 82~83
부곡성缶谷城 54
부곡성주缶谷城主 54~55 67
부락符洛모반 82
부례랑夫禮郞 201
부족국가 28
부족국가론部族國家論 28
부족연맹 28
부종사部從事 오림吳林 50
부진苻秦 82
부체제 논쟁 29
부체제론部體制論 29
북량北凉 140
북사北史 42 69 269
북연北燕 138
북위北魏 32 135 138~143 289
북제서北齊書 33
북중국 32 83 297
북쪽 바닷길北海之路 49 114 185
분서왕汾西王 195
분수승焚修僧 188 192~194 196~198 203~204 290~291
불내예왕不耐濊王 48~49
불내후不耐侯 46 48
비라성鄙羅城 161 166
비열성比列城 161~162 170 290
비유왕毗有王 118 287
비지比智 203
비처왕毗處王 188

(ㅅ)

사금갑射琴匣 사건 188 194 196 198~199 203 282 290 296
사금갑射琴匣 설화 35 190~193 195 200 202 291
사기史記
사도沙道 59
사라斯羅 241
사로국斯盧國 27
사마의司馬懿 49
사물현史勿縣 112
사민徙民정책 264
사방四方 259~260
479년설 278
481년설 24
사비泗沘천도 238
사시성沙尸城 147 157
사신지斯申支 233
사씨沙氏 237
사전祀典체제 210
살수薩水 161 166 170 266 290
살수 전투 171
삼국사기三國史記 15~20 22 24~28 32 42 45 48 54 58 72 76~77 94 96 117~118 125 127 132 134~135 143 147~149 155 192 197 202 206 218 221 249 269 283~284 287
삼국사기 지리지地理志 16 20 187 277
삼국사절요三國史節要 201
삼국유명미상지분三國有名未詳地分 149 156
삼국유사三國遺事 15~17 26 32 35 75~76 96 117~118 132 197 201~202 269
삼국지三國志 27 42 50 270 272
삼년산성三年山城 147 155~156 159 161 167 169~170 181 196 263 266 289~290

삼도三道 227
삼성세력三姓勢力 31 52
삼정종람三正綜覽 124
삼직三直 130
삼척갈야산고분군 234
삼촌간三村干 113~114 163
삽량주간歃良州干 114
삽량지방 115
상복법喪服法 205 222 227
상서로운 벼이삭[嘉禾] 112
서남이西南夷 82
서봉총출토 은합우명瑞鳳塚出土 銀盒杅銘 134~135
서불한舒弗邯 59~60 63~64 67 70 97 110 285 288
서상설瑞祥說 112 214
서안평西安平 44 77
서진西晉 72 76
서천왕西川王 77
서출지書出池 189~190
석등보昔登保 90 96
석실봉토분石室封土墳 277
석씨세력 51~52 69 73 98 107 109 113 116~117 204 220 247 289 294
석씨왕시대 51 107 285
석씨왕실 34 51~52 60 67 244 285
석우로昔于老 38 283
선곡현善谷縣 214
선덕왕善德王 195
선비족鮮卑族 모용씨慕容氏 76 83 138
선혜부인善兮夫人 201~204 291
설지薛支 54
섭라涉羅 108
성남천城南川 150

성읍국가 29
성읍국가론城邑國家論 29
성한설星漢說 252
세신갈문왕世神葛文王 65
세한설勢漢說 252
소경小京 205 261~266 295
소문국召文國 54
소백산맥小白山脈 146 160 163 170 177 181 183 188 211 243 277 290
소수림왕小獸林王 84
소지왕炤知王 31 35 107 109 144~146 148 155 159 161 163~171 177 181 188~189 192~194 197~198 200 202~213 215~217 219~224 226~230 235~236 240 243 248~252 255 257~260 267 277 281 290~293
소지왕 암살미수 사건 35 193 291
손진태 28
수리시설 260
수묘守廟 251
수서隋書 69 269
수운水運 263
수주촌水酒村 113 163
수호지환修好至歡 128
순도順道 84
순수巡狩 169 209 212 216
순장殉葬 205 222
순장금지령 222~224
순흥읍내리벽화고분[읍내리고분] 16 20~21 23 33 210 277 279~280 296
술례부인述禮夫人 70
스테이트State 29
습보갈문왕習寶葛文王 217
습보계習寶系 254
시노하라 히로카타篠原啓方 128

찾아보기 333

시베리아 기원설 273
시장市場 260 266 295
시조始祖 250 252
시조묘始祖廟 116 251~253 255
시조묘 친사親祀 116
신궁神宮 191 222 224 249~255 294
신당서新唐書 148
신덕왕神德王 189
신라 자체 발전설 273
신라성新羅城 87
신라토내당주新羅土內幢主 23 122 129 132~133 145
신라토新羅土 129
신모神母 254
신성태수新城太守 76
신유년辛酉年 19 24 124 126~128
신증동국여지승람新增東國輿地勝覽 32 147 155 201
신진화론 29
실성왕實聖王 16 34 86~93 96~103 105 107~109 117 195 204 246~247 286
실성이사금實聖尼師今 90
실죽實竹 149 161 166~167 171 266~267
실직悉直 130 235 287
실직성悉直城 147 150~151 155 159 289
실직주悉直州 230~231 234 261~262 264
12월 23일 갑인十二月卄三日甲寅 19 124 126~128 287

(ㅇ)
아간阿干 90 96
아단성阿旦城 186
아달라왕阿達羅王 246 294
아도阿道〔我道〕 197

아리영娥利英 254
아시촌阿尸村 261~262
아시촌소경阿尸村小京 264~265
아신왕阿莘王 88 101
아이혜부인阿爾兮夫人 52
아차성阿且城 239
안정복安鼎福 148 201~202
알영閼英 251 254 294
알영시조閼英始祖전승 254~255
알영신화 254
알영전승의 신성화 작업 254
알지閼智 90
알지설閼智說 252
알지신화閼智神話 110 253~254
양로연養老宴 111
양부良夫 70
양梁나라 237
양질良質 70
어숙지술간묘於宿知述干墓〔어숙묘〕 20 279
엘만 서비스Elman Service 29
여경餘慶 136
여유당전서與猶堂全書 150 152
여형여제如兄如弟 127
역제驛制 259
연간지年干支 19
연곡천連谷川 150 154
연맹왕국 29
연무현緣武縣 214
연수延壽 134
연씨燕氏 237
연璉 136
연제부인延帝夫人 217 224 247 292
열병閱兵 56~57 102
영동예嶺東濊 49

영락永樂 88 92 101
영류왕營留王 195
영양왕嬰陽王 186
영역국가 29
영원永元 218
영일냉수리신라비〔냉수리비〕 208 219 232~233 235 261
영제부인迎帝夫人 217 224
예濊 46
오기일烏忌日 189~190
오대산 153
오도五道 258
539년설 278
5세기 초반설 123 125 287
5세기 중반설 123 127 287
5세기 후반설 123~125 287
오생부인烏生夫人 217
오악五岳 210
옥모부인玉帽夫人 52 54 67
옥저沃沮 26 38 40~42 46~48 69 77 283~284
온달溫達 186
와산蛙山 54
왕경王京 131 133 144 243 248 264 277 288
왕맹王猛 84
왕비족 250
왕실세력 30~31 34 220~221 247~249 255 294
왕즉불王卽佛 사상 281
왜倭 89 132 246~247 288 297
왜국倭國 100 110 115 237 286~287
왜군倭軍 60 62 65
왜병倭兵 101
왜인倭人 86 159 258
우경牛耕 205 260

우도주군于道朱君 60
우로于老 37 52 55 58 60~64 66~68 245 285
우로세력 65
우벌성于伐城 23 184
우산국于山國 230~232 248 293
우산성牛山城 149 152 161~162 171~172 236 239 267
우역郵驛 259~260 266 295
우유촌于柚村 60 63
우차牛車 258
울릉도鬱陵島 230~232 293
웅략천황雄略天皇 132~134
웅진熊津 18 144 172 238
웅진천도 237
원산향圓山鄕 54
원시부족집회소 66
월성月城 159
위구장군威寇將軍 44
위魏나라 38 41~42 44 48~50 283~284
위나라 역법曆法 126~127
위두衛頭 82
위로魏虜의 백제침입 240
위서魏書 108
위서魏書 천상지天象志 127
위천渭川 263
유교적 덕치이념德治理念 223
유득공柳得恭 148
유례왕儒禮王 72 74 84
유례이사금儒禮尼師今 74
유리왕儒理王 73 76
유리이사금儒理尼師今 52
유무劉茂 46
유연柔然 140
유유紐由 48

육부병六部兵 267
육상교통로 49 160
육촌장사회 29
율령律令의 반포 84
을묘년乙卯年(415) 104
의성군 금성면金城面 264
의성군 안계면安溪面 263~264
이기백李基白 29
이도학李道學 20
이리부인伊利夫人 90
이매계伊買系 34 52~53 55~60 64~68 244~245 285
이벌찬伊伐湌 55~56 58 73~74 202~203
이병도李丙燾 17
이사금尼師今 93
이사금기尼師今期 111~112
이사금호尼師今號 97
이사부異斯夫 230~231 261~262 292~293
이서국伊西國 73~74 76
이성異姓세력 71
이십사삭윤표二十四朔閏表 124 127
이오李敖 139
이음利音 55~58 67
이이제이以夷制夷 103
이이촌利伊村 113 163
이제里制 257
이종욱李鍾旭 29
이차돈異次頓 198
2차 방어망 177 290
2차 방어성 160 170 229
이찬伊湌 70
이천수泥川水 154
이하泥河 147~155 159 161 164 167 196 267 289

이하 전투 171
이해理解 69
이현泥峴 150 154
이홍직李弘稙 17
일간지日干支 19 287
일관日官 189~190 192~193 200
일관세력 204 291
일길찬一吉湌 70
일리촌一利村 113 163
일모성一牟城 147 157 159 289
일본서기日本書紀 94 132
일본서기日本書紀 웅략천황雄略天皇 8년(464)조 16~17 22 24 288
일선계一善界 168 209
일선계一善界 정부丁夫 161 167 266
일선군一善郡 169 197 199~200 281
일선군一善郡 정부丁夫 156
일연一然 197
1차 방어망 177 290
1차 방어성 160 170 229
임나일본부 133
입실리 271
잉매현仍買縣 149

(ㅈ)
자객刺客 195~197 199~200 291
자비왕慈悲王 25 35 107 109 115 133 146~147 155 157 159~160 163~164 167 170 177 181 188 196 202 204 220 228~229 232 235 243 247~248 257~260 266~267 277 289~290 295
자비왕~소지왕대 축성·교전지역 146 177 182~183 185
자비왕 11년조 150~151

자치통감資治通鑑 42
장군將軍 161 266~267 295
장령長嶺 152~153
장수왕長壽王 34 88 119 123 129~130 135~139
　141~142 144 172 194 216 276~277 287
　289~290 296
장자계승 109 204
장통張統 77
적석목곽분積石木槨墳 40 71 272~275 296
적선현積善縣 214
전량前涼 82
전세傳世기간 105
전실묘塼室墓 50
전연前燕 32 77~78 83~84 286
전지왕腆支王 101
전진前秦 17 39 75 77 82~84 283 286
전함戰艦 232 248
절거리節居利 232
점필재집佔畢齋集 201
정방正方 198
정선旌善 149
정시正始 44 46 48
정약용丁若鏞 150 154
정운용鄭雲龍 278
정정停 262
제사지祭祀志 252
제액題額 123~124
제齊나라 237
제천의례祭天儀禮 253
제해권制海權 231 248 293
조령鳥嶺 18
조분왕助賁王 34 54~55 58~59 64~65 67~69
　245 285
조분이사금助賁尼師今 52 58 75 214 283

조생부인鳥生夫人 217
조양동5호분 271
조왕祖王 123
조위曹魏 49
족내혼族內婚 109
족장사회族長社會 29
좌군주左軍主 54
좌라성坐羅城 147 157~158
좌우장군左右將軍 266~267
주군제州郡制 205 230 235
주신主神 249 251~252
주씨周氏 77
죽동리 271
죽령竹嶺 18 20 114 182~188 211 279 290
죽령로竹嶺路 114 160 181 183~185 210~211
　229~230 263
죽엽군竹葉軍 74
죽현릉竹現陵 73~74
중사中祀 210
중앙집권적 귀족국가 15 29 36
중앙집권적中央集權的 일통정치一統政治 281
중원고구려비中原高句麗碑[중원비] 16 18~20
　23~24 32 88 94 119 121~123 125 128~129
　132~133 162 184 275 278 287 296
지대로智大路 217~218 226 293
지도로智度路 217~218 226 293
지도로갈문왕至都盧葛文王 233
지도로왕智度路王 217
지방세력 31 113 226 292~293
지신계地神系 신앙 254
지정마립간智訂麻立干 217
지증마립간智證麻立干 217
지증왕智證王 25 31 35 116 205~207 216~236
　240~241 244 247~251 257 260~261 263~266

268 292~293 295
지증왕의 생식기 크기 219
지철로智哲老 217 226
지철로왕智哲老王 218
진덕성珍德城 227~228 293
진서晉書 72
진솔선예백장동인晉率善穢伯長銅印 233
진안현眞安縣 214
진이마촌珍而麻村 232
진지왕眞智王 195
진한왕辰韓王 72
진흥왕眞興王 33 184 186 247

(ㅊ)
차대왕次大王 195
찰갑札甲 39 271
천관우千寬宇 29
천신天神 253
천신계天神系 신앙 253
천지신설天地神說 251
천천정天泉亭 188~189 191
철제농기구 260
첨해왕沾解王 34 59~61 63~67 69~71 83 245 285
첨해이사금沾解尼師今 48 52 65 75 283
첩자 291 196~197 199~200
청우靑牛 214
초기기록 신빙성 논의 26~27 32
초기기록 신빙성 문제 15 28 30
초전불교初傳佛敎 168 190 192 197~200 281~282 291 296
촌주村主 233
추장사회酋長社會 29
추풍령로秋風嶺路 144 160 168 177 182~183

188 199 229 263 281 290
축성·교전지역 26 32~33 35
취프덤Chiefdom 29
취프덤Chiefdom론 29
치양성雉壤城 171 267
친고구려세력 35 212~213 215~216 221 291~292
친골정계세력 70
친신라세력 292 215~216 226
친족공동체 33
칠아문七牙門 44

(ㅌ)
탁발위拓拔魏 82
탄현炭峴 239
태곽추太霍鄒 276
태무제太武帝 138
태백산太白山 210
태조왕太祖王 46
태학太學 84
토구장군討寇將軍 44
토욕혼吐谷渾 140
토착신앙 290 190~191 199
트라이브Tribe 29

(ㅍ)
파로波路 207~209 212 217 291~292
파로세력 216
파리성波里城 227~229 231 293
파사이사금婆娑尼師今 214
팔왕八王의 난 76
평양平壤 136 141
평양平穰 86
평양성平壤城 78 139

평양성파 99
평양천도 136~137 142 289
포상8국浦上八國 55 58
풍씨馮氏 138 142
풍홍馮弘 139 143
피촌避村 189

(ㅎ)
하곡현河曲縣 151
하서량河西良 151
하슬라何瑟羅 147 150~152 235
하슬라 사람 153~154 167
하슬라何瑟羅 성주城主 22 130 287
하슬라주何瑟羅州 230~231 235 262 264
한경漢鏡 270
한군현漢郡縣 270
한기부漢祇[岐]部 225
한성漢城 18 160 170
한지漢只 225
함흥咸興 148
해동고승전海東高僧傳 197
해부루解夫婁 95
해상능력 294
행정구역설 29
혁거세赫居世 116 246 253~255 294
혁거세·알영 배향설 253~254
현도군玄菟郡 77
혈성원穴城原 100 103
혈연집단의 분지화 33
호명성狐鳴城 162 170 235 290
호명狐鳴 등 7성城 23 161~162
호산성狐山城 161 165 171
호산성 전투 172
호우壺杅 104

호우총壺杅塚 16 105 274 296
호우총출토 청동합 275
호우총출토 호우명壺杅塚出土 壺杅銘 32 104
혼인동맹 182
화령 263
화룡성和龍城 139
환과고독鰥寡孤獨 169
환도성丸都城 48
황금문화 271
회맹會盟 128 276
효문제孝文帝 136
후연後燕 32 138
흑호자黑胡子 197
흘해왕訖解王 61 63~64 72
흘해이사금訖解尼師今 52
흥륜사興輪寺 189